失控的歐元

從經濟整合的美夢到制度失靈的惡夢

THE EURO

HOW A COMMON CURRENCY THREATENS THE FUTURE OF EUROPE

諾貝爾經濟學獎得主
當代最偉大的經濟學大師 **約瑟夫·尤金·史迪格里茲**——著 葉咨佑——譯

JOSEPH EUGENE STIGLITZ

專文推薦

「更歐洲」，或者「更不歐洲」

朱雲鵬

本文作者諾貝爾獎得主史迪格里茲，是一位公認的自由派（liberals），也就是偏凱恩斯學說派（Keynesian）的經濟學家。他近年來出版了很多著作，觸及不同議題，但道一以貫之——基本上不同意保守派（新自由主義，neoliberals）所鼓吹「全能市場經濟」的「自動調整機制」主張。

作者在書中明白提到，相信全能市場經濟的一位名人，是美國總統胡佛（Herbert Hoover）的財政部長梅隆（Andrew Mellon）。一九二九年美國股市崩盤，國民所得急遽下跌，稅收減少，政府赤字上升，梅隆為了平衡預算赤字，採取縮小政府支出的緊縮性財政政策，結果把美國股市崩盤轉化為全球歷史上著名的「大蕭條」（Great Depression）。

但主政者似乎沒有學到足夠的教訓，作者說，例如國際貨幣基金（IMF）對於無法償還債務的國家進行救援時，不論是東亞金融風暴、拉丁美洲金融風暴，還是非洲，都主張處於風暴的國家要縮減預算赤字，而其結果都是雪上加霜：把景氣修正轉化為衰退，把衰退轉化為蕭條。

在歐洲經濟整合尚未完成就推動單一貨幣，也是假設市場全能。他們假設，在單一貨幣，也就是匯率無法調整的情況下，任何會員國發生的任何經濟波動，都可以透過內部調整機制而回到均衡；財政政策的首要也是唯一任務，是維持預算平衡。例如，歐盟如有一國出口因為外部因素而減少，所得下降，失業增加，稅收減少，該國即應縮減政府預算支出，維持預算平衡；所得會進一步下降，但沒有關係：所得的下降會造成薪資和物價的降低，最後該國的出口品會因為物價降低而恢復其國際競爭力，所得再度增加，回到充分就業的原均衡。

這種理論和胡佛總統時代的理論一致，認為當時美國的高失業率會因為薪資的下降而消失，經濟會回到均衡。但一九三〇年代美國經濟的事實發展與這種理論的預期相反。作者說，在發生危機的歐洲國家，事實的發展也與這種理論相反。主要因為，正如凱恩斯所說，薪資和物價都有僵固性，不會立即調整，所以失業會擴大，人民會受創。

作者不是反對預算平衡，但是認為要平衡的應當是「充分就業預算」，也就是當失業率很低時的政府預算。只有如此，才可能發揮財政政策的自動穩定機能：當失業率升高，所得下降，稅收減少，政府支出不減少，預算產生赤字，於是有刺激景氣的效果，幫助經濟回到充分就業的均衡；相反的，如果景氣過熱，物價上升，稅收增加，政府支出不變，預算會產生盈餘，有冷卻景氣的效果。

但是在單一歐元的安排下，這種財政政策自動穩定機制不見了，反而演變成助長不穩定的機制。也就是經濟愈差，稅收愈少，失業愈高，歐盟就愈要求該會員國採取財政緊縮政策，造成景氣更加下滑。希臘如此，西班牙、葡萄牙、義大利都遭到同樣的命運。在這些國家發生危機時，年輕人失業率高達百分之三十，尋常的中產階級家庭必須到街上垃圾桶撿拾食物充飢，在冬天無錢使用暖氣。

這不是像史迪格里茲這種自由派經濟學者看得下去的景象。這些慘狀觸動了他的心，引發他寫本書的動機。

他不是反對歐元，也不是反對歐盟整合，只是認為目前做的方法不對，繼續下去的話，歐元真有可能崩解。他認為，歐洲化不能停留在現在的地步，歐洲要不然就是繼續歐洲化，愈來愈趨近單一國家；要不就逐漸退卻，歐元也應當退位。目前最大的問題是，歐洲化的程度沒有達到可以在單一貨幣的前提下，達到各會員國的高成長和低失業。

有鑑於此，他提出了解決方法，分為結構改革和危機處理改革兩個面向。在第一個面向方面，他建議要：一、建立包含統一存款保險制度在內的銀行聯盟；二、國家間債務互助的機制；三、共同穩定架構，包含具有自動穩定因子的政府預算政策在內；四、架構重組，用政策工具減少盈餘國家的經常帳盈餘，逐漸管控各會員國貿易盈餘和赤字的分歧擴大；五、促進成長和就業的總體經濟學，歐洲央行不能再以控制物價為唯一任務，必須將促進成長和就業也列為重要任務；六、金融體系應當促進投資，成功完成仲介儲蓄和投資之間的本分功能；七、從租稅逐底競爭（像盧森堡），改變為租稅政策整合。

在危機管理方面，他建議要將節省支出的政策改為促進成長，尤其要讓財政政策能發揮其刺激景氣的功效。他也建議歐盟應當開始做債務重整，早日結束債務過高國家的魔咒，使其可以往成長的方向前進。

要往這些方向走，基本上表示歐洲化必須加深，更接近單一統一國家、不同地方政府的運作模式。如果這條路行不通，就必須考慮從現在強勢單一歐元的模式退卻，採「協議離婚」，或採行新的、更具彈性的歐元安排，例如貨幣還是稱為歐元，但會出現地區型的特別貨幣，例如「希臘歐元」、「西班牙歐元」等，其匯率有調整空間。

這是一本由具悲憫胸懷的史氏所寫，兼具專業與通俗意義的好書。令人長嘆的是，在二〇一六年年中此書出版之際，世人尚不知川普將當選美國總統。美國其實是關鍵，當年推動歐盟成立，幕後的推手就是美國。最近讓歐盟各國極右派抬頭的難民問題，其根源在伊拉克、利比亞、敘利亞，都和美國的軍事行動脫不了關係。難民的總數已經超過二次大戰時代。

難民充斥、英國脫歐、其他歐洲國脫歐主張抬頭、川普當美國選總統奉行新孤立主義，凡此種種，均讓史氏此書中加強歐洲化主張的可行性大幅降低。既然如此，作者所建議其他較有彈性的「軟脫」模式，是否值得歐盟諸國列為重要教材？以目前為止歐洲評論者做出的多數回應來看，似乎不太領情。有歐洲作者指出，美國也是花了一百三十七年才建立聯邦的中央銀行，歐洲能在如此短期內達成單一貨幣已經很不容易，不必悲觀，而史氏「廢除歐元但維持歐盟」的主張則一廂情願，與歐洲實況不符。另外，我們也應當記得，當年德國的李斯特也是由推動關稅同盟和共同貨幣逐步達成德意志的整合。

無論如何，本人相當推薦本書給所有關心全球經濟情勢的讀者朋友。這本書具有啟發性、知識性、可讀性，值得收藏。

本文作者為臺北醫學大學經濟學講座教授、東吳大學巨量資料管理學院講座教授

專文推薦

失控的歐元如何矯正闕失來造福經濟社會

李顯峰

史迪格里茲教授是二〇〇一年諾貝爾經濟學獎得主，曾經擔任過國際貨幣基金會（IMF）的首席經濟學家，專業著作及政策諮詢經驗相當豐富，隨手俯拾皆文章，著作繁多實在不及備載，經濟學圈子內大家說笑，他還有什麼主題沒寫過或發表過論文的。但也因為他的文思過度泉湧，常有跳躍式的思考邏輯，故不容易迅速掌握並了解他的著作及教科書的內容。

歐盟二十八國（英國脫歐後有二十七國）是全球最大經濟體，其中十九國使用歐元，目的是藉貨幣同盟實現一個繁榮且穩定的歐洲榮景，但為何原先秉持崇高理想創造出的單一貨幣制度會失靈呢？《失控的歐元》一書的目的，就是希望能解答這個大哉問。然而此書的內容也有類似史迪格里茲教授著作的特性，全書篇幅巨大，細說歐元的美麗與哀愁，也旁徵博引許多參考文獻，這些參考文獻都值得繼續延伸閱讀，可以領略到經濟學科中各個領域的理論及經驗，唸完本書後如同完成了一趟經濟學各派理論與政策經驗的旅行。本書由副標題「從經濟整合的美夢到制度失靈的惡夢」就可知作者秉持一貫批判的態度，其重批當今盛行的新自由經濟主義思潮的缺失，基於新自由經濟主義思潮所設計的歐洲單一貨幣制度——歐元——先天設計不良，後天的應對政策措施也未能對症下藥，使得歐元區成立的美夢成為一場惡夢。歐元區國家似乎只在初期享受到單一貨幣的甜果，二〇一〇年以後災難就不斷上演。歐盟曾先後對希臘三次紓困，也對愛爾蘭、葡萄牙紓困；西班牙及義大利發生銀行危機等等，其也曾援助西班牙的銀行，但到目前警報似乎還未解除。

全書由經濟制度的觀點論述，包括四大部分，第一部由深陷危機的歐洲談起，第二部指出歐元生來即有缺陷，第三部批判歐元設計不良的政策，第四部指出是否有前進的道路。出版社另補附上作者最近所撰〈英國脫歐及其後續影響〉一文作為中譯本的後記，使得批判歐元失靈的論述更為完整。史迪格里茲教授的專長貢獻之一是不完全訊息理論：實際市場的運作並非是完全的，因此需要政府的介入使市場得以順暢運作，這點在本書的政策主張中充分表達出來。

作者由意識型態、歐元制度設計、內外部經濟平衡理論、三巨頭（指由歐元集團、國際貨幣基金會及歐洲央行等三方的代表組成以處理歐債危機）的角色等四個構面來批判歐元危機，最後提出適度彈性機制的建議，歐元才可能邁向平穩的道路。首先，由觀察到的問題本質出發，指出關鍵是意識形態的影響，現今盛行的新自由主義思潮相信市場機制的完美性，主張減少政府的管制，然而市場因外部性、公共財、資訊不完整及自然獨占等現象常發生市場失靈，導致二〇〇八年國際金融危機的爆發，蔓延而衍生歐債危機。當前國際政經界與歐債危機中的三巨頭等都深受新自由主義思潮的影響，並基於這樣的觀念來處理歐債危機。三巨頭對於歐債國家如愛爾蘭、葡萄牙，特別是對希臘的紓困，更是提出嚴苛的改革條件。歐元區主要國家德國對於紓困予希臘、愛爾蘭及葡萄牙都要求實施嚴格的撙節措施，這也深受德國社會習性觀點的影響：節儉是德國傳統美德之一，認為小之於家庭經濟，大之於國家財政、甚至國際組織，都要遵循。

歐元制度設計不周以及先天不良，導致了歐債危機發生。歐元區不像美國是個政治同盟，聯邦政府可進行財政移轉救濟；歐元區是個貨幣同盟，雖將會員國間的匯率固定住，可以減少匯率波動的風險，定價都透明化，但問題是各會員國的生產力及競爭力不同，當遭遇國際經濟衝擊及失業問題時，不能以貶值來因應，只能採行財政政策擴大政府支出，卻又受到穩定暨成長公約限制會員國的預算赤字占國內生產毛額不得超過三%、政府債務餘額占國內生產毛額不得超過六〇%的規範，使財政政策措施也捉襟見肘，處處難行。貨幣政策的設計實在是過於僵硬了，若能再區分較核心與其他的歐元國家，使競爭力較弱的歐元國家（例如希臘、葡萄牙等）能採行若干彈性政策措施，就可以減少歐債問題再度發生的機會。

被譽為「歐元之父」的孟岱爾教授（Robert Mundell）於一九九九年獲諾貝爾經濟學獎，主要的貢獻是提出貨幣動態學及最適通貨域理論。最適通貨域理論成為歐元成立的重要理論基礎：若一個區域內生產力相近，勞動市場可以自由流通，就可採行固定匯率制度，實施貨幣同盟，促進經濟整合及經濟成長。然而，驗證基礎理論與歐元區的經濟現實相差甚遠。一九九一年十二月通過的歐洲聯盟條約（一般也稱為馬斯垂克條約）規定歐元區會員國的債務、赤字、通膨率等在一定準則內的趨同標準，卻發展成為趨異標準。德國持續維持高額貿易出超，相對其他歐元國家（如希臘）則持續遭遇逆差。一個經濟體要能實現內外部的平衡才能穩定經濟，當歐元區國家面臨高失業率時，發生低工資，導致低物價，最終經常帳才能恢復平衡，即實施內部貶值。至於歐洲央行的唯一目標是維持物價穩定，不若美國聯準會等央行兼顧成長及就業穩定，這一點也受到批評。

史迪格里茲教授為拯救歐元開出改革的藥方，包括脫離新自由主義思維、實施銀行同盟（共同存款保險制度）、進行債務互助、抑制貿易盈餘、租稅調和、歐元區必要的合作（各國的匯率具若干彈性）等等。欲綜合這些改革，有賴歐元區政經界共同努力合作才能完成，使歐洲順利向前邁進，朝向單一貨幣的榮景邁進。

再重述一次，史迪格里茲教授的博學論述加上旁徵博引，讓讀者讀完本書後，有如完成一趟經濟學各派理論與政策經驗的探訪。歐元失靈的教訓，更是提供其他地區財經政策重要的借鏡。

本文作者為臺灣大學公共經濟研究中心主任

CONTENTS

CONTENTS

CONTENTS

前言

全世界都受到來自歐盟的壞消息給疲勞轟炸。希臘處於蕭條時期，有一半青年人口失業。極端右翼分子在法國大有斬獲。以巴塞隆納為中心的加泰隆尼亞（Catalonia）地區，民選議員多數支持該區自西班牙獨立。在本書付梓時，歐盟廣大地區正面臨著失落的十年，人均GDP比起全球金融危機前還要低。

就連一項歐盟視為成功的勛績，都標舉著失敗：西班牙的失業率自二〇一三到一六年初，由二六%降至二〇%；可是幾乎每兩位青年就有一名未就業，[1]要是大多數優秀年輕人沒有離開家鄉到別處求職，失業率會更高。

發生了什麼事？隨著經濟科學的進步，我們不是應該更了解如何管理經濟嗎？的確，諾貝爾獎得主、經濟學家羅伯特・盧卡斯（Robert Lucas）在二〇〇三年美國經濟學會（American Economic Association）的主席報告中，宣告「防止經濟衰退的主要問題已經解決了」。[2]那麼隨著市場的諸多起色，管理好經濟不是應該更容易嗎？一個運作良好的經濟體，特徵是成長快速、利益共享、低失業率。可是歐盟恰恰相反。

對於這個顯然的難題，有一個簡單的回答：歐盟在尚未想好配套機制下，於一九九二年通過了單一貨幣這個致命的決定。良好的貨幣制度無法保證繁榮，但設計不良的貨幣制度會導致衰退及蕭條。而長久以來，在各種貨幣制度中與衰退、蕭條等字眼連在一起的，就是讓一國幣值釘住他國幣值或某一商品價值，即**貨幣掛鉤**（currency pegs）。

十九世紀末美國的經濟蕭條與金本位制有關。當時每個國家皆將其幣值釘住黃金，於是各國貨幣隱然彼此綁在一起，但由於黃金產量匱乏，導致以黃金計價的一般財價格下跌，即今日我們所說的通貨緊縮。[3]結果是貨幣本身變得更加貴重，償債變得愈來愈困難，使美國農民因此陷入貧窮。以一八九六年民主黨總統候選人威廉・詹寧斯・布萊恩（William Jennings Bryan）的話來說，當年的選舉就是在美國是否會「把人類釘在黃金十字架上」這個議題上爭論不休。[4]

金本位制因延長、甚且加劇了經濟大恐慌而備受批評。那些較早放棄金本位制的國家，經濟復原的速度也比較快。[5]

但歐盟未以這段歷史為戒，決意將全體成員綁在單一貨幣上，在其內部創造出如金本位制重創全球一樣的僵固性。金本位制失敗了，除了一些被稱作「金蟲」（gold bugs）的人，沒人想看到它回歸。

歐盟不必被釘在歐元十字架上；歐元一息尚存，所需的改革關鍵在於這個貨幣聯盟（currency union）本身的架構，而非各國經濟體。然而，歐盟是否有足夠的政治凝聚力得以採納這些改革，仍有疑慮。在缺乏改革下，一場不傷和氣的分道揚鑣，遠比目前得過且過的處理方式更為可取。以下我將揭示這場分手如何才能處理得宜。

二〇一五年，擁有二十八個成員國的歐盟，人口總數估計為五億零七百四十萬人，GDP達十六・二兆美元，稍遜於美國，是全球第二大經濟體。[6]（由於匯率可能大幅變動，各國的相對規模亦會改變。二〇一四年時，歐盟曾是最大的經濟體。）在歐盟內，十九個國家共用歐元。使用共同貨幣的「實驗」相對晚近，直到二〇〇二年歐元才開始流通。不過早在十年前，歐洲各國就在《馬斯垂克條約》（Maastricht Treaty）[7]中承諾此事；且在歐元正式流通前三年，歐盟即讓區內各國相互釘住貨幣。二〇〇八年，歐元區和全球其他地區一同捲入衰退浪潮。而今美國已經大舉復甦（儘管姍姍來遲且欲振乏力，不過終究有了起色）；反觀歐盟，特別是歐元區，卻仍深陷泥淖、停滯不前。

無論是那些被稱為歐元區的國家或是全世界，這場失敗都非常重要。當然，對身陷危機的歐盟人民來說，損失格外慘痛，許多國家仍甩不掉衰退命運。在已然全球化的世界裡，一個全球經濟的重要地區竟面臨著停滯，不管是什麼原因，都會殃及全人類的。

誠如托克維爾（Alexis de Tocqueville）的《民主在美國》（*Democracy in America*）一書所示，有時候比起直接涉入事件的人們，一位旁觀者能夠給予更準確、更冷靜的文化及政治分析。經濟學分析某種程度來說也是如此。自一九五九年起我便不斷到歐洲旅行，近幾十年來我一年會去歐洲好幾次，更花了六年時間在那裡教書、念書。我曾與多個歐洲國家政府密切合作（大部分是西歐國家，東歐各國政府也不算少）。隨著二〇〇八年全球金融危機、歐元危機的醞釀及爆發，我密切與幾個危機國家互動；我曾擔任西班牙前總理薩巴德洛（José Luis Rodríguez Zapatero）的諮詢委員會成員，也是希臘前總理巴本德里歐（George Papandreou）的忘年之交及顧問。對於危機國家內發生的事，以及歐元區各委員會的政策因應，我有第一手的觀察。

身為一位經濟學家，歐元這場實驗一直令我心馳神往。[8]經濟學家沒有機會在實驗室裡從事實驗，我們得就現實世界（或政治）拋出來的東西，以實驗來驗證我們的想法。我相信歐元讓我們學到許多——那是帶有瑕疵的經濟學和意識形態所構成的混合物，是一個無法長期運作的系統。經濟大衰退發生時，此般缺陷原形畢露，眾人有目共睹。我相信任何人只要願意睜開雙眼，就會發現潛在的缺陷其實顯而易見。這些缺陷已然讓失衡現象不斷累積，而這些失衡更在逐步開展的危機中扮演著關鍵角色，得花數年時間才能修復。

歐元這場實驗對我來說特別重要，因為多年來我一直在思考及撰寫與經濟整合有關的議題。尤其我在九〇年代曾擔任柯林頓（Bill Clinton）總統的經濟顧問，身兼經濟顧問委員會（Council of Economic Advisers）主席，當時我們致力於透過北美自由貿易協定（North American Free Trade Agreement，簡稱NAFTA）開拓美國與加拿大、墨西哥的雙邊貿易，也致力於創設世界貿易組織（World Trade Organization，成立於一九九五年），開啟以國際法規掌管貿易的新頁。成立於一九九四年的NAFTA並未如歐盟這般具有企圖心，允許勞工自由跨境移動；比起歐元區，它又更加保守，因為美、加、墨三國並未共用貨幣。然而，即便是這樣的有限整合，都產生出許多問題。最重要的是，「自由貿易協定」這個名稱本身就是一種不實廣告——那實際上是一種人為操縱的貿易協定，為了美國企業的特殊利益而設立。就在那時候，我開始關注經濟整合與政治整合之間的差異，以及領袖們在不完美的民主程序中制定的國際協定後果會如何，不論他們的立意是多麼良善。

與柯林頓總統合作過後，我到世界銀行（World Bank）擔任首席經濟學家。在那裡我遭遇到一系列新的經濟整合問題，它們與政治整合總是充滿齟齬。我看到我們的姊妹機構國際貨幣基金（International Monetary Fund，簡稱IMF）試圖將被他們及其他捐贈國視為良好的經濟政策，強加施行於需要援助的國家。他們的看法是錯誤的，有時甚至錯得離譜。IMF強加的政策時常導致經濟衰退。我努力想要了解這些失敗之舉，以及ＩＭＦ為何會做出這些事。[9]

一如我將在本書多處提到的，ＩＭＦ（有時與世銀合作）在開發中國家及新興市場施行的計畫，與在經濟大衰退之後施加於希臘及其他受創國家的計畫，兩者有極高的相似性。我將從這些計畫一再令人失望、並在施行國家內受到公眾普遍反對等原因，解釋它們何以明顯相似。

今日，為了少數者的利益而創設新制，以此駕馭全球化浪潮，這樣的作為讓世界各國困擾不已。這些橫跨大西洋及太平洋兩岸，稱作跨大西洋貿易及投資夥伴協定（Transatlantic Trade and Investment Partnership，簡稱ＴＴＩＰ）及跨太平洋夥伴協定（Trans-Pacific Partnership，簡稱ＴＰＰ）的貿易協定，又一次地由政治領導者們關起門來起草；談判桌上只有企業利益。這些協定見證了經濟整合與政治整合的需求長期以來就不同調。其中一項最具爭議的特點，在於企業的預期利潤一旦因新規制定而受影響，企業隨時能以興訟來要脅政府。然而，沒有政府在自己國內會認可這種事，畢竟制定法規及因應環境變化改立法規的權利，本來就是政府的基本功能之一。

不過歐元區與其他案例有一項根本差異：歐元區背後有著朝更進一步政治整合前進的強烈企圖。在新貿易協定的背後，並無意讓代表貿易地區全體人民的議會機構制定一致的法規通則；共同議程僅在於停止規管，或最好是將現有法規的限制降低。

然而，「單一貨幣計畫」的設立，受意識形態及利益影響甚鉅；這項計畫不僅在經濟上沒有帶來繁榮，在政治上也沒有帶領國家走向更密切的合作。

因此，即便本書針對的是歐元這個核心議題，但論述卻更為廣泛：在經濟整合上，當啟人疑竇的經濟教條（由意識形態及利益、而非實證及科學形塑而成）主導整個議程時，即便是立意良善的努力，也會產生反效果。

我要說的故事是近幾年來縈繞於心的幾個議題的生動實例。這些議題在全球應該都能引起共鳴。首先是概念的影響，特別是與自由市場效率及穩定有關的概念。這一系列概念有時被稱為「新自由主義」，在過去三分之一個世紀形塑出許多相關政策及制度。我在其他地方曾描述過「華盛頓共識」（Washington Consensus）的相關政策如何支配了發展論述，造就出施加於開發中國家的各種條件。[10]而本書將探討同樣的概念是如何形塑出歐洲整合計畫的重大進展，即共同貨幣的使用，以及如何使之偏離軌道。

相同的概念之爭此刻仍然上演著。事實上，在某些案例裡，所提出的論述和證據基本上是一樣的。歐盟的撙節之戰與美國保守分子計畫縮減政府支出很像，縮減對象甚至包含了迫切需要的基礎建設，即使在失業率居高不下、資源閒置不用之時亦然。歐盟尋求正確預算結構的爭鬥，和我當初在世銀任內與ＩＭＦ一同投入的混戰類似。如何理解這些在全球普遍可見的爭鬥，確實是我寫下這本書的原因之一。

這些論戰所持的概念，不僅是受某些經濟利益所形塑。我採取的觀點可沒有經濟決定論那麼狹隘：個人的信念無法**單單**藉由經濟條件來解釋。不過某些概念確實附和某些利益，對於政策一般都符合制定者的利益這種傾向我們也不必感到訝異，儘管他們會用抽象的概念為自己辯護。這樣的分析導出了一個無可避免的結論：經濟與政治無法分割；其緊密程度就和一些經濟學家想強行將它們分開一般強烈。無論是已開發或未開發國家，全球化時常沒能為多數人製造利益，其中一項關鍵原因就在於經濟全球化的速度超越了政治全球化；在歐元議題上也是如此。

更深入的主題，則與晚近我對**財富分配不平等**的研究有關。[11]經濟學家、甚至政治家都專注在**平均數**，像是GDP及人均GDP的表現如何。但是很可能GDP向上攀升了，大多數人民的生活卻每況愈下。這就是上世紀最後三十年美國發生的事，類似景況在世界各地層出不窮。經濟學家曾經辯稱，經濟果實如何分配並不重要，分配結果該由政治或社會學家來關切，不是經濟學家。盧卡斯甚至大言不慚地說：「各種破壞經濟學健全發展的意圖，最魅惑人心者，在我看來也是最惡毒者，就是聚焦在分配的問題上。」[12]

如今我們知道不平等影響著經濟表現，任何人既不能、也不應對這些問題置之不理。[13]不平等也影響了民主及社會運作。不過我認為之所以要關注不平等，不只是因為這些後果，真正攸關的是**基本道德**的問題。

歐元已經讓不平等的現象加劇。本書的主要論點，就在於歐元深化了這樣的不平等，使弱國益弱，強國益強。比方說，德國和希臘的GDP差距，從二〇〇七年的一〇．四倍，增加到二〇一五年的一五倍。這種差距導致歐元區內各國的不平等現象增加，特別是那些處於危機的國家；即便是那些在歐元流通前就已致力減緩不平等現象的歐盟國家也是如此。

此等發展應不讓人意外。高失業率危及底層民眾，工資面臨下修壓力。對於倚賴政府福利計畫的中低收入民眾來說，源自撙節政策的政府支出縮減，影響格外深遠。這是這個時代的一個跨領域議題：新自由主義的經濟綱領，在提升平均成長率上**也許**是成功了，但可以肯定的是，在增加不平等上它也成功了。這究竟是如何造成的，歐元提供了一個詳盡的案例。

另外兩個主題與我長期投入的經濟制度研究更為直接相關。單靠市場本身並不足夠，這樣的觀點已經廣獲認同（終於！）。[14]亞當・斯密（Adam Smith）那隻隱形的手（個人的自利追求，合起來應當能帶來社會全體的福祉）確實是**隱形的**，因為它**根本就不在那裡**。市場經濟的**不穩定性**極少被注意到。打從一開始，**危機**就是資本主義的一部分。[15]

經濟學家採用的標準模型，簡單**假定**了均衡狀態；換句話說，該假定認為若經濟下挫了，很快就能恢復常軌。[16]經濟在一陣混亂後能夠迅速**收斂**至均衡狀態，這種說法是理解歐元區架構的關鍵。但經濟為何經常無法回到常態，我的研究已經提出了解釋。歐盟發生的事，提供了一個極佳且慘痛的例證。

這裡要講的故事當中，金融體系的角色不可或缺。金融體系顯然是現代經濟的必要部分。我在其他著作裡已經闡述過，倘若沒有悉心規範，金融體系可以也必定會造成經濟不穩定。[17]歐盟發生的事，再次印證了這些問題，也印證了歐元區的設計，以及為了因應危機而追加的政策，讓這些一直存在於現代市場經濟的問題更形惡化。

最後一個長久以來我所關切的主題，在本書中亦簡單提及。它與超乎經濟的價值有關：一、經濟應當是達成目的的一種手段，而目的則在於增進個人及社會全體的福祉。二、個人福祉不僅取決於一般人對GDP的認知。即便GDP的概念已經擴大包含經濟安全，更應納入一系列更廣泛的價值，包括社會連帶及社會凝聚力、對社會及政治機構的信任，以及民主參與度。三、歐元也應當是達成目的的一種手段，而非目的本身。它應當加強歐盟整體的經濟表現，以及政治、社會凝聚力。它應當協助歐盟達成更廣大的目標，包括增進福祉，並提升此處暗示過的幾個基本價值。但很明顯的，每件事都出了差錯。手段本身成了目的，而最終的目標已被破壞殆盡。歐盟失去了羅盤。這樣的反覆無常並非歐盟獨有，許多地方都經常發生。這似乎已是這個時代的全球性痼疾。

從某種意義上來說，歐元區的故事就是一齣道德劇，搬演著那些遠離選民的領導者如何設計出無法善待民眾的制度；揭示出在邁向經濟整合的道路上，金錢利益何以總是占上風；以及意識形態和狂飆的利益如何導致了這樣的經濟結構，讓少數人獲利、多數人身陷危境。

這是一則由政客們搬弄的老掉牙故事；他們沒有受過經濟學訓練，卻把自己的想法化為現實。這也是一則從短期政治利益出發，卻造成龐大長期後果的故事。歐元區的設計不該是寄望強國去幫助陷入短暫困難的國家，這樣的主張可能會吸引到一些自私的選民。但若連最小程度的風險都不願分擔，沒有任何貨幣聯盟能夠順利運作。

對大多數歐洲人來說，將歐陸各國進一步整合的歐洲計畫，是六十年來最重大的政治事件。看著這項計畫失靈，或是諫言其可能失靈，抑或說此計畫的通貨體系可能失靈，都被視為是異端邪說。然而，事實有時會傳達出令人痛苦的訊息：歐元體系已經殘破不堪，如未盡速修復，代價必將十分昂貴。即便近來體制有所革新，然而長期下來亦不可行，必定會讓人民付出可觀成本。這些成本遠不只是經濟成本：先前我曾提過政治及社會動盪，還有極端主義、右翼民粹主義的興盛。歐元的失靈不是造成這些風潮的唯一原因，但我相信強加於諸多人民身上的龐大經濟負擔，即便不是罪魁禍首，也是禍源之一。

這些代價對歐洲青年來說格外高昂。他們的未來備受威脅，抱負早被摧毀殆盡。他們或許不全然了解發生了什麼事，也不全然了解背後的經濟學邏輯，但他們明白：他們是被那些設法說服他們支持創設歐元、加入歐元區的人給騙了。這些人承諾，創設歐元會帶來前所未有的榮景，也承諾只要國家堅守基本限制，讓赤字及負債與GDP的比例保持低點，歐元區的窮國就會往富國的水平靠攏。現在，同一批人或同一政黨的政客時常告訴他們：「請相信我們，我們有一套治國良方，有一系列的政策。即便短期可能遭受痛苦，但長期一定會有所改善。」

對於歐元區若未有所改革將發生何事，我的分析充滿絕望。對於歐元區若照著德國或其他地方諸多人士主張的方式改革，我的分析更加悲觀。但是說到底，這本書仍然**懷抱著希望**。對於歐洲的青年，以及相信歐洲計畫，相信政治更為整合才能使歐盟更加強大繁榮的人們來說，這個希望的訊息格外重要。還有其他路可以走；它們與此刻歐盟各國領導人所敦促的路徑截然不同。的確，還有好幾條路可以走，每條所需的歐盟團結程度皆不相同。

歐盟犯了一個簡單且可以理解的錯誤：它以為邁向更為整合的大陸，最好的方式是透過貨幣聯盟，共用單一貨幣。想要拯救歐洲計畫，歐元區及歐元在架構及政策上都需大刀闊斧的改革。這並非天方夜譚。

歐元是人為的建置物，其形貌並非自然法則所造就。歐盟的貨幣制度可以重新建構。若有必要，歐元可以拋棄不用。在歐盟及其他地區，我們可以重新設定羅盤，改寫經濟及政體規則，達成更繁榮、更平等的經濟，同時也強化民主及社會凝聚力。

這本書是抱著希望寫就而成。對於歐盟應該如何作為，它提供了一些指引，也提供了一些刺激。希望歐盟能盡快推動這個懷抱雄心壯志的議程。歐盟必須恢復崇高的視野，找回成立之初追求的目標。**歐洲計畫是如此的重要，不應該被歐元摧毀。**

第一部 身陷危機的歐洲

〔第一章〕歐元危機

歐洲，啟蒙運動的發源地，現代科學誕生之處，正處於危機之中。二〇〇八年全球金融危機與二〇一〇年的「歐元危機」無縫接軌。世界的這一隅曾經主導了工業革命，過去兩個世紀的生活水平因而產生前所未見的變革；但如今，這裡經歷了長時期近乎停滯的狀態。經估計，二〇一五年歐元區（共用歐元的國家）的人均ＧＤＰ（經通膨調整）[1]，並沒有比二〇〇七年時高出多少。[2]部分國家已深陷蕭條好幾年了。[3]

當美國的失業率在二〇〇九年十月衝上一〇％時，大多數美國人都覺得難以忍受，在那之後便降到了五％。二〇〇九年歐元區的失業率也到了一〇％，而且從那以後就一直停在二位數，[4]平均每五位青年勞動者就有一位以上失業；在受害最慘烈的危機國家，每兩位求職者就有一位找不到工作。[5]枯燥的統計數字裡頭承載了數百萬歐洲年輕人的遠大夢想及抱負，他們許多人都相當努力的工作與學習。那些可以離開的人遠赴異鄉尋找工作，家庭分離的故事不斷上演著。他們預示了一個低成長、低生活水平的歐洲未來，且或許還會持續個好幾十年。

這些經濟事實帶來了一個又一個深刻的政治後果。後冷戰時期歐洲所建立的基礎被動搖，高唱民族國家分裂的極端右翼、左翼及其他團體勢力高漲，尤其在西班牙、甚至義大利也是。十九世紀民族國家的形成已看似不可避免的歷史軌跡，而今正受到質疑。對於創設歐盟這個二戰後歐洲的偉大成就，質疑聲浪亦逐步升高。

歐元區的架構有著根本上的問題，隨後發生的各種加速歐元危機的事件，皆是它出現的症狀，而不是導致它生病的原因。舉例來說，希臘及一些歐元區國家發出的債券利率不斷攀升，希臘在二〇一二年時還衝上二二．五%的高峰。[6]某些國家不時陷入周轉失靈的窘境，他們無法獲得償債所需的資金；在歐元區的架構下，這時歐盟會前來救援，以嚴格條件提供短期融資。

二〇一〇年初歐元危機爆發後，歐洲各國領導人採取一連串行動，每項作為似乎都讓市場暫時冷靜下來。本書出版時，連希臘的危機都已退入後場，他們期望二〇一五年夏季達成的最新協議終能生效。在此同時，其他危機持續引起公眾關注：移民危機浮上檯面、英國脫歐的衝擊，以及巴黎、布魯塞爾的恐攻威脅。歐元應當帶來更緊密的經濟及政治整合，協助歐洲處理該地區面臨的任何挑戰。但如同我們在下章強調的，事實恰好相反。歐元的**失靈**已經讓歐洲更難去面對這些危機。儘管本書與**經濟學**相關，討論歐元失靈背後的經濟學及其補救之道，但是經濟與政治緊密相連。是政治讓促使歐元順利運作的經濟機制難以創立，而歐元失靈則帶來一個個嚴重的政治後果。

本書將清楚呈現，為何目前採取的「解決」歐元危機的行動一直都是治標不治本。歐元危機的下一部曲，極有可能在不遠的將來爆發。

核心論旨

儘管有許多因素造成歐洲步履維艱，但有一個根本上的**錯誤**：歐元這個單一貨幣的創設。或者更精確地說，是創設了單一貨幣，卻沒有創設一系列制度，讓單一貨幣制在多元的歐洲地區能夠有效運作。

本書的第二部（第四至六章）將檢視成功的貨幣聯盟條件為何，以及歐洲實際上做了什麼事，而存在於應做與實做之間的落差如何導致歐元失靈，並且在歐元創設後不久危機立現，也造成**趨異**（divergence）現象的產生：富者愈富、貧者愈貧，讓單一貨幣制更難運作。第三部（第七、八章）進一步檢視歐元區如何回應危機，他們採用了看似是為「救火」、實際上卻加劇經濟低迷的各種方案。第四部（第九至十二章）則闡述如何才能恢復歐洲榮景。

歐元歷史及本書論述範圍

本書並未詳述歐元的歷史，對其制度內容也未窮盡。但作為討論準備，指出部分的創設及發展紀事將有所幫助。這個共同貨幣是二十世紀中期以來一路努力的成果。當時歐洲正從大屠殺及奪走一億性命的兩次大戰殘局中踉蹌站起。歐洲各國的領導人體認到，一個更和平的未來需要靠整個歐陸的政治、經濟、甚至民族認同的徹底再整合來達成。一九五七年，這項願景隨著《羅馬條約》（Rome Treaty）的簽署往前邁進了一步；該條約設立了歐洲經濟共同體（European Economic Community，簡稱EEC），由比利時、法國、義大利、盧森堡、荷蘭及西德等國組成。接下來的數十年，冷戰主導著國際局勢，西歐各國紛紛加入EEC。隨著不斷擴張的EEC國家名單，各國間的工作、旅遊及貿易限制一步步轉趨寬鬆。

不過直到冷戰結束後，歐洲的整合才真正啟動。一九八九年柏林圍牆倒塌，揭示著一個更緊密、堅實的歐洲結盟時代已然來臨。無論領導者或是人民，對和平及繁榮未來的企望都達到高點，促成一九九二年《馬斯垂克條約》的簽署。歐洲聯盟自此正式成立，隨之創設相關的經濟架構及制度，包括研擬推行共同貨幣，就是之後的歐元。

然而，對於更廣大的統一局面該如何達成，看法分歧。今日歐盟的官方歷史看起來像是一張大事記表，這些事件均指向了一個不斷擴張的共同市場及共同通貨區（即歐元區）的必然誕生。但事實上，這些制度的設立是談判多年的結果，其中充滿了對歐洲整合程度及形式的各種強烈歧見。最後的這番結果來自於歐盟領導人之間的協商及妥協。以歐元為例，據報導德國總理柯爾（Helmut Kohl）之所以同意歐元創設，是為了換取法國總統密特朗（François Mitterrand）對東西德統一的認可。在促進歐洲整合的概念上，這兩人至為重要；他們也是本書所討論諸多政策的關鍵制定者。

上述這些歷史都很重要，但它們大多超出了本書的討論範圍。我想強調且在全書一再申述的重點，在於**歐元是一項政治計畫**。而正如其他政治計畫一般，**政治**必然是重要的。

政治中的**人性**亦很重要。這令人想起雅克．戴洛爾（Jacques Delors）★，他的委員會於一九八九年擬出創設歐元的計畫。再次強調，我的重點不在這裡。描述歐元的創設時，我並不全然了解參與創立的那些人想法為何。他們顯然認為這項體制能夠運作，否則不會贊同此議。假如他們認為一路走來不會出問題，那就太天真了；不過可以推測的是，他們相信諸般問題都能夠也都會被解決。他們相信歐元這種單一貨幣以及支撐它的機構，特別是歐洲央行（European Central Bank，簡稱ECB），會是歐盟的永久特徵。不過本書與這些歷史無關，也與這些創立者對新體制運作的認知無關。

我感興趣的反而是**歷史的結果**。我們能夠從中解讀出什麼，並且做些什麼。本書關乎經濟學、經濟意識形態，以及它們與政治的關係。這是一項個案研究，旨在審視：以過度簡化的經濟運作觀點創設新體制及新政策，縱使立意良善，結果也會令人失望，甚至是一場災難。

生來即有缺陷

歐元區生來就有缺陷。它的架構，包括規則、法規及權力機構，正是它表現不佳（包含各種危機）的元凶。歐洲的多元性一直是其優勢。然而，要讓單一貨幣在充滿**經濟及政治多樣性**的區域運作，絕非易事。單一貨幣必須要有單一利率，以及國與國之間的**固定**匯率。即便兩者的設定反映多數成員國的情況，但在經濟多樣性的前提下，還需要一系列制度來輔助那些與既定政策不相容的國家。但歐洲並未創設這些制度。

此外，面對各國經濟情況、信念及價值觀的差異，歐元區的規則必須具備充分的彈性，以便隨時調整。整體說來，歐盟將這個概念嵌入其**輔助性**原則（principle of subsidiarity）†中，把公共政策

★ 編按：法國經濟學家及政治家。第八任歐盟委員會主席，也是首位連任三屆的歐洲委員會主席（1985-1994）。

† 編按：歐盟法中一項重要的基本原則，也就是只有在成員國所採取的行動不充分之下，歐盟才能夠介入。

的責任轉移到國家層級，而非歐盟層級，並盡可能地擴大各國的決策範圍。[7]事實上，歐盟的預算僅占其GDP約一%[8]（相較於美國，聯邦支出占GDP逾二〇%）[9]，歐盟層級的支出確實很少。然而，在一個對人民福祉如此重要的區域，其貨幣政策決定著失業情況及生計基礎，但制定政策的權力卻集中在一九九八年成立的歐洲央行。再者，歐盟對赤字支出（deficit spending）的嚴格限制，讓個別國家的財政政策（稅制及支出）彈性不足，無法在逆勢中避免嚴重的衰退發生。[10]

更糟的是，歐元區的架構本身是建立在對經濟成功要件的特定理念上。例如，相對於美國聯準會被授權處理包含失業、成長及經濟穩定等問題，歐元區則認定歐洲央行應將重心放在通貨膨脹。[11]因此，問題不僅在於歐元區的架構無法含括歐洲的經濟多樣性，更重要的是它的規則、法規並不是被設計用以促進成長、就業及經濟穩定之用。

由於歐元區所施行的**政策**，使得它的**架構**問題更形惡化，尤其在那些剛脫離危機或正處於危機的國家。即便架構缺陷，歐元區還是有選擇的空間。然而，歐盟卻做出了錯誤選擇。他們強制施行撙節，大幅刪減政府支出。他們還要求某些「架構調整」，例如改變受創國家的勞動市場及退休金運作方式。最重要的是，他們未能將眼光放在那些最有可能終止各國面臨嚴重衰退的改革作為上。就算強加於危機國家的政策被完美實行了，依舊無法讓這些國家或整個歐元區恢復穩健。

亟需改革之處在於歐元區的架構本身，而非個別國家。雖然大體上已蹣跚地朝這個方向前進，但進展仍舊太少且太慢。德國及其他國家忙著怪罪那些受害國家，但那些國家正是因為有缺陷的政策及歐元架構才蒙受其難。倘若不改革歐元區的架構，歐盟就無法恢復成長。

挖掘問題：為何會出現缺陷的架構及政策？

為什麼立意良善的政治家嘗試打造一個更堅實、整合的歐洲，卻創造出帶來反效果的東西呢？本書不只與歐元危機這個改變歐盟的重大事件有關，還包括其背後的**經濟學**、政治與經濟的交纏，以及**概念與信念**的角色。

縱然歐元是一項政治計畫，但歐盟的政治凝聚力，特別是各主權國家授予歐盟的權力，並未強烈到能夠創設出讓歐元有機會成功的經濟制度。

再說，歐元的創設者被一系列概念及經濟運作觀念所主導；雖然這些概念及觀念在當時頗為流行，但根本就是錯的。[12]他們對市場充滿信心，對市場的局限性不甚了解，也不了解使市場順利運作的必要條件為何。對市場充滿不可動搖的信心，有時被稱作市場基本主義（market fundamentalism）或新自由主義。[13]他們相信政府只要確保通膨能穩定處於低點，市場必會帶來經濟成長及整體繁榮。儘管在世界大多數地方，市場基本主義已經飽受質疑，特別是在二〇〇八年全球金融危機後那段時期，但這樣的信念仍舊存在主導歐元區的德國，而且持續滋長。他們懷著堅定信念，新的反證。確切地說，這樣的信念是一種**意識形態**。一如我在前言所述，類似概念曾透過IMF及世銀推行於世界各地，導致非洲長達四分之一世紀、拉丁美洲長達十年的經濟失落，以及一件至少可說是令人沮喪的事——前蘇聯和東歐由共產主義轉換至市場經濟。

歐元區在架構及政策上的失靈，很大一部分可以歸咎於歐元建構時普遍存在的經濟意識形態所誤導，以及欠缺深度的政治團結。兩相結合之下，導致歐元在創設時，就已埋下自我毀滅的種子。

對經濟及政治轉變的錯誤認知

對改革進程抱持錯誤信念，也是招致毀滅的原因之一。領導人們深知歐元區的計畫並不完備，卻仍將它視為長期發展的一部分，以為藉由歐元的帶動，可以迫使必要但尚缺少的制度被創設出來，而這樣的成功就會促成政治及經濟的整合。

在我擔任世銀首席經濟學家時，我學到了必須對改革時程及步調格外留心。[14] 初期的失敗會增加對進一步改革的抗拒，這就是歐元的遭遇。

前進的道路

歐元區內現行政策的擁護者，以德國為首，他們對於目前的架構（除了已被採納的少數調整）及施行的政策，基本上都會說是「**別無選擇**」。這句話實在太常被使用了，還出現了縮寫「TINA」這個難堪的殊榮。★第四部（第九至十二章）揭示了在目前的道路上還有其他選擇，包括促使歐元順利運作的其他改革（第九章）、協議離婚（第十章），以及一個中途之家。這個中途之家與目前的中途之家相當不同（第十一章），是個只要有足夠決心讓歐元體制運作，就有可能促成共同通貨區的中途之家。目前的中途之家（是單一通貨沒錯，但沒有共同通貨區所需的制度）並未順利運作，也不太可能做得到。它不是得要「更歐洲」，就是得要「更不歐洲」。

比失落的十年更慘？

每當危機襲擊時，往往需要幾年的時間才能讓經濟回復至危機前的成長及失業水平。歐盟面臨的處境更加艱難：大多數歐盟國家的生活水平，幾可確定**不會**達到若沒有經歷歐元危機的話可能達到水準，或是若妥善處理歐元危機的話可以達到的水準。歐元只會不斷的失敗下去。

歐元支持者堅稱，歐元**不僅**是一項經濟計畫，旨在透過增進資源分配效率、追求比較利益、增強競爭、利用規模經濟及加強經濟穩定，以尋求生活水平的提升。歐元更是一項政治計畫，其應能強化歐洲的政治整合，將歐洲各國及其人民更緊密地連繫在一起，同時確保和平共存。

然而，歐元已無法達成經濟繁榮及政治整合兩項主要目標。這些目標距離歐元區愈來愈遠了。此刻，歐洲國家以不信任及憤怒的態度看待彼此，而非心平氣和。當北歐國家斥責南歐國家懶惰且不可靠時，古老的刻板印象已然復甦；有關德國戰時作為的種種記憶也被喚起。

糟糕的經濟表現

歐元區各國的經濟表現令人失望。基本上，歐元區早已停滯不前。自從全球金融危機後，其經濟表現便益發悽慘。歐元評論者總是說，歐元區的考驗在於各國面臨著不對稱衝擊（asymmetric shock），單一改變會對各個國家造成深淺不一的衝擊。歐元區各經濟體的表現，比當初那些評論大

★譯按：即 there is no alternative（別無選擇）的字首縮略詞。

師所預期的還要慘烈。二〇〇八年全球金融危機帶來的後果，顯示出各種恐懼已然成真，而且猶有過之。金融危機起自美國，但美國已然復原，儘管仍是欲振乏力。二〇一五年美國的實質GDP[15]比起二〇〇七年高出約一〇%，但歐元區的GDP[16]自二〇〇七年起即少有變動；事實上，經通膨調整後的人均所得反而降低了。歐元區甚至可說面臨了二次衰退，但歐元區外的一些國家，像瑞典和挪威，表現則一直不錯。問題很明顯了：歐元就是歐元區表現疲弱的主因。

即便德國也是失敗案例

德國把自己推舉為成功典範，供其他國家學習仿效。自二〇〇七年起至今，德國經濟成長了六．八%，但這意味著一年僅有〇．八%的平均成長率；[17]在一般情況下，這樣的數字被視為幾近衰退。[18]值得一提的還有德國在危機發生**之前**，也就是二十一世紀頭幾年的發展。當時德國採取刪減社會安全福利的積極改革，犧牲一般勞工、特別是底層勞工的權益。隨著實質工資停滯不前（部分報告指出實質工資降低），底層人民與中產階級之間的鴻溝加深；短短不到十年，差距擴大至九%。不過幾年，貧窮及不平等也增加了。[19]德國能被評為「成功」，只是因為比較對象是其他歐元區國家罷了。

歐元如何「創造」歐元危機

歐元的支持者反駁說，歐元**確實**運作順利，即便只有一段短暫的時期。從一九九九到二〇〇七年之間[20]，**收斂**（convergence）★起了支配作用，政府及企業必須支付的貸款利息下降，使經濟弱國得以迅速成長。隨著資本流向較為貧窮的國家，歐元亦成功推動了經濟整合。對支持者來說，歐元是發生在大西洋彼端、源自美國的不幸風暴的受害者。那是一場世紀僅有的颶風，帶來了滿目瘡痍，這個事實不該怪罪歐元。良好的經濟制度可以承擔正常的風暴，但即便是最好的制度設計，也無法抵抗如此罕見的情事。

沒錯，全球金融危機確實暴露出歐元的致命弱點：面對影響歐元區各地或大或小的經濟衝擊，歐元阻礙了調整的可能性。但歐元並非他處危機的無辜受害者。易受非理性繁榮（irrational exuberance）及悲觀主義影響的市場，錯誤且非理性地認為排除外匯風險（有了單一貨幣，就不再有義大利里拉對西班牙披索的匯率變動風險）即是排除主權風險，亦即排除政府無力償債的風險。市場分享著歐元創設後的狂喜，他們和催生歐元的執政者一樣，均未深思自己創造出了怎樣的一種經濟。他們並不了解，他們創設歐元的方式，反而增加了主權風險（見第四章）。

一九九九年歐元創設後，熱錢湧進邊陲國家（較小的國家，像是希臘、西班牙、葡萄牙及愛爾蘭，這些國家圍繞著歐洲的「核心」，即法國、德國和英國），利率也降了下來。重複著世界各地自由市場的模式，當熱錢湧進一個國家後，隨之而來的即是熱錢湧出；市場突然領略到他們太過樂觀了。在此情況下，全球金融危機更是火上加油：突然間，希臘、西班牙、葡萄牙及愛爾蘭無法取得貸款，自此陷入歐元區創設者從未設想過的危機。十年前發生在東亞的金融風暴，當時投資者轉向導致資本流動突然出現逆轉，受創國家的匯率大跌有助做出調整；但在歐元區邊陲國家，這種情形

★編按：收斂是許多經濟成長模型的推論，可能源於資本邊際收益的遞減：富國資本累積高，因而邊際收益低，逐利的資本會流向邊際收益高的地區，直至各地區趨同。收斂也可能源自人口、技術等其他要素的跨國流動。

不會發生。[21]歐元區的領導者並未預期這樣的事情發生，因此他們沒有作戰計畫。

創設趨異的歐元區

有個經濟學大哉問：一群國家共用共同貨幣且共享繁榮，需要什麼條件？[22]對此經濟學家之間有個共識：要讓單一貨幣順利運作，需要各國之間有**足夠的**相似性。

至於需要哪樣的相似性還可再討論，這裡要說的是多數歐洲人（尤其德國人）認為需要的，例如往嚴謹財政（fiscal prudence）、低赤字及低負債方向前進，並**不足以**確保歐元順利運作，甚至也不太必要。

這些財政問題為許多人重視，被稱作**趨同標準**（convergence criteria）。然而，歐元的設計卻導致了**趨異**（divergence）：當面臨負面「衝擊」，強國犧牲弱國而獲益。那些原本被視為是趨同標準而強加施行的財政限制，即赤字限制、負債占GDP比限制，卻也導致了趨異。

第五章將詳細解釋歐元區的架構如何導致人民（尤其是能幹的高知識分子）及資本從貧窮且經濟表現不佳的國家，往富裕且經濟表現良好的國家流動。後者有較好的教育及基礎建設投資；這些國家的銀行放貸額度更高，使企業家更容易開展新事業。更糟的是，歐盟法制還禁止後段班國家實行某些可以讓他們趕上前段國家的政策。

先別管團結一致這種浮誇的說詞了。一個更加分裂的歐洲，是更難有機會去實行恢復區域繁榮的政策。

指責受害國

歐元區的架構幾乎無可避免會導致趨異的情況，這種負面效果因歐元區選擇的**政策**而更形惡化，特別是那些因應歐元危機的政策。即使在歐元區的約束下，還是可以採行不同的政策。但不意外他們沒有這麼做：本書的一個核心論旨是，導致錯誤架構的思維模式，同樣也導致了錯誤的政策。

歐元區的領導人想要怪罪受害者，怪罪那些衰退或蕭條國家所帶來的多事之秋。他們不想責備自己，以及由他們協助創設、此刻也由他們掌管的制度。責怪受害國並不會解決歐元問題，況且那並不公平。抱著這種「責怪受害者」的心態，難怪這樣的團結始終積弱不振。

當希臘陷入危機時，羅織她入罪是很容易的：要是希臘能有所改革，要是她能遵守規則降低負債，徹底調整社福、退休金及健康照護制度，她就可以繁榮向上，讓問題迎刃而解。當然，希臘的政策及制度有許多可議之處。大多數報告都指出，希臘經濟是由寡頭（一小群豪門家族，對經濟能隻手遮天，更掌控了重要部門，包括銀行及媒體）所主導。歷任政府動用大量赤字，稅收制度則使情況加劇；希臘的稅收或許比小型企業為主的國家稅收還要糟糕。問題並不在於希臘是否表現完美。早在她的成長快於歐洲其他國家時，她就已經深受這些問題所苦。當希臘被接受加入歐盟及歐元區時，它們就已存在了。重點在於，這些問題在**危機**中扮演了什麼角色？若說是希臘本身的缺陷帶來了歐元危機，**或許**會具有說服力，只要希臘是歐元區裡唯一一個處境艱難的國家。但希臘不是唯一：愛爾蘭、西班牙、葡萄牙、賽普勒斯，現在連芬蘭、法國、義大利，都面臨了嚴重困難。有那麼多國家遭逢麻煩，讓人不得不懷疑問題出在他處。

很不幸的，第一個陷入危機的國家就是希臘。希臘的問題讓德國及其他國家可以只挑她的毛病，特別是財政浮濫，而忽視了危機也襲擊其他沒有高負債及高赤字（至少在危機發生前）的國家。在危機之前，西班牙及愛爾蘭都呈現順差，收入均超過支出，負債占GDP比都很低。倘若德國的理論是正確的，赤字及負債是危機的起因，那麼最佳的危機防制政策，就是執行對抗赤字及負債的政策；這麼一來，西班牙及愛爾蘭應該不會出現危機才是。二〇〇八年全球金融危機過後，這兩國都面臨了高負債及高赤字，但注意：是持續的嚴重危機造成了負債及赤字，不要倒因為果。

胡佛又一次失敗了

對於歐元的批評集中在那些施加於危機國家身上的拯救「方案」；這些國家包括葡萄牙、愛爾蘭、希臘、西班牙，以及之後的賽普勒斯。這些方案由三巨頭（the Troika，即國際貨幣基金、歐洲央行及歐盟執委會等三角統治集團）制定，要求危機國家向「夥伴國」釋出大量經濟主權，以換取協助。錢是借給了危機國家（很少是用送的），卻附帶嚴苛條件。貸款及貸款條件和該國達成這些條件的時程，就是所謂的**方案**。

一般來說放款人會提高貸款條件，讓貸款更有可能被償還，但歐元區各分支機構強加於各地區的貸款條件，與償還貸款本身並無直接關連。那些條件是企圖確保受款國的經濟措施能遵從歐元區各國財政部長（由德國主導）認為受款國**應該**做到的事，但這樣的威嚇會出現反效果——所施加的條件時常導致經濟緊縮，讓借出的錢更難收回。

這些方案的確拯救了銀行及金融市場，但在其他方面卻失敗了。該下跌的東西往上漲，該上漲的東西卻往下跌。從絕對數值或對GDP的占比來看，負債都提高了，也變得難以支撐。而在許多危機國家，不平等的現象增加，自殺人數[23]和集體苦難也跟著增加，所得則下降了。本書出版之際，**僅有一個**危機國家（愛爾蘭）恢復至危機前的GDP水平。三巨頭的預測一直都非常不準。他們預料危機國家會**迅速**恢復成長，但衰退的深度及長度比他們的模型所預測的要高出太多了。

撙節

每一種方案都有兩個關鍵部分：一是總體經濟學，專注在支出的刪減；另一則是架構改革。歐元區的主導勢力不僅（錯誤地）相信低赤字及低負債能夠**防制**危機，他們還相信讓衰退國家恢復穩健的最佳方式，就是施打一劑撙節強心針，刪減支出以降低赤字。胡佛（Herbert Hoover）是一九二九年股市崩盤時的美國總統，他的撙節政策讓股市崩盤轉變成經濟大恐慌。自胡佛以降，這樣的政策屢獲嘗試，卻也屢屢失靈，IMF最近的一次嘗試就在阿根廷及東亞。第七章會更完整解釋這些政策何以失靈，以及為何在歐洲也不管用。它們沒能恢復繁榮，更慘的是還讓衰退加劇。就歐洲來看，撙節無論何時何地都具有緊縮效果。撙節程度愈高，經濟緊縮情況就愈嚴重。三巨頭何以認為歐洲這次會不同呢，實在令人不解。

架構改革

方案的第二個部分是個大雜燴，旨在改變經濟及法律的「遊戲規則」，稱作架構改革。而當三巨頭認為過度支出是危機的根源時，確實承認了歐元的僵固性所帶來的麻煩。

危機國家無法降低匯率，藉由壓低出口商品價格而增加貿易。因此，在三巨頭看來，為了重新取得「競爭力」，危機國家必須降低工資及物價，並**重新架構**經濟體制，例如驅逐獨占事業，讓經濟更具效率。不幸的是，三巨頭實在很不會對症下藥。有些改革捨本逐末，有些可能對改善長期生活水平很重要，但對於改善經常帳[24]赤字的短期效用有限。第八章會揭示，部分改革在恢復經濟穩健上甚至適得其反，至少就短期來看是如此。

當然，三巨頭主導的部分改革使工資直接（藉由削弱勞工的協商權）或間接地（藉由提高失業率）下降。他們期望較低的工資能夠使出口商品價格降低，從而提振出口。但在大多數情況下，出口的增長幅度是令人失望的。

歐元區其實早就可以透過其他方法做出調整。倘若德國的工資及物價提高了，歐元就會下跌。如此一來，危機國家就會變得更具全球競爭力。這原本可以成為一個較有效率的調整方式，給德國帶來的成本會比現在施於危機國家的成本還要小。然而，這會讓德國肩負稍多的調整負擔，而德國不想要任何這種負擔。他們已是歐元區內的主導國家，也因此他們能確保所有的調整負擔都落在較貧窮的「夥伴」身上，也就是那些處於危機中的國家。

無論是撙節還是架構改革，都無法讓危機國家重返繁榮。德國及其他歐元區國家責怪那些危機國家，並且只關注財政赤字，對問題的根源做出了錯誤診斷。真正需要的是歐元區整體的架構改革，而非個別國家的架構改革，特別是這些改革常常不夠縝密、不合時宜，甚至會產生反效果。固然，每個國家都需要架構改革，例如在美國，我們應該改革健康照護、教育、能源、智慧財產及運輪體系。未能及時做出改變的國家，將受生活水平下降所苦。這樣的改革對較貧窮的國家更重要，例如希臘。顯然是有什麼讓他們裹足不前。對改革的期待已非問題所在。然而，成功的改革需要按部就班，以及人民的買單，也就是說人民是否能看見政策推行的好處。若只是說些長期下來這樣的政策會使人民更加富有的空話，是不會有什麼幫助的。[25]

三巨頭想要將他們所推銷的架構改革強加於危機國家的人民身上，不過做得實在糟糕，因為時機及順序都錯了，況且多數的改革令人生疑。無論怎樣舌燦蓮花，都沒有辦法成功。在接下來的章節裡，我們會看到充足的證據。

反效果的政策

我們得問，在提供給危機國家的方案中，放款人（三巨頭）為何要強行實施一些具有反效果的條件，而降低償債的可能性？是放款人真的認為，他們的方案會讓經濟榮景迅速回歸嗎？這樣的假設就和他們的預測一樣錯得離譜，他們一而再、再而三地犯下這些錯誤。但既然有了撙節政策失靈的歷史先例，為何還有人會相信它們在歐洲能夠順利運行呢？

我已經提出了一部分答案：意識形態，亦即認定經濟應如何運作的固執信念。即使反對的證據增加，信念仍然少有動搖。就算是那些更為嚴謹、提供經濟預測數據的「模型設計者」（modelers），某種程度都會受到此種信念的影響。[26]

但這樣仍舊無法提供一個完整的解釋。還有一種可能，是運用某種政治議程把激進左翼政府拉下台，並告誡其他國家的選民，選出這樣的政府會有什麼後果，同時讓保守的經濟及社會議程伺機在歐盟內部擴散。與幾位涉入歐元危機的歐盟領導人討論過後，我深刻感受到：政治議程絕對占有一席之地。[27]

再說，政府內部充滿了複雜的制度。存在於歐盟社會模式背後的歐盟經濟制度，結合了市場經濟與強大的社會保障機制，以及勞工在經濟決策上的主動參與，常比美國的「股東資本主義」更為積極。[28]但是這套制度不太得到各國財政部的支持，而這些部會才是危機國家方案的真正建構者。他們或許是把這些方案當成是實行在自己家鄉辦不到的事的一面好機會。

最後，有許多人主張，至少在強加於希臘的條件裡，可以看到希臘對於歐盟領導人的作為有些懷恨在心，或幾乎說是怒火中燒。他們尋求公投，以便評估施行方案的支持度（見第十章）。很難相信歐元區裡那些負責任的官員們，只因為不同意一個國家選出來的領導人，便讓該國上下盡皆受苦，更難相信那些官員們會惡意地採行對該國不怎麼有利的條件。然而一些討論聲浪，正給人留下「事實上就是如此」的印象。

團結一致與對經濟的共同認知

當一群國家共用共同貨幣時，要想成功可不是只有完備的制度就好。（那些制度是什麼，之後的章節會進一步討論。）要讓改革順利運作，就必須做出決策；而做出來的這些決策，則反映出決策者的認知及價值觀。他們必須對於如何追求成功的經濟、最低程度的團結或強國援助弱國的社會凝聚力有所共識。

如今歐洲沒有這樣的共識，也沒有真正的團結一致。德國一再重申歐元區不是一個「移轉聯盟」（transfer union）；也就是說，在一個經濟集團內，國與國之間彼此移轉資源，即便只在需要的時候進行。確實，危機上演後那幾年內，各成員國間不僅經濟上出現了趨異，**信念**上也出現了趨異。

當然，歐元區的領導人會指出他們屢屢成功地達成了困難的協議。他們大言不慚地說，妥協是民主的本質，因為民主，所以進展緩慢。但有些時候，妥協也是一種自我欺騙；要達成經濟成功所需的最低程度的一致性，在妥協中是找不到的。歐元區領導人吹捧的作為，毋寧說是一種得過且過的舉動。這樣的妥協路徑或許可以持續個幾年時間。在每個節骨眼上，受創國家都可以說：「為了留在歐元區，我們投資了這麼多，再多做一些被要求做的事是值得的——就算這樣會延長或加劇我們的經濟蕭條。」一旦如此理解，這些國家便會無視「讓過去成為過去」這項基本經濟原則。[29]他們把過去的錯誤與未來的錯誤混在一起。雙方都試圖抓住那根救命稻草，尋找方案會成功的證據。[30]

受創國家政府並不想告訴他們的人民，你們的受苦都白費了。政府官員知道一旦做出離開共同貨幣區的決定，勢必會帶來混亂，而他們也有很大機會被炒魷魚。他們知道，只要事情進展不順，無論罪魁禍首到底是誰，都將由他們承受批評壓力。因此，繞了一大圈，他們不但有著強烈動機選擇得過且過，還會在最薄弱的證據基礎上宣稱勝利，儘管那不過是失業率稍微下降，出口稍微增加罷了。經濟體內的任何生命跡象，現在都成了宣稱撙節方案確實發揮作用的依據。

衰退終會劃下句點的。它們總是如此。然而，一項經濟政策的成功，是根據復原前的經濟低迷期多深多長、受創多嚴重，以及對未來的經濟表現有多麼不利來做評斷。從這些方面來看，無論歐盟政治領導人如何在這些強加於危機國家的方案上製造出美麗假象，**它們終歸是一場失敗**。

歐元區內已經在推行一些改革，獲得了該有的讚揚。像是歐洲穩定機制（European Stability Mechanism）這個經由出售債券[31]及歐元區各國出錢資助而成立的歐盟新制度，借款給陷入麻煩的國家，也幫助西班牙銀行進行資產重組。不過截至目前為止，獲得同意的改革當中有些只是另一個中途之家罷了，它們的存在只是因為聊勝於無。我們會在第八章解釋，現有的銀行體系改革可能會使先前提到的經濟趨異問題更形惡化。

潛在問題：市場基本主義，意識形態至上

問題在於，對確保經濟體及歐元區健康運作的要件，必須有廣泛的共識。不僅如此，德國利用經濟優勢強加其觀點於他國，這些觀點不只遭到大多數歐元區國家拒絕，還遭到多數經濟學家反對。這也是問題所在。當然，大多數經濟學家在某些方面表現並不好，像是未能預見二〇〇八年危機的到來。不過在本書稍後，我會解釋對於撙節的看法，經濟學家何以是**對極了**。[32]

市場基本主義認定市場本身穩定且具有效率。亞當・斯密經常被視為是這個觀點的教父，然而實際上他的主張恰好相反。他認為政府扮演了重要角色。過去半世紀的經濟學研究顯示，市場**並不**具有效率及穩定性，他們也解釋了為何如此，以及政府可以做些什麼以增進社會福祉。[33]

現在即便是市場基本主義者（有時也被稱為「新自由主義者」）都承認，要維持總體經濟的穩定，政府的介入是必要的。儘管他們經常辯稱，政府的介入應該局限在以規範為基準（rules-based）、以穩定價格為主的貨幣政策，並在於確保財產權與契約的執行。若非如此，法規及限制皆會受到剝奪。然而，沒有經濟學原理可以說明這項結論，它與一大堆主張政府有必要扮演更多元角

色的經濟學研究相悖。

這種市場基本主義或新自由主義的宗教式狂熱，已經讓全世界付出了極大代價，現在輪到歐洲了。在之後的章節，我們將看到在形塑歐元區的架構時，這些錯誤概念扮演了怎樣的角色。我們也將看到，面對二〇〇八年危機生成，以及之前就已出現的經濟失衡及扭曲時，這些錯誤概念對應變政策的設計有何影響。歐元區在貨幣的體制內納入了許多新自由主義的概念，卻未提供足夠的彈性，以便因應變動的環境或經濟運作的認知改進。歐洲央行因此**只**關注通膨，即便在高失業的情況下也是如此。

相信市場具有效率且穩定，也意味著歐洲央行及各成員國的中央銀行均積極避免對房地產泡沫做出任何舉措。多個成員國內的房地產泡沫，在步入二十一世紀後幾年內持續惡化。的確，歐元區的一項基本原則，就是資本可以輕易地跨境流動，即便這些錢是用來創造房地產泡沫——但在市場基本主義意識形態下，市場自然是不會有泡沫產生。

我記得當西班牙的房地產泡沫愈演愈烈時（確實有泡沫存在，明眼人都看得出來），我向西國央行先進們提議立即展開行動，努力讓泡沫現象平息。否則泡沫一旦破滅，造成的經濟風險十分巨大，正如我們今日所看到的。但我所得到的回應卻令我不禁懷疑：難道我是認為政府比市場還要聰明嗎？

對自由市場有著強烈信念的央行人員有一項共同口號，出發點是市場的效率及穩定：任何人都無法指出泡沫是否存在。即便有了泡沫，可利用的幾個政治工具不是效果不彰，就是會扭曲經濟，甚至是兩者皆然。因此，靜靜等待泡沫破滅後再來收拾殘局，比擔心**可能**有泡沫而扭曲經濟要好得多了。

這些信念占據了主導地位，而無視一九九〇年代亞洲金融風暴所顯示的事實：私部門（而非政府）的錯誤作為，也會帶來經濟危機。

對經濟體如何運作的信念是如此的重要，由此來看，受不健全的概念影響至深的經濟方案，其實行結果不如預期也就不那麼令人意外了。儘管歐元的起源有著諸多缺陷，但只要做對某些事，它仍有可能順利運作。只是對此意識形態都可以提出辯解，認為市場力量能夠**主導**一切，無論制度安排為何，只要市場有餘力施展魔法，市場力量便能占據上風。這般的意識形態導致了一個信念：只要勞動力及資本自由流動，便能夠確保經濟效率。之後我們會看到，為何在金融體系沒有共同存款保險（有一獨立實體，為整個歐元區的存款投保）、亦無債務分擔機制的情況下，光靠勞動力及資本的自由流動，想要實現經濟效率是**不可能**的。

民主赤字★的暗示

如同我們提到的，新自由主義觀點占據了多數國家的財政部及央行，但它們絕非全球共識。即便是上述受新自由主義控制的各國財政部門，內部也不盡然皆具共識。各國對於經濟如何運作抱持著不同觀點。新自由主義在財政部門氣焰最長，在勞動及教育部門氣焰最弱。確實，擁有強大社會保障制度的歐盟社會模式，在各地區都受到了高度支持。

在民主體制內，財政部及央行的觀點通常都會受到檢視及調和。但在歐盟及歐元區這種超國家單位的決策架構下，如此的調和極不明顯。在目前的歐元區及歐盟架構下，危機國家的**經濟決策權**

逐漸被轉授權、且受限於三巨頭，財政部門及歐洲央行的觀點已占據了主導地位。

架構改革及總體經濟調整，都被視作是**經濟**方案，由財政部門及歐洲央行的**專家**擬定。然而，這些方案大幅影響了社會各個層面。例如，制定專屬於希臘及其他危機國家的方案中有關勞動市場及工會的條款時，勞動部時常沒能實質涉入。最後，歐盟可能會假裝所有人都諮詢過了，畢竟方案只有在相關國家的國會同意下才能執行。但那樣的同意是在槍抵著頭的情況下才給出去的。要或不要，通常只有短短的決定期限。背後盤旋的現實是一旦投下反對票，就會讓整個國家陷入深沉危機之中。

改革理論

新自由主義的失敗之一，在於**認定**既然完美的市場模型是我們應該力爭的理想狀態，那麼任何能讓我們朝向該模型前進的「改革」，都極具吸引力。但是早在半個世紀前，那樣的概念就遭到所謂次優理論（theory of the second best）的質疑。這項理論的創建來自諾貝爾獎得主、經濟學家詹姆斯．米德（James Meade）、我在哥倫比亞大學的同事凱爾文．蘭開斯特（Kelvin Lancaster），以及理查．利普西（Richard Lipsey）。[34]他們指出，在諸多的市場扭曲中移除一項扭曲，會讓經濟變得更加糟糕。舉例來說，若缺乏完善的風險市場（也就是能夠以合理價格，為個人遭遇的所有風險購買保險），降低貿易障礙通常會導致風險提高。而更高的風險促使企業轉向較低報酬、但較為安全的生產

★編按：democratic deficit，指民主制度下，基於政府、政黨、政客自身的利益考量，往往造成財政赤字擴張，民主投入與產出之間的落差與日俱增。

活動。這麼做的淨效果，是讓**每個人**都因此受害，這與完善風險市場的情況大相逕庭。[35]

其他次優理論經濟學的例子，在歐盟的失敗上扮演了重要角色：只要資訊能夠完全流通，資本自由流動也許有實質意義。如此一來，資金便會從低報酬利用流向高報酬利用。當國家進入經濟衰退時，資金便會湧入，協助國家走出衰退。資本的流動是反景氣循環的，在景氣衰弱時增加，在景氣良好時減少，與景氣循環相抵銷，以此協助經濟穩定。然而，實際證據卻正好相反，原因在於資本市場充斥著不完全性。每個銀行家都知道，不能把錢借給需要用錢的人。資本市場整合時常和經濟波動相互糾纏，原因即在於此。此時資本的流動是順景氣循環的，會使經濟波動加劇。更廣泛地看，全世界的資本一直都是從貧窮國家（資本稀少）流向富裕國家，恰巧和新自由主義論者所預測的方向相反。在第五章裡，我們會檢視在這個次優的世界裡，資本自由移動促使趨異產生的其他原因，讓歐洲的富國在犧牲窮國的利益下愈加富有。

另一種世界是可能的

歐洲正面臨抉擇。針對目前的架構與政策，有不同的選項可供選擇。其中之一，是我們可以改革歐元區的架構，以及本章所提（第九章進一步闡述）的歐元區政策，讓歐元的運作重現生機。

這些改革展開的前提，是將歐元視為一項歐洲整體計畫。這項計畫需要在歐元區的架構及政策上做出根本改革。問題是**集體**造成的，那麼唯一的解決辦法也是從集體下手。

這些改革的經濟學認知基礎，與目前歐元區架構背後的經濟學認知不同。它們的設計用意在於促進趨同，並將整個歐元區納入一個共同銀行存款系統及某種形式的共同借貸，像是歐洲債券（Eurobond）。

這些改革體認到，單憑撙節無法帶來成長，且有其他政策可以更快促進成長，以較少的痛苦來恢復受創國家的繁榮。要採納這些政策，需要歐元區內的些許團結。

另一種選項是審慎規畫向現存的歐元告別。或許是幾個國家離開歐元區，或許是歐元區分裂成兩個或多個通貨區。這樣的分裂所費不貲，但若未進行必要的改革，留住彼此也一樣代價昂貴；而目前這種得過且過的策略更是貴得離譜。這些都不是令人愉快的選項。

歐元時常被形容成一場糟糕的婚姻。在本書許多地方，我也會挪用這個比喻。一場糟糕的婚姻包含了兩個根本不該結合在一起的人，立下應當是牢不可破的誓言。歐元則比較複雜：它是十九個明顯不同國家綁在一起的結盟。當一對陷入麻煩的配偶尋求婚姻諮商時，老派的諮商師會試圖指出如何讓這場婚姻繼續下去，而「現代一點」的諮商師則會劈頭問道：這場婚姻還有救嗎？

無論在金錢上或情感上，解散的成本可能極為高昂。然而，留在一起的成本更是高得嚇人。經濟學教導我們的第一堂課，就是讓過去成為過去。或許有人會問：照目前的處境，我們該做什麼？問到歐盟該做什麼時，發表「他們本來就不該結婚」這種意見是毫無助益的。忽視多年婚姻所締造出來的情感連結，也是不對的。但就過去的歷史來看，還是分道揚鑣比較理想一點。

許多人擔憂，歐元的終結代表著歐盟及全球金融市場的混亂，將使歐盟面臨的問題更形惡化。那確實可能發生，但並非必然。有些方法可以順利結束這場婚姻，而不必帶來創痛，我在第十章裡就列出了這樣的途徑。

倘若歐元區選擇了解散這條路，或是被導向了這條路，歐盟各國也不必要各自擁有自己的貨幣。幾個國家可以共用共同貨幣，或許是北歐各國，或許是南歐各國。當前擁有十九個國家、且預定要再擴大的歐元區，或許該被視為是一場有趣的實驗，就像其他許多貨幣協調實驗一樣，例如早在一九七九至九九年的歐洲匯率機制（European Exchange Rate Mechanism，簡稱ERM），就意圖讓ERM各成員國之間的匯率保持在有限的波動幅度。[36]

還有一種選項，簡述於第十一章，也就是**彈性歐元**這種貨幣協調機制。每個國家之間仍然以歐元交易，但希臘歐元與賽普勒斯歐元或德國歐元不必平價。對於那些投入心血、使貨幣聯盟之火生生不息者，彈性歐元提供了一條理想的前行之路：體認到此刻並無足夠的政治團結，對於該應用哪種經濟學基本原則從事單一貨幣改革，也沒有廣泛的共識；但對於要讓共同貨幣這個概念延續下去，已有足夠的共識，以及過多的政治團結。彈性歐元建立在歐元區的成就與成功之上，不過要以現實為基礎。

歐洲已經（短暫地）在賽普勒斯及希臘創設了部分這樣的制度，只是沒有使用這些名詞，也沒有完全意會到這些作為的可能影響。

彈性歐元（或先前描述過的歐盟複式匯率制度）的長期抱負，在於**最終**創設出一種單一貨幣，一個完整的貨幣聯盟，只是步驟與速度很重要。在整合的初期階段，歐洲似乎就已體認到了這一點：歐洲煤鋼共同體（European Coal and Steel Community，成立於一九五二年）就經歷了一段逐漸發展的過程才成為歐盟。

歐盟太快步入全面的貨幣聯盟，以至於沒能讓貨幣聯盟成功所需的改變確實出現。倘若歐洲真的致力於貨幣整合，那些改變是可以發生的，儘管可能要幾年或幾十年後才出現。彈性歐元讓單一貨幣這個概念得以維持，但又創造出一個具備充足彈性的框架，讓人覺得確實可**順利運作**。也就是說，它不會導致現行體制所帶來的蕭條，而是恢復充分就業[37]與高度成長。當歐洲各夥伴國之間的團結增加，其他導致單一貨幣順利運作的制度及條件也都到位，屆時不同國家歐元之間的波動幅度就會逐漸縮小，直到剩下一個單一貨幣。

情況緊急

我們的確知道得有一個銀行聯盟（這是一項重要改革，本書稍後會討論），但得要謹慎建構，而那必須花費數年時間。這個數年會增加痛苦持續的時間，讓破壞宛如覆水難收，更讓歐洲計畫的承諾進一步破滅。在我看來，如此進程的後果，與得過且過的後果沒有兩樣。兩者都希望對未來的改革保持開放，卻也都讓受創國家的人民繼續承受傷害，以確保歐元不會崩解。

簡言之，歐盟得往兩個方向前進：「更歐洲」，或是「更不歐洲」。這意味著歐盟必須做出選擇：一、推行讓歐元在**歐洲全境**順利運作的改革。這麼做不僅需要改變歐元區的運作，還要創造出更多的經濟整合，例如全歐的共同存款保險方案。這些不算是革命性的變革，它們在歐洲以外的地區早已發揮功效。歐盟「中央集權」的程度仍然可以比大西洋彼岸的美國還低，只是會比今日歐元區扮演的角色還要吃重。二、縮減目前的計畫，這可以經由後章所述的不同方法達成。例如，可以讓幾個國家離開歐元區，以達成此目標。而之後我會解釋，最簡單、最不花錢的方法，就是讓德國退出歐元區。另一個較費成本的方法，是讓一些「邊陲」國家退出歐元區。第三個方法是形成兩個集團，分別使用北歐歐元及南歐歐元。第四個方法是彈性歐元，我會在第十一章提出。目前的中途之家將難以為繼，以這種得過且過的方式試圖維持歐元區，將會導致不可勝數的經濟、社會及政治成本。

單從經濟或技術官僚的觀點來看，最好的路徑就是第一個選擇，創造出一個可以順利運作的歐元區。而且還能舉出一些具說服力的論證。身為一位政治預測者，我其實不會這麼快就把賭注放在得過且過的路徑上，只做一些最低程度的改革防止歐元崩潰，卻沒讓真正的復原有機會發生。也許有人稱這種路徑為施展邊緣策略（brinkmanship），即給予各國協助，以維持他們的希望，但又不足以支撐穩健的復原進程。然而，邊緣策略的風險就在於有時會越過了邊緣。

倘若本書的分析是正確的，歐元危機要結束還早得很。希臘會持續蕭條，無力償還負債。德國會假裝若無其事，說這些債務只能「重新安排」（reprofiled），也就是說，只能把還款時程展延數十年。但如此把戲不比偽善有益。歐元區會再度遭遇其他衝擊，而最貧弱的那些國家將可能再次陷入危機中。目前的歐元區內部並沒有足夠的彈性能為弱國出力。至於歐元區本身，至多也只有非常緩慢的成長。

歐元始終是達成目的的一種手段，而非目的本身。貨幣制度總是不斷的汰舊換新。身為後二戰時代偉大成就的布列敦森林（Bretton Woods）貨幣體系，也撐不過三十年。我們心中的首要期望，應是這個終極目標：歐盟內部共榮，並且有著更緊密的經濟及政治整合。貨幣聯盟看起來愈來愈像是帶著良善意圖、卻不停在繞路，只為了達成那高不可攀的目標。

說起來，貨幣聯盟事實上破壞了整個歐洲計畫。要建立起歐洲的政治整合，還有其他更好的選擇。最佳的進路必須先形塑出對基礎經濟學的共識。這需要超越至今充斥在歐元區計畫內的市場基本主義。若要前進，還需要更多不同的團結，而非盲目地承諾，遵循設計不周的規則；這些規則幾乎只能保證蕭條和趨異。

我們應該要認清，目前的途徑是條死路。歐洲計畫能夠帶來更緊密的整合，這對歐盟、對全世界都很重要；而對此，歐盟也不必為了挽救歐洲計畫，就完全放棄歐元。但是更為根本且深入的改革，最起碼要比目前討論的更多才行。如果深入的改革無法完成，如果它們看起來在政治上不可行，只因為缺乏團結與（或）對共同貨幣順利運作要件的共識，那麼我們就得去思考更為根本的問題——歐元本身。

【第二章】歐元：希望與現實

歐元的成立，背負著三個期望：一、作為歐洲整合的第二步，將歐洲各國更緊密連結在一起。二、以更緊密的**經濟**整合加速經濟的成長。三、以更強大的經濟整合與隨之而來的政治整合，確保歐洲的和平穩定。

歐元的創設者高瞻遠矚，致力於建立一個新歐洲。他們是未知水域的拓荒英雄，穿行於無人曾經涉足之處。從來沒有人以此等規模，在眾多截然不同的國家間嘗試貨幣聯盟。也因此，當後來的情況演變得與這些創設者的初衷全然不同，或許就沒什麼好驚訝了。

在這一章裡我想論證，即便是精心設計過的歐元計畫，單一貨幣的好處依舊比支持者所宣稱的更為有限。單一貨幣對整體經濟整合的影響，看來是不明確的。再說，與其說歐元造成整合，不如說是招致了分裂，使得政治整合飽受挫折。歐元是一項不完整的計畫，主要原因就在於它坐實了歐洲的分裂。在今日的全球經濟時代，一個大一統的歐洲扮演了重要角色，然而我們應該了解，歐元非但不是創造歐洲統一的重要步驟，更會帶來反效果。

一如經濟整合，政治整合也不是最終目標，而是達成更廣大社會目標的手段，其中包括強化全歐的民主體制及民主理念。而我認為歐元的建構反而增加了歐盟的民主赤字，讓歐盟的所作所為與公民的需求之間出現更大的落差。

我們一再重申，要重視政治與經濟之間的連結。我們也提過，歐元區失靈的原因之一，就是經濟整合超越了政治整合的速度。政治若能趕上經濟，便有希望。但隨著分裂及民主赤字的增加，實現的可能性已然降低。

歐元的狀況

歐元在宏大的期望中誕生，但現實情況卻完全是另一回事。

以下幾點是我與歐盟領導人、政治家及經濟學者合作的幾年裡，不斷聽到那些強烈支持歐元者所提出的論點。

大一統的歐洲在世界舞台上將更具影響力

歐元的支持者表示，像美國這樣的成功大國就是共用單一貨幣。順著這樣的邏輯，如果歐盟想要在世界舞台上扮演和美國類似的角色，就必須共用單一貨幣。你能想像一個使用多種貨幣的美國嗎？他們問道。歐洲各國若能聯合起來，歐盟會躍升為世界兩大經濟體之一。[1] 也因此他們擔心在全球經濟的時代裡，歐盟並未擁有該有的分量，只因為政治上的分裂。

然而，這又引出了幾個重要問題。要扮演美國扮演的那種全球角色，先決條件為何？擁有一個貨幣聯盟，能讓歐盟取得這些條件嗎？要達成這樣的目標，**必須**有一個貨幣聯盟才行嗎？對歐盟來說，扮演這樣的角色有多重要？

反論

早先的幾個世紀裡，在全球舞台上展現「力量」是非常重要的事。一個國家的富裕很大程度倚賴軍事力量，譬如英國這個相對小的島國之所以能夠成為全球主導勢力，正是在其征服了廣大殖民地。還好如今我們有了新的制衡力量，大幅抑制了軍事力量的行使。即便一國贏得了戰爭，戰爭的收益也有限。比如說，美國的石油公司或許可以透過戰爭在伊拉克獲得一些有利管道，但發動戰爭的成本會遠超過任何可能的利益。[2]

即便美國在軍事花費上比起世界其他國家高出一級，但在新的遊戲規則下，也不能強迫他國按照美國的意願行事。看看美國對伊拉克動的腦筋，即便敵人人口及資源只占美國的一小部分，美國仍踢到鐵板。美國同樣也無法阻止俄國攻擊烏克蘭。一個聯合的歐洲有沒有辦法大幅改變現狀，仍有待商榷；不過至少歐盟若想追求這樣的影響力，就必須大幅增加軍事支出。

倘若有歐洲共識，就算沒有貨幣聯盟，歐盟的影響力仍在

如果軍事支出及軍事目標協議大幅增加，那麼即便政治沒有完全整合，歐盟的地位也能提升？如同美國的例子，這還很難說。問題在於，對軍事目標要有共識是更加困難的。這又是歐盟多樣性的另一面。在德國高度倚賴俄國天然氣的情況下，可以預期德國更加不會贊同對俄國的強烈制裁。[3]

倘若英國、波蘭及其他國家違反國際法，加入「志願聯盟」（coalition of the willing）支持美國對伊戰爭，而這些國家在聯合歐洲內擁有足夠權勢，可以迫使歐盟整體加入戰爭，那麼這世界也不會變得比較好。[4]倘若歐盟各國之間意見一致，他們的聯合觀點當然會大鳴大放。然而，缺乏政治整合並非問題根源。問題在於**缺乏共識**。如果存有共識，歐盟內部早就會有允許一致行動及一致「聲音」的有效制度。

由此來看，不管任何領域，只要存在歐洲共識，歐盟的影響力便能擲地有聲。[5]要增強歐洲的影響力，主要挑戰在於強化共同認知。若真如本書的論點，是歐元導致了分裂，那麼歐元便具有反效果。

規則的角色

當然，一個大一統的歐洲會做出什麼決定，取決於定義這個聯盟的政治規則。如果歐盟各國必須有一致的意見，但他們國對政策又缺乏廣泛共識，結果可能就是一場**僵局**。如果政治體系對歐盟各國的企業過度讓利，那麼在貿易談判中，歐盟會「討價還價」的條件主要會是在增進這些企業的利益，即便這些利益團體樂見一個更團結且更具力量的歐盟，然而可能的結果對人民是否有利就很難說了。

只要政治體系能實現真正的民主，大歐洲的強大力量會轉化成更巨大的人民福祉。但在目前歐盟的政治架構下，我們有充分理由關心這點。

歐元與和平

第二個支持更多政治整合的論據，集中在歐盟扮演了維持歐洲核心區域和平的角色。有鑑於上世紀的兩次世界大戰所帶來的破壞，我們可以理解為何這樣的角色如此重要。部分人士認為，過去七十年來歐洲核心區域未有戰爭都是歐盟的功勞。事實或許如此，不過同時間也發生了其他變革，像是聯合國的創立、核威懾（nuclear deterrence）★，以及對戰爭的態度轉變。我們要問的問題是：並無證據指出，共用單一貨幣或隨之而來更為緊密的整合（如果真是如此發展的話），會減少衝突發生的機率。並無證據指出，這麼做會造成直接或間接的改變。即使認為採行共同貨幣就能夠促進整合，但在經濟整合與和平漸增同時發生的情況下，我們無法斷定前者是否就是後者的原因。而本書的論點是：通貨聯盟事實上可能與促成更多的經濟整合背道而馳。[6]

歐元及歐洲認同

針對單一貨幣，有許多不同的支持論調，反映出背後的政治動機：每天人們在使用貨幣時，一直被提醒自己是歐洲人，隨著這樣的身分認同被逐漸培養、強化，進一步的政治與經濟整合便有可能產生。但是當我們轉向電子貨幣、使用現金卡及信用卡付款時，上述的重要性幾乎可說是不存在了。年輕人已經很少使用我們稱為現金的稀奇紙幣了。

★ 譯按：源自冷戰時期美國因應蘇俄的核武威脅，採取核威懾策略，要脅一旦戰事發生，將以核武作為報復。

但我們必須留意，當歐元無法履行提升繁榮這個**主要**承諾時，上述的心理效益即便存在，也會被徹底擊潰。的確，倘若歐元造成了更糟糕的經濟表現，可以預期人們強烈反對的不會只是歐元，更會是整個歐洲計畫。

經濟整合

前一節解釋了為何過度簡化的支持歐元的主張並不具有說服力。這些主張認為歐元讓歐盟更加整合，造就一個更具權力與影響力的歐盟，同時提升歐盟維持和平的能力。接下來，我將從更宏觀的角度看待經濟整合這件事，解釋為何歐元自身不可能增進這種整合、增加經濟成長及社會福祉，以及為何我認為歐元確實可能阻礙進一步的經濟及政治整合。

經濟整合效益的傳統主張

長久以來一直有個論點認為，更緊密的經濟整合會導致更快速的經濟成長。這源自於一種觀念：更大的市場會因為其規模經濟（生產規模增加，使單位生產成本下降）及比較利益（每個國家專精於自己的**相對**生產優勢，從而獲得效率增益），帶來生活水平的提升。

這些說法可以追溯至十八世紀末及十九世紀初，亞當·斯密[7]及李嘉圖[8]這兩位偉大古典經濟學家的著作。然而，將亞當·斯密及李嘉圖對十八、十九世紀初農業經濟的大量研究援用至二十一世紀初的歐盟，會出現一些問題。首先，關稅及貿易障礙已經非常低了。而報酬遞減法則指出，進一步降低關稅及貿易障礙帶來的效益，可能相當微渺。更重要的是，歐盟內部的商品、勞力及資本早就已經自由流動了。歐元和這兩人的研究一點關聯都沒有。

其次，亞當·斯密及李嘉圖忽略了政策裁適的效益，包括法規及公共財的提供[9]，甚至是品味及偏好的地區差異。有些社會偏好更多穩定性、更完善的社會保障制度，以及公共教育及健康的支出；而有些則可能更加致力於維持現有的不平等。

一如我們之後會看到的，更大的經濟整合，或者該說某些形式的經濟整合，可能會阻礙不同國家實現社會福祉的能力；對於自己的國家該做什麼、如何去做，它們無法提出自己的見解。[10]在亞當·斯密及李嘉圖的時代，國家的經濟角色有限，但如今卻重要得太多了。這部分是因為經濟結構本身的改變，部分是因為生活水平的提高，使得社會上一些人要求政府提供更多**集體**財（collective goods）★。

確實，生活水平的提升是因為我們創造了一個學習社會[11]，科技與知識均有長足進步。這些進步本身即具有公共財性質，必須經由集體提供：每一個人都能從這些進步中獲益。[12]光靠市場運作，無法增進研究及學習的投資效率，甚至市場也無法讓研究及學習走上對的方向。基礎研究一定會不足，至於如何透過專利申請增加市場力量的研究則會過多。

我之所以強調這些經濟上的變革及經濟認知的改變，部分是因為它們是歐元實驗失敗的根源。這項實驗受到經濟如何運作的概念影響，在構思歐元制度時更是如此；但這樣的概念遭到質疑，而

★譯按：財貨利益由眾人共享，稱為集體財。其中共享者眾，或受惠範圍廣，常由公部門提供者，稱為公共財。另見本章註12。

且極度過時。儘管我曾經說過，亞當．斯密遠比往後的崇拜者更加體認到國家角色的重要性，但在亞當．斯密及李嘉圖的世界裡，國家的角色無足輕重。在他們的世界裡，人們對集體行動的需求不高。因此，集體行動是在民族國家層次，還是在歐洲整體層次，並不會造成什麼差別；對於政府該做什麼及該怎麼做持有不同看法，也沒什麼要緊。然而，今日它們至關緊要。這就是為何隸屬歐元區的那些國家，比如希臘，對於他國的指點極不開心。在社會的本質及政府的角色上，希臘與其他國家有著不同看法，但因為緊密的經濟整合，希臘等國被其他歐元區國家政府的所作所為嚴重影響。當德國政府做出對小國產生重大後果的決定時，更是如此。接下來的章節裡我們會看到，德國限制工資的決定，是某種形式的**競爭性貶值**，對歐元區其他國家相當不利，特別是那些勞工不太順從的國家。

以集體行動完成整合的效益及成本

假如今日集體行動比起亞當．斯密及李嘉圖那時還重要得多，那麼對於國家該做什麼的不同**觀點**，就成為首要考量。這有兩層意涵，一個歐盟已經體認到，另一個還未有體認。第一個意涵是先前討論過的**輔助原則**：公共決策應該盡可能由最低階的權力單位做出，諸如地方高速公路、學校、警消部門、甚至地區環境的相關決定，都應該出自地方社群，而非國家或超國家權力單位。問題在於，一個地方社群（或國家政府）的行動，時常會對其他地方社群產生外溢效果。在此情況下，得由較高階的權力單位做出協調及行動。

歐元創設時就有人擔心歐元會帶來顯著的外部性★，特別像是一國的行動對他國產生負面影響的案例。他們以為自己在制定歐元的管理規則及法規時已多加留意，約束了最嚴重的外溢效果。但他們錯了。

歐元設計者關注的外部性，在國家過度借貸時浮現。如果這些借貸以某種方式被「貨幣化」（由央行將其轉換成金錢），就會產生通膨。德國對於通膨一直存有焦慮。德國央行（Bundesbank）嚴密控管著貨幣供給，德國也以此自豪，幾十年來從未面臨高度通膨。[13]他們擔心當一國放棄自己的央行、加入他國之後，會無法展現出這般紀律。這就是為何身為歐元區的一員，各國都得承諾維持低赤字及低負債。

然而，對赤字的執著純粹是意識形態作祟。幾乎沒有證據指出，一定程度的赤字及負債（至少是在中等水平，比起歐盟同意的三％赤字占GDP比還高出許多）會對**他國**造成顯著的外溢效果。反而是德國的工資政策才真的具有外溢效果。直到最近，德國都沒有最低工資，在一九九〇年代還致力於降低工資水平，好讓經濟「更具競爭力」。一如我在第四章將解釋的，這樣的政策是競爭性貶值的另一版本。或者說，這是經濟大恐慌時期帶來悲慘後果的「以鄰為壑」（beggar-thy-neighbor）政策。由於歐元的「固定匯率」，德國無法降低幣值，但它們可以推行降低工資的政策，以此降低生產成本。基於各種原因，德國比起其他歐元國家更有條件推行這些政策，所以這些政策也格外吸引德國的政策制定者，以此作為取得鄰國間相對優勢的工具。悲慘的是，歐元創設者完全沒有注意到這項至為重要的外部性。

★譯按：指個體行為對他人福祉造成利益或損失，亦即所謂外溢效果。

第二個意涵是各國若在經濟結構、價值觀，或是經濟如何運作的看法上有顯著歧見，那麼增進全歐福祉的集體行動就很難有發揮空間。試想，央行最簡單的工作是制定利率以平衡通膨與失業的風險。倘若央行負責管理的地區國情不一，適合某一國家打擊通膨的政策，完全不適用於另一個擔憂失業率的國家，那麼共用共同貨幣及央行（一項共享的公共財）就會是一場災難。民主式的妥協可能帶來兩敗俱傷，在一國造成難以承受的通膨，同時在另一國造成難以承受的失業率。

即便各國的經濟結構相同，但若缺乏對於經濟運作的廣泛共識，各國對政策的看法還是會有差異。一國人民可能會相信失業率若是低於某一門檻，通膨便會爆發；這樣的國家雖會壓低失業率，但不會低過那個門檻。其他國家可能認為，盡可能地壓低失業率沒有問題。設定失業率的底線，會在勞工身上施加難以接受的高昂成本。強迫抱持不同觀點的各國接受同樣的政策，是極度愚蠢的。再一次，妥協讓兩國都不開心。

最後，即便經濟結構相同，對於經濟如何運作的認知也相同，但是一如我們看到的，不同國家還是會有不同的價值觀。一國可能比較擔憂通膨及通膨對債券持有人的影響，另一國可能比較擔憂失業及失業對勞工的影響。這些不同的價值觀，暗示著不同的貨幣政策。

在以上的每一個例子裡，除非有人能夠提出令人信服的理由，說明各國應當採行**相同**的政策（共用貨幣），否則這麼做一點道理也沒有。這麼做會產生大量成本，而這些成本必須拿來和效益相衡量才行。

經濟整合的各種面向

整合的效益取決於整合的形式。經濟與政治整合有多種不同的形式，此種多樣性在歐洲明顯可見。雖然不是全部國家，但歐洲各國之間已經可以自由遷徙。在申根區內，個人可以自由移動，就像是毫無國界一樣。[14]申根區包括了大多數歐洲國家，不屬於歐盟的冰島、挪威和瑞士都在其內，但不包含英國及愛爾蘭。[15]隨著移民危機出現，跨境自由遷徙飽受爭論，連自由遷徙的定義都遭到熱議。

歐洲是一個自由貿易區。瑞士、挪威、列支敦斯登及冰島都不是歐盟成員國，但都是歐洲自由貿易協會（European Free Trade Association）的一員。而歐洲也有法院專門處理比如冰島和歐盟成員國（例如荷蘭及英國）之間發生的紛爭。歐洲自由貿易協會法院（European Free Trade Association Court）曾在冰島銀行破產後，裁定破產銀行不必賠償多於存款保險基金的數額給英國及荷蘭的存款人。還有像是歐洲人權法院（European Court of Human Rights），負責裁定歐洲各地的人權議題。由此可見，歐盟在某些形式的整合上，已令人意外地走得很前面了，但在其他方面的整合卻又緩步不前。比方說，我們提過歐盟的中央預算（相當於美國的聯邦預算）**相當**有限，僅占歐盟GDP約一%，而大部分預算都供作農業補貼之用。[16]

歐盟有豐富的計畫排程，以推進經濟及政治整合。協助學生至其他歐盟國家進修的伊拉斯莫斯計畫（Erasmus program），即是強化歐陸認同及整合的計畫範例。而歐盟稅賦政策則針對歐盟全境的高所得課稅並做重分配，是推進經濟整合的另一個重要步驟；它能藉由處理境內日益增加的不平等，強化歐盟的經濟表現。（我們會在之後章節裡進一步討論。）

歐洲整合計畫經過這樣漫長的時間，一步一步臻至整合之境。而本書只是要針對歐元創設提出意見：我認為這一步堪稱是失足之舉。它在必要條件尚未滿足前便已塵埃落定，然後以各種方式讓歐洲分崩離析。

共同貨幣是否增進福祉、促進進一步整合？

前一節解釋了歐洲有著許多不同形式的經濟整合。不過在一些案例裡，更加緊密的整合也許並沒有那麼吸引人。

即使沒有共用貨幣，緊密的經濟整合也能達成。美國和加拿大自一九八八年起便有了自由貿易協定，而我相信，加拿大也因為沒和南方的鄰居共用貨幣而受益。像加拿大這樣的自然資源基礎型經濟體（natural resource-based economy）難免會面臨一些衝擊，但貨幣彈性能的強化加國適應這些衝擊的能力。一九九〇年代初加拿大政府整頓財政時，貨幣彈性扮演了重要角色，促進出口以代替政府支出。

許多歐盟國家（丹麥、瑞典、英國、保加利亞、克羅埃西亞、捷克、匈牙利、波蘭及羅馬尼亞）都不是歐元區成員國。以瑞典為例，該國成長得比大多數歐元區國家還要快。之後章節會提出論證，瑞典的成功就是因為身處在歐元區**之外**。第三章會提到，歐元區的整體表現比非屬歐元區的歐盟國家還要糟糕——而我相信，單一貨幣就是導致如此現象的主因。

歐元如何直接阻礙經濟多樣化

歐元的創設似乎存在一種**假定**，認為共用共同貨幣會促進各方面的經濟整合。之所以做如是想，是因為沒有任何普遍理論可供這些貨幣聯盟支持者援用，甚至也沒有歷史經驗供他們汲取，因為從來沒有過這樣的實驗。

共同貨幣會排除一個主要的經濟風險來源，那就是匯率變動。[17]匯率風險是企業必須管控的重要風險之一。無論是在金融市場內做出因應決策，或是透過生產結構的調整管控匯率風險，理論上企業都能對**實質的**經濟整合產生重要影響，包含促進整個地區的生產多樣化。如此一來，單一通貨區（如歐元區）的設立，**可能**導致地區內的經濟生產高度集中在少數國家。然而，共同貨幣的期望並非如此：它的期望，是藉著排除一項重要風險來源，企業會**更加**樂意在不同國家內生產。

要了解改變匯率制度的效果，得了解企業應對匯率風險的各種方式。企業管控此種風險的短期作法之一，就是在期貨市場內買賣遠期外匯，並在交易完成後把匯率「鎖住」。譬如說，假使美國企業生產的小件商品要在六個月後出口到加拿大，但無法預估**屆時**的加幣價值（相對於美元），這時企業就可簽訂合約，要求六個月後出貨並以加幣付款，然後將那些**未來的**加幣現在就轉換成美元。當然，這樣的金融交易（可視為一種對抗匯率波動的保險措施）會產生一些成本，只不過在運作良好的市場，購買如此保險的成本相當低。

但在長期投資上，這些機制無法發揮太大作用。部分原因在於必要的市場並不存在，或是交易成本過高。

要管控這樣的風險，還有另外一種方式：在同一次的交易買賣裡，將生產流程分散至不同市場，例如美國企業可能會將部分生產流程設於加拿大，這也會讓美國及加拿大的實體經濟變得更為整合。當一間公司這麼做時，生產成本及利潤的變異性便會降低。

然而，一旦有了貨幣聯盟，這個生產多樣化的論點便不再成立。如果企業在一個或幾個地區集中生產具有優勢（通常也是如此），生產流程就會更集中在同一處。舉例來說，生產會移到基礎建設較佳的國家，使得擁有較佳基礎建設的富國獲得更多的生產比重，增加他們的稅基，讓他們得以投資更好的基礎建設。

歐洲計畫內容的智識不協調

分析單一貨幣的效益時，無法避開歐洲計畫裡的一項基本的不協調：歐元的設計是基於市場能夠運作良好的信念。市場若是運作良好，管控匯率風險的成本應當很低。市場若是運作良好，匯率重整反映的只會是基本面資訊的變動。而這樣的資訊一般是逐步揭露的，因此匯率的調整也會緩慢且漸進。在匯率（價格）上做調整是一項重要機制，運作良好的經濟體可以透過調整，適應足以影響國家的事件。這些事件在不同國家有著不同影響（經濟學家稱這樣的事件為「衝擊」〔shocks〕，但並不表示它們在本質上是種災難）。比如說，若中國對德國生產的商品需求增加，對義大利生產的商品需求減少，則中國可以透過提高德國匯率、降低義國匯率來控管需求。這會促使義大利賣出更多商品，助長其經濟。

有一項強力的推定，認為移除價格調整機制，會導致經濟體系表現更為疲弱。當一群國家選擇擁有單一貨幣時，實際上他們是將匯率**固定住了**。他們移除了調整機制，應該只會導致更不好的經濟表現才是。

市場失靈及市場的不完全性，才**應該**是設計歐元時的基本認知。輕微的市場不完全性，便能使整個體系與完全市場的表現不同。此外，還必須認知到前面討論過的標準競爭模型的穩健性不足，而這個模型在「構想」歐元時扮演了相當重要的角色。最後是前章討論過的次優理論。我們所看到的匯率高度波動，大多證明了市場的非理性和不完全性，比如一會兒大家對美國的經濟前景充滿樂觀，過一會兒市場情緒又改變了。

假如歐元創設者能體認到市場的局限，就能更加留意歐元的創設過程，在細節上花更多心思，更加注重促使歐元順利運作的制度，並確保它們能夠同時到位。

歐元：即使在運作良好的市場擁有一些優勢，但風險堪慮

當然，擁有單一貨幣具有某種吸引力，譬如人們能夠從一國旅行到另一國而不必換匯。換匯是一件麻煩事，而且通常所費不貲。這項事實或許透露出金融市場的運作情況：如果市場真如標準模型假設的那樣，確實有效運作，那麼換匯成本應該極低才是。

今日，縱使交易成本對旅人來說是件惱人的事，但在經濟上卻不具顯著性。大多數交易（無論是就交易值或交易量來看）都是以電子為媒介，透過銀行轉帳及現金卡、信用卡完成。由電腦將一種貨幣轉換成另一種，其間的換匯成本是可忽略的。（可是銀行索取的費用明顯高出許多，這也再次證明普遍存在於金融體系的市場失靈。適當的因應方式不是重新建構整個貨幣協調制度，而是規範

並改革金融部門。）

透過共用單一貨幣可以減少另一種交易成本：從事長期投資時的匯率風險；在本章前面已討論過。不過這些成本在生產供應鏈的重大決策之中，至多也只有二階效應（second-order effect）。例如，即便中國有著匯率、政治和供給面的風險，但也已被整併至全球供應鏈體系之中。當然，如果整合的效益不大，這些成本可能就會是阻礙；同樣的，未進行整合造成的福利損失（比如生產成本增加帶來的損失），也可能不會太大。

僅僅一項經濟風險，就會完全推翻這些微小效益。由於（完全或「管制的」）彈性匯率，匯率可以隨環境變動而調整。這樣的調整可能是每日、每小時或更頻繁，不過它們總是會出現，而且一般都是微調。企業及個人已學會如何輕易地應對它們，有時金融市場也會跳下來幫忙。

要是**沒有**這些調整，匯率最終會偏離基準太遠，而無法運作。[18]以阿根廷為例，一九九〇年該國將匯率釘住美元。到了二〇〇一年，匯率失衡變得難以承受，造成了通貨、金融及債務危機，彼此牽連且損失慘重。然而，當阿根廷放棄釘住美元，讓其匯率狂瀉七五％左右，並清償貨幣高估時期累積的債務後，阿根廷卻有了令人印象深刻的成長，成長之速在全球僅次於中國。[19]截至目前，歐元區內所有國家都還守著歐元，只是代價高昂。

總而言之，推行單一貨幣在**經濟上**的主張實在難有說服力。省下的交易成本並不顯著。隨著歐盟的成形，原本有著不同貨幣的歐盟國家已然經歷了重大的經濟整合。然而，我們看到單一貨幣在某些方面阻礙了整合，比如跨區生產。單一貨幣確實存在相當的效益，不過卻被頻繁發生的危機所帶來的成本給淹沒。當**實質**匯率失衡浮現時，這些危機便會出現。

經濟整合超越政治整合

歐洲以外的國家對於歐盟的經濟整合「實驗」深感好奇。歐盟早期的成功，在於排除了商品、服務及資本移動的障礙，這讓歐盟成為眾人仿效的模範。目前歐元造成的各種問題，則成為整合出錯的一種警訊。大致上說來，歐盟的整合給全球化提供了借鏡。全球化不過就是世界各國更緊密的整合，那樣的整合在歐盟內部程度之深，無人能出其右。全球化要能成功，需要什麼條件？爭辯依然持續著。全球化一旦運作不良，會發生什麼事？其效益及成本為何？誰接收了利益，又是誰承擔成本？歐盟的成功與失敗，被視為區域整合及全球化的教訓。歐盟在追求貨幣聯盟成功的道路上遭遇了各種麻煩，也澆熄了其他地區對於經濟整合的熱情，包括非洲及亞洲。

目前理出的見解是，基本上經濟整合（或全球化）一旦超越政治整合，就會失敗。原因很簡單，當各國變得更加整合後，也就變得更為互賴。當他們變得更加互賴，一國的行動對他國便會產生更深的影響，各國因此對集體行動有了更高的需求，藉以確保聯盟各國多做那些有利他國的事，少做傷害他國的事。

再者，大多數政策的效果並不明確。某些個體因此變得更好，某些則變得更糟。若有充足的政治整合，贏家獲得的利益可以部分轉移給輸家。這麼一來，所有國家都能受益，至少沒有國家因此變得更糟。若有充足的政治整合，那些在政策改革裡成為輸家者，就會有信心在下個政策改革中成為贏家。長期下來，所有國家都會受益。

於是，有兩個問題產生。若缺乏充足的政治整合，經濟聯盟便會缺少相關制度以執行必要的集體行動，讓全體享受整合的效用。同時，若缺乏充足的團結，某些團體肯定會比缺乏整合時還要糟。的確，一些反對全球化的聲浪著眼於某些國家的多數人民因此變得更窮困，即便全球化能讓以GDP衡量的整體經濟表現變得更好。[20]

在第四章裡，我們會解釋讓貨幣聯盟有效運作的經濟條件。然而，把焦點擺在這些**經濟條件**上，會讓經濟學家忽略了更重要的議題，那就是貨幣聯盟成功所需的政治和社會條件。我們已指出了讓貨幣聯盟順利運作的制度未能到位這項缺失。然而，未能建立這些制度並非偶然，這是歐洲計畫缺乏充足政治承諾的後果。倘若缺乏團結，就很難擁有政治整合，而確切原因在於：對於這個體系是否能夠發揮效用，沒人有足夠把握。

反過來說，若有高度團結，聯盟在集體決策上會更有把握。隨著這樣的高度團結，各國更願意放棄高層級的政治主權，選擇擁有更高的政治整合。如果損失是以某種方式促成了大眾的福祉，人們比較可能接受這樣的損失。

讓貨幣聯盟成功的必要經濟條件中，最重要的或許是各國之間要有足夠的經濟相似度。當各國在**經濟上**十分相似時，政治差異可能會比較小，政策效果也會相類似。在此情況下，創設共同政治機構（政治整合）會比較容易。[21]一旦經濟情況大不相同，某些國家是債務國、而某些是債權國，政治整合（包括創設必要政治制度以使經濟整合順利運作）會變得更加困難。

擁有類似的經濟結構，或許會讓兩國**更有可能**分享共同的信念。不過很難保證是否會如此。有足夠的證據顯示，至少在今日，擁有類似經濟體系及生活水平的國家，通常有著相當不同的信念（儘管許多經濟史家將這些差異回溯至初期經濟結構的不同）。理解這些差異的性質非常重要，這樣才能評估哪種經濟及政治整合切合需要，甚至可行。

這麼一來，各國所需要的就不僅是類似的經濟結構，**還需要類似的信念體系**，亦即對於社會正義及經濟體系如何運作的信念。

後續的章節將討論幾種舉足輕重的信念體系，包括本章早先討論過的，成就一個理想經濟體所需要的信念。

經濟如何運作的概念

如果一個經濟聯盟內的各成員國對經濟學法則有不同看法，這個經濟聯盟就很難順利運作。歐元區各國之間對於經濟如何運作，抱持著根本上截然不同的概念。即便在歐元創設之時，這種情況仍然存在，只是後來被掩飾過去了。這些認知差異不僅阻礙了擬定應對歐元危機的適當計畫，還意味著由歐元區內主導國德國制定的方案（或德國可以接受的方案）通常都被認為是**強加於**接受這些方案的國家身上。

當然，危機國家已經「自願」接受這些條件。然而，他們之所以接受，不是因為相信這些方案能夠解決問題，而是因為**若不接受**它們，將會導致難以承受的後果，包括可能離開歐元區。那些留在歐元區的國家以及許多經濟權威已經成功說服危機國家：一旦離開歐元區，損失絕對難以想像。

危機國家的人民並不相信「自願」方案背後的經濟理論。這會有兩個後果，一是方案不太可能有效實行，二是不太可能具有政治永續性，特別是如果方案沒能履行承諾的話。在第三章裡，我們會看到事實就是如此。這些方案不僅沒有如承諾那般成功，甚至比某些針對歐元的嚴厲評論所預測的還要糟糕。

這種對經濟如何運作的認知差異，反映在「撙節」上最為明顯。主張撙節認為，藉由刪減支出或增加課稅，可以讓身處衰退、經歷財政赤字（支出多於收入）的國家恢復健康狀態。現代經濟科學已然駁斥我在前章討論過的胡佛經濟學，但這裡我想強調的稍有不同。對於經濟學法則看法不一，卻要讓一群國家共用共同貨幣且通力合作，實在是一件難事。各國在應付各種前所未見的情況時，勢必需要制定許多決策。一致的意見從來不會出現，但若存有極大差異，無論採取哪個決策，不可避免地都會出現不滿。

除了先前討論的撙節、通膨這些總體經濟學議題，還有各種各樣的細部議題，讓不同的經濟運作認知畫現。新自由主義者推動的議程，一方面要求民營化，強烈主張政府應該專注在具有比較利益的事務上，而把其他事務留給私部門運作。這項原則在理論上說得通，但在現實情況上，要決定政府在哪裡具有比較利益十分困難。

從世界各地的經驗可以看出不同的結果。一九九〇年代，世界上最有效率的鋼鐵公司是韓國及台灣政府各別經營的公營事業。少有證據指出，韓國浦項鋼鐵公司（POSCO）的民營化（IMF在一九九七年的金融援助中要求浦項這麼做）造成了效率提升。在加拿大，若說主要的全國性私有鐵路公司比起大型公營鐵路公司更有效率，證據也不夠充足。在智利，幾乎沒有證據可以證明私有銅礦場比公有銅礦場更具效率。在拉丁美洲，電信事業民營化後，並沒有帶來更高的生產力。至少那些未因政府預算限制而收緊投資的電信公司，生產力並沒有提高。[22]

許多公營事業屬於帶有**自然獨占**性質的部門（例如因其規模經濟效益龐大，只該有一家公司存在）。這樣的獨占問題不在於是否會有政府干預，而在於政府干預的形式。就理論抑或實務來看，運作良好的公營獨占事業可以表現得和政府管制的民營獨占事業一樣好。[23]

因此，三巨頭要求希臘政府將某些國有資產民營化，既是意識形態的壟斷，也是證據和理論的壟斷。

再次重申，我們的重點很簡單：歐盟各國對於一個良好運作的經濟體需要什麼，有著極深的歧見。只要每個國家都能依其所願做出選擇，那便相安無事。然而，如果經濟整合包含了賦予一國（或一群國家）權力得以指使他國該做什麼，那就不太妥當。這就是發生在歐元區的事，無論在總體或個體經濟學的層面上，在那些身陷危機的國家更是如此。當強加於危機國家的政策未發揮效用，原因又正是危機國家人民所認為的那樣時，事情就格外棘手了。當然，這種施策錯誤所帶來的成本是由被迫接受政策的國家承擔，而非施加政策的國家。這就是歐元區真實上演的故事。

之後的章節還會解釋，為何三巨頭強加於這些國家的政策是錯誤的，這些政策是以帶有缺陷的經濟學認知為基礎。就算這些認知正確無誤，我們還是不免要問：從這樣的經濟整合（歐元）中獲得的效益，足夠補償喪失自主權帶來的損失嗎？本章的主張是：**再怎麼說**，經濟整合的效益都令人懷疑。且倘若真是如此，歐元帶來的效益是否值得耗費如此成本？答案很明顯了。

價值觀：社會正義及集體行動的重要性

部分民營化，像是基礎服務的民營化，則點出了價值觀的問題。一個社會可能會認為，再怎麼樣都該擁有使用水電的基本權利。但這樣的權利及價值觀，可能會被追求利潤極大化的獨占業者給破壞。

勞動權及勞工保護呈現出其他面向的價值觀掙扎。部分人士質疑強加於危機國家的方案，是否超出了增進經濟表現的範圍。三巨頭不滿希臘的勞動成本只有五分之一左右的減幅[24]，並似乎想削弱希臘勞工的協商權，這麼做會導致更低的工資。這些方案使用的術語有時模稜兩可，有時更會模糊協商的焦點。[25]令人擔心的是，希臘被要求的事，可能已經違反國際勞工組織（International Labor Organization）的核心勞動基準，這幾乎是所有國家都已認可的標準。[26]令人擔心的，還有加入工會實際上可能增加生產力；在此證據下，三巨頭的措施反而會產生反效果。[27]

不同社會有不同的價值觀，對經濟如何運作有不同的認知，對民主及發達社會的組成要素，認知也的確不同。德國財政部長蕭伯勒（Wolfgang Schäuble）一再重申**規則**的重要性：如果有規則，就必須要遵守。這話說得實在漂亮，犯下滔天大罪的那些人，許多也都說他們只是依照規則行事。要讓社會良好運作，一定要有正確的規則，同時也要有適當程度的彈性，以便在適當時機偏離規則。基於有限的知識，我們無法確定採用的經濟模型是否正確。如果我們的模型正確，這些規則就有道理，而這個可能性一直都存在；但是如果我們的模型錯誤，這些規則就錯了。當我們發現模型錯誤（就算**可能是**錯誤的好了），或許是因為世界已經改變了，那我們就必須具有改變作為的彈性。在規則與決定之間如何取得恰當平衡，不同社會當然會有不同的看法。[28]

我還是得說，關鍵問題在於一國被迫放棄自主權這個重要能力後，經濟整合可以到達何種程度。倘若各國在各種價值觀上具有廣泛共識，對於該採取什麼政策就不會有太大歧異。然而，倘若某些國家認為最少都該擁有使用水電的基本權利，或是勞工應該擁有集體行動的基本權利，那麼只要相反的政策強加在他們身上，他們就會極度不開心——而他們本該如此。

民主赤字

歐洲計畫積極地把各國串在一起，卻沒有努力將這個地方凝聚成一個能夠反映歐洲共同價值的政治聯盟。其中一些價值明顯沒有受到普遍認可或尊重，特別是在某些國家，或某些國家境內的某些地區。自由的一項基本價值，就在於對各式各樣看法的尊重。任何主張若未尊重某些核心價值，就不會、也不該被容忍。然而，歐洲更嚴重的問題在於，一國有權將其價值觀強加於他國。一旦觸及社會正義的基本原則，對其造成負面影響時，我們就該特別注意：這麼做會破壞歐洲另一項核心價值，也就是民主。這些核心價值還包括我們提過的核心勞動基準。有些人指出，三巨頭提出的各種方案裡，至少有一項方案破壞了這些基準。再次強調，問題在於：經濟及貨幣整合的效益，有勝過成本的耗費嗎？此刻面臨存亡風險的，不僅是經濟表現的正確判斷，更是社會正義與民主等基本議題。

從一開始，歐洲計畫便飽受民主赤字的折磨。這是個由上而下的計畫，由具有遠見的領導人所構思；如果這些人是銷售員，不會那麼成功。一些國家充滿成為歐盟一分子的熱情，特別是那些從法西斯主義和共產主義中站起的國家。的確，加入歐盟的願景給這些國家帶來了制度改革的推進力量。這些力量在中、東歐國家從共產主義過渡到市場經濟的進程中，扮演著重要角色。[29]然而，每當歐洲計畫的各方面訴諸公投，例如丹麥及瑞典對於使用歐元、法國及荷蘭對於歐洲憲法、挪威對於加入歐盟，反歐盟情緒便會復熾。[30]這樣的事情一再發生。即便支持歐盟的勢力勝出，另一方的得票數依然相當驚人。

其中一項原因，就在於歐盟的建構。歐盟的法律及法規都是由歐盟執委會頒布，但執委會成員卻非經由**直選**產生。就連執委會主席都不是透過選任。要為多元地區制定一套整體適用的規則及法規難免複雜，而歐盟當然體認到了這一點，他們也確實緩慢且穩健地朝更具民主課責（democratic accountability）的道路前進——除了在貨幣聯盟這個領域。

歐元若要成功，就必須是一項不違背基本價值、甚至強化這些基本價值的經濟計畫。它必須強化民主。然而，歐元所做的正好相反。

歐元區內最具力量的機構，就是歐洲央行。它以獨立機構的形式建立，不向各國的民選領導人負責，也不受他們的指導。這又是另一個在歐元創設時極為流行的新自由主義概念。這個概念在某些地區依然盛行，不過已逐漸受到質疑。在第六章裡，我們會看到在全球金融危機時表現最佳的國家，都存在著比歐洲央行更負責任的央行。

各國央行的行動都具有重大的政治及分配效果，在經濟危機時最是明顯。各國央行皆擅長以專業術語包裝決策，他們只是依法行政。但如何依法行政，他們保有選擇空間。二〇一五年夏天，歐洲央行停止挹注希臘金融體系，這個決定就是個強烈的政治作為，不過他們肯定不會承認。

只要有機會，歐盟各國皆會拒絕強加於自己國家的政策。這個事實最能凸顯出民主赤字的逐漸增加。二〇一五年，希臘有六一%選民投票反對三巨頭施加的條件；在葡萄牙及西班牙，反對撙節的候選人也有相近的支持率。反對情況在其他許多選舉中也清楚可見，包括義大利選民拒絕了支持撙節的政黨，並選出詢求其他管道的政黨。

儘管有這些選舉，但政策實質上仍未有變動。在葡萄牙，情況甚至更糟。葡國總統一開始不贊同成立反撙節聯合政府，因為當中包含反歐元政黨。即便如此，在他贏得六二%得票率的情況下，聯合政府還是控制了國會。

三巨頭告訴每個國家的新任政府，你們實際上別無選擇。接受這些條件吧，不然你們的金融體系會被摧毀、經濟會被破壞，而且必須離開歐元區。當人民對他們最關心的事以及經濟如何運作的議題無從置喙時，這樣的民主還有什麼意義？如此的民主赤字，摧毀了對民主進程的信心，同時激起極端政黨的成長：他們誓言要走另一條路。

隨著強加於受創國家的方案逐步開展，對民主的承諾日益短缺，這個現象愈來愈明顯，在希臘尤甚。早先有來自德國的提議，要求希臘放棄歐元區成員國擁有的投票權，直到希臘經濟復原，或說直到希臘脫離「方案」為止。這讓人想起美國大多數州的受刑人不能投票，一些州的重罪犯終生喪失投票權。這在民主國家並不尋常。在德國人眼中，希臘明顯是犯了過度負債的罪行。即使他們並未要求希臘永久放棄投票權，而是直到希臘可以自行處理負債為止，不過這就是在暗示希臘應該被剝奪投票權。

還有其他作為也證明了要求希臘執行的方案嚴重缺乏民主承諾。其中一項是要求希臘提出的法案必須要給三巨頭過目後，才可以徵詢公眾意見。

當希臘總理巴本德里歐提議在二〇一一年舉行公投，尋求人民對歐盟方案的支持時，此舉讓三巨頭的領導人著實感到冒犯。他們表現得像是遭到背叛一樣。什麼，要問人民？諷刺的是，巴本德里歐相信民眾終會支持方案。希臘人民對歐元如此忠誠，為了留在歐盟，他們願意承受方案帶來的痛苦與侮辱。他相信有了這樣的公開支持，方案中會有更多「國家自主權」存在。而有了這些承諾，方案也會更容易有效執行。我同意這一點。身為世銀首席經濟學家，我看過擁有國家自主權後的極大不同。在世銀時，我們也努力達成這點。我們深入公民社會、解說發展策略，也舉辦過研討會。相反的，一旦這個方案被視為是外國強加於該國，人民普遍都不會想要它。

這種「非民主」立場的最糟糕案例，出現在二〇一五年一月，希臘選出四十一歲的齊普拉斯領導的左翼政府。齊普拉斯一直以反撙節為競選綱領。他的出線毫不意外，因為前一個失敗方案持續了五年，造成希臘GDP下跌四分之一，青年失業率衝至六〇%以上。三巨頭把原本提給前任薩瑪拉斯（Antonis Samaras）政府（屬於中間偏右。薩瑪拉斯來自新民主黨〔New Democracy Party〕，該黨與寡占業者關係密切，同時涉入一些預算欺騙作為，將希臘帶至危機）的條件及期限皆撤回，並施加了更嚴厲的條件。隨著齊普拉斯及帶著新式作風的財政部長瓦魯費克斯（Yanis Varoufakis，一位傑出的經濟學家，卸下德州大學奧斯汀分校的教鞭前來就任）的支持度提高，歐元區的談判者卻採取了更強硬的立場。事情變得更難了，瓦魯費克斯可能是參與談判的各國財政部長中**唯一一位**經濟學家。

最後，希臘屈服了。即便IMF表示必須重整希臘的債務，但德國還是拒絕。他們拒絕收回二〇一八年三・五%的基本財政盈餘（收入得要超過支出的數額，除去利息支付）要求。這樣的數字肯定會讓蕭條繼續下去。[31]

希臘人民要求兩件事。他們希望終止撙節，並且恢復原有的成長與繁榮。他們還希望留在歐元區。但是魚與熊掌不可兼得。齊普拉斯知道現階段後者比前者重要，這是他的選擇，所以他勉強同意歐元區的要求。希臘目前是留下來了，歐元區也始終保持完整，但是它給歐洲民主帶來了龐大的成本（更別說希臘人民付出的成本，我們會在下文加以討論）。

當齊普拉斯再次轉向希臘民眾尋求認可時，他們還是大力支持他。希臘人民又一次地從柏林的攻擊中存活下來。但是希臘政府及人民必須犧牲他們的經濟議程。我一再提到，對國家和人民來說，最引人關注的議題莫過於經濟政策的作為。

在歐盟及歐元區內，各國政府應當要保有多個領域的主權。但希臘發生的事，以及歐元區內其他地方正在發生的事，戳破了這個謊言。至少在某些情況下，經濟主權已經舉白旗投降了。如此可以說，聯盟得以組成的關鍵要素也被放棄了。

歐元區的機構，像是歐洲央行，讓各國經濟主權對其俯首稱臣，這不啻與民主精神大相逕庭。歐元區誕生以來，民主赤字始終明顯，而今更加擴大。對於歐元的殷切期盼，希望它能強化民主價值，以此為基礎帶來更強大的政治整合，現在卻變成了這等模樣：希望歸希望，但實際上完全是另一回事。

歐元帶來的政治及社會成本相當明顯。問題是，效益在哪裡？下一章呈現給各位的統計資料，能讓歐洲計畫帶來的不樂觀經濟原形畢露。

[第三章]
歐盟的糟糕表現

歐元創設者們的希望與夢想**最終**能否成真，目前還言之過早。然而，今日明顯可見的是，歐盟，或者確切地說是歐元區，一直表現得很糟糕。

沒有任何訊息傳達出歐盟的糟糕情況；它們說的都是情況何時會好轉。些微的成長跡象或失業率降低，都被吹噓成眾人期待已久的復原之兆。然而，隨之而來的只有經濟停滯造成的失望。一如前言所述，二〇一三到一六年初，西班牙的失業率從二六％降至二〇％。這樣的「進步」的確不錯，但部分是因為有太多西班牙年輕人離開國。即使西班牙宣稱經濟有所成長，人均GDP還是比二〇〇七年高峰時少了五．七％。

歐元區的經濟低迷已持續長達八年。歐盟很難在短期內恢復穩健的成長狀態，而且很明顯的，它正面臨一個失落的十年；再過幾年，我們還可能說歐盟正面臨失落的四分之一個世紀。從這點來看，我們可以確定歐元區的產出，**永遠**都會低於危機未出現時的水平，也**永遠**都會低於危機受到妥善處理時的水平。尤有甚者，未來的成長率會比沒有危機時還要低，也會比危機受到妥善處理時還要低。

儘管愛爾蘭人民慶祝經濟成長的回歸（二〇一五年愛爾蘭是歐盟成長最快的經濟體）[1]，但他們必須記得一件事：每個（或幾乎每個）經濟體都會從低迷中復甦。如此一來，檢驗一項政策的成敗，就不是看經濟最終**是否**復甦。我們先前提過，一項經濟政策成功的判準，是復甦前的經濟低迷有多深且多長、受創多嚴重，以及對未來的經濟表現造成多少衝擊。凱因斯經濟學的偉大成就，就在於讓經濟低迷期比起前凱因斯時代縮短**許多**（也讓經濟繁榮期持續更久）。而今經濟低迷持續了將近十年，大多數危機國家二〇一七年的GDP仍低於十年前。在此情況下，實在很難說危機管控是成功的。某些國家，像愛爾蘭，可以讚許自己表現得比葡萄牙、希臘還要好，但這只是和更失敗的夥伴國相比的結果；其實每個國家都敗得一塌糊塗。

儘管GDP是經濟表現的標準量數[2]，但還是有其他指標，而幾乎每一項都評定了歐元區的整體經濟表現並不樂觀。危機國家的經濟表現更是慘不忍睹，失業率非常之高，青年的失業率更是高得嚇人。歐元區整體的人均產出比危機發生前還要低，在危機國家更是低之又低。

倘若危機國家的人均GDP或工作的減少，是由全民平均分擔，那又是另一回事。可惜結果不是這樣。當失業率飆升時，一些人無法找到工作，一些人保住了工作。不平等現象增加了，在危機國家更是如此。這絲毫不令人意外。

總之，歐元區的表現比起不屬歐元區的其他歐洲國家還糟糕，也比美國糟糕。尤其美國還是全球金融危機的起源國，受害應該最為慘重才是。

在這一章裡，我們列出一些統計資料，希望可以清楚呈現歐元區的表現有多差勁。的確，我們在第一章提過，連經常被視為成功典範的德國，一直以來的表現也都不理想。

圖一　歐元區實質GDP

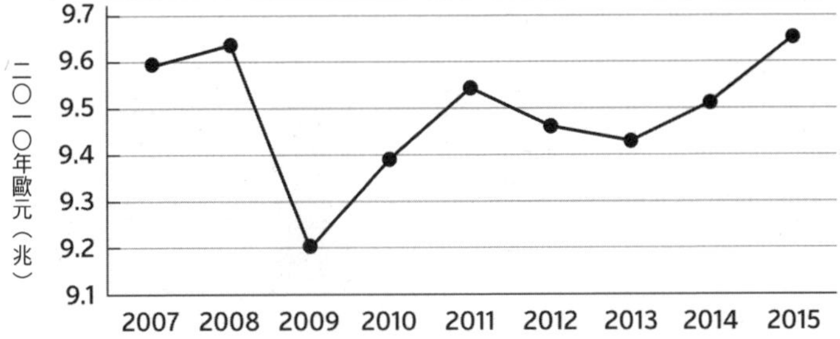

資料會說話，它們顯示出情況有多麼嚴重：歐元區的表現比其他地區的國家差勁太多了，包括那些看起來和歐元區情況不相上下的國家。這顯示出歐元區的苦難有一個共同原因，那就是歐元。本書之後的內容，多是在嘗試找出歐元區的差勁表現與歐元及歐元區架構的關連。而本章結尾會扼要解釋，歐元區的差勁表現為何必須歸咎於歐元。

歐元區及歐元危機

首先，我要描述歐元區當前的經濟情況，以及危機開始後發生了什麼事，由此展開分析。[3]在第一章曾討論過一股瀰漫甚廣的恐懼感：當歐元區面臨衝擊時，歐元的真實考驗才正要上演；而衝擊會讓不同國家遭受不同影響。一般認為，歐元及歐元區規則的僵固性，使得該區缺乏因應能力。這些恐懼絕非毫無根據。

停滯的GDP

經通膨調整後的歐元區GDP，至今已停滯將近十年。二〇一五年的GDP只比二〇〇七年高出〇・六％（見圖一）。[4]

圖二　實質GDP累積成長率（2007－2015）

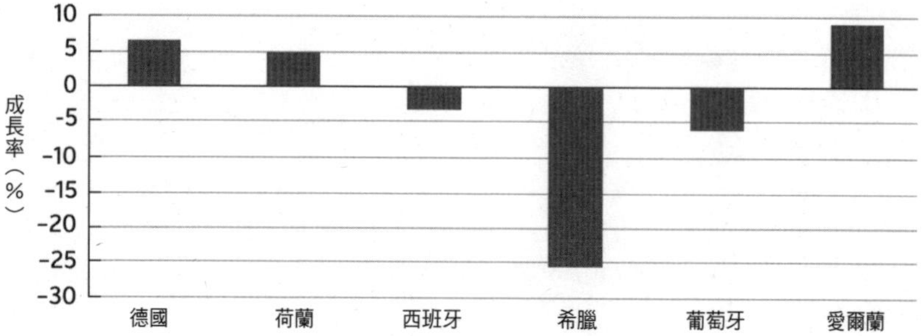

但若檢視歐元區內部，我們會看到第一章裡預期的趨異模式。縱然歐元區各國的平均表現看來並不理想，不過某些國家的成長適中；而像是希臘則有著災難性的減幅（見圖二）。德國這個人稱第一名的國家，從二〇〇七年起，八年來只成長了六・八％，平均年成長率經通膨調整後僅有〇・八％。這種成長率在正常情況下會被說成是**近乎停滯**，只有在和歐元區內的鄰國相比時，看起來才會不錯。

與經濟大恐慌相比

一些歐元區國家面臨的經濟低迷，可以說與經濟大恐慌時期相當，甚至猶有過之。圖三是幾個國家在近年危機時期的表現和經濟大恐慌時的表現相比。

與非歐元區國家相比[6]

歐元區的架構及政策格外具有負面影響，阻礙歐元區面對衝擊時所能做出的調整，尤其是全球金融危機的衝擊。我們可以透過歐元區與非歐元區的歐洲國家的比較（除了中、東歐轉型國家之外）看到這一點。截至二〇一五年，非歐元區歐洲國家的GDP比起二

圖三[5] 部分歐元國家實質GDP萎縮比較

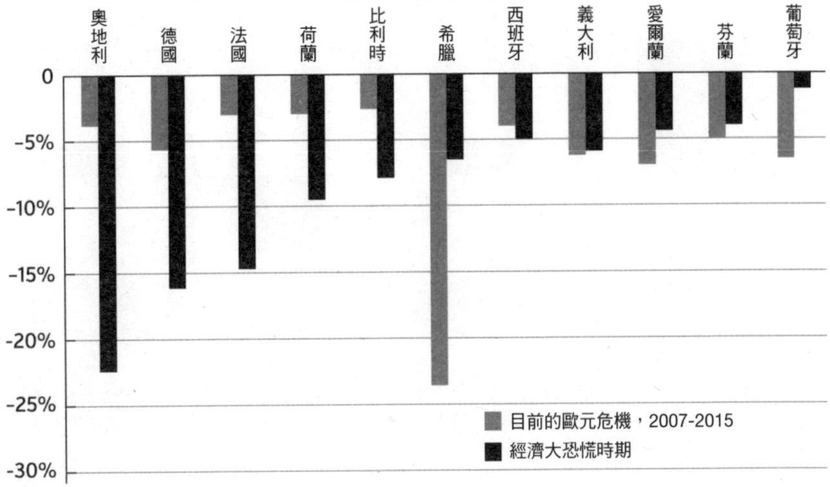

〇〇七年時高出約八・一%。相較之下，歐元區國家僅有〇・六%的增幅。[7]假如我們將同樣未受歐元「折磨」的中、東歐轉型國家納入考慮，差異會更為顯著。沒有任何一個使用歐元的國家，能像波蘭（二八%成長）或羅馬尼亞（一二%成長）那樣成功。

與美國相比

我們先前提過，這場危機始自美國。美國的復原力道固然薄弱，比起歐元區卻是穩健多了。從二〇〇七到二〇一五年，當歐元區的產出停滯時，美國的產出成長了近一〇%。

生活水平

生活水平逐年增加，是經濟進步的一項表徵，這個觀念長久以來廣被接受。由於不同國家的人口成長率不同，比起單純只看總體GDP，**人均**GDP更能掌握生活水平的表現。圖四顯示

圖四　人均實質GDP成長情況（二〇〇七－二〇一五）

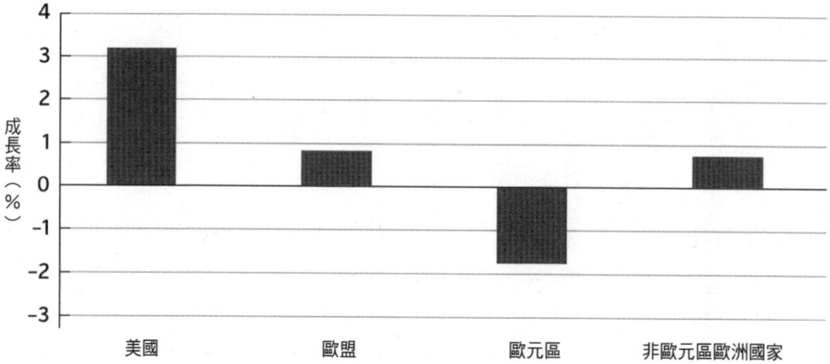

歐盟是指二〇〇七年的所有歐盟成員國，總共有二十七個國家。歐元區是指二〇〇七年採用歐元的十三個國家。非歐元區歐洲國家是指挪威、瑞典、瑞士及英國。在每組案例裡，成長是指人均實質GDP的增長，採用各國的物價平減指數。

二〇〇七至一五年間，美國、歐盟、歐元區及非歐元區歐洲國家的人均GDP。美國有超過三%的成長，歐元區則有一．八%的減幅。

基於幾個原因，這些數字儘管難看，卻還沒完全捕捉到危機國家生活水平的巨大降幅。首先，人民福祉（well-being）的其中一項要素是經濟安全，然而危機國家的失業出現驚人增長，使得社會保障制度的支出遭到刪減，不安全性明顯增加。

福祉的另一項要素是「連結性」(connectedness)，特別是指家庭的連繫。受害最深的國家在這方面飽嘗苦楚，因為大批年輕人得離鄉背井，遷至倫敦、柏林或雪梨謀生。二〇〇七到一三年間，愛爾蘭經歷了七五%的長期移出人口增長率。此外，數以千計的希臘人在危機開始時移出家鄉，從二〇〇八到一三年，年移出人口數增加逾二．五倍，[8]且當中許多人可能不會再回國。希臘總人口數的減少，其中一部分原因就是人口移出。[9]移出人口以工作年齡的人口占比最大，而這並不讓人意外，包括了希臘最有才幹的勞工，暗示著未來希臘的成長率及償債能力可能更低。[10]

政府支出與撙節

在危機國家裡，特別是希臘，還有一項侵蝕生活水平的根源。三巨頭強迫政府大幅縮減支出，包括教育及提供其他基礎服務的公共計畫。社福計畫的刪減，使得不安全性升高。二〇〇七到一五年間，希臘的政府支出減少了二二％。[11]這對中低收入戶來說格外痛苦。

生產力

如我們所見，歐盟及歐元區透過創設單一貨幣促進勞力和資本的自由流動，**理應要**創造出更具生產力的歐洲。而施加於希臘、西班牙及其他危機國家的結構性改革，也應當增進生產力才是。

由於各國工作年齡（十五至六十四歲）人口的成長率不同（日本的工作年齡人口以每年一％左右的速度萎縮，美國則一年增加〇・七％，德國一年減少〇・三％），[12]相較於只看GDP，更有意義的是比較工作年齡人口的人均實質（經通膨調整）GDP成長率。日本的成長率**預計**會低於美國，因為日本的勞工較少。倘若日本的**工作年齡人口人均**實質GDP成長率較高，這就告訴我們一項重要訊息：若非國家幫工作年齡人口找到更多工作，就是勞工的生產力上升了。

就這方面來看，歐元區做得並不理想。二〇〇七到一五年間，歐元區整體的工作年齡人口人均實質GDP成長率只增加了〇・六％，而非歐元區歐洲國家還有三・九％的增幅。[13]若與美國相較，情況更不樂觀。二〇一一年，美國的工作年齡人口人均實質GDP成長率已大幅回復至危機前的水平。歐元區的數字明顯比美國低上許多，實際上也低於全球，以及各高所得國家。[14]

危機國家表現得更糟是預料中的事。危機國家的生產力若有任何增加，效果也早被增加的失業率給淹沒。從二〇〇七年開始，希臘的工作年齡人口人均產出已經減少約二三％。希臘的表現如此不理想，原因之一就在於失業率高漲。所以，我們有必要看一看**受雇**勞工的人均產出表現如何。即使是表現最好的歐元區國家，受雇勞工人均產出看起來都不太妙。二〇〇七到一五年間，希臘的生產力（**受雇**勞工人均產出）減少了六．五％，連德國都出現了減幅（〇．七％）。而美國在同一時期的生產力則增加了七．九％。[15]

失業

失業率非常重要。它代表了一種資源浪費——或許還是市場經濟裡最嚴重的一種無效率，有數百萬人想要具有報酬的工作卻不可得。同時，失業也代表了失業者及家人將為此飽受折磨。失業保險可以幫助失業者，但只是治標不治本。

歐元區在失業這一方面表現得格外慘烈。二〇一五年歐元區的平均失業率達到一一％，逼近歷史高點。而危機國家的失業率是前者的兩倍。二〇一三年希臘的失業率達到二七．八％的新紀錄，而到二〇一五年，也只見失業率從高峰微幅往下掉了點。[16]

青年失業

青年失業率的增加幅度更是令人焦慮，是整體失業率的整整兩倍。青年族群持續性的高失業率，會帶來長久的影響。這些年輕人從學校畢業後，將永遠無法獲得在工作機會前景看好時所能獲得的收入。[17]

勞動時數

在歐元區內，平均工時全面降低，這意味著一個更糟糕的現象：不僅工作者越來越少，仍在工作者的工作時數也減少了。連德國這個明星國家，二〇〇七到一四年的平均工時也掉了將近四％。（值得一提的是，希臘人遭指責懶惰成性，可是二〇一四年的工作時數比勤勞不懈的德國人還多出了將近一半。）[18]

不平等

截至目前為止，我們關注的都是**整體的**經濟表現。但是在經濟光譜底端的人們身上，危機格外嚴峻。他們面臨高失業風險，許多還有失去住所的風險。當失業率增加時，工資就遭到刪減，或增加得比失業率尚未攀升時的速度還慢。此外，工時也遭到刪減。我們提過，中低階層的人民更加倚賴公共服務，然而這時公共支出也遭到巨幅刪減，尤其是在受創最深的國家（即便不是危機國家也是如此）。

我們沒有恰當的資料可以顯示這些人民過得如何。不過針對某些國家，我們的確看到能夠呈現不平等現象的資料。這些資料指出，許多人民確實面臨艱難處境。例如西班牙在危機開始前幾年，不平等現象一路減緩；可是從二〇〇七年開始到二〇一四年，所得不均程度的標準量數吉尼係數

（Gini coefficient）高出了九％左右。而希臘的吉尼係數則從二〇一〇到一四年增加了五％。一般來說，吉尼係數得花費好多好多年才肯移動幾個百分點的。

中低階層人民格外受到危機所苦，有關貧窮表現的資料強化了這項臆測。幾乎每個歐元區國家都有貧窮增加的現象，尤其是兒少貧窮。根據樂施會（Oxfam）★的資料，截至二〇一二年，每三名希臘人就有一名處於貧窮線以下；而一七．五％的年齡在十八至六十歲的總人口數，總數超過一百萬人，則居住在完全沒有收入的家庭中。[19]另外，根據聯合國兒童基金會的估算，二〇〇八到一二年間，希臘兒童處於貧窮狀態的比例從二三％增加到了四〇．五％。[20]

歐元、歐元危機，以及長期表現

一直以來，歐洲的經濟表現並不好。至少從危機開始以來便每況愈下。然而，危機發生**之前**的經濟表現如何？未來的前景又是如何呢？

為了回答這個問題，圖五標出了一九九九年一月一日歐元創設以前，二十年間歐元區的成長情況，並預測了未來的成長（圖中的實線）。從一九九九到二〇〇八年間，趨勢預測線代表著**要是沒有歐元的話**，成長情況會如何。二〇〇八年以後，趨勢預測代表著要是沒有歐元**和**金融危機的話，成長情況會如何。這張圖還顯示出實際的產出，也就是虛線部分：在歐元出現以前，有些時期產出比趨勢線稍高，有些時期比趨勢線稍低，不過誤差都很小。比較實線與虛線，我們可以看到實際經濟表現與簡單預測之間的落差。

圖五[21] 歐元區GDP趨勢分析

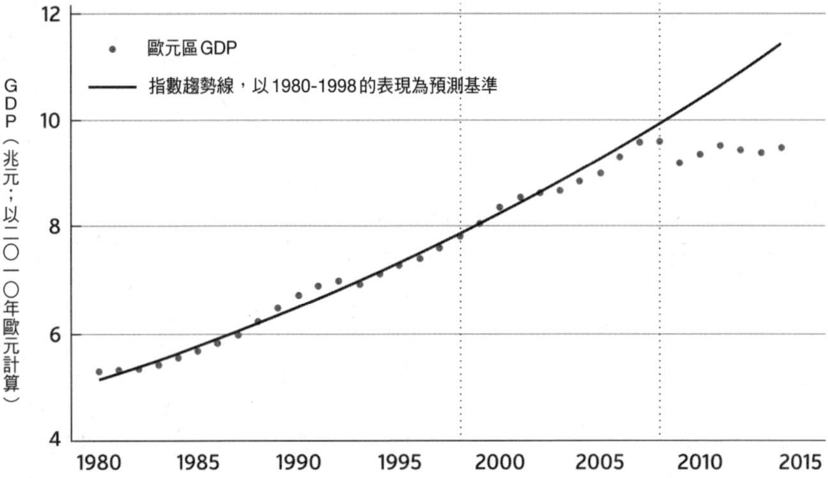

我們有了三個驚人發現。首先，**在歐元創設之後，歐元區的整體成長根本就沒有驟增**。歐元或許助長了西班牙及愛爾蘭的經濟泡沫，但是似乎沒有增加歐元區的整體成長。

其次，比起從歐元出現前幾年開始GDP一直遵循的趨勢，目前的所得要低出許多。截至二〇一五年底，所得預測數字與歐元區實際GDP之間的缺口達一八%，大約損失了二・一兆歐元（二・三兆美元，以二〇一五年的平均匯率、一・一美元兌一歐元計算）。倘若我們逐年累積增加的缺口，到了二〇一五年，累計損失會超過一一兆歐元，或是一二・一兆美元。

第三，這個缺口仍在擴大中。我相信只要歐元區持續現行政策，缺口就會持續加深。倘若我們樂觀假定歐元區能努力回到之前的**成長**水平（在最好

★譯按：全名為Oxford Committee for Famine Relief（牛津饑荒救災委員會），一九四二年於英國成立，在全球九十餘國從事濟弱扶貧工作，香港稱樂施會。

的情況下，這都不太可能發生，原因我已經提出過），這麼一來，產出的損失總值幾乎達兩百兆歐元（二二〇兆美元）。[22]

只要有人相信這樣的糟糕表現均肇因於歐元，即便那只是部分原因，也會給歐元支持者很大的壓力，讓他們難以證明歐元的經濟、政治利益能夠超越這些可觀的損失。

歐元及個別國家的表現

德國及其他表現較好的國家，現在把矛頭指向危機國家經濟結構中的基本缺陷，說這些國家勞動市場僵固、官商勾結貪腐，是充滿避稅者及無所事事、揮霍無度者的國度。儘管他們無法改變這些國家的文化，但至少可以改變他們的經濟結構，像是削弱工會組織、改變勞動法規與稅制等等。而這些「改革」能夠讓他們再次成長。然而，本書的假設卻相當不同而且簡單：是歐元阻礙了他們做出因應全球經濟環境變動的調整，尤其是在二〇〇八年全球金融危機時，以及中國崛起之際。二〇〇八年時，這些國家的民族性格、制度及法律框架都未改變。如果那就是今日問題的根源，那麼我們應該會看到一致的差勁表現，無論是在二〇〇八年之前或之後。圖六顯示出芬蘭及五個危機國家成長率的前（二〇〇〇至〇七年間）後（二〇〇七至一五年間）表現，可以看出每個國家早期的表現都相當傑出，有些甚至比歐元區的平均表現還要好。顯然並沒有什麼「這些經濟體的結構阻礙了成長」這回事。這份資料與我們的假設相符：的確有些什麼阻礙了調整，而那就是歐元。（稍後我們會簡短解釋，芬蘭不在危機國家之列卻仍遭受幾次強烈的衝擊。）

圖六 部分危機國家的實質GDP平均成長率

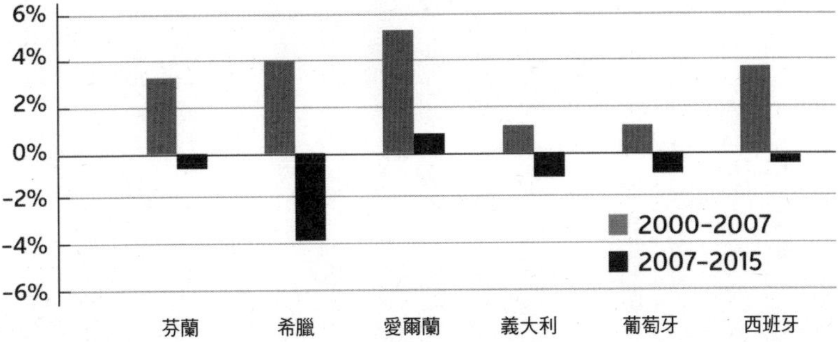

當然我們提過，有許多不同因素可能導致各國擁有不同的生活水平，諸如教育水平、地理位置、前期投資等等。但是對某些文化的刻板印象，在資料上根本沒有獲得證實。

未來前景

當短暫且程度較淺的經濟低迷發生時，經濟體通常會回彈，彌補過往的損失。美國在一九八〇至八一年的衰退過後，有了一次強勁的復甦，並在一九八四年達到了七%以上的成長。之後幾年的產出水準雖然還是不及沒有衰退時該有的表現，但反彈已經相當顯著。

一旦低迷長久糾纏，回彈的機會便十分渺茫。衰退最終會劃下句點，但復原後的成長無法彌補這段期間造成的損失。的確，未來的成長率有很高機率會低於正常值。一國的**人力資本**、**物質資本**、**智慧資本**都遭到破壞，或至少不像沒有衰退時那樣增加，導致產出、每小時產出（生產力）及生產力增長率都低於沒有衰退時的表現，這也是預料中的事。歐元危機既深且長，帶來了揮之不去的影響。本章先前呈現的資料與此吻合。

不過還有一個迷思。由於衰退或危機時的投資較少，我們預期生產力（勞工人均產出）在衰退之後會變得更低。可是生產力的減少比我們所能輕易解釋的還要**嚴重**。如果把資本存量減少納入考慮，那麼任何程度的投入都會獲得較少的產出。[23]我們可以預先估算，當資本及其他可觀測投入較少時，對生產力有何影響。此一估算值與實際觀測到的生產力減幅之間若有落差，這個落差就是下落不明的「暗物質」所在。有些**難以觀測到**的東西不見了。

即便我們無法精確分析這個暗物質的成分，但它是真實存在的，而且需要納入考量。這個下落不明的資本含有許多成分。人們在二十幾歲時逐漸累積技術，以一輩子的時間增進生產力。但是那些技術大多得自在職訓練。當工作機會消失，受創最深的國家青年失業率甚至逾五〇％時，根本就不會有什麼在職訓練，甚至還會有技術的浪費（包括成為生產力旺盛的勞動力的相關基本技能）。

那些在壞（衰退）年頭進入勞動市場的人們，擁有的終生所得明顯較少。對於長期以來一直處於失業狀態的人來說，這更是再真實不過了。結構化資料證實了這些觀察。在經濟衰退時失去工作的人，面對的是未來所得的巨幅減少，當他們面臨長期失業時更是如此。

企業同樣經由生產流程（所謂的做中學）[24]及研發支出，來增進他們的生產力。但是當經濟體步入衰退時，即便症狀輕微，刪減生產支出也意味著學習機會減少。一旦有了深沉的經濟低迷，一般來說企業就會面臨嚴苛的預算限制。他們會盡可能地省下開支，即便這樣對長期前景來說並不好。研發經費往往是早早開鍘的對象。這樣的刪減在市場轉移注意力到季投資報酬率時更為慘重，短視近利變得更加猖獗。[25]此外，企業還傾向刪減其他形式的長期投資。為了增進企業的資金周轉，勞工被解雇，而這會破壞員工的忠誠度。破產增加了，而隨著企業破產，企業內部的組織資本及資訊資本也跟著毀壞。

社會資本的破壞並未充分反映在我們的標準指標中。我們的標準指標只聚焦在**物質的**資本上，像是機器及設備。衰退最深的希臘在這方面損失最為慘重。三巨頭脅迫要撕毀社會契約，破壞存在於社會成員之間的各種連結。比如說，勤奮工作者本來認定他們獲得的退休金為數不多但足可過活，現在卻被告知退休金會被砍至令他們無法維持生計的地步。如此的社會資本破壞，不僅給社會運作、也給經濟運作帶來嚴重後果。這是無可避免的。

倘若不採取反景氣循環政策，確保經濟迅速復原至充分就業狀態，**長期**影響便會相當顯著。這項分析有著強烈的政策意涵。將這些長期影響納入考量，暗示著歐元區的表現自歐元創設以來便每況愈下，並已造成人力及組織「資本」的**破壞**，至少人力及知識資本並不會如正常情況那樣增加。

德國

當危機折磨著歐元區各國時，德國有時會被當作一個反例。德國的領導人主張，他國應該以德國為榜樣：只要遵守遊戲規則，壓低赤字及負債，你就能好起來。

然而，只有在和歐元區其他國家相比時，德國看起來才是成功的。假如我們不採用曲線轉換法★，而以**相對**表現為基礎做出成績評斷，那麼德國的成績可能只有D⁻。

★譯按：grading on the curve，一種成績評比方式。將各等第分配的名額百分比設定好，再依據分數排序分派，見盧雪梅〈九年一貫課程成績通知單模式研究：現況與展望〉，《教育研究與發展期刊》，一卷三期，二〇〇五年十二月，頁一八三。

先前提過，二〇〇七到一五年，德國年平均成長率經通膨調整後只有〇．八％。這種成長率和二〇〇一到一〇年的日本大致相同。眾所皆知，日本此時依然處於二十年的經濟萎靡之中。若把工作年齡人口成長率納入考慮，日本的表現更是疲弱。德國工作年齡人口成長率一年僅萎縮〇．三％，日本一年的跌幅可是一％。

然而，一如經濟表現暨社會進步國際評量委員會所強調，GDP不是衡量整體經濟表現的恰當數據。例如，它並未考慮到成長利益的分配。即便在德國，大部分民眾都遭遇了所得停滯、甚或衰退。[26]從一九九二到二〇一〇年，頂層一％的人所得份額增加了二四％左右。[27]從一九八〇年代中期到二〇〇〇年代中期，德國的吉尼係數及貧窮率皆緩步升高，後者最終還超越了OECD國家的平均值。[28]德國之所以保得住競爭力，部分是因為犧牲了底層民眾，儘管在保護這些民眾上，德國做得比美國要好得太多。[29]

既然德國很難說擁有他們自我宣稱的成功，那些許成就也就無法作為他國的樣板。德國的成長部分是基於穩健的貿易盈餘，這不是所有國家都能得到的。貿易赤字的總和必須與貿易盈餘總和相等，這是一個基本等式；若某些國家擁有貿易盈餘，就代表其他國家**必須**要有貿易赤字。

結語

單一貨幣應該要能增強歐元區成員國的經濟表現才是。在危機發生前幾年，要察覺出任何有利的結果十分困難：批評者說，這項試驗會帶來危機，隨著歐元阻礙調整會有龐大損失出現。這些批評者是對的，本章已提供了充分的證據。從每項衡量經濟表現的準則來看，歐元區都是失敗的。它的表現一直劣於美國（那裡還是危機的發源地），也一直劣於非歐元區的歐洲國家。連德國都無所遁逃。

反事實

歐元的支持者無法否認這些統計數字，他們只能做出不同解讀。有些人可能聲稱，是啊，情況很糟糕，但要不是歐元，只怕會更糟糕。經濟學家把這樣的思想實驗，也就是這世界要是在某個特定方面與現實不同的話會如何，稱為**反事實**（counterfactuals）。

理論及證據全都站在歐元批評者這一邊。本書接下來的內容，大部分也都致力於解釋為何如此。基本的概念其實很簡單。打個比方，假如希臘沒有被歐元綁住，那麼當危機爆發時，就可以讓貨幣貶值。觀光客在決定要去哪裡度假時，會發現希臘便宜許多，因而紛紛湧至該國。希臘的所得會增加，協助經濟迅速復原。再說，希臘央行體認到經濟低迷至深，便會迅速調降利率，進一步刺激經濟。它不會像歐洲央行那樣，在二〇一一年時還提高利率。希臘在危機蔓延時，進口多於出口，飽受國際收支平衡之苦，這時若匯率能做出調整以修正問題，阻撓進口的同時更能促進出口及觀光。其他危機國家還可以說出更具說服力的故事。

歐元支持者可能會提出這點回應：**倘若**希臘欠德國錢，並以德國貨幣計價，匯率變弱會增加希臘的**實質**負債。的確如此，當三巨頭壓低希臘的所得逾四分之一，這樣的事就在當地上演。而我們應該說，希臘不太可能以德國貨幣計價向德國借款，因為希臘應該會意識到隨之而來的風險（放款國德國也是如此）。30

相關性及因果性

歐元區的差勁表現，不論是絕對或相對差勁，都有可能肇因於歐元以外的因素。譬如全球經濟的變動也會影響歐元區及歐元區內特定的國家。這就是為什麼德國會說歐元區國家的失敗在於揮霍無度。然而，這種說法與經濟現實完全脫節，德國實在有欠分析。只有希臘能夠接受這種揮霍無度的抹黑。芬蘭近年來一直表現不佳，所得比二〇〇七年低了五％，但不是因為揮霍無度，而是因為該國遭逢了三次不幸：芬蘭企業諾基亞（Nokia）把高科技公司的領導地位讓給了蘋果、主要產業林業面臨需求疲弱，以及主要貿易夥伴俄國步入衰退（因為低油價）後又遭到西方經濟制裁。即便德國宣稱他們的成功全是靠自己，然而證據會說話：多年來德國幸運地生產在中國擁有高需求的商品，而中國是全球經濟成長的引擎；其他表現沒那麼理想的歐元區國家，則是生產了和中國相互競爭的商品。

之後的章節會清楚揭示歐元與歐元區貧弱表現之間的關連。歐元區出現衰退並非偶然，不僅是相關性所致，更是因果作用使然。上述的分析已經證實歐元如何阻礙調整。但是歐元讓希臘、西班牙及其他受害國家產生貿易赤字，導致各國出現比德國高昂的物價；歐元自身也是危機的成因。失衡現象不能一直這麼下去——我們也不會讓它繼續下去。要移除它們並收拾殘局格外令人痛苦，我們早已知曉；這麼做所耗費的成本，遠大於各國當初經濟增強時短期所獲得的微小效益。

歐元的實質成本

沒有經濟學家能夠做出準確預測。歐元支持者或許會宣稱，歐元能使歐盟東山再起。但這樣的主張在幾年前可能還比較有說服力。歐盟的危機和衰退宛如歹戲拖棚，而其他地方上演的卻是穩健的復甦劇碼。如此看來，情況可真是和歐元支持者所說的背道而馳。正如我們觀察到的，歐元區預計至少會有十年的失落，未來的GDP成長率都有可能比當前的低。原因我已經解釋過。

可惜的是，冰冷的經濟統計數字並未捕捉到歐元區真實的失敗面貌。其他方面的統計（例如自殺率的顯著增加）[31]可能更能呈現一般民眾真實感受到的壓力。新聞報導圖文並茂地描述危機重重的**社會成本**：很多人翻找垃圾沿街乞討、商店關門，以及反映社會不安的激烈示威。這是歐元及歐元區給歐洲人民生活帶來的影響，包括那些身處危機國家的人民。在之後的章節裡，當我們要討論這些複雜的貨幣協調議題，以及它們對經濟表現的諸般影響時，都該將這些畫面銘記於心。我們要時刻記得：貨幣協調本身只是手段，絕非目的。

第二部　生來即有缺陷的歐元

〔第四章〕
單一貨幣何時能夠發揮效用？

B. E.是使用歐元以前（before the euro）的縮寫。那是一個這樣的世界：你從一個歐洲國家到另一個歐洲國家旅行，好比從法國到德國再到荷蘭，經常得兌換不同的貨幣——從法郎到德國馬克再到荷蘭盾。歐元的到來讓旅人生活變得簡便。它以單一貨幣之姿，取代了十九個不同國家的十九種不同貨幣。[1]

然而，創設單一貨幣不只是改變購買商品時所使用的鈔票，還包括為整個歐元區創設一間中央銀行，也就是歐洲央行。歐洲央行決定了全區適用的利率，並且扮演最後貸款人的角色，借款給歐元區各家銀行，例如在沒有其他人願意提供銀行協助時，借錢給銀行應付存戶提款所需的資金。央行設定利率，也可買賣外匯，兩者皆影響著歐元與其他貨幣的匯率，比如美元。[2]（匯率是指明確訂定多少單位的一種貨幣可以與另一種貨幣交易。所以當二〇一六年初美元對歐元匯率為〇・九二，就是指一個美國人帶著一百美元赴歐時，可以換得九十二歐元。）升息會導致歐元需求提高，因而提高匯率。貨幣政策是政府經濟工具箱裡最重要的工具之一。當央行想要刺激經濟，會以降息增加貸款機會。[3]而降息會導致匯率降低，使出口更具競爭力，同時抑制進口。這兩項因素都能夠增強經濟。

單靠市場本身並無法確保充分就業或是金融及經濟的穩定。所有國家都得從事某種形式的公共行動，介入市場以促進總體經濟的穩定。今日，除了一些極端主義者外，我們所面臨的問題已經不是政府**應不應該**干預，而是**考量市場的不完全性**之後，政府應該如何、並從何處下手。

當兩個國家（或十九個國家）組成單一貨幣聯盟時，個別國家被迫讓出利率掌控權。由於使用**同一種**貨幣，因此也就沒有**匯率**可言。他們無法透過匯率調整讓自己的產品更便宜、更具吸引力。既然調整利率及匯率是經濟體維持充分就業的重要手段，歐元的形成也就奪走了這兩個確保充分就業的重要工具。

採用共同貨幣會剝奪個別國家以匯率調節進出口的能力，造成某些調整**應該**產生、卻沒有產生的失調狀況。這種症狀明顯表現在一國進出口的持續落差。一般說來，假如進口超額，匯率會降低，讓進口商品更為昂貴，出口商品更具吸引力。假設希臘的進口大於出口，就可藉由削弱幣值來修正這樣的失衡；但在匯率被固定住的狀況下，此等情形不會發生。超額進口需要資金支應，而如果一國在貿易赤字下無法融資，問題就會產生。

被迫讓出匯率及利率掌控權，對於個別國家來說是十分昂貴的成本。除非有其他因應作為，否則會有重大麻煩。耗費的成本有多龐大，而「其他作為」又是什麼，取決於諸多因素；其中最重要的，就是國與國之間的相似程度。而由於歐洲的多元性，「其他作為」的規模得比歐洲曾經做過或**可能做到的**還要大才行。

倘若採行共同貨幣的國家彼此十分相近，各國遭受的衝擊會差不多，例如中國對歐元區商品的需求會等量提高或減少。同樣的，若某個行動對其中一國來說是適當的，對全部國家就都是適當的。在此情況下，成立貨幣聯盟的成本就會很低。我的同事、經濟學家羅伯特・孟岱爾（Robert Mundell），針對一群國家要順利採行共同貨幣必須具備什麼條件提出了疑問，並嘗試回答，因此獲得諾貝爾獎。[4]他的分析清楚地指出：歐元各國的狀況太過分歧，難以順利採用共同貨幣。

歐元區的創設者們自然擔憂這些分歧。一九九二年創設歐元的《馬斯垂克條約》，要求加入歐元區的國家符合所謂的**趨同標準**，確保各國在實質上能夠趨同。加入歐元的政府得限制赤字（收入短於支出的年度總額）及負債（積欠的債務總額）。他們被要求赤字必須低於GDP的三%，負債必須低於GDP的六〇%。[5]歐盟所有國家（不只是歐元區國家）進一步在這些赤字及負債限制上做出承諾，就是我們所稱的《穩定成長公約》（Growth and Stability Pact）。[6]

歐元區各國擔心彼此差異太大是有道理的。他們了解部分國家面臨深沉的衰退，有些則面臨通膨；或是部分國家出現大量貿易順差，另一部分則出現大量逆差。這種過度的不一致會給歐元帶來壓力。要是這樣下去，任何利率都只對一部分國家發揮效用，卻讓其他國家的問題加劇。不知為何他們就是相信，只要政府沒有過度赤字及負債，這些不一致會奇蹟般消失，歐元區會處處是成長與穩定。不知為何他們就是相信，只要沒有政府失衡，貿易失衡就不會是問題。

而今，證據已然明顯。連那些沒有政府赤字、公共債務低的國家（例如西班牙和愛爾蘭），都有危機產生。許多沒有龐大政府赤字或負債的國家，都有著龐大的貿易赤字。許多歐元區國家經過二〇〇八年全球金融危機及其餘波的洗禮後，至今仍未恢復過來。他們既沒有成長，也毫不穩定，走向趨異而非趨同。

在前一章中，我們舉出了各式例證與數字，說明歐元未能履行承諾，給歐洲帶來繁榮。這一章的開頭則要解釋為何會如此。我先解釋美國五十個不同的州如何能夠採用共同貨幣，之後指出共同貨幣成功的**必要條件**（在制度安排及條件等方面）歐盟均欠缺。我也會解釋共用共同貨幣為何如此困難，且為何在缺乏必要制度之下，共用貨幣會導致持續性的高失業及經常帳赤字（一國進口持續多於出口），更糟糕的是導致危機出現。這些顧慮不只是理論上的——它們此刻正在歐洲激烈上演著。

這裡有個問題浮現：歐元的創設者除了在財政赤字上施加條件，是否也應該限制經常帳赤字，以確保各國趨同呢？這些條件是否能夠確保成長及穩定？在本章稍後的部分，我們會解釋為什麼在經常帳赤字上再施加明顯的限制仍然無法發揮效用。要讓單一貨幣在這樣一組多元國家中順利運作，各國需要遵守一套規則；歐元區確實需要一套制度。在第九章裡，我會描述其中一套規則，它們不僅適用於貿易逆差國，也適用於貿易順差國。我們會看到，這些規則與制度與今日歐元區所擁有的是多麼不同。

我要強調，本書不僅關乎**事件**，關乎歐洲一直以來發生的問題，也關乎**概念**，關乎意識形態對歐元區架構的形塑具有什麼樣的影響。歐元的創設者們似乎相信，滿足趨同標準是確保歐元存活下去的關鍵。但他們顯然錯了。在這一章裡，我們也會嘗試解釋，新自由主義（市場基本主義）如何將他們引向歧途。

美國作為一個通貨區

許多歐洲人看著美國的情況，問道：既然美國五十個州都能共用美元，為什麼有著十九個國家的歐元區不能共用貨幣？前面我們提過，如果組成國家間彼此有足夠的相似度，無論貨幣政策為何，只要對一國適用，對其他國家也都能發揮效果。但美國各州有很大的不同：有農業州和工業州；有因油價下跌而受益的州，也有因此受損的州；有長期向其他州借款的州，也有淨借出的州。這些差異使得各州對於經濟政策抱持不同觀點。製造業為大宗的淨債務州，通常主張低利率；擁有龐大金融部門的債權州，則會主張高利率。華爾街與市井大街之間，長期存在著隔閡。因此，即便相似性是單一貨幣區成功的充分條件，卻並非必要條件。

美國境內有三個重要的調整機制，使單一貨幣體系能夠順利運作。不幸的是，我們將看到，這三種機構沒有任何一種存在於歐盟——或者說，它們存在，但力量不足以讓歐元區順利運作。

比方說，當南達科塔州（South Dakota）面臨衝擊時，人們可以移出該地；由於英語是美國的共通語言，社會安全及聯邦醫療保險等關鍵計畫又都是全國性的計畫，遷移因而相對容易。遷移還是會產生成本，像法律這類相關職業的執照核發就成為一項障礙。歐盟與美國有一項不同之處。雖然原則上人們在歐盟境內可以自由遷移，但即便如此，歐盟內部還是有相當大的語言及文化障礙，甚至核發執照的不同標準。美國人已經習慣從一地區遷移到另一地區，歐洲人則不然。

還有另一個問題。很少有美國人會擔心如南達科塔這樣的州變得杳無人煙。[7]但是希臘人確實會擔心大多數才能傑出的希臘青年離開家鄉。他們也的確該擔心才是。若從國家層面來看，在美國無論是人們遷移到工作處所，還是工作機會來到人們的居住地，都不會有太大差別。[8]但在歐盟，希臘人、愛沙尼亞人肯定會希望有足夠工作機會來到像他們這樣相對較小的國家，以維持他們的經濟、文化及認同。[9]

另一個極大的不同，在於南達科塔州的州民會認定他們是美國人，這樣的認同就算遷移他州也不會改變。一位南達科塔州人並非「作客」在加州，而是享有定居權；這種權利若被撤銷，是難以想像的。經過一段短暫的時間後，他就會擁有完全的投票權，並且有權享受加州居民得以享受的福利。一位加州在地居民和一位南達科塔州的「移民」完全沒有分別——他們都是「加州人」。而近日歐盟所爭論的，關於一位移民得要在新國家居住幾年才有權獲得某些福利，就顯示出歐盟和美國著實不同。撇開在新地方工作的便利性不談，一位波蘭人在愛爾蘭工作，基本上仍是作客他鄉。進一步來說，他的政治及文化認同，以及對未來的期望，比較可能延續著波蘭人的認同與期望。

美國還有一項重要的調整機制。在經濟衝擊過後，南達科塔州會透過某種管道取得聯邦政府的資金援助。這種援助部分是申請即有：當經濟低迷時，許多人傾向求助於**全國性**的福利計畫，像是醫療補助計畫（Medicaid，為貧困人民提供醫療照護的全國性計畫。由地方主持，但大多由聯邦政府資助）、聯邦醫療保險（為老年人提供健康照護福利的全國性計畫）、社會安全計畫（為退休老年人提供服務的全國性計畫）、補充營養援助計畫（Supplemental Nutrition Assistance Program，為貧困人民提供飲食購買補助的全國性計畫）等等。在嚴重低迷時，聯邦政府會支付大部分的失業保險金額。而在歐盟，每項計畫都由各國政府各自資助。因此，如果希臘出現危機，希臘政府得要自行負擔增加的社福費用，而且就在政府收入降低之時。

除了這些申請即有的福利計畫，美國聯邦政府還可以運用裁量權，協助陷入困難的各州。假如加州陷入衰退，聯邦政府可以支用軍事預算協助加州復甦。但如我們所提，歐盟的聯邦預算少之又少，根本就沒有什麼裁量預算可用來對抗景氣循環。

當衝擊事件發生時，美國還有第三種公共援助來源。美國的銀行體系很大程度是**全國性**的銀行體系。若有任何銀行陷入嚴重困難（一如二〇〇八年許多銀行發生的狀況），該銀行會獲得資金紓困，但不是由各州政府提出，而是透過聯邦代理機構（聯邦存款保險公司〔Federal Deposit Insurance Corporation〕）提出。舉例來說，倘若華盛頓州政府被迫要為華盛頓互惠銀行（Washington Mutual，美國最大銀行，在金融危機時破產）紓困，州政府絕對力有未逮。這就像冰島政府試圖為資產逾該國GDP十倍的銀行紓困一樣無能為力。[10]同樣的，倘若加州在處理全國金融服務公司（Countrywide Financial，僅次於房利美〔Fannie Mae〕與房地美〔Freddie Mac〕的第三大房貸業者）的問題時也只能靠自己，可能也會吃不消。

還是那個老問題。截至目前為止，歐盟境內各國仍然要為國內的銀行負責。就如我們在下章提出的建言，如此一來會造成惡性循環。體質不佳的銀行使得政府財政處境每況愈下，反過來說銀行也會更加搖搖欲墜。

稍後我們會提出一些歐元區的體制改革，用意是要讓歐盟**朝**美國的模式發展，成為單一利率、匯率與共榮的體系。歐元區各國必須朝這個方向跨出**足夠的**步伐，才有可能創造出讓歐元順利運作的前景。

為何採用共同貨幣是個問題？歐元區沒有做到什麼？

歐元創設時大多數人就已經理解到歐元區各國之間的龐大落差，也明白這個聯盟還缺乏某些制度安排，也讓截然不同的經濟體採用共同貨幣。從一開始，各國就有著極大差異，比如葡萄牙的人均GDP約是德國的五七％。這與美國各州間的差異類似，比如密西西比州的人均GDP就是康乃狄克州的四八％。然而，後來的加入者包含了更貧窮的國家。比如二〇一四年加入歐元區的拉脫維亞，人均GDP只有德國的三一％。[11]

一開始的期望是各國經歷一段時間後能夠趨同，彼此變得更為相近。有了足夠的趨同，就能成為一個運作良好的通貨區。然而，在許多案例裡，這樣的期望並沒有實現。例如，截至二〇一五年，葡萄牙和德國不僅沒有朝向趨同，葡國甚至往後退，人均GDP目前估計只有德國的四九％。一如我們在討論美國時清楚看到的，共同貨幣需要有比「足夠相似」還要多的相似性才可以。無論葡、德兩國彼此多麼趨同，仍然會有相當的差異存在。必須要有**額外的**制度存在，像是美國的共同銀行體系。顯然，許多人沒有理解到這一點。他們單純以為當有需要時，那些制度自然會出現；他們以為只要人民有需求，歐元區就會提供這些必要的制度；他們還期望，歐元創造出來的政治動能強大到足以達成這件事。

要讓單一通貨區（像是歐元區）順利運作，有兩項關鍵挑戰：如何確保**所有**國家都能維持充分就業，同時**沒有**國家陷入持續性貿易失衡，年復一年進口大於出口。

共同利率及匯率的問題很簡單。既然不同國家有不同處境，理想狀況是他們能擁有不同的利率及匯率，以維持個別的總體均衡及貿易平衡。假如德國經濟過熱而面臨通膨，德國可能會想升息；假如希臘面臨衰退及高度失業，則會想降息。但貨幣聯盟不可能讓這種情況發生。（我們提過，對美國而言，如果有足夠的**其他**調整方式與**其他**制度協助處理這種情況，就能克服無法設定不同利率的缺點。問題就在這裡：對於必要的配套制度，歐盟根本就不在意。）

各種衝擊在不同國家會造成不同影響，這點應該顯而易見。進口較多石油的國家，會因油價上漲而遭受更多負面影響。從俄羅斯進口較多天然氣的國家，會因俄國索取更高的天然氣價格而承受更多負擔。會有這些不同是來自於每個國家的**經濟結構**。無論各國在赤字及負債上多麼趨同，經濟結構的極大差異依然存在。

當然，負債與赤字的不同也很重要。然而，赤字及負債不只在公共部門重要，在企業及家計部門也很重要。倘若國內各家庭及企業對外舉債比重偏高，就會因全球利率的提高而受損；相反的，放款的那一方則會受益。如果借款採取的是長期債券形式，衝擊可能較為有限；但隨著債券不斷更新，支付的金額只會逐漸增加。如果是短期債券，借款人就可能立刻陷入麻煩。借款人若是政府，就會面臨財政赤字，因為需要支付的資金利息迅速提高；而舉債過高的家庭和企業可能會破產，因為他們無法履行還貸義務。

歐盟境內各國在許多方面都不同，這意味著若是沒有像美國那樣的制度安排，歐盟各國想要達成充分就業及外部均衡幾乎是不可能的事。歐元區並未把這些制度一一安排到位。

維持充分就業

一個經濟體倘若面臨不景氣，有三種主要機制可以恢復充分就業：一、降低利率，刺激消費及投資。二、降低匯率，刺激出口。三、採行財政政策，增加支出或減低稅負。**共同貨幣**排除了前兩種機制，而趨同標準實質上也排除了財政政策的運用機會。更糟的是，在許多地方，共同貨幣反而讓各國反其道而行：在衰退時，他們應該提高支出、刪減稅負，結果卻是刪減支出、提高稅負。

當二〇〇八、〇九年經濟放緩時，歐元區各國稅收驟減，失業及福利支出飆漲，使得赤字升高。趨同標準要求各國把赤字限制在GDP三%以內。幾乎所有歐元區國家在步入衰退時期時都超過了這項限制。例如，從二〇〇九到一四年，除了盧森堡以外，所有歐元區國家都超過了三%赤字上限至少一次。[12]超過上限的國家被要求增稅或降低支出，這麼做削弱了總需求。而這些**撙節**政策也進一步地削弱了歐盟各經濟體。

歐元區的「理論」

我描述過標準凱因斯理論對於經濟低迷的看法。但看來在**不**增加政府支出、不借用匯利率彈性的情況下，如何讓擁有高度失業的經濟體重返繁榮，歐元區有其他的假定：一、刪減政府赤字能夠恢復市場信心，這樣就能增加投資。二、市場自身就能做出調節，恢復充分就業狀態。

這種自信理論已成為金融家們的精神糧食，最早可以追溯到胡佛及其財政部長安德魯・梅隆（Andrew Mellon）時期。但這是如何發生的，從來沒有人解釋過。現實世界裡，自信理論一再遭受考驗，且均以失敗告終。保羅．克魯曼（Paul Krugman）還回以**信心神話**（confidence fairy）這樣的自創詞。

一九二九年股市崩盤後幾年，胡佛嘗試降低赤字。不過他並沒有讓信心恢復，只是把股市崩盤轉變成經濟大恐慌。當IMF強迫各方案接受國（在東亞、拉丁美洲及非洲等地）降低赤字時，也讓經濟低迷轉變成經濟衰退，再把經濟衰退轉變成經濟蕭條。

沒有任何嚴謹的總體經濟模型會接受這套理論，並將之援用到GDP的預測模型上，即便是高唱新自由主義的央行所採用的模型也不會。

儘管如此，一些經濟學家仍舊提出「擴張性緊縮」（expansionary contractions）這個看來矛盾的觀念。當我進一步檢視遭點名的案例時，我發現真正發生的事是一些國家意外地好運。正當他們刪減政府開支時，他們的鄰居剛好開始步入經濟繁榮。於是他們增加出口到鄰國，並填補了政府支出減少所造成的缺口。一九九〇年代初期的加拿大即是一例。今日，連IMF都體認到撙節會傷害經濟。不僅如此，這麼做甚至還會傷害信心。[13]

我時常把執迷於負債及赤字的心態稱作赤字癖（deficit fetishism）。這並不是指政府可以無限制地依其所好高舉赤字或負債，只是說過分簡化的規則，像是那些置入趨同標準的規則，的確是太過簡化了。它們並沒有為良好的政策提供穩固基礎。也許強加一些限制有其必要，但這種限制必須謹慎且周延地制定。例如，將景氣循環狀態及資金籌措方式納入考慮；又例如，與其專注在赤字上，歐元制定者應該關切結構性赤字，也就是一國在充分就業時都會有的赤字。

目前歐元區所採的趨同標準，不僅妨礙個別國家對經濟低迷做出因應對策，甚至還創造出一種內在機制，讓經濟低迷更形惡化。當GDP因出口市場萎縮而下滑、稅收因此減少時，在趨同標準下，無論被迫刪減支出或是提高稅率，都會導致一個更為脆弱的經濟體。經濟學家把這些要求條款稱為「內在擾亂因子」（built-in destabilizers）。而設計良好的經濟制度必須有內在穩定因子（built-in stabilizers）才是，而非擾亂因子。

在我擔任經濟顧問委員會成員時，柯林頓政府有一項經濟勝利就是圍繞在這個議題上。當時共和黨黨員想要通過一項憲法修正案，讓赤字受到限制。這就和趨同標準的要求一樣。即便當時美國處於經濟繁榮時期，聯邦政府有盈餘產生，但我們清楚知道市場經濟詭譎多變。倘若我們遭遇阻礙（而二〇〇八年還真的碰上了一個龐大的阻礙），擁有刺激經濟的手段就非常重要。後來我們做出正確的評估，認為貨幣政策等其他機制都無法達成效果。而當初要是憲法修正案通過了，二〇〇九年的衰退只會更加嚴重。

趨同標準的用意是讓各國趨於一致，強加的撙節措施是要降低政府財政赤字。諷刺的是，撙節的效果往往適得其反。赤字降低的幅度比預期少得多，純粹是因為刪減導致了經濟放緩。這麼做反而讓稅收減少，還增加了失業補助及福利支出。

歐洲央行的作為使問題加劇

歐洲央行制定利率，是以歐元區的整體利益為考量；而那些最孱弱的經濟體，仍得獨自面對難以承受的失業水平，先前的討論解釋了原因。這些國家要不是在歐元區內，早就可以降息了。

然而，我們在第一章提過，歐洲央行的法定授權主要是針對通膨，而非失業。只要歐洲整體出現通膨，特別是德國，歐洲央行往往就忽略了高失業國家的困境，甚至是**平均**失業率的問題。歐元區需要降息使飆高的平均失業率恢復至合理水平，但在歐洲央行的權能下，降息不會發生。事實的確是這樣，我們已經看到歐洲央行曾經不顧歐元危機，在二〇一一年四月**和**七月兩度升息。

內部貶值與外部失衡

單一通貨區帶來的第二個問題，與**外部失衡**有關。外部失衡是指進口持續大於出口，使國家必須舉債以資助差額。這樣的舉債通常問題重重，讓國家暴露於危機風險之中。然而，匯率若可以調整，則貶值（一貨幣對另一貨幣的價值降低）能讓一國的商品變得便宜，讓進口商品變得昂貴，藉此減抑進口並增加出口。這本是修正外部失衡的市場機制，但這項機制在單一通貨區就短路了。

先前我們提到，當兩國決定共用同一貨幣時，單一國家無法藉由調整匯率使本國商品**相對於**他國更具競爭力。然而，假如一國的物價相對於他國降低了，那麼**實質**匯率便改變了。這樣一來，無論是相對於其他歐元區國家的商品，還是世界上其他國家的商品，該國的商品都較具競爭力。[14] 這項替代性調整機制稱為**內部貶值**，那些信仰歐元者對此深具信心。的確，我們可以把撙節政策視為是在**輔助**這個調整過程：經濟體愈衰弱，總合需求不足就愈嚴重，物價下修壓力也愈益增加，而這些情況使得調整力道必須更強大。歐元的支持者認為，內部貶值是移除外部失衡的重要機制，只要政府別維持過熱的經濟體，讓這項機制失靈。

奇怪的是，新自由主義派的歐元支持者認為，從某方面來看，失業是一件好事。試想一個出口鞋子的國家，突然發現這項商品的需求減少了（比如因為中國的競爭），該國會同時出現失業及貿易平衡的問題。這時新自由主義者的看法是，只要順其自然，兩種問題都會自動修正：失業會導致低薪，而低薪會導致低物價，出口因此得以增加，進口則減少，直到進出口達成均衡；同時，出口需求增加，也會協助經濟恢復充分就業。但不可否認，沒有一蹴可幾的事，這樣的調整過程可能相當痛苦。家庭會承受失業之苦；由於缺乏營養或健康照護，孩子們的生活也遭到破壞。存在於「強硬」的政策背後的這些人道面向，強調社會安全網的重要性。然而，在趨同標準下，在其他歐洲國家冷眼旁觀之下，受創國家必須要從預算的其他項目（像是公共投資）取得資金，才能增加這些援助的支出。這麼做傷害了一國的未來成長。實際上，社會安全網始終建置不當；而在之後的章節裡，我們會看到痛苦其實十分巨大。

然而，新自由主義派的歐元推動者依然辯稱：忍耐會有收穫，痛苦會帶來救贖。干預市場自然發展，可能會降低目前的失業率，但只會延長調整的時期。

內部貶值並未奏效

歐洲各國已經有相當多內部貶值的舉措。平均說來，危機國家的物價上升得比歐元區多數國家還要慢。[15]然而，這樣的內部貶值並沒有奏效，至少速度不足以讓經濟立即恢復充分就業。諸如芬蘭等國的低通膨，始終不足以讓商品及服務的出口恢復至危機前的水準。在一些危機國家裡，三巨頭的政策不僅造成需求減少，對供給也造成負面影響。而在其他國家，出口增長不如預期，不足以抵銷對非貿易部門的負面影響。[16]

如果有穩健的出口成長率，就能夠刺激經濟，協助恢復充分就業。但要減低貿易赤字，還有另一個比較不正當的方式：當所得降低，進口便會降低，故一國可以藉由扼殺經濟達成經常帳餘額。這正是歐元區達成貿易平衡的主要作法，而非依靠內部貶值。連希臘都在二〇一五年時幾乎達成貿易平衡，但大多數貿易赤字的減少是因為進口減少才得以達成。[17]

為何我們不該期望內部貶值發揮效用

如果內部貶值能夠有效替代匯率調整，金本位制就不會在經濟大恐慌時成為一個大問題。可是大多數學者依舊相信，金本位制就是主要問題所在，一些人甚至把經濟大恐慌的主要責任歸咎到金本位制。[18]同樣的，如果內部貶值能夠有效替代匯率調整，二〇〇一年以前阿根廷將貨幣釘住美元就不會成為問題了。隨著阿根廷的失業率增加（逾二〇％），境內物價確實下降了，但還是一樣：降幅並不足以讓經濟恢復充分就業，尤其那幾年美元正逐漸走強。

解讀內部貶值的失敗

內部貶值可能不會發揮效用的原因有幾個。首先，工資可能不會下降，且工資下降可能不會導致出口商品價格的下跌，或至少下降幅度還不足以讓出口價格降低。再者，價格下跌也可能不會導致出口增加，或至少下跌幅度還不足以讓出口增加。這些因素一個個在歐元危機裡都出現了。

緩慢的工資調整：怪罪受害國

歐盟內部有許多人士（包括特里榭〔Jean-Claude Trichet〕，二〇〇三至一一年擔任歐洲央行總裁，在危機的前奏階段及最初幾年掌權），將內部貶值機制的失敗歸咎於工資的僵固性。也就是說，在面臨高度失業時，工資仍然無法下降。這些人士相信，在工會及政府雙方皆不干預的狀況下，市場自會保持彈性。他們試圖怪罪受害國（譬如，勞工們該為自己的失業負責，因為他們要求太高的工資，以及太多的工作保障），撻伐的對象主要集中在政府及工會對市場施加的限制。不過縱觀歐洲及全世界，即使有的經濟體缺乏工會力量及政府管束，工資也少有調整，但失業率還是很高。

市場僵固性

為何市場經濟體即便面臨高失業率，工資通常也不會下降？這個「難解之謎」激起我和許多人的研究興趣，想要一窺工資僵固的原因。我所建立的效率工資理論（efficiency wage theory），聚焦於一個具有充分證據的事實：削減工資會破壞勞工生產力。削減工資會損及勞工士氣；當他們發現自己難以維持家計時，更是如此。它削弱了員工對公司的忠誠度，公司也擔心員工為了更好的工作跳槽而增加異動成本。它也減弱了勞工的工作誘因。[19]了解這些效果的力道之後，我對希臘工資的降低幅度感到格外訝異；而對於第三章所提生產力下降的抗衡勢力，我也就不感到訝異了。[20]

為何內部貶值時常導致GDP大幅減少

內部貶值被認為是修正外部失衡、協助孱弱總體經濟的一種手段，因為只要出口增加，經濟就能成長。對此，三巨頭始終感到失望：我們已經看到了，出口的增加一直低於預期。GDP的減少更是**遠**超出預期，甚至比出口表現的落差還要大。

三巨頭的分析出現了兩個關鍵錯誤。第一個錯誤是，對於龐大且重要的非貿易財部門會發生什麼事，他們的關心不足。非貿易財包括餐館、髮廊、醫師、教師等的生產，通常占三分之二的GDP。（相對的，製造業的商品如紡織品、汽車等，則被稱為貿易財。）非貿易財部門需求及產出的萎縮速度，超越了出口部門的回應速度——這就是GDP大幅減少的原因。

當國家（或公司及家庭）的負債以歐元計（或以外國貨幣計），內部貶值會提高槓桿率，或者說會提高家戶、企業、甚至政府負債與其（名目）所得的比率。高槓桿率被視為是經濟大衰退的關鍵原因。內部貶值讓更多家庭及公司瀕臨破產，增加了經濟的脆弱程度。因此，他們刪減**所有**開支也是在所難免。刪減進口是達成貿易平衡的因素之一；而刪減國內生產則是GDP減少如此多的因素之一。

脆弱經濟的各種表現及其造成的影響，在東亞金融風暴中十分明顯。當匯率下跌時，許多公司及家庭完全無法償付以外幣計價的欠款，違約及破產情況飆升。家庭及公司的策略性違約，讓他們得花費更高的成本償付利息，使問題加劇。於是他們利用大量取消贖回權及破產等相關混亂訊息，試圖重啟債務談判。

這造成了後續效應。首先，放款人吃足了苦頭。隨著違約增加，他們的資產負債情況愈形惡化，放貸能力及意願降低。再者，隨著工資刪減以及因應危機的經濟變動，經濟混亂緊接而來，並使風險升高。這也抑制了放款行為。21

在歐元危機中，（歐元區國家的其他國家的）匯率無法變動，而內部貶值可以達到與**實質**貶值一樣的效果，但後果則如前述一樣苦澀。

其中一項後果，體現在銀行體系上。而這也是三巨頭所犯的第二個錯誤：他們低估了內部貶值的負面影響強度。他們應當有所警覺，這些影響在歐盟可能比在東亞慘重。隨著債務違約和破產，銀行日趨衰弱，使得資金很容易就撤出脆弱國家的銀行，轉至**歐元區內**的強國。這麼做反而導致了放款及GDP的進一步減少。

解讀出口的失望表現

以下將解釋出口為何會有令人的失望表現。首先，即便工資下降，公司也並未將工資刪減反映在價格調整上。他們既擔心也知道萬一需要資金時，是無法向銀行求助的。對這些公司來說，當務之急是提高資產負債表的規模。對許多公司來說，危機本身對公司淨值造成了顯著的傷害。同時，經營貿易及非貿易部門的公司更是受到波及，因為就算出口維持強勁，但國內的銷售還是減少了。公司被迫強化資產負債表，而維持價格就是方法之一。當然，把價格維持在高點，會產生長期成本，然而歐元區在危機國家中實施的撙節及財務限制，其短期效益會超過那些成本。在資料中我們可以明顯看到，企業不願以降價形式反映工資刪減。假如刪減的工資充分反映在價格上，那麼實質工資（經通膨調整的工資）就會保持不變，價格的降幅也會與勞動成本降幅一致。事實上，我們先前提過，從二〇〇八到一四年，希臘的單位勞動成本減少約一六%；儘管名目工資與勞動成本驟降，但物價仍持續攀高，只不過攀升速度比其他歐元區國家還要慢。

這是歐元區倚賴內部貶值所帶來的始料未及但重大的**供給面**效果。稍早我曾描述內部貶值對金融體系造成的衝擊。公司最重要的成本之一，就是資金成本。當歐元區領導人高聲倡導危機國家恢復競爭力的重要性時，他們實際上是在破壞**競爭力**。當銀行逐漸衰弱、資金撤離危機國家時，歐元區的架構及政策只會導致資金成本提高。

這種「嚴格管教的愛」部分內建於歐元區架構，部分則是一種外加的政策選項。諷刺的是，即便管教的**用意**是要（藉由拉低工資）輔助出口，卻也以另一種形式傷害了出口。隨著小型企業面臨的破產風險提高，原先會購買其商品的外國人因而退縮，擔心這些公司無法在交貨日履行約定；他們擔心在交貨前，這些公司就破產了。零售商必須確保商品在聖誕節前送抵門市，若未能及時送達，就代表龐大的利潤損失。所以情況依舊一樣：需求與供給難分難捨。[22]企業不能確保資金供應適足，破產風險便逐漸提高，讓危機國家更難把出口做好。

歐元的架構及政策不僅在短期有害，長期也是如此。風險的增加，意味著**不管利率如何**，企業都不願意從事投資，甚至增加聘雇人數。

因此又一次的，內部貶值意圖要增加競爭力、恢復內部均衡並促進就業，卻只造成反效果。不僅短期如此，長期亦然。

歐盟內部的失衡：競爭性貶值

由於歐元區各國工資彈性不同，若只交由市場自行調整，貿易失衡就會增加——至少短期內是如此。那些工資及物價更具彈性的國家，會比鄰國更具競爭優勢。連德國都曾在一九九〇年代致力於讓其勞工接受較低工資及福利。然而，真正重要的是：在追平通膨及分享進步生產力上，工會發揮的效用有多大。各國的情況不同跟制度安排（例如工資協商的方式，一些國家是在國家層級協商，一些在部門層級，有的則在公司、甚至生產單位層級）、文化差異（德國勞工比他國勞工更樂於接受工資刪減），以及結構差異有關（工資刪減提高了槓桿，但德國家庭比他國家庭負債較少，受到的負面影響因而小得多）。

當然，如果各國並未結合成單一通貨區，這些差異就不會如此緊要：那些有著更多工資僵固性的國家，可以藉由降低匯率做出彌補，或透過降息維持經濟。由於加入歐元區，他們放棄了這些選項。

在各國可以各自制定匯率（本幣相對於比如美元的價值）的世界裡，當一國透過降低匯率取得凌駕他國的競爭優勢時，例如協助經濟恢復充分就業狀態，我們就說該國投入的作為是**競爭性貶值**。這是一種「以鄰為壑」的政策：一國的利益得自於貿易夥伴的不利益。以鄰為壑的政策與經濟大恐慌關聯至深，IMF之所以成立，原因之一就是要抑止這種**競爭性貶值**。在一個如歐元區這樣的貨幣區內，各國顯然無法從事傳統形式的競爭性貶值。但我們前面所述的，這其實是另一種形式的競爭性貶值：工資受到了壓制，**實質匯率**因而低於鄰國。這種競爭性貶值同樣是一種以鄰為壑的政策，甚至更加麻煩。而這種惹人反感的政策，則由實施此政策的國家的全體勞工來買單。

傾向失業

歐元區的設計還有一個面向，讓整體的情況變得更糟。我們在第一章提過，歐洲央行必須關注通膨。實際上，歐元區的建構本來就是個**傾向**高度失業的結構。倘若歐元區擁有像美國那樣更平衡的授權，就不會造成總體經濟表現**普遍**不佳。總體經濟表現不佳，只會讓危機國家的失業問題加劇。

零利率下限

可是這麼一來，那些比較穩健的國家也會受波及。歐盟已經成功讓歐洲在經濟上更為整合，各國大部分的貿易也都是和歐洲內部其他國家往來（歐盟近三分之二的出口商品及服務總值，都給了其他歐盟成員國）。[23]因此，經濟疲弱現象不只在危機國家出現，還會回彈到較穩健的國家，例如法國和義大利。尤其當一些穩健國家，像是德國，還承受了赤字癖之苦——即便他們可以輕易取得資金，卻還是維持撙節。因為「古」有明訓，一國就算無法採取財政政策，也可以用貨幣政策刺激經濟，所以不必擔心：假如德國真的出現經濟衰退，歐洲央行也會以降息前來救援。

在歐元區建構之時，根本沒有人想到利率會跌到令人難以想像的低，來到零利率下限（zero lower bound）。[24]一旦這個情況發生了，鄰國經濟不佳的影響便無法透過貨幣政策加以抵銷。這也難怪德國的成長會如此疲弱，一如我們在第三章裡看到的那樣。

雙赤字

在以下兩節，我將解開一個謎題，並解釋貿易赤字為何總是導致危機產生。調整匯率的能力一旦被剝奪，就會導致貿易赤字，這不難想見；而貿易赤字會讓歐元區暴露於風險之中。但為何那些歐元區的建構者不去留意這樣的貿易赤字，反而把注意力集中在**財政赤字**上？

要理解他們的作為，我們得回溯歷史。政府赤字及貿易赤字兩者密切相關，這樣的概念在一九九〇年代初期十分普遍，而歐元區也是在那時創立的。在經濟學標準教科書中可以找到「雙赤字」這個標題，其中的推論很簡單：如果政府**在其他條件不變的情況下**增加支出，那總合需求就會增加。而當**經濟處於充分就業狀態時**，總合需求的增加只能靠進口的增加來滿足。**如果出口並未改變**（假設如此，因為匯率並未變動），那貿易赤字必定增加。粗體字顯示出本推論的關鍵假設。不過後續研究發現，這些假設常常是錯誤的。

現在我們了解，貿易赤字通常不是起自政府支出浮濫，而是私部門的過度作為所致。私部門的過度作為抑制了政府的支出浮濫，一如趨同標準的企圖，但不一定能夠防止大規模且持續的貿易赤字出現。

例如在美國，政府赤字在柯林頓執政時期巨幅下降，在柯任期終止前夕還產生了盈餘，然而貿易赤字卻一路持續增長。這是因為投資增加取代了政府支出。

事實上，貿易赤字與政府支出之間的**因果**關係為何（倘若這樣的關係存在的話）也備受討論。當一國因貿易夥伴經濟低迷而經歷貿易赤字，出口驟減，這時由於總合需求不振，一般來說失業會增加。但自凱因斯以降，民主政府均傾向以擴大政府支出因應失業的增加。因此，並非是政府支出增加造成貿易赤字增加，而是貿易赤字增加造就了政府的支出。[25]

歐盟在歐元體制下發生的事，證實了這些看法。只有希臘的政府支出是該國貿易赤字的主要來源。

多數歐元區創設者不太在意私部門導致的貿易赤字。他們相信要是那真的發生了，也不會是問題。他們的意識形態是私部門不會出錯。因此，私部門若有貿易赤字產生，也是一件好事。例如，那代表公司為了生產投資而去貸款，生產投資產生的報酬足以抵銷投資所生的債務。

歐元區創設者們相信，市場過熱現象早就歷史悠久，西班牙及愛爾蘭（更別說美國）的房市泡沫不過是再添一筆罷了。這正是他們**信仰**市場機制的證詞。

還有其他選擇嗎？

當歐盟內部一些國家，尤其是德國，持續拒絕其他選項時（他們始終相信只要控制好政府赤字，就能管理好貿易赤字。儘管有充足證據顯示情況恰恰相反），另外一些國家則顯得實際多了。這些國家認為，必須正視貿易赤字問題，並要求更強勢的總體經濟管制：不僅要有預算紀律，還要設下其他條件，像是限制經常帳赤字（進口與出口之間的落差）。

提議擴大限制範圍會出現另一個麻煩（除了明顯的政治麻煩，也就是歐元區國家怎麼可能同意擴大規則清單）：任何這樣的限制，都與歐元的新自由主義架構相對立。我們如何能夠分辨出「好的」貿易赤字（經濟力量的自然結果）與「不好的」貿易赤字呢？從事後諸葛的角度來看，西班牙的赤字明顯是「不好的」，因為流入該國的資金被拿來吹捧房產泡沫。那是個錯誤，但那是私部門的錯誤；美國的科技泡沫和房市泡沫也一樣，都是私部門的錯誤。從事前的角度來看，很難辨別出什麼是好的投資，抑或是非理性繁榮浪潮的一分子。市場基本主義者不會容忍政府做出這樣的區別，連嘗試都不可以，因為那樣代表了得要倚靠官僚代替商人做出決定；但商人可能會把自己和投資人的錢暴露於風險之中。的確，即便市場已經明顯走偏，有了像是西班牙及愛爾蘭的房產泡沫，但歐元區的新自由主義經濟領袖們仍對市場的表現懷抱期待。而當我說政府可能想要管制市場過熱現象時，也會叫人心頭一驚：難道我是認為政府官僚比私部門的人還要聰明嗎？

因此，歐元現在進退兩難：市場自身無法做出必要調整，確保充分就業及外部均衡。內部貶值沒有發揮效用。僅僅管制財政赤字也無法滿足現況，因為它讓確保充分就業變得**更加**艱難，對貿易平衡的助益也有限。若想以其他方式管制經濟，像是確保進出口在同一水平，就需要對市場經濟做出干預之舉。但至少從歐元的根柢，也就是新自由主義意識形態的觀點來看，這種干預之舉令人難以忍受。在多元的美國仍有其他制度發展，朝著促使單一貨幣發揮效用的方向前進，包括進一步的經濟整合。而這些制度也可能促使歐元順利運作。在本書稍後，我們會討論它們。不過我們得先進一步了解經常帳赤字**未**修正時的危險。

為何通貨區容易產生危機？

若國家之間固定匯率時，當面臨經濟衝擊時，不僅會因為缺乏恢復充分就業的必要工具而導致長期失業，也更容易導致危機發生。身處單一通貨區內的國家就是如此，因為他們無法調整匯率。這些危機的經濟成本十分龐大，不僅可以從今日的高度失業及喪失產能中感受到，也可以從長期的低成長中得知（一些案例甚至長達數十年）。

這樣的危機早已一再發生，例如在第二章裡，我描述過二〇〇一到〇二年阿根廷的危機。歐元危機只是最近且最慘的一例。

這樣的危機會在通貨掛鉤的情況下頻繁出現，原因很容易理解。假如匯率莫名變得過高，進口就會超越出口，使貿易赤字產生。這樣的赤字得靠資金加以抵銷，稱為**資本流入**，會以負債或直接投資的形式產生。負債帶來的問題最為明顯：最終負債水平會過高，導致放款人擔心欠款無法返還而信心生變。這樣的情緒轉變可能是逐漸醞釀的，或是一夕生變。令人訝異的是，轉變常常說發生就發生（這又是市場非理性的證明），而且不是因為看到什麼真實消息才有的回應。難解之處不在於放款人的悲觀，而在於他們為什麼沒有更早一些的感到悲觀。人們稱這樣的改變為「緊急煞車」（sudden stops）：[26]流入一國的資金戛然中止，使該國步入危機。

當市場情緒迅速轉變，放款人於債務到期時拒絕展延，國家又無法找到**任何**有意願的放款人時，債務危機隨之立現。這時選擇相當有限：不是違約，就是尋求ＩＭＦ的拯救方案，以經濟主權交換附帶嚴格條件的借款。[27]

一般說來，當私部門過度擴張導致貿易赤字時，向外國的貸款（貸款人可能是家戶或企業）由國內銀行承接；他們向外國貸款美元，再借予消費者購買汽車（如冰島那樣）或其他消費財。假如國外放款人要求銀行償付利息，但銀行籌不出錢，金融危機就會出現。[28]

貿易赤字本身則造成另一個問題。過多的進口讓國內總合需求趨弱，除非出現投資熱潮維持充分就業，像是房產泡沫，否則政府就得支出更多。[29]在此情況下，資本流入以資助貿易赤字造成的政府負債。然而，除非政府散財有道，比方說選擇能夠增加一國生產力及產出的公共投資，否則債權人的信心還是會改變。

然後又是一次債務危機。如果是短期債，政府無法展延；就算是長期債，沒有展延問題，政府一時也無法填補**財政**赤字。倘若一國又顧慮通膨，不想藉由印鈔達成支出，就必須刪減支出。經濟於是陷入低迷。[30]

當總合需求及產出下降、失業情況驟增時，銀行和金融的危機就更容易蔓延為**經濟危機**。在金融或債務危機下，銀行不能再放款，則倚賴貸款作為支出來源的公司及家庭就必須刪減開支。

在歐元危機的案例，當然不會有調整匯率的選項，例如讓希臘或西班牙降低匯率，以修正貿易失衡。因此，**經濟**、**債務及金融**危機就更加嚴重。我們看到，為了找回「均衡」的假象，危機國家的人民被犧牲了。當衰退或蕭條的規模益發龐大，會使進口來到和出口同一水平。

每次危機浮現都不禁讓人想問，那些放款人為何沒有看到一國已經負債累累？他們為何會讓這樣的情形發生？有兩個答案。首先，金融市場是短視近利的。他們通常無法看到或了解自家後院發生了什麼事，二〇〇八年美國的金融危機即是顯例。要他們看到並了解其他地方發生的事，就更困難了。市場常會陷於追逐潮流的泥淖，比如在一九七〇年代放款給拉丁美洲，在九〇年代初放款給東亞，最後導致了拉美及東亞的經濟危機。

當然，銀行家們並不想自己。他們會怪罪那些貸款人。但是貸款是自願性質的交易。如果出現不負責任的貸款人，也代表有不負責任的放款人，他們沒有做好審慎評估。實際情況則更糟。按理來說，放款人應當身兼風險管理專家。但在許多案例裡，放款人則利用向來存在的政治問題[31]，也就是政府容易受到誘惑而過度舉債：現任政府從增加的支出及隨之而來的繁榮中獲益，代價則由未來的政府承擔。

短視近利的金融市場（有著鼓勵輕率放款的激勵結構）與短視近利的政府，創造出潛勢強大的爆炸威力。一旦與固定匯率結合，幾乎可說一定會爆炸。儘管誠實的政府只是遵循自然的誘因行事，但內部依然會出現這些問題。而當貪腐的金融部門向貪腐的政客或其所屬政黨支付回扣時，情況顯然只會更糟。

第二個原因，在於放款人時常獲得來自ＩＭＦ、歐洲央行及政府機關的紓困。損失獲得了分攤，不當誘因就特別容易產生，使一國對外國超額舉債。歐元區內近期發生的事，只是一長串這般紓困的展現。（這些紓困一般會以國家為名，像是墨西哥、韓國、阿根廷、巴西、印尼及泰國紓困方案。然而在每個案例裡，紓困真的只是在解救西方銀行。）

當然，歐洲某些觀察者體認到了這件事，因而提出這個委婉稱作**私部門投入**（private sector involvement）或**內部紓困**（bail-ins）的要求。私部門放款人也必須承擔損失。但這些要求經常來得太遲；短期資金早已找到機會撤出，讓長期債放款人承擔這一切。（當然，超貸危機只能**部分**歸咎於長期債放款人。在某些案例中，我們更該追究短期債放款人。長期債可能是在一國前景看好時放出；而對於眼前的迫切問題，短期債放款人應該更清楚才是。）內部紓困要求也時常找錯債主。二〇一二到一三年，歐洲要求賽普勒斯一般存款人剃頭，也就是要求其存款減記。只要讓存款人承擔較大的損失，歐元區當局要拿出來的錢就會比較少。[32]直到那時之前，大家都以為銀行經過重整，存款人會獲得保障。存款人可能得承擔損失這件事，損害了歐元區脆弱國家境內銀行的信用，造成資金撤離這些銀行，並造成歐盟的萎靡不振。[33]

市場及歐元如何造成匯率失衡

單一貨幣究竟如何造成危機，這裡的討論難以概括。讓我們從承認一項錯誤開始：匯率出於某種原因變得失衡了，一些國家的匯率升得太高。事實上，各國在加入歐元區時有確保匯率「正確」之舉，也就是說會確保舊有貨幣能正確的轉換至歐元。

但就算一開始正確無誤，歐元本身也會造成實質匯率（將**當地**物價納入考量）的失衡，讓好幾個國家匯率過高，以致進口全都超越出口。例如，一九九九年歐元開始流通後，數年內熱錢湧入西班牙及愛爾蘭，尤其是在二〇〇八年危機爆發前幾年。放款人似乎認為排除了匯率風險，就等於排除了所有風險。如此想法反映在這些國家得要支付的貸款利息上。截至二〇〇五年，希臘債券的風險溢酬（相對於德國債券，希臘必須支付的**額外**金額，以補償市場參與者對於希臘債券風險較高的認知）降至極小的〇．二％，義大利債券的風險溢酬亦降至〇．二％，西班牙債券更是降到了〇．〇〇一％。[34]

西班牙以低息供應資金（與歐元狂熱相結合，相信歐元開創了繁榮且穩定的新時代），協助創造出房產泡沫。二〇〇八年危機爆發前幾年，西國的新成屋比法、德、愛爾蘭等國的總和還要多。[35]房產泡沫扭曲了西國經濟，私部門的非理性繁榮讓經濟失調。部分政府人士的確相當擔憂，也努力讓西國經濟多元發展——萬一最後房產真的泡沫化，其他部門（比如綠能和新知識部門）也能夠接手。但是早在這些努力成功達陣前，泡沫就已經破滅了。

倘若沒有歐元區，投機熱錢滿溢的國家早就可以升息以阻止房產泡沫。然而，身為歐元的一員，這樣的舉動不可能發生。像西班牙及愛爾蘭這樣面臨房產泡沫的國家，本也應該可以施加資本利得稅，或對當地銀行的放款施加限制。可惜主導歐元區的市場基本主義意識形態阻擋了這些措施。

或者政府可以選擇刪減支出，讓浪擲的私部門投資排擠生產性的公共投資。然而，西班牙及愛爾蘭政府的口袋裡滿是繁榮經濟帶來的稅收，他們覺得沒有必要這麼做；兩國都處於盈餘狀態，而管制通膨是歐洲央行的責任，不關他們的事。他們的工作在於謹守《馬斯垂克條約》要求的預算限制，並且好好地花錢——他們也的確這麼做了。在趨同標準及當時的意識形態之下，每個步驟都沒有問題。簡言之，歐元區強迫施行的限制，配上市場非理性及新自由主義意識形態的框架，**造就了**被高估的歐元匯價，最後反而導致危機出現。

以外幣貸款

歐元之所以創造了危機，還有另一個原因；此原因始料未及，部分是因為它造成的情況前所未見。債務危機一般不會發生在以本幣貸款的國家。若發生了，至少這些國家還可藉由印製更多鈔票來履行付款承諾。美國不會出現像希臘那樣的危機，正是因為美國可以印製積欠的鈔票。[36]

在過去各國都有一項選擇：以外幣發行公債。但只要匯率下跌，就會面對欠款更多（以本幣計）的風險；若匯率跌得太兇，還會有更糟糕的違約風險。當然，各國也可以以本幣發行公債，並支付更高的利息；假如市場運作良好，所謂較高的利息不過是補償外國放款人在匯率風險上的損失，因為還款金額的價值可能比放款當時來得少。[37]不過短視近利的政府（時常受到國際金融家、甚至IMF的慫恿）會鼓勵以外幣貸款，因為這麼做對**今日**的預算衝擊較小，僅僅只是因為**名目**利息較低。

不過在一九九〇年代到二十一世紀初危機大量出現後，許多政府已經汲取教訓，開始以本幣貸款，並對境內公司及家庭施加壓力，要求他們也以本幣貸款[38]，當地貨幣市場才漸有起色。歐元區創造出了一種新情況：各國政府及境內公司、家庭皆以歐元貸款。儘管他們是以每天**使用**的貨幣來貸款，那卻是他們無法掌控的貨幣。

歐洲在不知不覺間創造出高負債的開發中國家及新興市場所會面臨的問題。希臘並未掌控所貸貨幣的印製權。他們積欠的是歐元。他們的債權人不願展延債務。他們從出口中賺得的歐元，不足以支付積欠的金額。他們沒法履行還款義務。

市場早該認知到歐元區創造出來的高風險情況，並以限制放款回應。但經常發生的情況是，市場又陷入另一段非理性繁榮時期，也就是歐元狂熱。他們只顧排除匯率風險後的利益，不顧違約風險提高帶來的成本，尤其是政府債券的違約風險。許多人把大量的資金流動視作歐元區成功的象徵。但站在世銀的位子上，看過那些資本流動限制降低後、資本跨境流動的類似案例，我沒有那麼樂觀。

為了避免這種情況，歐盟可以以整體之名義用歐元貸款，再將收益轉借給不同國家，如此一來這些國家便負有還款責任。但是歐盟選擇不以這種方式集中放款。做出這項選擇的同時，歐元區的領導人也增加了債務危機的可能性。

那些簽署加入歐元區的國家不僅沒有仔細了解以自己無法掌控的貨幣貸款會有什麼後果，也未了解到這麼做對國家主權的可能影響。權力移轉是發生了，但也被濫用了。當放款人不願放款給西班牙時，西國的唯一依靠就是向歐元區夥伴國求助，透過歐洲央行取得資金，或是透過其他機制。[39]災難自此展開。

沒有資金管道，國家便會踉蹌步向破產。然而，國際間並沒有完善的法律架構處理各國的破產問題，阿根廷等多國已從失望中獲得了教訓。缺乏這樣的法律架構，讓債務違約成本變得十分龐大。債權人有恐嚇瀕危國家的動機，使他們相信違約成本將會十分高昂，比起屈服於債權人的要求還要高出許多。[40]

只要部分歐元區國家欠下其他成員國的錢，通貨聯盟便已變調。與其說這是一個平等的夥伴關係，彼此致力於採納各方皆受益的政策，不如說歐洲央行及歐元區當局已經變成放款國的討債機構，德國更是其中的討債大國。儘管這從來不是歐元區的創設初衷，但事已至此，應該早有預料才是。這種情況反映出一句俗話：「有錢的是老大。」德國有錢，所以任何新方案都必須德國國會同意才行。顯然對於危機國家要施加足夠的限制，德國國會才會同意這些新方案。而對於歐洲央行為幫助危機國家所設計的行動，德國人甚至一再質疑其合憲性。

拒絕一國中貸的權力，變成逼迫一國交出實質經濟主權的權力。這正是三巨頭（包括歐洲央行）所做的事。這樣的事在希臘及其銀行身上尤其明顯。三巨頭施加的政策，用意並非促進充分就業及成長，而是創造盈餘讓債務國能夠償付欠款。

為何連貿易盈餘都是問題所在？

我們已經解釋了各國為何會在固定匯率下陷入龐大的貿易赤字，以及當他國資助的意願戛然中止時，會如何促成危機的發生。歐洲選擇擺脫貿易赤字的方式，就是讓經濟步入蕭條。可是當經濟陷入蕭條，一國往往不再從國外購買商品，進口因而銳減。這樣的「治療」方式和疾病一樣糟糕，甚至猶有過之。

然而，即便貿易出現盈餘都會成問題。德國一直有著龐大的貿易盈餘，多年來貿易盈餘占GDP比始終大於中國，若以美元計之，有好幾年總盈餘甚至高於中國。近年來德國貿易盈餘占GDP比幾乎是中國的兩倍。[41]美國曾經對中國的盈餘表現多所指責，認為那是全球經濟穩定的一大風險。原因很簡單：以全球來說，盈餘的總和必須與赤字總和相等，倘若一些國家因出口大於進口而擁有盈餘，其他國家就**勢必**會因為進口大於出口而有赤字。因此，假如赤字是問題，那盈餘也是；假如中國的盈餘是全球的問題，那德國的盈餘也是。[42]

如果制定匯率是為了讓歐元區整體達到貿易平衡（危機爆發前幾年，歐元區大致是如此），那麼若德國有了盈餘，就表示其他歐元區國家**必須**要有赤字。

在某些方面，一如凱因斯的主張[43]，盈餘問題甚至比赤字還要嚴重，因為它們造成了全球需求的短缺——這些國家所生產的比他們購買的還要多，因此並未消費全部所得。當然，赤字國家會**想要**買多一點，可是如果沒有人願意借錢給他們，他們便無法這麼做。又或者，如果他們接受了IMF或三巨頭的方案，阻止他們花更多錢，他們也無法買更多。一旦出現大量失衡（像德國貿易盈餘的情況），盈餘國家的不支出無法被赤字國家的過度支出完全彌補，結果就是**全球**整體需求被削弱。

在危機爆發前，德國將其盈餘再利用，實際上就是把它們借給邊陲國家，像西班牙及愛爾蘭，讓他們出現赤字。[44]這麼做的同時造成了歐元危機，也增加歐盟內部的**趨異**：邊陲國家成為債務國，而德國成為最大債權國。正如我們所說，沒有什麼隔閡比債權人和債務人之間的隔閡還要大了。

上述的討論分析始終集中在**國家**的貸款及放款，並未區別私部門貸款及公部門貸款。這點很重要，因為貿易失衡無論源自公部門（如希臘）或私部門（如西班牙及愛爾蘭），都是問題。趨同標準只關注公部門的問題，但是從歷史來看，私部門貸款一直都同樣重要，甚至更加重要。

盈餘：罪惡或美德？

盈餘國家通常把他們的貿易盈餘（從國外購買的商品及服務不及他們賣出的商品及服務）以及相關存款視為榮譽勛章。儲蓄是一種美德。德國說所有國家都該仿效他們，但是德國的美德相當怪異。我們已經知道，**從定義來看**，不可能所有國家都同時出現盈餘。德國無論用何種方式創造盈餘，實際上都會增加其他國家的赤字。出現赤字的國家可能面臨需求疲弱，甚至可能遭遇高度失業及經濟危機。倘若出口創造了工作機會，進口便會摧毀它們。如果一國只能藉由逼迫他國成為罪人來成就自己，如果一國的行動無可避免地造成了他國的麻煩，那就很難說是一種美德。

凱因斯以降的現代經濟學已經解釋過，在失業的情況下會出現節儉的矛盾（paradox of thrift）。如果每個人都試著多儲蓄一些，而投資是固定的，最終只會造成所得下降；諷刺的是，總儲蓄也沒有因此增加。這裡的推論很簡單：儲蓄**必須**與投資相等，才會達到均衡。因此，假如投資並未改變，那儲蓄也**不能**改變。假如每個人都堅持要提高所得的儲蓄比重，那麼唯一能夠改變儲蓄**水準**的方式就是降低**所得水準**。

今日全球正處於這樣的情況之中。總合需求不足導致成長緩慢，全球有近兩億人口失業。總合需求不足，起因正是人們所說的全球**長期**停滯（secular stagnation；secular 一詞就是指**長期性**，相對於**循環性**停滯；是一種暫時性緩慢成長，屬於重複出現景氣循環的一部分）。從經濟大衰退開始以降，就業「缺口」已經大幅增加：與沒有危機時預期會有的就業機會相比，少了約六千萬份工作。[45]

盈餘之所以問題重重，還有另一個原因。一般說來，盈餘國家處理盈餘比起赤字國家處理赤字還要容易。比方說，德國及中國想要增加工資是遊刃有餘，尤其是當兩國的工資處於低點時。原先德國甚至沒有最低工資限制，直到最近幾年才出現。即便是現在，德國的最低工資也僅有每小時八．五〇歐元（按二〇一五年的平均匯率計算，相當於九．三五美元）。[46]相較於法國，最低工資則是九．四七歐元（大約一〇．四二美元）。試想，如果德國勞工的所得增加，他們就會買更多東西，包括更多進口商品。

整體說來，危機國家都試圖要降低經常帳赤字，就連法國和義大利也是。然而，德國不僅維持貿易盈餘，甚至盈餘還增加了，使得現今歐元區有大量的總盈餘產生，在二〇一五年時估計高達四五二〇億美元。[47]但是從全球赤字及盈餘的基本算式來看，只有靠增加世界上其他國家的赤字才能達成平衡。歐元區很難（甚至不可能）永遠維持這樣的盈餘，而不讓問題在其他國家中出現。總得有人要付出代價。

外部性，以及歐元和全球治理

當個人、企業或國家施加成本於他人，而他們自己不必為此付出代價時，經濟學家將其稱為**外部性**。上述的分析解釋了德國如何維持自身的貿易盈餘，並將外部性施加於全球各國，包含歐元區內的夥伴國。一個制度完善的全球經濟體系，以及一個制度完善的歐元區，都會採取措施處理這種外部性。從全球的層次來看，我們沒有辦法叫個別國家不要製造盈餘。[48] G20（二十個全球最大的經濟體組成的團體，角色定位在協調全球經濟政策）曾嘗試勸誘各國別這麼做，但諷刺的是，G20把焦點全都集中在中國身上，卻沒去關注德國。而中國的盈餘早就降下來了。

在歐元區內部，也一樣沒有任何作為來阻止盈餘產生。我們提過，歐元區當局將注意力全都擺在**政府**的行動上，而且只關注赤字。他們始終認定政府赤字就是外部性的元凶，這樣的錯誤認知導致一國的作為妨礙了他國福祉及經濟體系的順利運作。

結語

歐元的創設者深知要讓單一貨幣在一群多元國家中順利運作不是一件容易的事。但是對於怎樣才能順利運作，分析卻是漏洞百出：他們制定的趨同標準限制了公部門（財政）的赤字及負債，卻使得全歐達成充分就業的任務變得更加艱難，也讓限制貿易赤字的工作難上加難。赤字之所以出現，歐元本身負有部分責任。持續性的貿易赤字為危機搭建好登場的舞台。歐元流通才不過十年，這個可以想見、也早已預見的危機就已隱然浮現。

回應

看著事態發展及結果與原先承諾的如此不同，眼見出現的是危機及蕭條而非全新的繁榮時代，我們或許會期望歐盟領導人能夠理解歐元背後的經濟分析充滿缺陷。若要歐元順利運作，必須完成一項「未完成的計畫」，而且刻不容緩：歐盟領導人必須把制度安排到位，以彌補各國原本可以利用匯利率維持充分就業並讓進出口保持一致的能力。

然而，德國卻試圖把歐元危機歸咎於預算紀律執行的失敗。我們的分析則另有主張：歐元區本身的架構才是罪魁禍首，而非個別國家的失敗表現。市場機制（內部貶值）無法取代各國喪失的匯利率調整能力。是歐元創造出了歐元危機。

如此一來應該非常明顯了，把歐元危機歸咎於財政赤字的說法並不正確。歐盟的好幾個國家一直維持著財政紀律，卻還是面臨沉重的失業、甚至經濟危機。這不僅包括南歐那些被指控為揮霍無度的國家，連北方那些負責任的國家都包括在內，像是愛爾蘭和芬蘭。資本主義的動力會給市場經濟帶來危機；在缺乏適當法規管制下，時常會有信用泡沫產生。然而，新自由主義意識形態忽略了這些波動的根源，其實跟經濟大衰退或東亞金融風暴的根源一致。新自由主義意識形態只是便宜行事地將注意力集中在希臘的預算失靈上，因為這比較容易理解，要對其痛斥也不難。

既然沒能診斷出歐元區的問題根源，就無法針對這些問題根源採取行動。歐元區並未修正背後的問題，而是持續推行明顯立基於錯誤理論上的政策。隨著危機爆發，他們更在趨同標準上立下新的承諾，把自己束縛在更加嚴格的執法中。

他們這麼做顯示了一件事：**這是意識形態，不是經濟科學**。這是不顧證據的**刻意**犯錯。德國可能沒有興趣去了解這些錯誤，畢竟要了解這些事情太麻煩了；教訓一下夥伴國還是輕鬆簡單得多。

向前看

儘管趨同標準應該要培養趨同，但歐元區的架構從根本上增加了各國的不同，使歐元區在形成時就已存在的極大差異更為加劇。最重要的是，趨同標準擴大了債權國與債務國之間的鴻溝。下一章會解釋歐元區目前的架構如何導致區內的強國愈強、弱國愈弱，債權國愈來愈富有、債務國愈來愈貧窮。原先令人充滿期待的趨同，已經搖身一變成為趨異。

【第五章】歐元：一個趨異的體系

歐元區是一座建立在脆弱地基上的華廈，從一開始就有明顯的裂痕。在二〇〇八年危機過後，這些裂痕變成了深深的裂縫。到了二〇一五年夏天，也就是歐元登場後十六年，希臘看來似乎得離開了。債權國與債務國之間的鴻溝已然出現。債權國掌握歐元區內的政治勢力，尤其是德國，而危機國家則被迫步入深沉的衰退及蕭條。歐盟創造出一個趨異體系——即便他們心裡想的是整合出一個趨同的體系。

過去歐元區的諸多特色被認為是成功的**關鍵**。但實際上，那正是造成趨異的主因。一般所知的標準經濟學是以重力法則為基礎：資金會從報酬率低的資本充沛國家移往資本短缺國家，因為這些國家的風險調整報酬相當高。但是歐洲在歐元運作下移動的不只是資本，還有勞工；而其移動似乎也違反了重力法則，因為資金是反向流動的。[1]在本章裡，我會解釋歐洲如何創造出這種反重力的體系。要打造出一個能夠成功運作的歐元區，了解趨異的根源是必要途徑。

資本與金融市場的趨異，以及單一市場原則

歐元區的一項優勢在於資本及勞力可以在區內自由流通，有時這被稱為「單一市場原則」。自由移動應當帶來勞力及資本的有效配置，增強歐洲的繁榮，因為它們會流向報酬率最高的地方。當資本自富裕（資本充沛）國家流向貧窮（資本稀少）國家，按理來說歐元區各地的所得會變得更為相近，歐元區整體也會運作得更好。歐洲的領導人期待，自然的市場力量會驅使趨同產生，假如政府扮演好自己的角色，保持低赤字及低負債，其餘的事市場會自行處理。可是他們早該知道，已經有好多經濟分析（理論及證據）指出那樣的期待是錯誤的。

事實上，眼前就有一個真實案例。義大利的情況和教科書裡的經濟學相當不同：義大利政府並沒有限制資本及勞力在南北義之間移動。南北義有著共同的法律框架，然而南義的所得始終低於北義；儘管斷斷續續曾有趨同的跡象，但近幾十年來從未真正落實。[2]

單一市場加上歐元區和市場非理性，創造出了歐元危機

前章解釋了資本自由流動與歐元區創設相結合，如何導致歐元危機。總是不太靈光的資本市場以為排除匯率風險即是排除**所有**風險，並讓資金湧入邊陲國家。在某些案例裡，它們創造出房產泡沫；而在所有案例裡，它們都造成物價上升的壓力，以及難以為繼的經常帳赤字。當市場終於理解經常帳赤字難以維持、房產泡沫終歸破滅、國家一個接著一個步入危機時，一切都太晚了。投入這些經濟體的資金本該增加生產力的，結果反而助長了（西班牙及愛爾蘭的）消費及房產泡沫，以及

（希臘的）政府赤字。

前章也解釋了當這些國家的物價高於德國時，進口也會大於出口。貿易赤字在這些國家是司空見慣的事。內部貶值本該移除貿易赤字造成的破壞，[3]但如我們所見，內部貶值至多只是緩慢發酵，而且成本高昂。比起努力降低工資與物價，要讓它們增加容易多了。

創造出歐元危機的非理性資金了解到自己犯下的嚴重錯誤，於是做出了遭遇此種情況的人通常會做的事：溜之大吉。

這裡的分析並未述及所有面臨經濟衰退及大量貿易赤字的國家，芬蘭即是一例。芬蘭在幾個出口領導部門上栽了跟斗，又因為幾個主要出口市場的經濟疲弱而叫苦連天。即使在芬蘭，歐元都是經濟低迷揮之不去的罪魁禍首，因為它剝奪了讓經濟迅速恢復充分就業與貿易平衡的標準工具，又沒有對其做出任何補救。

資本外逃

隨著歐元危機浮現，資金從經濟疲弱國家的銀行體系撤出，並流向強盛的國家。隨著資金流出，弱國的銀行就得縮減貸款規模，我把這種貸款縮減的情況稱為**私部門撙節**。這種縮減規模龐大，對中小企業的影響尤深；可以想見，以中小企業為經濟支柱的國家將承受更多負面衝擊。（大型跨國企業可以在國際市場中借貸，所以不太會受特定一國的經濟發展影響。）截至二〇一三年，所有危機國家內部低於一百萬歐元的小額貸款總量（代表借給中小企業的貸款總量），仍然遠低於危機前的高峰。葡萄牙減少近一半，希臘及西班牙減少了三分之二，愛爾蘭減少逾八成。小額貸款在許多準危機國家的減幅也不小，比如義大利就減少了五分之一。[4]

二〇一五年，歐盟執委會為歐陸中小企業的「春燕」到來而歡欣鼓舞：歐盟內有六七％的就業來自於中小企業。[5]但對許多人來說，這種樂觀氣氛似乎言之過早，尤其是在危機國家。希臘的中小企業尚未復原，仍有逾三分之一的企業視「資金管道」為經營的最大障礙。[6]稍後我們會看到由馬里奧．德拉吉（Mario Draghi）領軍的歐洲央行如何採取強勢作為，讓債券市場恢復信心，尤其是對危機國家的債券。不過馬里奧在**那場**遊戲裡或許拯救了債券市場及有錢玩家，但對市井小民來說他做了哪些事似乎不值一哂。

解讀反重力的資本流動

資金從危機國家的銀行體系中流出是可以理解的。對任何國家銀行體系的信心，部分端賴對於銀行主管機關為受困銀行紓困的能力及意願是否有信心，而這得取決於以下情形：一、一國具有降低需要動用到紓困的制度架構。二、萬一紓困有其必要，一國擁有緊急的備用金。三、存款人提前贖回存款的程序。[7]

一般說來，銀行在握有較多紓困籌碼的政府管轄下，會得利於某種隱性補貼。同一國家的政府債及銀行債，兩者的風險溢酬關係通常甚為密切，從中可以看出銀行信用與政府信用之間的牽連。[8]

二〇〇八年全球危機發生後，即便美國金融體系失靈使危機加劇，資金卻還是流向美國。為什麼會這樣？這並非投資人認為美國銀行運作比較好，或是他們危機處理得當，純粹是因為投資人對美國政府為其銀行紓困的意願及能力充滿信心。（由於有兩大黨的支持，政府於二〇〇八年迅速籌措了七千億紓困金。如果有需要，顯然會有更多資金投入。華爾街對美國政府的影響可見一斑。）[9]同樣的，在今日歐洲，有哪位西班牙或希臘富豪願意將他的所有財產放在當地銀行，而不是放在同樣方便但更為安全的德國銀行呢？[10]

資本撤離危機國家帶來的影響十分顯著：只有支付較高利息，危機國家的銀行才有資格競爭。可是較高的銀行利息讓這些國家及其企業不利於競爭，緊接而來的就是惡性循環。隨著資本撤離，一國銀行必須限制放款，經濟因而趨弱；隨著經濟趨弱，人們會認為這個國家為受困銀行紓困的能力不足，這更增加了銀行得要支付的利息；銀行因此更進一步趨弱，資本則進一步受到刺激而撤離該國。[11]

危機缺席下的趨異

歐元危機凸顯出歐元區的架構本身如何創造了趨異。但即便沒有危機存在，趨異依然會產生。歐洲央行為整個歐元區設定了**單一**利率，不過德國政府的公債利息卻與法國或義大利（遑論希臘）企業所支付的利息不同，甚至與這些國家政府所支付的利息不同。利率出現了差距，反映出市場對各國銀行提供貸款予企業的風險及能力有不同的判斷。表現趨弱、病入膏肓的經濟體，以及承接更多債務的國家，得要支付更高的利息。尤其在**歐元區目前的架構**下，銀行與政府之間緊密相連，使得這些國家的企業也得支付高額利息。這讓國家及企業都處於不利競爭的地位，而且再度造成趨異。

解決問題

針對這個問題，有一個簡單的解決之道，就是讓歐元區內所有銀行都有共同的綜合存款保險。有了這樣的共同保險，就不必擔心銀行帳戶裡的錢財損失，也不會刺激資金從弱國流往強國。[12]

銀行聯盟

德國擔心有了共同保險，會出現從強國（像德國）到弱國的淨移轉現象；德國也時常強調，歐元區並不是一個移轉聯盟（聯盟內的資金從一國或地區移轉至另一國或地區）。這也是為何德國堅持，如果要有共同存款保險，就得要有共同法規框架。另外，為了確保歐元區各銀行在違約情事上獲得同等對待，還必須要有「解決問題」的共同程序，即處理財務困窘的銀行（存款人要求討回比銀行所能支付的流動性資金還要多的金額）的共同程序。[13]

存款保險、共同法規及問題解決程序等三項措施集合在一起，被稱為一個「銀行聯盟」。二〇一四年，歐元區內部**似乎**已有廣泛共識：想要阻止日益浮現的趨異情況，勢必要朝銀行聯盟這個發展形式前進。然而，德國主張應該要如履薄冰循序漸進，並要求在共同存款保險成立之前，必須要先有共同監督機制（也就是共同法規）。其後，**即便有了共同監督機制及問題解決程序**，德國似乎也不再樂意主張擁有共同存款保險，至少近期內都不會。

然而，有共同監督機制卻無共同存款保險的中途之家，會比沒有共同監督機制的中途之家還要糟。共同監督機制會將一種新的僵固性引入歐洲。我在上章解釋過，歐元區缺乏彈性及能力應對不同國家的特殊情況，這是歐元區的一個關鍵問題。要管理好任何國家的銀行體系必須謹慎為之，在經濟低迷之時更是如此。關閉銀行不僅會傷害銀行股東及債券持有人，還會傷害貸款人，使他們不容易找到其他資金來源。而若存款保險付之闕如，當然也會傷害存款人。

資本寬容（經濟低迷時期法規的輕微鬆綁，允許因資產負債表衰退而關閉的銀行得以持續營運）一直是中央銀行的既行方案之一。當然，要是經濟低迷**以前**有更好的銀行管制，就不會需要資本寬容了；然而，央行及管制單位還是得運用手上僅有的這些資源。

對歐元區來說，令人擔心的是，採行嚴格規定會讓資本寬容更難以執行。布魯塞爾及法蘭克福兩方做出的決定，可能不是最適合歐元區經濟的決定。銀行可能會倒閉，為母國經濟帶來龐大成本。銀行管制人員不是經濟學家，他們只會依規定行事。不過若一味遵循這樣的規定，在沒有共同存款保險的情況下，可能會對弱國銀行的存款人造成更多風險，也可能使趨異問題加劇。

法規的逐底競爭

歐盟不僅允許**資本**在其境內自由流動，還允許各國金融企業及商品自由移動，無論它們在母國的管制有多麼鬆散。

在沒有適當的歐盟層級管制下，金融機構及資本的單一市場原則促成了法規的逐底競爭，使其他管轄單位得要承受部分失靈的成本。金融機構的失靈造成其他單位的成本損失（二〇〇八年危機中有明顯的證據），而政府一般不會將這些「跨界成本」納入考慮。

尤其在二〇〇八年全球金融危機以前，每個國家都面臨了降低法規門檻的壓力：金融企業要脅，若不降低法規他們就會離開市場。[14]

即便沒有歐元，歐洲內部法規的逐底競爭仍然存在。的確，二〇〇八年以前的競賽，贏家是冰島及英國——他們都不屬於歐元區（冰島甚至不屬於歐盟）。英國以寬鬆的法規體系自豪，但這和自我規範在本質上是相互矛盾的。銀行經理將自己的利益置於股東及債券持有人之上；而身為金融機構的銀行則將自身利益置於客戶之上。像英國的巴克萊（Barclays）銀行就坦承操控了倫敦銀行同業拆款利率（LIBOR）市場：有三五〇**兆**美元的衍生性金融商品及其他金融商品，都以這個拆款利率為基準。[15]

即便英國情況如此之糟，歐元區的**設計**還是能讓情況變得糟上加糟。歐元的支持者說，因為排除了匯率風險，金融商品可以更自由的流動。在他們心中，金融創新意指設計出更好的金融商品，以滿足消費者及企業的需求——那就是標準的新自由主義理論。更為晚近的理論，則強調資訊不完全的概念，以及非理性的消費者及企業的存在：在資訊不完全且不對稱的市場內運作時，利用市場的不完全性，一般而言利潤增長比經由其他方式還要多。諾貝爾獎得主、經濟學家艾克羅夫及席勒兩人，在他們的睿智著作《釣愚》（*Phishing for Phools*，借用指稱網路詐騙好手的詞語，他們這些詐騙者有組織地在網路上「釣愚」〔fish for fools〕）一書中記錄下這個普遍的行為。[16]隨著金融商品更容易在歐洲各地流通，以整個大陸的人們為餌，讓他們受騙上當、購買並不適合他們的金融商品，這樣的機會實在是令人難以抗拒。

管制的困難

從世界各地立法管制金融部門的各種嘗試中可以看出，這樣的立法並不容易。試想，來自金融部門、待遇豐厚的遊說者，會帶著反貪腐及選舉法規所能允許的最高餽贈或競選獻金，前去接觸任何立法單位。[17]不意外地，金融部門有著龐大的政治影響力；那些說服政治人物切勿「過度立法」的舉動更是成就非凡。這些反對管制者宣稱「過度立法」會扼殺金融體系，阻礙其達成重要功能；而經濟體要繁榮，就必須讓這些功能發揮作用。這樣的主張讓大多數國家對金融部門都顯得「管制不足」。

二〇〇八年危機之前的歷史紀錄早已顯示，若對銀行管制不足會產生怎樣的負面效果。但是銀行持有的豐厚資金，讓他們的主張看來頗具說服力。[18]

無論是歐洲還是美國，政治在管制革新上的影響力意味著改革幾乎不足以阻止危機再度發生。譬如在某些領域，像是影子銀行體系★，改革少有進展；而在其他領域，像是衍生性金融商品，改革進度則整個大幅逆轉，至少在美國是這樣。[19]

解決問題

法規逐底競爭的威脅，正是必須在歐盟層級上採行堅定管制的理由所在。然而，在目前歐盟的

★編按：Shadow Banking System，指銀行貸款被加工成有價證券，放到資本市場交易，傳統由銀行承擔的融資功能逐漸被投資替代。

治理架構下，困難度勢必會比在一國內做好管制高出許多。像英國始終積極為其寬鬆的管制體系辯護。也許它曾讓納稅人付出數千億英鎊的代價，但今日的政策制定者關注的是縮減（或說精簡）金融部門造成的潛在利潤、稅收及工作機會損失。幾年前的損失似乎已成陳年往事；更別說那些有關管制革新的溫言溫語了。

歐洲的全面性金融監管機制還有第二個問題：法規是否夠敏銳，足以含括不同國家的情況？稍早我們已提到銀行監管不太可能做到這點，也不太可能去做。

由於在全歐或歐元區缺乏適當的金融監管制度，因此每個國家對其人民都負有責任，必須確保他們不會被銷售有問題的金融商品的人所利用。雖然擁有多重執法機關是一件很沒效率的事情，但其耗費的成本與金融部門管制不當所帶來的傷害相比，算是小巫見大巫了。

允許金融企業及商品在歐洲自由移動，當然是金融市場自由化的原則。然而，在這項原則之上，必須要能更精細地因應現況，也就是說，沒有國家能夠歧視其他成員國的金融商品及企業，但各國都能要求銀行受到適當管制，也都能要求在其轄下營運的銀行以獨立法律實體（子公司）的身分獲得適當注資。這麼一來，各國人民在金融崩盤情況發生時，才能夠獲得補償；或是在提起商業欺詐行為的訴訟時，金融企業才有足夠的淨值付出賠償。各國有權確保金融部門的穩定，確保他們做該做的事，不做不該做的事。[20]

趨異及勞力的自由移動

一如資本自由流動造成的情況，將勞力自由移動與國家（地方本位的）債務[21]結合在一起的經濟架構，同樣造成了趨異。此架構還會導致勞力的無效率分配。[22]

這聽起來或許叫人驚訝，畢竟標準理論認為，自由移動應該會確保勞工前往（邊際）報酬最高的地方。假如工資與勞工的（邊際）生產力相等，情況的確會是如此；勞工們一般都會被吸引而前往工資最高的地方。

然而，人們在意的是**稅後**工資；這不僅取決於他們的（邊際）生產力，還得要看稅制如何。賦稅的多寡部分取決於**承接債務**所帶來的負擔。在愛爾蘭、希臘及西班牙的案例裡，都可以看到這樣的情形。三個國家皆面臨如山高的承接債務，這些債務因為金融及總體經濟的不當管理而膨脹。在愛爾蘭的例子裡，即便先前的利潤都已經私有化了，但為了分攤損失，歐洲央行仍**強迫**該國政府承接私人銀行的部分債務。[23]

當邊際生產力皆相同時，這代表勞工會從高負債國家遷往負債較低的國家。而移出的人愈多，留下來的人受到的租稅負擔愈沉重，加速了勞力偏離效率分配的方向。[24]

技術勞工比起非技術勞工更容易移動，這項事實製造出另一個趨異及不平等的驅力。技術勞工的離開，可以說是在掏空一個國家。無論是在這些國家開展新事業的潛力創業家，還是能夠訓練新生代研究人員的學者，他們的離開讓該國所得和未來的成長機會雙雙降低。它阻礙了一國的追趕能力，最貧窮的勞工困守在家，為父執輩的錯誤而付出代價；更精確地說，是替前朝的銀行家及政客們付出代價。如果技術與非技術勞工之間存在著互補性（非技術勞工因為與更多技術勞工共事而使得生產力增加），則未出走的勞工得付出雙倍代價；也就是說，技術勞工的減少造成非技術勞工的工資減少。這就是發生在希臘及一些危機國家裡的事。

資本流動與勞力移動兩者的交互影響讓情況變得更糟糕。中小企業可獲得的貸款減少，這會進一步降低危機及準危機國家的工作機會，並鼓勵更多人出走，特別是那些可以在歐盟其他國家找到工作的高知識人才。

當然，在短期內，移出可能給危機國家帶來利益，因為它減少了失業保險的負擔：隨著移出者自國外寄來的匯款紛至沓來，國內的購買力增加了。[25]而向外遷移也掩蓋了經濟低迷的嚴重性；這代表失業率會變得更低，或許還比沒有外移時要低上許多。[26]

這些遷移模式的「扭曲」因稅制而起，因政府支出差異而加劇。人們不僅在意稅後工資，也在意公共福利設施。承接大筆債務的國家提供這些福利設施的公共收入有限，而危機國家更是如此，因為三巨頭強迫他們大幅刪減政府支出。

某些國家因承接過往債務，加上三巨頭施加的確保還款政策，兩者交攻下讓這些國家的人口因外移而減少。甚至，部分國家還任由的市場力量加速人口減少的進程。我們在前章提過，美國（有共同貨幣）一項重要的調整機制就是內部遷移，但對於這樣的遷移所造成的整州人口減少，擔憂是有限的。與美國相比，希臘及愛爾蘭有更充分的理由擔心遷徙問題，因為這會造成文化及認同的消失。

解決問題

針對這些問題，有一個與經濟相關的解決辦法。這個辦法也能處理前章提出的一些總體經濟問題：可以藉由創設共同債務形式的歐洲債券，來排除地方本位的債務。[27]

這項改革會在許多方面讓事情有所改善。危機國家支付的利息會低出許多。償債支出的減低，讓這些國家既能降低賦稅，又能推行擴張性財政政策，以此增加所得。所有這些都會降低趨異力量的強度，無論是以技術勞工為主的遷出所造成的趨異，還是資本外逃所造成的趨異。

其他趨異來源

我已經描述了兩個最重要的趨異來源：資本外逃及勞力遷移。然而，還有其他三個趨異來源，值得在此簡短說明。

公共投資的趨異

隨著經濟因趨同標準施加的財政限制而趨弱，[28]這些國家的政府無法在基礎建設、科技及教育上做出具有競爭力的投資，即便這些投資的報酬遠超過所需支付的資金利息。於是強國與弱國在這些公共服務及投資（經常與私人投資互補）上的水準落差增加了。

如此一來，公共投資便會與先前討論過的兩種趨異形式相互牽動。假如這些公共投資與勞力、資本互補，亦即這些公共投資能提高生產力，富裕國家就會有較高的**私部門**資本報酬；儘管他們已經有極多的私人資本。假如這些國家有了更多的高素質勞動力（由於公部門在人力資本上做出更多投資），結果也會如此。

在發展經濟學裡，有一個由來已久的異常現象：為何資本似乎是從開發中國家移往已開發國家？[29]部分原因就在於，具有互補性質的公共投資增加了私人投資的報酬。

解決問題

歐洲投資銀行（European Investment Bank，簡稱ＥＩＢ）協助歐洲的全區發展，其資助的全歐投資可以部分解決這個問題。但即便ＥＩＢ是全球最大的多邊放款機構，資源也是有限的。我們需要做的是ＥＩＢ的進一步資本重整。

部分人士提出第二種解決辦法：創設國家發展銀行，讓投資放款與該國的資產負債表脫鉤，不受趨同標準的管轄。藉由將不同成員國的風險集合在一起，ＥＩＢ能以比危機國家發展銀行還要低的利率取得資金。這是一項重要的優勢。的確，一些跨國發展銀行可以借得的資金利率，比起任何一個成員國能夠借得的資金利率還要低。[30]另一方面，國家發展銀行能夠清楚辨別各種中小企業貸款人，因此更能有效地對中小企業放款。有些國家（像是巴西）就發現同時擁有全國及各州發展銀行相當受用。

更廣泛地說，對赤字的限制應該要改為區分出消費支出及投資支出，並允許各國的投資貸款超出三％的上限；[31]畢竟這樣的投資會增加一國的經濟實力。

科技的趨異

與標準理論的假定恰恰相反，各國不一定會在科技（知識）上自然地趨同，[32]因為領導國會留住領導人才。東亞是個例外，不過該區各國是透過積極的**工業政策**達成趨同。他們深知先進國家與低度開發國家之間的差別主要在於知識落差，而知識本身並不會自由流動。[33]標準經濟模型並未詳述知識市場，注重知識的經濟體一般也不具效率。市場對知識投資得太少，而且時常朝錯誤的方向投資。[34]同時市場本身也不一定會排除知識落差。

與創新有關的遞增規模報酬（研發的投資報酬比例遠大於銷售報酬），讓大型企業相較於小企業具備更大優勢。在規模經濟的效果下，某地的研發工作會使其他地區跟著受益，並向外溢出至其他公司身上，產生群集效果。只要不與政府政策相牴觸，範疇經濟與規模經濟的效果能使這些國家長久維持此種科技優勢。

我們提過，工業政策致力於縮減科技上的落差，縱使它們也適用於經濟領域的其他部門，比如服務部門。然而，歐洲的競爭法規阻礙（至少抑制）了這樣的政策。[35]**如果我們相信可以靠市場機制自然達成趨同**，就可以理解他們制定出這類法規的根本原因：沒人會想要藉助政府這種人造的援手拉某國的公司一把。[36]

倘若自然的市場力量並不導致趨同，而是導致趨異，那麼禁止工業政策就只會讓差異繼續存在，甚至加劇。嫉俗之人或許會說，這正是立法的用意，目的是要維持權力關係。但我相信歐洲會設下這些規定，背後的驅力主要是意識形態及錯誤的經濟信念，而非狹隘的自利觀。歐元創設之時，新自由主義政策圈的主要觀點，就是市場能夠靠自身力量帶來趨同。工業政策既不被需要，也不具效益。然而，這樣的觀點自一開始即備受質疑。

當然，科技趨異會反過來加劇前述的所有趨異現象。假如德國的科技比葡萄牙優異，資本會從資本稀少國家往資本充裕國家流動，技術勞工亦然。

解決問題

針對這項趨異問題，也有一個簡單的解決辦法：歐元區應該要主動促進、而非抑制這樣的工業政策。進度落後的國家尤其應該這麼做。這樣的主動政策才能做出**真正的**趨同承諾。

財富趨異

最後，是**財富**的趨異。前章我描述過歐元區制定整體匯率是為了維持均衡，但德國卻產生了貿易盈餘，而邊陲國家則出現赤字。產生貿易盈餘就是指對世界其他國家放款，產生貿易赤字則是指貸款。這或許就是歐元區的趨異現象中最令人困擾的一面。以德國為首的部分國家逐漸成為債權國，部分國家則成為債務國，造成雙方經濟利益及經濟觀點的趨異，讓共同貨幣為全體謀求利益的任務變得更加艱難。

危機政策使趨異加劇

第三章揭示了歐洲的趨異幅度。部分的趨異是歐元區建構後的自然結果，部分則來自歐元區回應危機時採取的政策。

例如我們提過，有更多人才從高負債的國家流出；撙節也加劇了貧窮國家的資本及勞力遷出。我在之後章節會花更多篇幅解釋，撙節會導致更深沉且更長久的衰退；投資者不會想在衰退的國家裡做投資，因此資金會流向經濟情況較佳的國家。而撙節也讓高失業率出現而導致人口外移，在那些沒有離開的人身上留下更多人均負債。撙節及政府投資不足也讓基礎建設、科技及教育等公共服務支出降低，使受創國家的生活及投資更加不吸引人。

雪上加霜的是，三巨頭在賽普勒斯及希臘推行的政策，刺激資本進一步逃離這些國家，或任何嚴重受創國家的銀行體系。三巨頭已然表明這樣的態度：無論個別政府對於存款保險有何說法，倘若他們沒有想出其他更好的辦法來拯救銀行，即便是小額存戶，三巨頭也都樂意考慮大舉剃頭（也就是存款人只會拿回一部分存款）。為了落實期望，三巨頭也樂於**逼迫**一國銀行暫時關閉。這麼做會明顯提高資金留在當地銀行的風險，刺激資金移往德國或其他國家的強盛銀行。

近來一些使歐元區經濟復甦的努力，創造出了新的趨異來源。它們的影響是否重大，只能交由時間來證明了。就二〇一六年初發表的政策來看，歐洲央行能夠購買公司債券；但是他們能夠且可能購買的公司債，都是由德、法大型企業所發行。這再次給了這些企業他國公司沒有的優勢。

進行中的「改革」如何導致更多不穩定及趨異

很明顯的，歐元區並未遵照計畫運作；因此，會激起改革當然也不讓人意外。他們已經為陷入困難的國家及銀行創設五千億歐元（約五五〇〇億美元）的跨歐元區安全網。[37]我們也討論過銀行聯盟這項提議，並解釋何以目前的中途之家有比沒有還要糟糕。

另外還有兩項改革，一項針對歐元區全境，一項則是近期針對危機國家的方案的一部分；後者顯然更加糟糕，甚至是大錯特錯。

首先，對於歐元區為何沒有遵循應該的方式運作，德國做出了錯誤判斷。他們怪罪於財政浮濫，要求歐元區成員國在赤字及負債上做出更多具有約束力的承諾，並針對未遵從的國家處以嚴厲懲罰。這樣的財政協議將歐元區帶向一個表現更為衰弱的時代。

其次則是二〇一五年夏天提給希臘的新方案的一部分內容。我們提過，三巨頭施加的政策造成了經濟低迷，但低迷的嚴重程度始終遭到低估。他們也因此高估了財政在扮演改善狀況時的角色。實際上，希臘境內的現實情況，某種程度減緩了撙節方案帶來的衝擊。[38]

壞消息是，三巨頭堅持設定好的預算數字得要能落實。假如最後支出過高，或稅收不如預期，例如因為經濟低迷比預期嚴重，那麼支出就得進一步刪減，賦稅得進一步提高。這會是一個強烈的自動**不穩定因子**。隨著經濟趨弱，稅收低於預期，希臘因此會被迫增加更多賦稅，並進一步削弱其經濟。[39]

自由移動如何刺激「改革」，導致更大的不穩定及不平等

我們之前討論過，歐元區的創設及因應危機的政策，導致歐洲經濟的穩定產生變動。然而，還有其他因素使得歐盟這個經濟體系更加不穩定。累進稅制及普遍福利一直是重要的**自動**穩定因子角色。可是隨著大多數歐洲地區的稅制不採行累進稅率，福利跟著遭到刪修，不難想見會有更多的經濟波動出現。

勞力及資本的自由移動造就了這個事與願違的趨異之勢。而稅制，如同我們稍早提過的法規，也有逐底競爭的現象。各國為了吸引企業、資本及高技術勞工而相互競爭，其中一項競爭方式就是降低課稅。在移動相對便利的情況下，要有高度累進的稅率相當困難；有錢人會以離開作為要脅，帶著自己和他們的事業移往他處。

盧森堡及愛爾蘭就是最糟糕的示範。事實上，這等於是給一些大型跨國企業一張稅法的自由適用證，讓他們以合法方式避稅。[40]隨著商品得以自由移動，企業可以落腳在歐盟內的低稅負轄區，並在歐盟各地販售他們的商品。

租稅及移轉制度中的累進性逐漸減少，意味著大多數歐元區國家**內**的所得及財富不平等也會增加[41]，使各國之間的趨異情況惡化。不過從許多方面來看，原因終究來自於歐元區自身的架構。

結語

除非能夠明確掌握調整的效果，否則對經濟體系做出調整同樣會帶來危險。既然經濟體系經常變動，要掌握調整的效果也著實困難。歐元的創設者改變了遊戲規則：他們先將匯率固定住，再集中決定利率。他們創造出管理赤字及銀行體系的新規則。驕矜自大的心態，讓他們相信自己了解經濟體系如何運作，而他們可以在這些重大層面上做出微調，讓經濟表現得更好。

歐盟自以為對市場了解很深，但是市場已漸趨複雜。見證了金融市場的「進步」與「創新」之後，他們以為進步與創新兩相結合，就能造就出更好的經濟體系。他們以為，若設定出更完善的規則，擴大市場及單一貨幣會產生出更理想的經濟體系。可惜事與願違。我已經解釋過，即便懷抱最好的意圖，歐盟還是創造出一個更不穩定且更分歧的經濟體系；富國愈富、貧國愈貧，各國內部的不平等情況也益加嚴重。

細節非常重要。我們不能只簡單地說，資本自由移動可以使效率增加。我們必須知道，銀行破產會發生什麼事，是誰來埋單？我們不能只是簡單地說，勞力自由移動可以使效率增加。我們必須知道，稅制是如何設計，該由誰來負擔一國的陳年舊債？

最重要的是，我們必須了解貨幣政策及央行制度。制度完善的央行能夠增加經濟穩定，造就一個表現更佳的經濟體。制度不周的央行，則會帶來高失業及低成長。下一章就要來看看，歐元區在創設最重要的核心機構歐洲央行時，所犯下的錯誤。

［第六章］
貨幣政策及歐洲央行

歐洲央行身處貨幣聯盟的核心，已然證明自己是歐元區內、甚至可說是歐盟內最強勢且最具效力的機構。的確，自二〇一一年起掌理歐洲央行的馬里奧．德拉吉，因為那場知名演說拯救了歐元區，他強調歐洲央行會**不惜一切代價**留住歐元。[1]這麼說的同時，也恢復了受創國家彼此心心相連的信心。

儘管從這個例子能看出歐洲央行扮演著留住歐元的積極角色，但縱觀歐洲央行過去十五年的生涯，無論是政令、治理及作為皆啟人疑竇。究竟以目前的建制，歐洲央行是否「適得其用」？歐洲央行有辦法執行確保整體歐元區成長、穩定及共榮的貨幣政策嗎？即便到了今日，歐盟仍然只授命他們的央行關注通膨。然而，我們可以看到歐洲面臨的關鍵問題是失業，許多人擔心的是通貨緊縮或物價下跌。更廣泛地說，有時歐洲央行的作為，坐實了批評人士所批評的央行的根本缺失——包括治理缺陷，以及我們在第二章提到的民主赤字。而這些缺失，正逐漸破壞規模龐大的歐洲計畫。歐洲央行的所作所為，似乎更常和銀行家的利益及認知沆瀣一氣，而非與他們理應服務的各國人民站在一起。

本章認為，歐洲央行的批評人士基本上是對的。就和歐元一樣，歐洲央行生來即有缺陷。央行的建構基礎來自於誕生之時頗為風行的意識形態。然而，這些信念逐漸受到質疑，尤其是在二〇〇八年全球金融危機過後。其他央行（最知名的莫過於美國聯準會）都已著手改革，更加關注失業及金融市場的穩定，甚至開始檢討政策如何影響不平等。然而，歐洲央行卻還是全神貫注於通膨，其權限依舊受制於一九九二年的《馬斯垂克條約》。

更嚴重的問題在於歐洲央行缺乏民主課責。保守人士意圖將貨幣政策定調為技術官僚的伎倆；只要雇請最好的技術官僚，就能得到最佳的貨幣政策。在歐元危機及全球金融危機中，各國央行的角色非常重要，但他們的決策卻呈現出強烈的政治性。不過央行倒是從來都只做政治性決策，即便只是在評估通膨風險——他們就是想偽裝成技術官僚機構的模樣。讓歐洲央行獨立自主卻沒有適當的政治課責，甚且只關注通貨膨脹，這些決定本身就非常政治性，並造成強烈的分配性後果。

本章我會描述歐洲央行的架構缺失，以及這些缺失如何轉化成政治決策。當中的某些決定的成效倒也不錯；但其他的決策卻削弱了歐元區經濟，並增加了內部分歧。

通膨使命

身為創設歐元計畫的步驟之一，歐洲央行於一九九八年成立時，它的架構就是盡可能地削弱自身能做的事情：唯一使命相當明確，就是維持物價穩定。[2]這與美國聯準會的使命明顯不同。聯準會不僅應當控制通膨，還要促進經濟成長及充分就業。在二〇〇八年危機過後，聯準會進一步被要求得維持金融穩定。把這項工作加入任務清單其實相當諷刺，因為聯準會之所以在一九一三年成立，就是為了維護一九〇七年經濟混亂過後金融體系的誠信；而在聯準會成立的數十年前，美國經濟面臨的問題反而是通貨緊縮。

時間一久，大多數經濟專家（尤其是保守分子，擁護我們早先提到的「新自由主義」或「市場基本主義」）發展出了一種信念，認為若欲追求良好的總體經濟表現，就必須設立央行。甚且，單靠央行就足以讓貨幣當局維持低而穩定的通膨。當然，現在我們知道這是錯的。金融危機造成的破壞遠超過猖獗通膨種下的禍害。在第三章裡，我解釋過金融危機造成的GDP損失，單是歐盟就高達數兆美元；即便是熱烈支持歐洲央行只關注通膨的人，也不會認為通膨的代價比得上這個數字。這間央行搞錯了優先處理事項，不過這也不是它的錯；通膨就是它的管轄範圍，它不過是奉命行事罷了。

認為央行應將注意力擺在通膨的這種信念，是一種過度簡化的意識形態。而支撐這種意識形態的是篤信效率市場、過度簡化的總體經濟模型。[3]這種意識形態基本上包含在歐洲央行的憲章裡：[4]憲章中提到，央行的使命在於「遵照開放市場經濟體的自由競爭原則行事，協助資源的效率分配」。[5]歐盟像是在說，一個充滿自由競爭的市場經濟會帶來資源的效率分配；然而這樣的宣示全然不顧大量的經濟研究、理論及實證結果——它們顯示，**在缺乏適當的政府管制下**，事實絕非如此。

歐洲央行的基本看法在於：政府即是問題所在，因此必須受到約束。金本位制就曾這麼做過。但是在金本位制下，貨幣供給基本上是隨機的，取決於是否能夠幸運找到新的黃金來源（或其他貴金屬）。這種「制度」的結果就是當黃金供給大量增加，例如發現新世界（New World）之後，會有一段高通膨時期。在十九世紀末的美國，由於黃金短缺則出現一段通縮時期。[6]到了二十世紀，世界由金本位貨幣轉向法定貨幣：這些紙幣和非貴金屬硬幣的價值由政府擔保，也正是政府的擔保賦予這幾張紙價值。使用紙幣的風險在於政府可能過度印鈔，使價格失控遽升，干預市場的順暢運作。因此，唯一需要擔心的事就是通膨。央行的工作就是調節貨幣數量，以防止通膨發生。

經歷經濟大恐慌之後，相反看法逐漸成型：比起市場自身的機制，政府的干預更能迅速協助經濟恢復充分就業。貨幣及財政政策（賦稅及政府支出變動）兩者皆有所需，彼此的角色則隨情況而有不同。在美國，這些看法都被納入《一九四六年就業法》（Employment Act of 1946）的立法之中，賦予聯邦政府維持通膨**及就業**穩定的義務。[7]

在產出及就業上，最慘烈的波動大多是由市場本身所致。這些波動絕不只是自然發生，這一點在二〇〇八年更是獲得了證實：人為的房市泡沫讓全球經濟崩盤。不過資本主義生成以來受過各種問題的襲擾，二〇〇八年的危機只是最近一次的展現。[8]過去四十年來，經濟學家逐漸了解到造成泡沫、繁榮、恐慌及衰退的「市場失靈」：在金融市場中尤其普遍，玩家們的恣意妄為帶來了危機。不過若有完善的金融市場法規，至少能夠減低危機發生的頻率及程度。經濟大恐慌後導入市場的法規，阻止了同類事件在近半世紀間再次發生。有趣的是，儘管部分央行人員體認到「非理性繁榮」[9]可能導致市場運作有違常理，他們還是拒絕干預市場以阻止泡沫產生。這些人對自由市場意識形態的忠誠著實強烈得驚人。

大西洋兩岸的央行人員都高估了市場的理性，低估了規範不足的市場對社會造成的成本。這些錯誤的根本另有其原因。他們未能了解到金融機構之間，以及金融機構和「真實」的經濟之間的連結；同時，他們也未能掌握金融產業內的決策者所面對的刺激。這些因素很自然地讓市場參與者短視近利，承擔過度風險，包括造成系統性風險的各種行為，並導致整個經濟及金融體系更加不穩定。[10]

執迷通膨的後果

執迷通膨所造成的最明顯、且損失最重大的後果，在於對金融穩定關注不足。就算沒有危機產生，但歐洲央行肩負的任務範圍過於狹隘，還是讓歐盟付出了龐大代價。無論有無危機，若歐洲央行絲毫不關心失業，平均失業率就會比以充分就業為央行使命時還要高。這幾乎是無可避免的事。實際產出與潛在產出之間的落差始終都在擴大。

央行過度關注通膨還會導致對危機的回應產生反效果，尤其是伴隨了成本推動通膨（cost-push inflation，比如起自高能源價格或高糧食價格）的危機。在這樣的情況下，勞工們會因為高油價而承受通膨之苦，但接著會有人告訴他們：「才不只這樣呢，油利雙漲。」高利率（為對抗通膨而提高）會阻滯需求，導致低就業及低工資。[11]

比起任務內容更具彈性的其他央行，歐洲央行全心全意關注通膨顯得不適切。當聯準會以降息回應危機時，歐洲這端卻持續擔憂通膨。這意味著歐洲央行的降息不及聯準會的行動；[12]結果造成歐元升值（因為**相對**利率較高，導致歐債需求增加），歐盟產出下滑。假若歐洲央行採取行動，降低歐元匯價，早就能夠刺激經濟並抵銷部分撙節的效果。歐洲央行所做的是讓美國投入了競爭性貶值，以與歐盟對抗。[13]

有些美國人懷著自私的短淺目光，為歐盟的錯誤喝采：看啊，歐盟送給我們一份大禮，讓我們得以在損害歐盟出口的情況下對其出口更多，同時也減少來自歐盟的進口。這就是美國恢復得比歐盟還要強健的原因，也是歐盟飽受痛苦的原因。

簡言之，歐洲央行只關注通膨，後果就是經濟成長及穩定狀況相較於不僅關心通膨時要來得糟糕——這很諷刺，因為歐元區的這個經濟架構所宣稱目的，正是要促進經濟成長及穩定。我們看到，歐元區所設計的歐洲央行架構更是糟糕：其施加於歐洲央行的束縛，進一步限制了央行促進經濟穩定及成長的能力。歐洲央行推行貨幣政策的方式，意味著無論發生哪種成長都只對上層人民有利；歐洲央行的作為使歐盟與日俱增的不平等雪上加霜。

約束貨幣當局

有關貨幣政策的長期論爭主要集中在對於貨幣當局應該施加何種限制。只關注通膨，就是一種主要的限制模式。保守人士並不信賴政府，而央行正是政府的一部分；像米爾頓．傅利曼這樣的極端保守人士，甚至相信經濟大恐慌的起因在於央行限制貨幣供給。[14] 二〇〇八年危機時的貨幣政策，大大地反駁了他的理論，各地央行都大舉增加貨幣供給。根據傅利曼的理論，即使面臨通膨，經濟也能迅速恢復充分就業；然而，日本、歐盟及美國的經濟成長皆欲振乏力，許多國家甚至面臨了通貨緊縮。

保守銀行家之間（包括那些在歐洲央行任職的人士）的普遍認知，進一步限制了各地央行的作為。如傅利曼這般保守的經濟學家相信，央行不該握有決定權，只要在固定利率下增加貨幣供給就好；[15]若這個理論無法穩定經濟，再依據通膨率決定的簡單公式增加或減少貨幣供給即可。

因此，也有人主張應該要限制央行的工具箱，讓各地央行只能買賣短期政府債券。歐洲央行理事會的德國成員們抵制量化寬鬆（quantitative easing，簡稱 QE），包括購買長期債券（其中有些甚至不是政府債券）；而在此之前，美國及日本的政策制定者早就把量化寬鬆加入工具箱了。[16]（透過降低長期借貸成本、降低匯率，以及提高股票市場價值，量化寬鬆本來應該能刺激經濟，可惜實際上它們的效果都有限。）

這些限制大幅削減了歐洲央行的能力範圍，甚至比通膨使命所帶來的限制還更加嚴格。特別是在危機過後，歐洲央行這間歐元區內最重要的經濟機構，還被賦予一項不可能的任務：在兩手縛於身後的情況下，歐洲央行得將歐元區所有國家的經濟恢復至充分就業狀態。

由於歐盟整體的支出限制以及各國面臨的負債限制，歐盟缺乏財政政策，貨幣政策也因此多了一層負擔。即便沒有這些限制，歐洲央行維持歐元區整體成長及就業情況的權力及能力，也是捉襟見肘。那些主導歐洲央行建構的保守經濟分子，不是力求擴大央行的能力範圍，反而關注如何對央行施加限制。他們的眼中只看見過度活躍的央行會導致通膨的不利風險，卻看不見過度活躍的央行會帶來高成長及就業的有利潛勢。

擴充歐洲央行的政策工具，將管制性政策（像是對銀行的最低資本要求及資本適足準則）包含在內，央行便可以制定出具差別的金融政策，對不同國家的經濟差異保持敏銳。由官員自主決定的管制性政策，能夠讓歐洲央行以不同方式影響對個別國家的放款。我已經解釋過，在歐元之下，整個歐元區的無風險債券只有單一歐元利率，但企業向不同國家貸款時，仍會面臨極為不同的資金成本。弱國的企業面臨較高利率，但實際上他們需要的是較低利率。藉由提供弱國的銀行更多放款機會，我們至少可以降低非公平競爭的幅度。這麼一來，弱國的信用就不會像在非公平競爭環境下那樣萎縮。[17]

新自由主義者對市場的信仰，不僅意味著不太需要以貨幣政策維持充分就業的經濟狀態，也意味著不太需要以金融法規去防止「過度作為」。對保守人士來說，理想狀態是「自由金融」，**所有**法規都不必存在。傅利曼曾經說服智利的暴虐獨裁者奧古斯圖・皮諾契特（Augusto Pinochet）在一九七五年左右嘗試自由金融；其悲慘後果可以想見、也早已預見。銀行輕率地製造負債，等到債務泡沫最終破滅，智利步入了深沉衰退。直到多年以後，超過四分之一世紀，智利才終於清償為了脫離混亂而承擔的負債。而近年的經濟大衰退更是一個極佳範例，說明放任市場運作會有怎樣的危險。

其實央行是可以扮演要角的。它不僅能防止金融部門對社會其他部門施加傷害（所謂「負外部性」，像是信用濫用及過度風險承擔），還可以協助確保金融部門做出該做的事，例如提供貸款給小型企業。[18]

持平來說，經濟學家們在面對這些問題時當然有著不同的意見。凱因斯學派對於資源浪費、人類痛苦及低成長的長期成本格外敏感，認為這些全都肇因於非必要的高度失業。但無論是在架構或運作上，歐洲央行都做出了反映保守經濟分子觀點的政治選擇。

貨幣政策的政治本質

我們在前言中提過，貨幣政策看似具有技術性，長久以來卻被認為充滿了政治性。舉例來說，通膨降低了債務人的實質債務，在犧牲債權人的情況下幫助了債務人。也難怪銀行家及債券市場投資者如此強烈地譴責通膨。另一方面，對抗通膨一般包含了升息，這會使經濟成長降低，也傷害了就業及勞工。平衡通膨及失業，是（或說應該要是）一個政治問題。

在二〇〇八年的危機中，先進國家央行依循政府對私部門有史以來最大的資助方案，把數千億美元扎扎實實地給了（或說以低於市場的利率借給）商業銀行。這項專為受困銀行擬定的企業福利方案，其規模比起任何政府曾制定過、減輕一般人民痛苦的福利計畫都還要龐大。大多數資金都由央行直接提供，並未經由國會同意撥款。顯然這又是一次缺乏民主課責的政治作為。[19]

假如貨幣政策只是一件跟技術官僚相關的事情，可能就會留給技術官僚來制定。然而，它並非如此。貨幣政策會帶來重大的分配性後果。確實，在增加不平等現象上，央行難辭其咎。

增加的不平等

今日世界上的大多數國家，都將不平等現象視為是未來榮景的最大威脅。每年一月，全球經濟領袖會在達沃斯（Davos）★聚集。論壇近期有關全球風險的調查顯示，不平等始終高居首位，或正朝第一名逼近。[20]一個分裂的社會無法順利運作，並且會導致缺乏團結，對政治、經濟及社會造成影響，這是不平等之所以重要的原因。在我的著作《不平等的代價》（*The Price of Inequality*）裡，

★ 譯註：位於瑞士，世界經濟論壇（World Economic Forum）年會舉辦地。

我曾解釋了嚴重的不平等現象會造成經濟表現貧弱（低成長與更多不穩定）。從那時起，IMF及其他單位便相繼做出豐富的研究，證實了這個觀點。[21]

不幸的是，各地的央行，尤其是歐洲央行，過度輕忽他們在創造不平等上所扮演的角色。他們的使命範圍其實更為廣泛，結果卻過於關注通膨，因而造就高度失業，使不平等增加。央行的政策促使工資逐漸減少。在經濟衰退時期，實質工資一般會下跌；然而，到了復甦期，正當工資開始增加時，一些通膨禿鷹們卻叫囂著通膨風險，促使政府升息且失業增加，直到進一步提高工資變得格外困難。[22]

在增加不平等的現象上，歐洲央行扮演的角色更為惡劣。央行人員的龐大影響力已超出貨幣政策的狹隘定義。比如說，他們讓貨幣政策並非僅限於決定利率及貨幣供給。歐洲央行總裁在制定經濟議程上備受敬重，他們傾向專注在狹隘的職權範圍內，也就是管制通膨；他們以為只要控制好通膨，就能步入成長及繁榮。這並不讓人意外。在危機前奏響起時擔任歐洲央行總裁的特里榭，致力達成穩定物價的央行使命，卻可能在過程中也運用了他的影響力，推動增加不平等的政策。在危機初期（從二〇〇八到一一年），特里榭一再重申工資應該要更具彈性。（這是指面對失業時，工資應該要刪減的委婉說法，也是「怪罪受害國」的手段之一，把勞工的失業歸咎到他們自己頭上，怪他們要求過高的工資以及只有些許保障的勞雇契約。第四章曾經討論過。）當然，工資刪減可以為企業及企業主帶來短期利益；我說短期利益，是因為特里榭應該要明白後危機時代的歐盟面臨需求短缺，而刪減工資會削弱需求，讓經濟衰退加劇。

結果特里榭變本加厲。他在一封給西班牙總理薩巴德洛的私密信函中（薩巴德洛在回憶錄中把信函內容公諸於世）[23]，暗示（事實上也不只是暗示）他很樂意援助西國銀行，只要西國政府答應落實勞動市場改革，讓工資及工作保障雙雙降低；除此之外別無他法。[24]薩巴德洛顯然拒絕了。奇怪的是，他卻導入了具有類似效果的改革，央行援助於是到來。[25]

分配、政治與危機

歐洲央行的政治本質因歐元危機變得格外明顯。到底該責怪誰、該解救誰、該提出何種條件？最富戲劇性的發展，是二〇一五年夏天，央行決定**不當**希臘的最後貸款者。當希臘與三巨頭交涉、希國銀行被迫關閉時，歐洲央行卻在幕後威脅希臘若不向三巨頭的要求低頭，將付出更多代價。歐洲央行成為歐盟的大鎚，三巨頭以此為工具，脅迫希臘同意其要求。

大體上說來，當歐洲央行決定接受何種抵押，以及剃頭程度如何（例如，對於一〇〇歐元的抵押債券提供七〇歐元的借款），央行對金融機構便操有生殺大權。當一國陷入危機時，許多銀行搖搖欲墜，歐洲央行實質上決定了該國銀行體系的生死。沒有什麼比這樣的決定更具政治性了。這些決定沒有專業操作手冊可供依循，是對一間機構未來存活率的判斷；但實際上，這種判斷充滿了選擇性的政治後果。[26]

銀行優先於民眾，這一點在歐盟和危機時的美國同樣明顯。[27]有時在特里榭及其繼任者德拉吉身上，也同樣明顯。當愛爾蘭在二〇一〇年危機浮現時，特里榭要求愛爾蘭政府承擔破產銀行的負債。[28]銀行重整的成本使愛爾蘭的負債占GDP比從二〇〇七年的二四％增加到二〇一五年的九五・二%估計值。倘若沒有干預之舉，愛爾蘭是否會承擔部分債務容有爭議。不過愛爾蘭承擔部分債務是因為歐洲央行把這項舉動當作援助條件，這點倒是沒什麼疑問。（三巨頭在這件事上的確意見分歧。IMF認定政府不應承受所有債務，應該要有更深入的債務重整，讓銀行股東及債券持有人承受較多損失。根據資本主義的一般法則，直到股東及債券持有人財力完全耗盡以前，不該由政府承擔債務。）[29]

歐洲央行顯然是擔心強迫愛爾蘭的股東及債券持有人承受更多成本損失，會對其他歐盟境內銀行產生影響。不過早在危機開始前他們就該擔心此事了，同時得確保歐盟各銀行有適足的資本，並不會涉入過度的風險承擔。

問題的關鍵就在這裡。三巨頭是在要求愛爾蘭的一般人民替歐洲央行及其他歐元區管制當局的失靈埋單。對我來說，這太不合理了。對大多數曾與我討論此事的愛爾蘭民眾來說，似乎也是如此。只是對歐洲央行裡的銀行家來說，顯然不是如此。

治理

任何社會都得做出與**治理**有關的重要決定。是誰做出決策？這些決策者又該對誰負責？決策制定過程有多透明？許多針對歐盟當前改革的批評聲浪，都與治理有關。在歐元區及最重要的機構歐洲央行身上，治理問題格外嚴重。部分原因在於金融市場成功地推銷了一個概念：獨立自主的央行能夠帶來更佳的經濟表現。歐洲把這個口號喊得震天價響。[30]

歐洲央行的核心治理問題，在於對民主進程的課責程度。事實上，無論實質獨立程度或法定獨立程度，央行的範圍都相當廣泛。例如英國，政府每年會制定通膨目標，但該國央行（即英格蘭銀行）在目標執行上能夠獨立自主。美國聯準會原則上是獨立的，不過事實上其內部的部分人士非常了解這種獨立的限制。一如保羅．沃爾克（Paul Volcker）★所說：「國會創造了我們，當然也可以讓我們不存在。」[31]

獨立自主的央行具有優勢，這個假設在二〇〇八年的危機中受到了最好的試煉：那些沒有獨立央行的國家，表現得比擁有獨立央行的國家還要好。

俘虜

會出現這樣的差異表現，主要原因很簡單：沒有一間機構是真正「獨立」的機構，所有機構某種程度上都被某些團體「俘虜」。我們想要央行反映社會廣大的利益，但包括歐洲央行在內，大多數國家央行都被某個小團體俘虜，那就是金融市場。[32]金融市場的利益考量及信念與社會其他部門並不一樣。無論美國或歐洲的高盛（Goldman Sachs），還是其他大型銀行從業人員，長期以來都試圖推銷一個觀念：對高盛和其他大銀行好的事，也是對**所有人**好的事。這顯然並不是事實。任何贊同這個觀念的人，絕對會因為經濟大衰退及金融部門的胡作非為而改變看法。

有許多（即便不是大多數）央行人員來自金融部門，而且（或者）在任期結束後前往金融部門

★譯註：美國經濟學家，於卡特及雷根總統時期（1979-1987）擔任聯準會主席）。

任職。(德拉吉前往義大利央行就任前，曾在高盛任職好幾年。)從許多方面來看，這其實很自然；央行需要、也渴望得到金融專才，而絕大多數金融專才都是曾在金融部門任職的人。[33]儘管當時大多數人並不認同「高盛好就是經濟好」這一觀念，但讓罔顧民意的央行人員支持「自我管制」這一觀念並不是難事。信仰菁英管理及技術官僚體制的人，特別會受到「自我管制」的吸引。在此看法下，央行運作就像一座礦坑，只要把一個好的工程師(或經濟學家)放進去，什麼問題都能解決。

不過先前我們的討論清楚顯示，央行人員做出的決策**不**只具有技術官僚性質。這些決策可能存在著龐大的分配性後果。若是如此，就不能全然授權給技術官僚執行。再說，經濟學家都同意誘因的重要性。所謂的旋轉門即是指央行人員竭盡所能地幫助那些他們在金融部門的朋友。這麼做合乎他們的利益，因為那裡就是他們的出身之處，也是他們未來的去處。[34]儘管在某些案例中絕非如此，但幫助在銀行任職的朋友，是一件他們想都不用想就會去做的事情。央行領導階層與一般職員及私部門金融市場之間的親近與糾葛(旋轉門的必然症狀)，使得彼此的優先考慮事項及看法步上趨同的道路。(有時稱作**認知俘虜**。)

結果，自我管制變成一個大笑話：根本沒有誘因(在許多情況裡，甚至連技術都沒有)讓身處金融部門的人士做好自我管制。即便在最好的情況下，也沒有誘因讓銀行關心自己的作為(或破產)對他人產生的外部性。然而，卻有明顯的誘因讓銀行及銀行家投入過度風險承擔，並且做出對社會無益(有時還具破壞性)的行為。歐洲及美國央行人員沒有考量到這些，甚可說是一種刻意的忽略。[35]

俘虜的後果

無論在歐洲還是美國、全球金融危機及歐元危機之前或之後，央行政策的各個面向都反映出央行被金融部門俘虜。其中最戲劇性的表現，或許就發生在危機當中。二〇一二年，希臘需要重整債券。謹慎的銀行購買了信用違約交換（credit default swaps）作為銀行持有債券違約時的保險。信用違約交換能提供債券持有人一筆款項，金額與違約時可能面臨的損失相等。債券重整時是以發行新債券取代舊債券。新債券一般都會展延償付期，不過也有減記，讓新債券的名目價值明顯低於舊債券。[36]假如這件事發生了，信用違約交換就會填補損失。

有一些重整方式會「引發」信用違約交換，導致配息產生。當然，購買信用違約交換作為保險的銀行，會希望重整是以保單支付的方式進行。一個**好的**監管單位，會要求資產組合中包含高風險債券的銀行擁有這種保險，**並且**讓它派上用場。

然而，歐洲央行堅持重整要以**不會**引發信用違約交換的方式進行。央行的立場看似難以理解，除非我們了解：一、當某些銀行購買保險（信用違約交換）以對抗債券價值減損時，其他銀行（一般是大型銀行）則賣出信用違約交換。（當某人買進保險時，市場另一端得要有人賣保險。顯然，當被保事件發生，賣保險的公司或銀行會更加拮据。）這些銀行把信用違約交換當成非透明的賭博工具出售。二、歐洲央行對於出售保險的大型銀行較感興趣，尤其是那些打賭希臘能否償清債務的銀行，而非購買保險的一般銀行。[37]

央行身為政治機構

這些例子，以及稍早有關通膨與失業的貨幣政策制定之討論，清楚顯示央行（包括歐洲央行）所做的是政治性決策。他們面臨諸多取捨。他們的決策帶有龐大的分配性後果。不同的政策選擇有不同的風險存在。譬如在美國，當聯準會把錢給了銀行，他們可以設下條件，例如銀行必須放款給中小企業。而在歐盟，他們可以要求愛爾蘭不要為國內銀行紓困，而非要求愛爾蘭政府這麼做，[38]他們可以要求希臘的重整以信用違約交換能夠派上用場的方式進行。

歐洲央行的首腦們都不會否認他們面臨這些抉擇。但如果取捨存在，做出取捨的人就得擔負起政治責任，而歐盟的治理甚至比美國還要差勁。歐盟裝作一副賦予歐洲央行確保物價穩定（也稱作對抗通膨）的簡單使命，就能成功解決治理問題的樣子；然而，對於物價穩定所指為何（是指零通膨、二%、還是四%），歐盟官方勢必得做出判斷。在做出這些判斷時，政策制定者必須考慮到不同通膨目標造成的影響。假如追求二%的通膨目標比追求四%的通膨目標更容易導致緩慢成長，我相信許多選民若有機會投票，絕不會支持那樣的目標。

在大多數政策裡都有贏家和輸家。歐洲央行的政策制定者在擬定決策時，必須判斷**分配性後果**。這可不像要工匠設計出一座最棒的橋那樣，僅僅是技術的問題。舉例來說，稍高的通膨可能導致債券價格降低，但能帶來較高的就業及工資；這麼一來，雖然債券持有人會不開心，但社會裡的其他人會為此歡慶。可惜，不具民主課責的央行總是比較關注債券持有人及其他金融家的意見，而非勞工的看法。

曾經有一段時間，歐盟執委會認為西班牙的失業率如果低於二五％，通膨就會增加。稍後，他們把目標下修至一八．六％。也有人認為這樣的推估相當荒謬。[39]但魚與熊掌不可兼得，問題在誰承擔了風險。把關鍵的門檻數字提高，像是二五％或一八．六％，那麼當實際的失業率沒有那麼高時，就不該怪罪說有那麼多人失業，以及這樣的高失業導致許多勞工的低薪情況。金融市場及企業部門的人士可能會歡迎這樣的低工資，但勞工們則不然。

始終有某種政治議程，將貨幣政策的制定包裝成一件該由技術官僚完成的工作，因此最好留給金融部門的專家處理。這些「專家們」反映著金融部門的思維。對於如此明顯的取捨，他們的回應顯然與一般勞工不同。一旦免除對央行的政治課責，實質上就是把決策制定權移轉給了金融部門，使央行的決定帶著金融部門的利益及意識形態。美國及歐盟都是這麼做。

金融市場的名家高手們貢獻的不是專業及才智，危機中已清楚顯露了這點。金融家們在歐盟及美國推動的解除管制議程，其實上就是在犧牲社會其他部門的利益下重寫金融市場法規，讓金融市場內的成員獲益。這跟所謂藉由金融市場創造出更快且更穩定的經濟成長，根本**大相逕庭**；之所以會出現低成長及不穩定提高的現象，原因也在於此。[40]

新自由主義為央行的獨立自主辯護

新自由主義主張央行應該獨立自主，這樣的主張在歐洲央行成立時相當普遍。它似乎是基於三個錯誤的關鍵假設。首先，它假設一切問題均起自通膨。其次，它認定以貨幣政策對抗通膨，純粹是一件技術官僚範疇的事。第三，它以為央行的獨立自主會增加對抗通膨的力道。

我已經解釋過前兩個假設出了什麼問題。而第三個假設，是出於對民主的極度不信任。這樣的假設擔心，民主政府會在選舉前試圖膨脹經濟，因為強盛的經濟體有助於執政當局在選舉時再下一城，並以通膨作為代價。因此，只有讓貨幣政策免受政客的操弄，才能破除這種通膨模式；同時，對受命限制通膨的技術官僚要有信心，相信他們能降低預期通膨，確保經濟穩定。然而，相對於這個假設所誇示的好處，民主社會的全體選民顯得睿智多了；沒有人曾經為了確保政府不「胡作非為」，而建議剝奪政府的支出權力。事實上，如果政府真的過度支出，民主社會全體選民也會用選票狠狠地給予懲罰。財政責任——有時候是**過度的財政責任**——經常是選舉的焦點，選民會關注超出常態範圍的赤字。[41]

超越獨立自主

就算相信獨立自主的央行能夠帶來更好的貨幣政策，我們還是可以建構出更具**代表性**的歐洲央行。也就是說，讓歐洲央行更持平地看待政策造成的取捨，包括隱性取捨。有些國家體認到了這點，因而禁止出身金融部門者擔任央行董事會成員，畢竟他們會帶著特定觀點看待貨幣政策，而且還是既得利益者。有些國家則要求央行內部要有勞工代表，因為他們觀察現象的視角和金融部門的人士不同。但歐元區什麼也沒做。在這種觀念下造成的經濟動盪，**就算有了歐洲央行的通膨使命也不管用**：強勢關注通膨，卻忽略了通膨給經濟成長及就業帶來的影響。

經濟模型、利益及意識形態

本書的論旨在於某些概念（某些經濟模型）形塑出歐元區的架構，而這些概念說得好聽是啟人疑竇，說得難聽是錯得離譜。電腦科學領域有句格言：「垃圾進，垃圾出。」★制度的建構也是這樣。立基於錯誤意識形態的制度不會運作良好；而立基於錯誤經濟學基礎的經濟制度，也無法管理好經濟。本章的論述以歐元區的貨幣政策及核心機構歐洲央行作為背景，已然充分證明這點。

單一使命及狹隘的工具運用範圍，使歐洲央行所能採取的行動大受限制。即便如此，歐洲央行的作為還是充滿爭議。舉例來說，德國內部已經出現指控聲浪，認為歐洲央行逾越權限，作為失當。央行創設時是由保守觀念主導，但自從危機以來，央行已經採用新的工具，並擔負起新的責任。但保守分子則說，這已經超出了央行的職權範圍。為了政府債券購買方案、投入量化寬鬆、在監督上扮演全新角色，歐洲央行還因而吃上了官司。此外，央行由董事會治理，董事會成員對於銀行有能力且應當做的事，也抱持明顯不同的看法。全然不顧歐元區內一般大眾視其為蠻橫霸權的眼光，德國人始終主張要限縮央行的架構。歐洲央行的數次行動（最有名者莫過於實施量化寬鬆）都遭到德國強烈反對，他們說這與政策立場不符，或說央行的行動超越了許可範圍。

制度是會演進的。今日歐盟及全球面臨的問題，與歐元區生成時的情況已然不同。即便是在歐元區創設時，通膨都不是主要該關注的問題。而世界已經進入一個新的時代，廉價的中國商品讓價

★譯按：garbage in, garbage out，意指電腦系統處理的內容如果本來就是垃圾資料，處理後也還是垃圾資訊。

格受到抑制，經濟成長及就業顯然是未來的問題所在。二〇〇八年的危機提醒著每一個人，一些國家央行的設立初衷是為了維持金融穩定。多年來迷戀通膨的心態占據舞台，讓人幾乎忘記了最初的責任。歐洲央行受到的強烈限制，局限了它能夠、且應該擁有的調整手段。央行狹隘的使命及政策工具，讓歐盟處於明顯劣勢。

歐洲央行在其短暫的存在歷史裡，已經出現三位總裁。每一位都有獨樹一幟的風格，讓眾人留下不同的印象。人們會記住特里榭的重大誤判，尤其是在經濟緊縮時提高利率。他展現了歐洲央行使命必達的決心，說無論如何都會對抗通膨。這些錯誤的代價顯而易見。譬如，他迫使愛爾蘭政府接收國內銀行的債務，讓歐元危機得以醞釀；愛爾蘭民眾遭受不當脅迫，必須為他人的過錯付出代價。這更是一種雙倍的不公義，因為這實際上是把錢從窮人身上移轉給富人。不過特里榭一直都很清楚自己站在哪一方：他站在和一般勞工對抗的銀行家陣營，不斷要求削減勞工工資，造成勞工們的生活水準下滑。

要是特里榭還在任且持續摧殘歐元區，歐元區有辦法存活下去嗎？德拉吉讓歐元區存活下來了，因而備受讚譽。他在二〇一二年一場有名的演講中，做出「不惜一切作為」的承諾。歷史上很少有演講這麼具有震撼力，把歐元區各國的主權債券利率都拉了下來。

但這場演講在另一方面也充滿了神奇：沒有人知道歐洲央行是否擁有權限及資源，能夠「不惜一切作為」。幾位學者專家都擔心，如果這個承諾受到考驗會發生什麼事？萬一義大利債券遭到抵制呢？萬一市場情緒突然轉變，投資者開始相信歐洲央行資源不足，無法支撐大量義大利未到期債券的高價格呢？萬一德國成功阻止歐洲央行做出「不惜一切的作為」呢？言之，沒有人知道德拉吉是穿了衣服還是沒穿衣服的國王。當然，也沒有人有興趣挖掘真相，至少當時是這樣。只要國王沒穿衣服的樣子沒有現形，市場便會不可思議地表現得像是他穿了衣服，不管他究竟有沒有穿。

選擇其實存在

在歐洲央行董事會一些人的強烈反對下，量化寬鬆勉強施行了；不過它還是沒有恢復歐盟的穩健成長，但也沒有如批評人士擔憂的那般，造成大幅度的通膨。歐洲央行創設近二十年來，一直未能確保**全**歐洲的充分就業及經濟穩定。也許這樣的要求實在太高了；在各國充滿差異的前提下，歐元區的評論者會說這根本是一項不可能的任務。可是歐元區連**基本的**成長、就業及經濟穩定也沒能達到。第三章清楚描述了歐元區的差勁表現：不僅有二次衰退，還一再面臨通縮威脅，同時還有著難以忍受的高失業水平。

在歐洲央行短暫的歷史裡，我們已經看到誤判的昂貴代價，以及歐盟內各銀行及主要勢力者在犧牲弱國人民的權益下，運用龐大權力取得對自己有利的結果。這必然會造成很大的混亂。

本章的重點只有一個：建構歐洲央行還有其他方式。央行可以有不同的權限及政策工具，最重要的是可以有不同的治理方式，讓經濟表現更有機會變好，特別是多數人民認可的經濟表現。這應該要是歐元區改革議程中的優先處理事項。如果歐元區想要恢復成長及繁榮，這是必要工作。

過去三分之一世紀貨幣理論及政策的發展

歐元區是一個**貨幣**聯盟，因此我們必須了解歐元區創設當時及之後，與貨幣及貨幣政策有關的普遍觀念。本節將敘述過去三分之一世紀幾個主要信條的演進。歐元區成立當時流行的觀念，像是央行**只**需關注通膨就能確保經濟成長及穩定，如今已經廣受經濟學者及政策制定者質疑，包括任職於IMF的人士。然而，這些觀念仍如磐石般地立於歐洲央行，歐元區內的勢力團體仍然把持它們，使得歐洲央行處境艱難。倘若歐洲央行遵行被賦予的使命，就會站在與歐盟主流民意對立的道路上。有規範固然重要，但錯誤的規範，一如我們先前所提，會是一場災難。

近幾十年來，一系列信念主導著央行體制。我們可以說，這像是一種宗教信仰，因為它們得到了堅定的信賴，甚至熱情的擁戴，儘管這些信念背後的經驗證據薄弱。然而，好消息是，就算央行人員面對相反證據時回應遲緩，如今他們信仰的教義也已有了改變。

貨幣主義

央行人員信仰的教義曾被稱作**貨幣主義**：所有央行人員都相信應該在固定利率下增加貨幣供給，而貨幣當局應該緊盯貨幣供給的情況。

貨幣主義從來都不是一個理論。它宣稱以某種經驗規律（empirical regularity）為基礎，認為貨幣供給與交易數量的比率（稱為流通速度）是固定的。這並沒有理論根據。就在傅利曼宣告這項新的自然法則後，自然法則開了他一個玩笑，也給遵循其格言的國家開了一個玩笑：流通速度開始改變了。我們這些深入研究金融市場性質的人，也早就了解並預測到這些變化。其他還有新形式的金融工具逐漸登上檯面，例如我們現在視為理所當然的貨幣市場基金，而治理金融市場的法規也有了改變。

貨幣主義橫行於央行人員之間，成為流行的觀念。這個主義是基於一個簡單模型。對於抽象能力有限的央行人員來說，這模型很容易掌握，也有豐富的機會提供經驗檢驗。然而，這個理論的含糊之處足以引起激烈爭論：貨幣的正確定義為何？如何才是最好的計算方式？GDP的正確計算方式為何？應該如何計算呢？

有趣的是，遵循這些信條的保守央行人員們本該顧好經濟免受風險，但他們信奉的教條卻讓經濟暴露在實質風險之中。當貨幣主義的實驗開始時，還沒有人了解貨幣主義在各方面的可能影響。在一九七〇年代末，美國面臨難以承受的高通膨時，新上任的聯準會主席保羅・沃爾克以此新工具做出回應，結果利率衝上新高，超出大多數人的預期，最後聯準會的利率目標達到一九%。然而，儘管這項新「理論」看似有助拉低通膨，把通膨從一九八〇年的一三・五%拉低至一九八三年的三・五%，但這個解藥卻有著嚴重的副作用：其中一項，是造成了經濟大恐慌以來美國最嚴重的經濟衰退。儘管有了財政政策的龐大刺激，即一九八一年大規模的雷根減稅方案，一九八二年時失業率還是高達一〇・八%。另一項副作用是全球性債務危機，此與一九七〇年代借錢抵銷高油價影響的國家有關。這些國家因為某種看似合理的信念而借錢：以為只要利率停留在過去的波動範圍內，情況就仍在掌握之中，結果造就了一九八〇年代拉丁美洲失落的十年。

通膨目標化

即便忽略貨幣主義的有害副作用，貨幣主義缺乏良好指引的證據亦排山倒海而來，根本無法抵擋。因此，一個全新教派取代了它的地位：通膨目標化。[42]如果通膨是央行唯一應該關心的事，那麼央行將政策對準通膨、不必去管失業或成長，也是合理的；那是別人的責任。世界各國都接受這樣的思維。而由於保守分子酷愛規則，一套規則於是發展出來，以約翰・泰勒（John Taylor）的名字命名之。泰勒是我在普林斯頓及史丹佛任教時的同事，後來成為布希政府的財政部國際事務次長。以他的名字為名的規則（即「泰勒法則」），規定了通膨高出目標水平時央行所應提高的利率。我們其實不需要一個董事會來制定利率，只要一個技術人員即可：他會計算出通膨率（政府統計部門就是在做這樣的事），然後把數字放入公式，它就會告訴你答案——利率應該設定為多少、貨幣供給應該要增加或減少，直到通膨目標達成。我們不必去問通膨何以居高不下，或通膨擾亂經濟是暫時的還是持久的：由政府委任人員做出的判斷，絕對比不可能出錯的法則更容易失準。

遵循此種簡單政策的國家也產生了災難性後果。當糧食價格在二〇〇七年迅速飆高時，通膨也跟著升高；尤其在開發中國家，糧食在市場籃中扮演要角。然而，此時提高利率毫無道理可言，那樣做並無法降低糧食價格。糧食價格是全球性的問題，就算規模中等的國家提高利率，對全球糧食價格的影響也微不足道。貨幣當局若想改善通膨，唯一方式就是壓低其他東西的價格，使經濟體內的非貿易財陷入**通縮**。而達成此結果的唯一辦法，就是把利率拉至極高，讓非貿易財部門步入衰退。無論人們多在意通膨，這種治療方式本身比問題還要糟糕。

歐洲央行從未走向貨幣主義或泰勒法則的極端。不過它做了幾乎一樣糟糕的事，就是只關注通膨（那畢竟是央行的唯一使命）。同時，它長期以貨幣供給成長速度為指標（從貨幣主義主宰時便遺留至今），來決定其貨幣政策立場（該採取寬鬆或緊縮貨幣政策）。

量化寬鬆

當聯準會將利率降至零，經濟仍然未有起色時，這時聯準會似乎能夠、且應該再多做些什麼。其中一個想法是購買長期債券，將長期利率拉低，給經濟帶來更多流動性——這稱作**量化寬鬆**。歐洲央行引介量化寬鬆的概念比美國晚得多，甚至比日本還晚。即便開始實施量化寬鬆了，但歐洲央行可能還沒搞懂美國的量化寬鬆效果為何如此有限，以及量化寬鬆的效益為何在歐盟更加薄弱。美國二〇〇九到一一年的量化寬鬆，問題出現在製造出來的資金沒有到達需要之處，也沒有到達聯準會希望到達之處——即增加美國國內在商品及服務上的支出。對中小企業來說，重要的借貸管道被堵住了。這樣一來資金很自然地流向外國，特別是那些已經歷過強勢成長、且開始面臨通膨的經濟體。它們並不想要更多錢，也設下了各種障礙阻擋這些資金流入；障礙雖不完善，但仍有些效用。量化寬鬆協助經濟的主要管道有三，它們全都非常脆弱。其一，輕微削弱美元價值幫助了出口，但這些效果最終都被美國的貿易夥伴抵銷。其二，不動產抵押貸款利率因為長期利率降低而下降，然而獨占銀行（而且銀行集中度在危機後更加提高）占盡低利之便，把它當作額外利潤在享受。其三，股市泡沫讓暴富者的消費微幅增加，尤其是國外製造的奢侈品消費。然而，經濟體真正需要的是放款更多給企業，可是大型企業已經坐擁兩兆美元現金，而且基本上不受量化寬鬆所影響。再說，聯準會及歐巴馬政府把關注焦點轉往紐約大型銀行及其他國際銀行，小型的地方及社區銀行貸款能力依舊受損。[43]結果就是危機過後數年，放款依然保持在危機前的水平。

歐洲央行在考慮實施量化寬鬆時，已經知道那是個力道薄弱的工具。他們能夠、也應該了解匯率帶來的效益可能比美國獲得的還要低。首先，各國都在實施量化寬鬆，歐盟不會因為競爭性貶值而受益。其次，新興市場早已設下控管，確保他們不會處於劣勢。第三，最重要的是除非有貸款管道的安排，否則不會創造多少國內需求。在此一方面，歐盟比美國差勁多了；我們在前章看到，中小企業的貸款急遽減少，邊陲國家銀行萎縮。歐洲央行本來可以採取強勢作為，確保資金不會造成信用泡沫，讓更多資金投入新創事業，並且擴大既有事業。然而，歐洲央行所抱持的「信任市場」哲學，讓他們裹足不前。

部分人士擔心量化寬鬆會導致通膨，不過大規模的量化寬鬆並未在美國造成通膨。而且我們有更多理由放心讓通膨開始在歐洲出現。大多數資金都由銀行把持，問題就在於銀行並沒有把錢借出去。聯準會及歐洲央行協助製造的資金，多數只留在聯準會及歐洲央行內，不管怎樣都沒有製造更多放款。額外增加的流動性並未導致更多放款，通膨也就無法產生。

然而，央行資產負債表的大幅擴張亦有著其他風險。其中之一就是可能造成資產價格泡沫，一如寬鬆貨幣政策造成了房產泡沫。這些泡沫一旦破滅，會造成經濟波動。不過聯準會至少有工具可以處理這樣的問題：他們可以提高保證金要求（投資者從事股票或金融商品投資時必須支付的金額）；在危機過後，聯準會甚至獲命確保低通膨、高成長及充分就業，更要確保金融穩定。不幸的是，歐洲央行依循著新自由主義風行時制定的使命，只去關注通膨，將金融體系的穩定與否留給了其他人去擔心。

自然失業率的假設

在歐美兩地的嘗試下，貨幣政策被證實對經濟恢復穩健成長的效用有限。許久以前，凱因斯就已經主張當經濟陷入衰退、甚或更糟地陷入蕭條時，情況就有可能是這樣。不過經濟學裡一直有股勢力，對**主動式**貨幣政策（以維持經濟充分就業為目標）的效益及需求，提出了更全面的質疑；而這些飽受質疑的觀念，在保守分子之間格外具有影響力。

主動式貨幣政策的評論者主張，如果我們嘗試讓失業率低於某一個臨界點（稱為**自然失業率**），並就此打住，就會出現不斷增長的通膨。[44]此理論大幅縮減了央行該做的事。假如我們致力於迴避超級通膨（superinflation），最多可以讓失業率暫時低於這個門檻，因為之後失業率高於門檻時，可以抵銷增加的通膨。這麼看來，央行沒什麼取捨需要面對的他們只要把失業率維持在「自然失業率」就好了。

對於這個理論的質疑始終有增無減。[45]從資料中我們看不到通膨（或說通膨的增加）與失業有什麼系統性的關係存在。**假如**有一自然失業率，它也會是一個可移動標的，我們根本無從得知它在哪裡。因此，政策制定者必須做出猜測。做出這種臆測時，取捨便出現了：選擇非必要的高失業風險，還是選擇高於所需的通膨風險。

因此，即便簡單模型說失業與通膨之間並無取捨是正確的，一旦我們考慮到自然失業率在哪裡並不得而知，就勢必得做出取捨。低估或高估自然失業率的風險會由不同人承擔。但歐盟及美國央行人員僅僅管制金融市場的風險，而非勞動市場的風險。這樣的作為會讓產出出現明確損失，也加深原本的不平等現象。

第三部　制定不周的政策

【第七章】危機政策：三巨頭政策如何使歐元區的問題加劇

歐洲內外都為深陷危機的歐盟國家所呈現的戲碼所震駭，尤其是希臘、西班牙、葡萄牙及賽普勒斯等國。觸目可見中產階級的人們突然落入險境：勞工退休金遭大幅削減；大學畢業生始終無法找到工作，只能淪落收容所。這些故事顯示，有些事情不太對勁。青年失業率高逾三〇%，也不對勁。歐元出現以前不是這樣的。

二〇一三年，內人與我在一次私下聚會裡曾經禮貌地請教北歐某國的總理，他知道情況變得多糟糕嗎？那年秋冬的新聞報導，提及西班牙及希臘的沒落中產家庭為了生存沿街覓食，在冬日裡沒法負擔暖氣費用，甚至翻找垃圾桶裡的東西吃。[1]

他給出一抹微笑，冷冷地說，他們**早該**改革經濟，不應該這樣恣意揮霍。然而，當然不是這些百姓在恣意揮霍，也不是他們不改革。無辜的民眾不得不承擔政客們的決策後果。諷刺的是，這些政客通常來自三巨頭頗為偏愛的右翼政黨。

那次餐宴上這種缺乏同理心、缺乏歐洲團結的話語不斷出現。糟糕的是，當經濟受創國家的無辜人民承受著真實的匱乏之苦時，那些人的態度竟如這位總理般，是如此輕率且隨意謾罵。不過最殘酷的表現不在政客們公開或私下的言論裡，而是三巨頭在這些國家陷入絕望之際，將這些政策強加於他們。這些政策使經濟情勢更為嚴峻，削弱辛苦建立的歐洲聯盟，凸顯了歐元架構固有的脆弱性與瑕疵。

令人訝異的是，儘管三巨頭提出的方案陷本該拯救的國家人民於不義已是鐵證如山，那些領頭者卻大言不慚宣稱撙節有效。把西班牙、葡萄牙及愛爾蘭都視作成功案例，不啻睜眼說瞎話，無視各種可見的經濟指標。的確，二〇一〇到一三年間，三巨頭為愛爾蘭制定的經濟調整方案，挽救該國的金融部門及政府免於經濟崩盤。[2]但是他們強行施加的撙節措施，使愛爾蘭的失業率惡化，長達五年之久維持兩位數的情況，直到二〇一五年初。除了造成愛爾蘭人民痛苦不堪，整個世界也錯失許多發展機會而難以復返。（相較之下，二〇〇九年經濟大衰退時，美國失業率到達一〇％高峰僅持續一個月。）

愛爾蘭只是例證之一。二〇一一年，由於全球金融危機，葡萄牙政府面臨借貸成本飆升，IMF提供了七八〇億歐元為其紓困，當然附有嚴格條件。IMF要求葡國政府必須降低財政赤字，從二〇一〇年占GDP近一〇％，到二〇一三年時降至三％。[3]除非有強勢的經濟成長，否則要達到這個降幅的唯一辦法就是撙節，減少政府支出，像是公僕減薪、增加賦稅。（倘若沒有紓困協助，葡萄牙勢必得採取更激烈的刪減措施，因為它已經被資本市場給排除。）IMF宣稱葡國方案很成功。的確，如果只看政府放款利率的話，紓困確實達成目的。二〇一一年底葡國的十年期公債利率為一三％，到了二〇一四年底（撙節方案終止時）利率降至低於三％。[4]此外，還有財政狀況及貸款能力的改善。[5]然而，撙節讓經濟基本面持續孱弱。截至二〇一五年，人均GDP比危機前還要低了四・三%左右。[6]二〇一六年初，失業率依然高逾一二%。成長預測持續低迷：IMF估計接下來幾年的GDP都不會超過每年一・四%的增幅。政府借錢或許變容易了，但葡國人民從未經歷到真正的復甦。

二〇一二年西班牙的銀行紓困案並未附帶條件，要求政府必須降低支出或提高賦稅，但其實直到二〇〇八年後，該國仍在消化這種盛行於歐陸的撙節萬靈丹。只要用常識去看看那些資料，以及二〇一一年數十萬走上街頭的**憤怒者們**（indignados）★，便可以看出這些政策帶來了驅逐效應、工資刪減及失業，根本不算是成功。然而，二〇一五年中，在將近四分之一的西班牙勞動力失業的情況下，德國經濟專家委員會（Council of Economic Experts）以及其他許多撙節提倡者卻宣稱，西班牙是展現撙節美德的典範。[7]

正是這種對於經濟成功的定義的基本曲解，三巨頭在希臘犯下了迄今最嚴重的過錯。他們的政策具有毀滅性的錯誤，令人難以置信的心胸偏狹，而且不近情理。甚且，二〇一五年時，他們又讓自己造成的災難更形惡化。

舉例而言，隨著希臘在二〇一五年進入第三階段的「方案」，歐盟要求希臘中止對那些欠錢不還的房貸背負者採取「寬容」政策；這項政策原本是為了讓大量人口免於流離失所與陷入赤貧，於是希臘政府在發生債務危機後，實施暫時性的法拍屋禁令。[8]到了二〇一五年，這項禁令依然生效，不過有了許多修改，減少涵蓋的貸款範圍。（三巨頭時常把「命令」偽裝成「提議」，要危機國家慎

★編按：indignado是西班牙語的「憤怒者」。西班牙的「憤怒者運動」凝聚了左、右兩派支持者，主張反高失業率、反撙節政策下的福利刪減、反資本主義綁架政治等等。

重**考慮**。但那不只是提議，希臘**必須**屈服。當然有「協商」空間，不過一如上述事件所印證的，最後「同意」的與最初提議的一般說來少有不同。縱使會有些許更動，也只是為了保住危機國家的面子，方便政府吞下苦藥。）

三巨頭的領導者似乎相信，繳不出房貸的人就是遊手好閒的人；他們濫用禁令而不付錢，只要政府硬起來，這些好吃懶做者就會乖乖繳錢。然而，事實恰好相反。隨著經濟蕭條，數十萬人失去工作，還有數十萬人得承受四成以上的巨幅減薪。那些沒有付錢的人，是根本**付不出**錢來。歐盟以為這樣的鐵腕能夠給銀行帶來好運，如此一來他們就可以減少提供資本重整的資金給銀行。然而，更有可能的是數千名貧窮的希臘人會成為街友，銀行手上則握著賣不出去的房子。[9]

希臘請求三巨頭放寬苛刻的要求，但他們不為所動，嚴命縮減保護措施：只有那些年收入低於兩萬三千歐元者，才能受到完整保障。[10]當然，收入這麼低的家庭一般並沒有房子，所以讓他們豁免沒什麼意義。希臘官員被迫讓步，無奈宣稱大多數希臘人都有資格獲得某些保障。唯一清楚的是，許多原本處於赤貧邊緣的人又往這個邊緣前進了好幾步。

歐元區的技術官僚們並沒有留意這些顯示痛苦生活的統計數字。他們也沒有看到冰冷數字背後是真實的人民，他們的生活已經毀了。就像射擊五萬英呎高空的客機一樣，成功只看命中目標與否，而非傷亡人數。

這些官僚們對於各種統計數字感到興趣，包括利率及債券利差（危機國家為了貸款而必須支付的額外利息）、預算及經常帳赤字。對他們而言，失業率有時似乎只是在衡量某種次要的傷害，或者更正面地把它看成美好日子的預兆。高失業率會拉低工資，讓國家更具競爭力，因此調整了經常帳赤字。

三巨頭搬演的希臘悲劇，一項好處或許在於提供了一個經典案例，呈現歐元區政策在回應全球金融危機及後續影響時出了什麼問題。我在本章及下一章將詳細討論希臘的案例。要記住的是，三巨頭在希臘政府有求於人時強迫推行的錯誤政策，只是其他危機國家的加強版——同樣都是透過施壓、哄騙及貸款條件來進行。

必須要做些什麼

二〇一〇年初歐元區危機剛浮現時，貨幣聯盟的領導人們就必須**有所作為**。債券收益持續飆升，希臘長期債的利率從該年的六％開始爬升，十二月時達至一二％。[11]然而，當希臘想要貸款更多以應付龐大的財政赤字（二〇一〇年時占GDP一〇．八％），並且償還到期的債務時，問題就來了：沒有人願意借錢給希臘，而倘若政府無法借到錢，便無法清償債務，下一步就是債務違約。可是如果希臘政府走上債券違約，慘的將是那些債券持有人。持有大量這類債券的德、法兩地銀行可能會瀕臨破產，更別說希臘本地銀行。更糟的是，由於金融市場缺乏透明性，沒有人明確知道各家銀行受影響的程度。某些銀行可能沒有對希臘放款，但是放款給了其他借錢給希臘政府的銀行，同樣會受到波及。某些銀行購買保險抗損，但某些銀行卻寧願賭希臘不會違約。這是一場延燒各國的混亂。當時全球才剛經歷一番這樣的瘟疫。雷曼兄弟（Lehman Brothers）破產後，世界陷入經濟衰退，金融市場凍結。相較於雷曼，希臘的問題是大是小局勢未明；更重要的是，我們不清楚它對全球體系的影響有多大。

圖七　希臘實質GDP

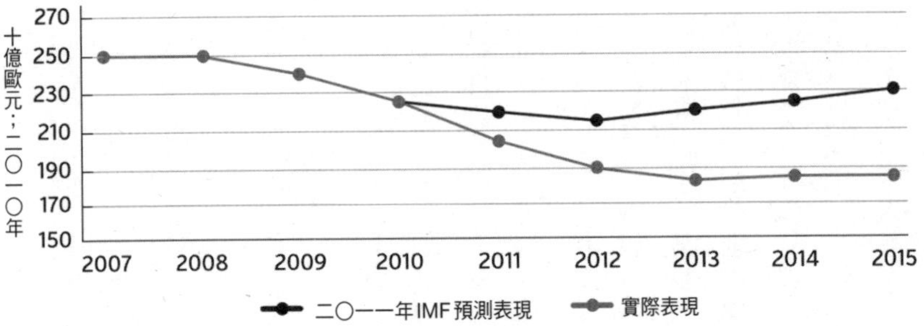

在第一章裡我提過，每當哪個歐元國家陷入危機時，三巨頭就會擬出一套方案，**原意**是要讓該國恢復穩健局面，在失去信用後重新尋回借貸管道。然而，關鍵錯誤就在這裡：他們把焦點放在重回資本市場與清償債務，卻沒有關注如何恢復經濟成長及提升人民生活水平。這一點並不讓人驚訝，財經首長們本來就只顧金融市場。但是歐盟的方案不該只看金融市場。這些方案原本只是達成目的的手段，結果卻變成了目的本身。

隨著方案一個接著一個提出，隨著國家一個接著一個陷入危機，凸顯了兩件事：一、接受歐盟方案的國家都陷入嚴重的經濟低迷，有時甚至是衰退或蕭條，復原可謂牛步。二、看來這樣的結果**總是**令三巨頭吃驚，他們原先預期經過一開始的頹勢，經濟便會迅速復原。當預期的結果未發生時，三巨頭的支持者會主張經濟蓄勢待發。以圖七的希臘個案為例，顯示出二〇一〇年五月最初的方案推行之後，三巨頭以為會發生何事，以及實際情況如何。他們知道會出現經濟低迷，但預測很快便會反轉。[12]可是到了二〇一五年，四年過去了，經濟表現低於他們預期的約二〇%。[13]

這些淒涼的預測清楚呈現了三巨頭對於經濟基礎的掌握實在是糟透了。此刻他們或許想要歸咎他人（對方沒有按照要求去做），不過事實是：希臘的蕭條不是出於沒有乖乖聽話，而是因為太過聽話，其他危機國家也是這樣。他們的經濟不振主要都是對三巨頭的指示言聽計從所致。

本章及下章會更深入探討歐盟的作為如何導致這樣的負面結果。我會針對強加於危機國家的歐盟方案，指出它們**勢必會**造成嚴重的經濟衰退。我也將解釋何以負面影響比起大多數經濟模型所預測的還要嚴重。

要讓這些國家踏上復甦道路，有其他政策可行——成長的政策而非撙節，而且必須進行徹底的債務重整。本章聚焦於歐盟的**總體經濟政策**，這些政策的目標直指預算、赤字及負債。而正是這些政策讓歐盟飽受經濟低迷、衰退及蕭條的折磨。

下章則會繼續探討歐盟的方案，重點在於他們所提出的**結構性政策**。這些政策指向特定市場的改革，企圖讓危機國家更具競爭力。

本章及下章的討論大多以希臘的方案為主，因為比起其他國家的方案，它們更能凸顯所有方案的共同問題，也清楚地反映出三巨頭的思維。

歐債危機方案的總體經濟架構

歐盟領導人喜歡把危機方案視為既能緩解症狀（解決當下的問題），又能為長期調養扎根。更準確地說，他們把這些方案視為某種機制，確保債務人付出調整的成本，並讓債權人獲得還款。

加入這場混局的還有大量的政治。某些債權國，尤其是德國，並不想讓納稅人知道他們被迫負擔的成本。德國政府想要人民**相信**他們終會獲得還款，儘管幾乎不太可能。這樣的把戲代價很大，而多數成本是由人民承擔，例如希臘人民。不過就連德國也都可能因為還款機率低而負擔部分成本。

政治影響債權國，也牽連了債務國。希臘就是這種相互影響的最佳例子。德國及三巨頭發現並揭露了希臘前任政府的預算詭計後，對巴本德里歐政府施加嚴厲的條件。[14]實際上這項處罰反而為薩瑪拉斯領導的右翼政府的回歸鋪路，把希臘推入進退維谷的困境。[15]

結果是三巨頭非但沒有懲罰到不乖的政黨，反而還獎勵他們。巴本德里歐政府推行了一系列措施，縮減希臘寡頭集團的勢力，這些寡頭在銀行界及媒體界都握有控制權，並且倒行逆施。糟糕的是，薩瑪拉斯領導的新民主黨和同樣的寡頭集團過從甚密。因此可以想見當薩瑪拉斯回歸政壇時，巴本德里歐的改革遭到翻轉，而三巨頭並未吭聲。所以就鼓勵希臘從根本上進行改革這件事，三巨頭的方案適得其反。一般認為這種根本改革才是長期繁榮的要件。

要恢復財政平衡，可以藉由刪減支出及增加收入來達成。社會及經濟的後果為何，主要就是看哪些支出遭到刪減，以及收入如何增加。三巨頭的方案不僅對於恢復財政平衡無所用心，還用錯了方法。這些方案對產出、就業及社會福利造成不良影響。IMF尤其應該知道，缺乏通盤考量的賦稅措施只會造成反效果，不僅稅收會減少，經濟產出也會衰退。

之後各節裡，我們會討論施加於危機國家的總體經濟政策的各個面向。

撙節：施瓦本★家庭主婦的迷思

這些總體經濟方案的核心是撙節，也就是縮減政府支出、增加政府收入。儘管歐盟當局對於結果遠低於預期感到驚訝，甚至比他們的模型預測的還要糟上許多，但我反而是對於當權者的震驚感到驚訝。我們在前面幾章提過，撙節**從來沒有**發揮效用。

思索撙節

從某些方面來看，歐元區的領導人要求希臘刪減赤字並不讓人意外。希臘的危機似乎根源於政府無法借到更多錢這項事實，該國龐大且難以支撐的財政赤字已持續多年。不過同樣的邏輯並不適用在西班牙。西國的危機起於銀行部門，而且我們一再提到，危機發生之前西國是有盈餘的；是危機造成了西班牙的財政赤字，而非赤字造成危機。[16]

顯然首要的目標，在於讓危機國不需要借更多錢，這也是撙節方案的立基點：刪減支出並提高賦稅，如此一來就可以減少國外金援的需求。不過這種事從來就不簡單。撙節會導致經濟衰退、歲入減少，並且增加失業保險及福利等社福支出。財政地位的改善遠低於預期，痛苦卻遠高於預期。

一個國家與施瓦本家庭主婦的根本差異即在於此（德國總理梅克爾打響了這樣的比較）：施瓦本的家庭主婦得依照預算過活，不過當她刪減自己的支出時，她的丈夫不會失業。假如他的丈夫真

★編按：Swabian，位於德國西南部的歷史地區。

的失業了，家裡的經濟狀況顯然會更糟。而這就是國家施行撙節後發生的事：政府刪減了支出，民眾失去了他們的工作。

有個比施瓦本家庭主婦更好的比喻，就是把一國比作一間**公司**。以公司為例，我們會關注損益平衡。沒有人會問及負債規模，他們想要知道的是公司的資產及淨值如何。倘若一間公司為了增加淨值而借貸購買資產，是可取之舉。如果一個國家借貸以投資基礎建設、教育及科技，國家就能夠因此變得更好，尤其是在資源並未充分利用時（比如失業）。撙節對短期來說並不好，因為會導致更高的失業率；撙節對長期來說也不好，因為會導致更低的成長率。

基本盈餘

三巨頭把注意力擺在危機國家的基本盈餘規模，也就是**除去**利息支付後，收入多於支出的部分。這是可以理解的，畢竟要考量到德國等債權國的利益。他們想要獲得還款，這是再自然不過的事。不過正在借錢的國家顯然無法還錢，償還欠款的唯一辦法，就是讓政府有了盈餘。但是這樣的盈餘通常會造成經濟疲弱：當政府出現盈餘，人民購買力的衰退會高於政府支出帶動的購買力提升。因此，盈餘造成了需求的匱乏。

有時候其他發展可以彌補這個缺口。美國在二十世紀晚期柯林頓總統執政期間出現基本盈餘，同時也經歷了科技泡沫帶來的經濟繁榮。高度投資維持著經濟。但是當科技泡沫破滅時，美國也迅速步入衰退。

在所有國家中，德國應該明白這一點。一次大戰末期，德國依據凡爾賽和約必須賠款。為了支付賠償，德國政府必須要有盈餘。凱因斯正確預測到德國的賠款及為賠款而來的盈餘，會造成德國經濟衰退，狀況甚至會更糟。隨之而來的經濟蕭條給德國和全世界都帶來悲慘的政治後果。有一段時期，德國藉由向美國借貸以維持需求，從而避免經濟蕭條。不過由於美國發生經濟大恐慌，資金來源斷炊，德國也跟著步入窘境。

有了這段歷史，德國及三巨頭竟然還要求希臘及其他危機國家維持大量基本盈餘，實在令人震驚。以希臘為例，他們堅持要希臘政府在二〇一八年前基本盈餘需達三．五％。[17]連IMF都知道這樣的目標只會擴大並加深一國的蕭條景況。目前的方案允許二〇一五至一七年的目標有所放寬。但是假如希臘順從基本盈餘目標的協議，無論希臘政府在架構改革上多麼盡忠職守、在增加收入或刪減退休金上多麼成功，無論有多少希臘人在資金不足的醫院裡奄奄一息，蕭條都會持續下去。

撙節方案的設計

撙節方案的基本設計包含制定財政目標、縮減基本赤字，最終達到基本盈餘。在希臘和其「夥伴國」早先的協議裡，財政目標幾乎從未達成，只因為三巨頭採用不實的預測。[18]

在二〇一五年八月十九日的「備忘錄」裡，載明著假如目標未達成，額外的撙節投藥就會自動生效。先前的撙節帶來了經濟緊縮，原本大家期望三巨頭看到緊縮的程度後會選擇寬容以待。撙節成了**內建的破壞因子**，**保證**會造成嚴重的經濟低迷。隨著經濟趨弱、稅收降低，稅率勢必得提高，進一步挫傷經濟。（即使是美國的保守分子都主張在經濟趨弱時應該要降低稅率而非提高。）當市場逐漸意識到這一點，負面影響只會更大。

幕後動機

即便我們只專注於財政赤字，也能夠找到刺激經濟而不必增加赤字的財政政策。這些政策有效運用了平衡預算乘數的原則。假如我們施加一項賦稅並支出稅收，赤字不會改變，經濟也會擴張。支出的擴張效果超越了賦稅帶來的緊縮效果。再說，假如支出選對了對象，例如用於投資教師資源而非戰事資源，並且針對富人課稅，「平衡預算乘數」的效果可以更大。增加一美元的支出，可以對GDP貢獻出大於一美元的增額。此外，假如投資於長期投資財，讓生產力提升，則**未來**稅收增加會讓政府的長期財政地位更穩固。

有些歐元區國家卻是背道而馳。例如法國降低了企業所得稅，而為了抵銷減少的稅收，法國政府同時刪減支出。平衡預算乘數預測結果將是經濟緊縮，法國政府賭的則是降低企業所得稅會帶來更多投資，增進總合供給及需求。然而，讓法國境內及其他歐洲國家境內大型企業投資卻步的原因，在於產品需求匱乏。倘若對他們的產品沒有需求，企業就不會投資；即便稅率接近於零，也是如此。

再說，即便產品需求充足，理論及證據也都對於以企業所得稅率作為投資誘因持懷疑態度。原因很簡單，多數投資是以負債支應，企業在意的是這些資金的**稅後**成本。由於所有利息支付可以抵稅，假如他們要支付一〇％利息，但稅率是五〇％，那麼稅後成本僅有五％。實際上，投資的成本是與政府共擔，政府以減稅形式付了一半的帳。**稅率愈高，企業的資金取得成本愈低**。對企業自身而言，這意指稅率愈高，投資便愈多。當然，高稅率也會減少投資報酬率，重要的是兩者之間如何取得平衡。進一步的觀察顯示，稅率對於投資影響不大。

法國若想刺激經濟，應該是要針對於法國境內投資並創造就業機會的企業降稅，對沒有這麼做的企業增稅。[19]

有關歐元區危機的各種討論，幾乎不曾涉及平衡預算乘數。這顯示了一個隱藏的動機：縮減政府規模，減少政府對經濟的干預。當我們進一步檢視撙節方案的細節時，這一個結論更是呼之欲出。

增加收入

撙節方案有兩個增加收入的關鍵方式，分別是**課稅及民營化**。

增加課稅的規畫

一般說來，IMF認為高賦稅是危險的。他們擔心會產生抑制作用，降低工作及儲蓄的動機。可是對於希臘，三巨頭卻堅持採行極高的增值稅，即便是對低所得階層。例如，他們堅持（而且確保）對大部分商品及服務課徵二三％營業稅，加上低所得水平都是二二％左右的所得稅，有效稅率逼近四〇％。

近年來，希臘歷任政府全都體認到提高稅收的重要性，但錯誤的賦稅政策只會加速經濟的毀滅。在金融體系並未有效運作的經濟體裡，中小企業無法取得貸款，三巨頭卻要求希臘公司（包括小型的家庭自營生意）於年初提前支付所有稅款；他們根本還沒賺到任何錢，甚至不知道他們的所得會是多少。

這項要求是為了減少逃稅，但在希臘的情況下，這會摧毀小型企業。三巨頭一直在談具有建設性的供給面效果的架構改革，但是單單這項措施就可能產生比所有改革加起來還要強烈的反效果。這般苛刻的措施只會導致更多逃稅，這似乎又與三巨頭方案的另一項要旨相衝突。[20]

這項新的賦稅要求也與希臘遭遇的另一項要求衝突：即要求免除外國投資者在希臘所得的扣繳稅額。這種扣繳稅額在加拿大等國家是良好賦稅制度的一項特色，且是稅收的關鍵。看來確保外國投資者繳稅，比起要希臘人繳稅更不重要。而據說最大一個不必繳稅的對象，就是二〇一三年以前管理雅典機場的德國公司：根據一些人的說法，這間公司積欠了數億歐元的稅款。[21]顯然如果我們認定希臘政府不擅課稅，不負責任的外國投資者就會試著把錢搬離該國而不繳稅。實質占有者在訴訟中十之八九會占上風，而在此案例裡，可能是百分之百占上風。於是，政府很難填補這樣的缺損。[22]

經濟學家對於好的稅制的核心要件有個廣泛的共識：一個良好的稅制不應該過度「扭曲」經濟。這就是為何有必要對土地及自然資源課稅，因為無論施加何種稅項，土地數量都不會改變。廣義地說，良好的稅制是針對影響需求或供給有限的項目課稅。隨著不平等的現象增加，良好的稅制必須格外留意由誰承擔稅賦，應當是偏於富人而非窮人。最後，目標準確的賦稅能夠協助經濟重整，例如藉此推廣再生能源，或是藉此抑制汙染行為。

三巨頭的課稅要求，比如希臘的例子，破壞了這些原則。旅遊業是另一個例子，顯示出三巨頭的課稅要求產生反效果。尤其是在希臘競爭的利基上，遊客總是貨比三家不吃虧。希臘政府擔憂提高營業稅對旅遊業造成的衝擊，特別是該國各座小島面臨了極高的運輸成本。高稅額會降低人們對希臘旅遊的需求，同時傷害就業、GDP及希臘的經常帳，稅收實際上可能減少。不過對這些，三巨頭充耳不聞。

希臘在**納稅依從度**上碰到的問題與各地小型企業面臨的問題大同小異，在現金交易的經濟體內尤其是如此。然而，三巨頭的政策實際上是在鼓勵那些企業在政府財務告急之際，把錢搬離該國銀行。[23]

三巨頭也以其他方式破壞了稅收：當賦稅由外人施加，而且稅率高得離譜時（例如免除外國移轉支付的扣繳稅額、要求小型企業在年頭先繳稅等等），人民的憤懣逐漸累積，信任及服從的意願也逐漸被侵蝕。賦稅不再被視為是民主共識，而是來自外國的強制徵收，來自那些不願意支付欠稅的虛偽外國人。[24]然後，稅務員的人數、薪資及工作保障遭到刪減，勢必也讓這些稅收人員垂頭喪志。

有其他與良好稅制的基本前提更為一致的稅收方式。財產稅就是一個好的選項，也是稅收方案的關鍵，但三巨頭連這一項都沒做好。一國境內無法移動的資產就是土地。土地不僅無法移動，供給還不具彈性。土地的數量不會因為增加課稅而減少。長久以來對於土地稅的支持聲浪都相當強烈。[25]

在三巨頭的方案下，希臘採取一項新的財產稅，但由於許多希臘民眾僅靠微薄財產而免於赤貧，這項賦稅激起了深深的不滿。針對沒有收入來源的失業民眾嚴格課稅，等於讓失業者又損失了重要資產。應當實施的是**累進財產稅制**，針對**大型**財產持有者課稅才對。

三巨頭早該體認到這個問題，那就是**國有**財產登錄制度的不足。不過這個缺陷很容易彌補。可以要求個人申報全部財產，說明比如房間數量、是否擁有泳池及其造價。包括衛星影像在內的現代科技，至少可以驗證部分申報是否真確。財產持有者若未確實通報，可能會失去財產。還可以針對大型房屋及泳池課徵特別稅。可以授權政府以申報價值的例如一二五%收購財產，為誠實申報提供誘因。這項法律亦可要求申報全部財產的受益人。

思慮周全的賦稅政策可以修正市場失靈，創造出稅收與經濟效率的雙重利益。今日全球面臨的市場失靈，最重要的或許是氣候變遷的問題。我們沒有為碳排放制定價格。希臘擁有豐富的潛在再生能源，無論是太陽能或風力。除此之外，發展這些產業能夠降低石油消費。煉油是希臘的產業之一，如果國內減少消費，就有更多石油能夠出口。所以說，針對非再生能源課徵高額稅款，能夠為希臘創造稅收，同時增進國際收支平衡。[26]

我們一再看到歐元區的問題之一，在於排除了調整名目匯率的權力。但即便缺乏這種權力，依然**能夠**實施賦稅政策。希臘製造的產品相對較少，所以針對高價房車這種進口的奢侈品課徵累進稅率的消費稅，能夠增加可觀稅收，也能大幅修正貿易赤字。

民營化

還有一項提高收入的方式，即出售國有資產，例如民營化。當然，這樣的做法不一定對政府的資產負債表有所助益。

先前我們強調不能只關注一國的負債，還要看一國的資產負債表，留意負債與資產的關連。三巨頭及歐元區大體上並不這麼做。以民營化為例，他們常常只看現金流量，而未顧及長期影響。當一國賤賣其資產，除了「淨值」降低，長期影響在於少了能夠產生報酬的資產，而讓政府收入跟著減少，或者因為政府出售手中大樓而必須租用辦公空間，反而讓成本增加。[27]

民營化的最佳情況是政府無力管理資產，而且出現許多能夠促進管理效率的競爭者。最差的情況則是將政府資產售予獨占企業，他們利用市場力量（讓價格高於生產成本的力量）剝削消費者，造成消費者及其他企業在有效率的獨占企業下，比在無效率的政府經營下過得還要悲慘。

再者，民營化會引起一種不健康的政治互動。獨占者運用獲利買得政治影響力，以此擴張並增加市場力量。除了競爭減少與經濟體整體效率降低，民營化還導致賄賂。（在歐洲，賄賂更有可能以政治獻金的形式出現，而非送上塞滿現金的紙袋，但終歸是賄賂。）[28]

一旦民營化導致外國所有權，便會產生進一步的問題。首先，影響外國企業獲利能力的稅制及法規架構若有更動，企業母國的政府可能會施加龐大的政治壓力。原本是內政問題，這會兒變成了國際事務。當資產的所有人或其政府對他國施加政治干預，一如三巨頭對待危機國家那樣，本國人民的利益可能會受損。跨境流動的扣繳稅率規定就是明顯範例。[29]

更有甚者，獲利自一國流出甚至會對該國的資產負債表造成負面影響。尤其是若發生賤賣國產的情況，外國企業將利潤匯回母國將帶來長期資本流出，抵銷短期流入所帶來的利益。

有一種民營化因為情況特殊而格外棘手，就是當購買政府資產的企業部分或全部由外國政府持有時。我們必須要問，假如購買者是公部門，憑什麼說這是**民營化**呢？我們很難說某個政府**一定**比較不具效率，所以應該把資產出售給另一個政府。

以希臘為例，民營化問題已經浮現。無論是過往或研擬中的民營化，有些是售予德國政府（次國家層級）部分持有的企業。先前提到有間德國公司直到二〇一三年以前仍然握有雅典機場大部分的管理權。至於研擬中的地方機場民營化，則是打算交予以德國公部門為主要經營夥伴的公司；德國黑森（Hesse）邦是該公司的最大股東，擁有三四%的股權。

希臘方案中的地區機場民營化案例，出現這種觀感不佳的問題不只一件，也就是民營化的合夥人是寡頭。這很不尋常，因為希臘方案提及的主要架構改革之一，就是削弱寡頭的勢力。[30]三巨頭面臨的利益衝突很明顯。同樣明顯的是這些利益衝突以及因此而生的公關糾紛，都沒有得到妥善處理。這些失足之舉破壞了三巨頭各方案應該展現的信心，不僅是希臘方案，還包括所有危機國家的解決方案。同時它們引爆了一個麻煩的問題：這些方案到底顧到了誰的利益？

削減支出

提高收入之後，恢復財政平衡的第二步在於削減支出。我們先前提過，愛爾蘭及西班牙經由**一般性**支出增加的負債，不及對銀行紓困增加的負債。這兩國的例子非常重要，本章的下一節會專門討論。

就像增加賦稅的政策一般，三巨頭在危機國家施行的支出刪減方案也是規畫不善。以減稅來說，他們應該關注對GDP及社會福祉造成最少負面衝擊的賦稅。一般民眾仰賴學校、公共醫療照護、社福計畫等公共支出，富人反而可以照顧好他們自己。（當然，任何國家及方案都有效率不彰的情形，只是三巨頭的方案把這樣的無效率發揮到極致。）而且，如果有足夠的政治意志，三巨頭絕對可以找到其他明顯可見的削減選項。

在二十一世紀，歐洲核心地區內的軍事衝突已經相當罕見。這或許與歐盟本身沒什麼關係，而是和聯合國及各國對戰爭態度的轉變有關，也和北約組織（NATO）有關。無論如何，多數國家的國防態勢不太會因為國防支出大幅刪減而受影響。一旦遭受任何實質攻擊，他們都得仰賴北約組織的保護。[31]

另外還有一系列金額龐大的無效率補貼（有些隱藏在稅法裡頭），通常是給有錢的企業團體。刪除這些補貼能夠帶來更具效率的經濟體及更平等的社會。例如，大多數國家（包括危機國家）都有可觀金額的能源補貼，尤其是對化石燃料的補貼。

諷刺的是，歐盟絕大部分的支出（超過歐盟預算四〇％）是用於扭曲的農業補貼。這些補貼大多不是補到小農，而是補到大型農企業。

退休金

在希臘的案例中，三巨頭認為該國的退休金支出過高，因而致力於刪減公部門的退休俸。部分希臘人的退休金確實如此，但其他的人則是連應付基本生存都不足。當月退俸低於六六五歐元這一貧窮線，根本就無法有尊嚴地退休；但有四五％的希臘退休者面臨這樣的問題。[32]

的確，二〇一三年處於貧窮風險的希臘年長者比例約一五％，比歐元區平均還要高。二〇一二年初，早在幾乎導致希臘脫歐（Grexit）★的二〇一五年歐盟方案的要求之前，希臘六十五歲以上的人均支出其實比德國和大多數歐元區國家還要低。[33]不過退休金被合理地視為是某種遞延報酬：一

★譯按：即 Greek 和 exit 的合寫。英國退出歐元區也有 Brexit 寫法。

個人努力工作會以兩種方式獲得報酬，一是今日的工資，一是未來的退休金。退休金是工作契約的一部分。

無論是在二〇一五年夏日希臘危機的之前或之後，德國人都主張凡事照著契約走，希臘的債務不應重整，儘管重整的**必要性**非常明顯。但不知為何，這種尊重契約的信念並沒有擴大到退休金。承諾該給的退休金沒有全部支付，實際上就是毀約。[34]更糟的是，刪減退休金影響的是最脆弱的社會成員。這與債務契約恰成對比，因為債務契約的放款人很懂得財經知識，深知違約的風險。

今日世界各國都因為工資盜竊（wage theft）而提心吊膽：勞工在完成工作後，雇主沒有依承諾支付報酬。勞工當然無法取回他的時間和努力，工資盜竊因而被視為罪大惡極。而減少承諾過的退休金，**就是一種**工資盜竊，只不過形式不同罷了。[35]

希臘最高行政法院國務委員會（Council of State）認定，刪減退休金的提議違法。[36]對三巨頭來說，違反這些個人基本權利似乎讓他們不好過。他們的回應是轉而要求其他改革，希望能夠「彌補憲法法院判決對財政的影響」。[37]

當然，未來的退休金與過往的承諾並不相同。這種退休金應當被視為合理待遇的一部分，以此吸引有才之人執行公部門的重要業務。然而，三巨頭還是沒有這麼想。倘若那些公務員沒有獲得合理待遇，公部門無法達成必要任務，人民認為他們的納稅錢白繳了，**納稅依從度**便會降低。另一個惡性循環於焉展開，而三巨頭明顯是繫鈴人，而非解鈴人。

拯救銀行

金融部門在經濟大衰退裡處於風暴中心，在歐元危機中也是如此。我們看到房市信用過度供應助長了房產泡沫，將西班牙給擊潰了。泡沫破滅後，不意外地許多放款人無法獲得利息償付，脆弱的銀行也縮減放款。經濟成長的重要引擎房地產投資停擺了，加上放款緊縮，衰退如影隨形。政府怎麼做？他們反而試著扶持銀行，在經濟陷入衰退時降低稅收並增加社福支出，從而陷入財政危境。

歐元區的建構前提在於每個國家的政府都要為其境內銀行負責。想想西班牙的例子，當該國銀行體質變弱，他們得要支付高利息。銀行面臨了危機，他們甚至無法貸款；存款人可能會擠兌；高利息可能讓銀行倒閉。我們在第五章提過，銀行與政府關係密切。銀行存款人對於隨時可以提領存款充滿信心，就是因為有政府在背後支持。政府財政處境脆弱，也削弱了銀行的信心。這同時意指政府只能以高利息取得貸款，而許多投資人根本不願意放款給政府。為了避免政府債券利率進一步飆升，西國銀行得要購入並持有大量政府公債。政府公債價格降低，意味著西國銀行的資產負債表愈惡化。

對局外人來說，這明顯是一場自力救濟。銀行借錢給政府（一般是透過購買政府債券），而政府向銀行保證，准許他們以較低利率從市場上獲得資金（只要政府的保證夠力）。這樣他們就能把一些錢借給政府。

從許多方面來看，歐元區對西班牙（以及其他危機國家）的政策都可預見這樣的自力救濟。銀行購買政府債券（沒有其他人願意這麼做），而放款給政府能夠協助政府為銀行紓困，政府放款給銀行則能夠協助銀行為政府紓困。[38]

歐元區提出各種協助西國銀行的措施，最終還是由西國政府承擔風險。假如西國政府能夠承擔下行風險，他們早就能夠靠自己拯救國內銀行了。正是因為政府、銀行互相牽連，才有必要靠外界救援。而不意外地，這些措施至多只有一時的效果。

一場「信心」遊戲？

最終讓歐盟恢復穩定（而非穩健成長）的是二〇一二年德拉吉的承諾。他承諾不計一切代價撐起歐洲主權（政府）債券市場。主權債券利差（希臘、西班牙等危機國家與德國相較必須支付的較高利息）縮減了。即便是希臘，利差也從二〇一二年二月的二七・三個百分點，降到該年年底的一二・〇個百分點。義大利、葡萄牙及西班牙等國儘管從未經歷希臘那般的降幅，利差也分別降至三・二、六・〇及四・〇個百分點。[39]債券價值提高改善了銀行的資產負債表。這場信心遊戲看似不費吹灰之力，倒也暫時奏效。當然，我們先前提過，沒有人知道當邊陲國家面臨債券信用突然滑落而需要歐洲央行救火時，歐洲央行是否真的能夠且願意「不計一切代價」前來解救。[40]

要是希臘等成員國離開了歐元區，人們對於歐洲央行的信心勢必大大受損，而這正是因為歐洲央行從來沒有不計一切代價。在二〇一五年夏天的希臘危機中，歐洲央行展現堅定立場，除非希臘政府對三巨頭的要求低頭，否則一切免談。隨著談判觸礁，歐洲央行居然不再提供貸款，迫使希臘銀行關閉達三個禮拜。這根本不能說是不計一切代價幫忙，比較像是印證了第六章所討論的歐洲央行的**政治**角色。

假如歐元區有一個或更多成員國退出，歐元在各成員國之間不再具有約束力，不再是一個**不可違背**的承諾，這個共識會讓德拉吉的信心戲碼不再奏效。債券殖利率可能衝高，歐洲央行及歐盟領導人們再怎麼心戰喊話，都無法把利率拉低。

即便歐洲央行樂意**不計一切代價**付出，在缺乏大規模債務重整的情況下，他們能否反敗為勝仍不確定。當市場缺乏信心，IMF時常介入以提供資金流動性。大多數案例顯示，IMF無法讓經濟恢復穩健。有兩個原因。第一，IMF是先受償債權人（senior creditor），也就是說他們會比其他單位還要早獲得還款。因此IMF的借款讓其他債權人的風險變糟，使他們收到還款的順序往後退。IMF的「拯救」因而讓這些債券更加具有風險。[41]第二，IMF提供資金時一般會附帶一長串「條件」，就和三巨頭對待其他成員國一樣。這些條件通常設定得並不周延，無論是總體經濟（財政）條件還是結構條件。例如在希臘，這種條件差一點造成更嚴重的經濟低迷。當然，隨著經濟前景日趨黯淡，本來就沒有理由相信市場信心會恢復。[42]

紓困與債務重整：到底誰受益？

危機的初兆是希臘為政府債券（有時稱主權債券）支付高額利息。接著是希臘被拒於市場之外，沒有人願意購買希臘政府嘗試發行的新債券。

歐元區領導人理解到必須出手干預，因為希臘如果無法償債，麻煩將自希臘蔓延至其他歐洲國家。德國及法國銀行持有許多希臘債券。歐元區的立即回應是提供貸款，而與其說這是在幫助希臘，不如說是在幫助他們自己國內的銀行。但是貸款利率該是多少？為了向德國納稅人證明他們不是在資助希臘，三巨頭要求高利率，高到從一開始就很清楚希臘的償還能力極低。假如他們選擇較低利率，情況可能不是這樣。危機爆發時，希臘的負債約為GDP的一〇九％，比美國二戰尾聲時的負債（一一八％）還要低，也比日本此刻的負債（二四六％）及英國二戰尾聲時的負債（達二五〇％）低上許多。[43]如果要讓經濟有所「成長」，增加GDP並讓利率保持低點，可以大幅拉低負債占GDP的比例，美英兩國過去都有明證。然而，如果施加嚴苛條件並調高利率，經濟便會停滯不前，負債占GDP比就會增加。

德國（以及其他國家）部分人士宣稱，高利率是抑制道德風險的必要條件，也就是說可以抑制政府浪擲經費後再向歐盟求助的風險。然而，沒有政府願意讓自己經歷希臘那樣的痛苦。再怎麼說，不管先前的放款發生了什麼錯誤，處罰今日的希臘也無法修正昨日的錯誤。

真正的道德風險問題起於銀行，他們有誘因去誘使國家過度貸款，他們深知支出增加可以讓現任官員受益，負責埋單的是未來的政治人物。對銀行一再紓困激勵了這種行為。墨西哥、拉丁美洲及東亞紓困，各個都是以國家為名，卻是在為輕率放款的歐洲及美國銀行紓困。

當然，這些紓困不僅扭曲了誘因，還相當昂貴。事實上，它們只不過是對金融部門的諸多補貼形式之一，尤其是對大型銀行。[44]它們有時候隱藏在銀行付給資金提供者的較低利息裡，因為他們預期紓困會到來。倘若政府不只為破產銀行紓困，還接收這些銀行的股份，如此一來當銀行復原，國家的財政地位會穩健許多，銀行也會對放款更加謹慎。[45]

根據史實，在希臘及其他歐洲國家的紓困案裡，德國及三巨頭鮮少強調銀行的道德風險。的確，我們在愛爾蘭的例子裡看到歐洲央行（祕密地）要求愛爾蘭政府為其銀行紓困。無論原因為何，德國對希臘要求的高利率超出德國的貸款利率許多。這對於歐洲團結的任何表述都是一種打擊。如果一國能夠且樂意在鄰國有需要時向其牟取利益，這算哪門子的團結？[46]

隨著希臘無法償債的態勢日趨明顯，有必要再舉新債。這些新債的條件更加嚴苛。借予希臘的全部款項裡，到希臘民眾手中的金額還不到十分之一，其餘全都拿去償還債權人，包括德國及法國銀行。[47]德國及其他歐洲國家政府為國內銀行紓困或許是一件好事（是否為一個好政策則另當別論）。但希臘人大可理直氣壯地問，為何要背著他們做這麼多事？

重新開始：除了造成蕭條的撙節，還有其他辦法

債務重整是資本主義的必要部分。一國（或企業、家庭）如果在償債上面臨暫時困難[48]，以短期貸款協助其度過難關是合理的。不過如果是長期問題，債務就必須沖銷。個體需要重新開始。一般說來，國家有破產法規容許個人或經濟體重新開始。同樣的原則也適用於國家。然而，並沒有處理債務重整的國際法規。先前我們提過，聯合國內目前有創設此一法律框架的提案，建立債務重整原則的相關決議案也在二〇一五年九月獲得壓倒性通過。

債務重整可以促進一國的財政地位，因為政府不必支出鉅額款項用以償債，未移轉到國外的資金可以用來刺激經濟。當然，在各種可能的行動裡，債務重整是債權國政府最不喜歡的一種。當這

些債務是由「官方」團體欠下時，情況更是如此。[49]

即便是從債權人的角度來看，嚴苛的撙節（以及三巨頭方案的其他面向）也沒什麼道理。那就像十九世紀的債務人監獄，受監禁的債務人無法賺取收入償債。希臘日趨嚴重的蕭條，讓他們愈來愈不可能償還欠款。債務重整不是萬靈丹，無法解決一國的所有問題，但是沒有債務重整，沒有沖銷積欠債務，負債累累的國家**無法**恢復穩健。以希臘為例，IMF體認到有必要進行債務重整。然而，即便有了債務重整，除非此刻施行的嚴厲撙節措施有所寬貸，否則希臘的前景依舊黯淡。

我們不該對私部門債權人太過同情。就其放款利率遠高於安全利率（例如美國國庫券的利率）來說，他們已經獲得高風險帶來的充分補償。[50]如果他們沒有獲得充分補償，反映的是對於債權人缺乏實質審查，或是過度的樂觀。[51]當然，債權國政府不喜歡向其人民承認，政府或國內銀行必須承受損失。他們有強烈動機假裝債務人僅是暫時陷入麻煩，並且延長償債時間以免「認賠」。然而，這種把戲的代價通常十分高昂，對欠債國來說尤其如此。希臘的情況就是這樣。

德國始終堅持不會重整希臘債務，只會有另一回的**假裝**和**延長**。假裝和延長的問題在於沒有提供恢復成長的框架，只譴責債務國陷入看不到盡頭的悲慘處境，完全沒有重新開始。德國拒絕重整，更讓希臘陷入絕境，因為他們必須同意明知不會也無法生效的方案。三巨頭的方案毫不一致，德國人說絕不可以沖銷債務，同時又說IMF必須參與其中。然而，IMF不能參與債務水平難以維持的方案，而IMF**已經**認定希臘的債務難以維持。[52]

希臘能否靠自身的重整續往前行？

有人主張如果德國不同意，希臘就應該靠自己展開債務重整過程，畢竟連IMF都說債務重整勢在必行。無論目前的方案是否順利實行，都會導致難以維持的債務水平。希臘人或許可以仿效阿根廷，透過交易將目前的債券轉換成GDP連動債券，這樣付息會隨著希臘的繁榮增加。這種債券對債務人及債權人都是一種激勵。[53]

在先前的章節裡，我們看到阿根廷重整並沖銷債務後迅速成長。從危機時期到二〇〇八年全球金融危機時，阿根廷成為中國以外成長最快的國家。當然，希臘和阿根廷是不同的經濟體。阿根廷從債務重整及貶值中獲益。希臘若只有債務重整，足夠嗎？[54]此外，由於商品市場繁榮，阿根廷受益於出口大幅增加。儘管如此，確實有些極為相似之處。兩國都為撙節所縛，而且都在IMF的方案下面臨失業、貧窮增加及龐大痛苦。阿根廷如果繼續採行撙節，結果只會比現在更慘。阿根廷人民起身說不。希臘的處境相似，如果情況持續下去，代表永無止盡的蕭條。

總結意見

本章重點在三巨頭加諸危機國家的方案的總體經濟及金融面向。正是這些面向決定了這些國家的命運。正是總體經濟的撙節措施，導致了可悲的經濟表現。

從某些方面來看，希臘並非典型的危機國家（危機之所以出現，大多肇因於私部門的不當作為，而非公部門的恣意揮霍），但希臘體現了總體經濟最重要面向的失敗。全球金融危機過後，希臘在歐洲各先進經濟體中財政整頓規模最大且最迅速，毫不留情地刪減開支與開拓收入。[55]

二〇一一年夏天，隨著撙節政策敗兆已現，歐盟領導人體認到他們需要的是成長策略。他們承諾會給希臘這樣的策略，但是沒有做到，反而只是重蹈覆轍。對西班牙、希臘及其他危機國家的紓困，看來像是在拯救借錢給這些國家的歐洲銀行，而非讓危機國家恢復穩健。它們看似是在拯救歐元，而非維持危機國家的福利與經濟。

最後，德國提供給鄰國的「協助」乃是出於自利的動機。這不是歐洲團結的表現。當危機於二〇一〇年爆發時，希臘債務的重整或許是最具經濟效益的合理作法，而德國則直接協助自己國內管制失當的銀行。但是對德國政治人物來說，汙衊希臘更容易。他們以「希臘紓困方案」的名義，透過紓困貸款提供德國銀行間接協助，然後再對希臘施加政策條件，看起來像是在強迫希臘償還債務。

最後，對債務國或債權國來說，經濟政策都沒有生效。對歐元區整體來說也是如此。希臘無法償付利息。對於德國的政治險招，希臘人付出了龐大代價。由於歐元危機持續上演，這樣的險招對德國的政治、梅克爾及其政府是否有利，還言之過早。

讓希臘恢復成長本來是一件容易的事，只要徹底重整債務（乾脆地承認現在付不起的，未來也償不了）、基本盈餘到二〇一八年時達到一％，而非歐洲要求的三．五％，以及合理的架構改革，瞄準今日經濟面臨的核心問題（下一章將進一步探討）。

錯誤的方案給希臘及其他國家帶來的短期經濟後果已經非常明顯。成長趨緩及低GDP表現等長期後果則會隨時間一一浮現。最佳例證就是經歷嚴重景氣低迷的國家，經濟從未回彈到得以彌補損失的程度。損失永遠無法彌補。

無論是在希臘或整體歐元區，社會及政治後果無可避免，而且可能非常嚴重。的確，隨著極端政黨增加，某些後果昭然若揭。中間派政黨（中間偏左或偏右）本來甘冒名譽風險支持三巨頭方案，認定歐元能夠成功帶來全體繁榮，而今他們已名譽掃地。在西班牙、希臘及葡萄牙，有超過六成的選民向支持撙節的政黨說不。愛爾蘭政府幾乎要被推翻。儘管危機國家對於這些效應感受最深，但歐元區其他國家也看得到，最明顯者莫過於法國及義大利。歐元區內的諸多失靈，勢必讓更多人對歐洲整合的價值產生懷疑。英國內部支持脫歐的強烈聲浪就是最赤裸的證據。在西班牙及其他地方，分離主義陣營漸占上風，高喊讓長久建立的民族國家分裂，意圖翻轉兩百年來歐洲各國政治整合的潮流。

本章闡述三巨頭的總體經濟政策，下章則會列出三巨頭施加於危機國家的架構改革方案，並解釋這些改革何以失敗，以及原本可有其他更具效益的選擇。

題外話：學術界如何看待撙節

本章描述的撙節方案絕大部分是由政治及政治人物主導，但可以想見，學院內的經濟學家也有他們的意見。

大多數經濟學家都抱持這樣的觀點：撙節從來就行不通。當政府減少需求，產出便下降，除非有其他東西能夠填補空缺。就是這麼簡單。正是因為這樣，我沒有花太多篇幅講解撙節為何從未生效。在此要思索的是撙節信條何以會在某些時候獲得支持（除了那些理論擁護者，以及可能受益於撙節的特殊利益者之外），以及為何ＩＭＦ及三巨頭在預測撙節的效果時一再地錯得離譜。

金融危機過後，三位經濟學家旋即高喊「擴張性緊縮」（expansionary contraction）這個似是而非的觀念。[56]（學術界欣賞這種反直覺分析。）他們主張許多重要例子顯示，當政府緊縮支出，結果會是整體經濟的成長。

說擴張性緊縮可行不啻痴心妄想。一系列研究指出，這些經濟學家的分析有著重大缺陷。[57]過去曾經支持撙節式政策的ＩＭＦ，事實上已經轉變立場。當政府緊縮支出時，經濟也會跟著緊縮。[58]

支持撙節者的一大缺失在於混淆了相關性及因果性。的確有少數國家（具有彈性匯率的小型經濟體）的經濟成長與政府支出的緊縮有關。但在這些例子中，政府緊縮造成的需求缺口被出口填滿了。加拿大在一九九〇年初非常幸運，因為美國正從一九九一年的衰退中復甦，正值迅速擴張時期。加拿大也因為彈性匯率而受益，使他們得以把商品更便宜地賣給美國。這個故事的教訓是，如果你處於衰退而想要復甦，得要慎選**鄰居**。如果他們正面臨經濟繁榮，你可以利用他們重振經濟。

然而，對於二〇〇八年後的歐盟危機國家來說，這樣的「緊縮性擴張」並非選項之一：歐盟整體（每個危機國家的主要貿易夥伴）不是面臨衰退，就是面臨低成長。由於每個危機國家都是歐元區的一分子，根本無法調降匯率。同時由於歐洲央行的錯誤政策，歐元對世界各國的匯率其實非常強勁。在此情況下，撙節一如以往不是造成衰退或蕭條，就是造成經濟成長趨緩。

在少數例子裡，撙節確實與經濟擴張有關。但是這個事實也只代表要是沒有撙節，他們的擴張會更加強勁。在一些案例裡，除了貿易擴張，經濟都低於充分就業狀態。可見撙節使失業情況惡

化，無法降低失業率。

拿以下這個案例相比有所幫助。當雷根當上美國總統時，政府幾乎同時採行兩項政策，即大幅減稅和極為緊縮的貨幣政策，結果使美國經濟陷入嚴重低迷，是經濟大恐慌以來最慘烈的一次。說減稅造成經濟低迷可能是錯的。要是沒有減稅，經濟低迷恐怕會更嚴重。

在二〇〇八年危機之前，實證研究主張政府支出增加並沒有讓GDP增加，這個結論得自經濟達到或接近充分就業的那些年。當經濟處於或接近充分就業，並沒有空間讓GDP成長。因此增加政府支出必然會「排擠」其他形式的支出。但是這樣的分析無法適用在經歷失業狂潮的後危機世界。在本書出版時，歐元區失業率站上一〇．二％。[59]事實上，如果已經有高度失業情況，「乘數」效果會出現。也就是說，減少政府支出會導致GDP**倍減**。[60]

撙節聲援者援引另一股學術潮流，聚焦在舉債支應政府支出的後果。肯尼思．羅格夫（Kenneth Rogoff）及卡門．萊因哈特（Carmen Reinhardt）主張負債占GDP比超過八〇％的國家，經濟成長會比較慢。[61]進一步檢視他們的研究，可以發現有重大的「試算表」及其他技術性錯誤。更嚴重的是，羅格夫及萊因哈特並沒有驗證高負債占比造成低成長是否具有統計上的顯著性，也沒有驗證這種情況是一向如此，還是在某些條件下才成立；如此一來才有助於指出負債增加是否造成顯著差異。再來，還有一個統計問題，他們沒有顯示出因果性。到底是低成長造成赤字及負債（二〇〇八年後就是這樣）；還是如他們所宣稱，是赤字或負債造成低成長？[62]

負債占GDP比本身並沒有透露多少債務可持續性的資訊。這項比率可能也不是衡量一國韌性（承受經濟衝擊的能力）或整體經濟強度的恰當依據。先前我們提過，美國二戰後的負債占GDP比達一二二%。之後數十年該國的戰爭支出不如其他投資能夠為未來的成長扎根，但美國還是經歷了高速成長。貸款以從事生產投資（教育、科技或基礎建設）的國家，能夠提高未來成長的潛能。對大多數國家來說，這些公共投資帶來的報酬遠超過資金成本。因此儘管是由債務支應，這樣的投資還是能夠強化一國的資產負債表，讓該國更有能力承受經濟衝擊。

經濟低迷為何如此嚴重

奧利維爾．布蘭查德（Olivier Blanchard）擔任IMF首席經濟學家時，注意到希臘的經濟低迷已經超出撙節該負的責任。三巨頭的模型對政策效果的預測嚴重失準。由從這一點來看，布蘭查德當然是對的。他還說「正常的」乘數會將政府支出的改變轉譯成GDP的改變，因此預測的GDP減幅會比實際發生的還要小。

然而，當經濟衰退的深度跟著撙節程度上演時，希臘的例子看起來就沒那麼不尋常了。施加於希臘的撙節程度的確比其他國家還要深。在撙節如此嚴重下，經濟低迷也會如眾人預測般嚴重。

標準模型有許多限制[63]，這說明了乘數**規模**的預測為何會失準，以及布蘭查德和其他人為何會對經濟低迷的深度如此訝異。其中最明顯的限制就是標準模型無法仔細分析金融部門，也無法仔細分析政策的分配性後果。

標準模型一般沒有考慮到銀行。這樣的忽略尤其奇怪，因為沒有考慮銀行，就不會考慮央行。倘若是這樣，怎麼會有二〇〇八年的銀行危機呢？標準模型的關注焦點在於貨幣供給，而非借貸。然而，我們在第五章看到，歐元危機及危機處理方式導致貸款供給強烈緊縮，中小企業深受其害。

這樣的「私部門撙節」，使得公部門撙節的影響更加嚴重。

不平等及分配

標準模型也忽略了增加的不平等如何影響總體經濟的表現。的確，一些經濟學家連討論所得分配都充滿敵意。[64]

危機及危機的處理方式，都會對不平等產生負面效果。我們先前提過，在債務危機之前，西班牙的經濟不平等已經下降，危機之後又增加。失業勢必會直接或間接增加不平等，因為工資下降、一般人民仰賴的政府服務又減少。

由於上層階級的支出占其所得比例低於其他民眾，不平等增加會降低總合需求及經濟表現。當貨幣政策如現在這樣無法刺激經濟時，情況更是如此。近幾年來，ＩＭＦ一直在強調不平等如何削弱成長。[65]

ＩＭＦ已經體認到不平等對於經濟表現非常重要，其研究也提出令人信服的證據，認為政府刪減支出會導致嚴重緊縮。但是ＩＭＦ的研究部門沒有辦法完全確定撙節方案的效果，因為他們的模型並未適度考慮到危機國家金融部門的劇烈萎縮，以及不平等的增加。同時，他們高估了出口的成長，低估非貿易財需求減少帶來的衝擊。然而，ＩＭＦ只不過是三巨頭的一員。更糟的是，三巨頭的方案似乎未考慮到結果會如此事與願違。即便事情愈演愈烈，他們都毫無動作。三巨頭似乎不願重新考慮他們的方案，即便累積的證據已經顯示，這些方案的效果一直都不如預期。

〔第八章〕

使失靈加劇的架構改革

三巨頭的方案對危機國家施加**架構改革**，並以之作為提供援助的條件。架構改革是指經濟結構及個別市場（例如勞動市場、金融市場）的改革。只要經濟情況有所改變，各國不時都需要架構改革及轉型。二〇〇八年的金融危機過後，先進國家的金融市場需要**徹底的**架構改革已經是普遍共識。

在危機國家內，三巨頭要求一大堆改革，從瑣碎無用到適得其反的內容都有，可是鮮少關注真正重要的事。最苛刻的改革就施加於希臘；它們出奇地沒有效果，有時甚至帶有破壞性。

有句古諺這麼說：「羅馬大火，尼祿撥琴。」★（Nero fiddling while Rome burned.）希臘身陷蕭條，人民挨餓，情況當然緊急。醫生懂得檢傷之道，在醫院裡要先照看受到死亡脅迫的病人，再處理較不嚴重的事項。然而，三巨頭不僅沒能分出先後次序，許多**應該**列於改革清單上的重要改變，也都付之闕如。

★編按：尼祿為羅馬帝國皇帝，西元五四年至六八年間在位。在位期間羅馬城曾發生大火，尼祿不下令救火卻站在高台拉小提琴且嘲笑人民，因而留下惡名。

怪罪供給面

三巨頭主張危機很大程度是出於架構問題，所以這些問題必須立即處理。然而，架構問題並非一朝一夕。受創國家從危機前接近充分就業到二〇一〇年後大幅失業[1]，沒有任何一種架構的改變能解釋這個問題。我們在第三章提過，一些危機國家在危機前成長得甚至比歐盟整體平均還要快。沒有這些架構改革，一九九五到全球危機發軔的二〇〇七年，希臘的成長率（三・九%）比歐盟成長率（二・六%）還要高。西班牙也是（三・八%）。[2]

三巨頭或許會說，就算架構問題沒有造成危機，改革也有助於經濟體復原。然而，阻止危機國家前進的不是「架構障礙」。我們已經看到問題出在歐元區本身。既然架構問題不會**導致**危機（也不是危機的**起因**），**個別國家內**的架構改革就不能也不會是解藥。

歐元區領導人假裝架構改革會讓危機國家的人民過得更好。[3]這些改革沒有達成目標，此刻已非常清楚。其實當三巨頭強加這些需求於危機國家時，事與願違早就清楚可見。

一些改革藉由降低經常帳赤字（一國必須借貸的數額），再將這些赤字轉換成盈餘，意圖想要增加債權人獲得還款的可能性，因為這麼一來該國就有歐元能夠償債。我們在第四章提過，倘若缺乏彈性匯率，修正經常帳赤字的唯一辦法就是做出**實質匯率**調整，亦即降低該國外銷商品的價格。但如我們所見，一些改革是由歐元區主導國所推動，目的在於促進本國企業利益等原因。諷刺的是，整體改革（架構改革及總體經濟改革結合）的效果適得其反，尤其削弱了希臘經濟，直到難以償債的地步。

三巨頭的架構改革：從瑣碎無用到適得其反

我們提過，架構改革就像是一個超大型的購物袋，裡頭裝了從瑣碎無用到適得其反的各式各樣的內容。

瞄準錯誤對象

部分改革因為協助個別危機國家修正難以維持的貿易赤字而備受肯定。然而，許多改革可不是這樣。為了修正貿易赤字，三巨頭應該把重點擺在「貿易財」，也就是進出口商品，這一點應該很明顯。可是大多時候他們並沒有這麼做，他們甚至沒有關注貿易部門的非貿易投入財。他們的注意力反而集中在非貿易消費財（像是計程車和麵包）。我們可以看到，降低非貿易部門商品的價格，尤其是一些消費財的價格，可能會影響希臘人的生活水平。儘管一旦納入所有效果，包括就業效果，可能也不會這樣。但是降低非貿易的價格對經常帳的影響微乎其微。在某些情況下，「改革」甚至會使貿易赤字更加惡化。[4]

藉著改善**實質**匯率來降低一國出口商品的價格，可以降低該國的貿易赤字。對此有三種方式可以採用：一、降低工資，期望低工資能夠轉換成低價格。二、降低其他投入的成本，尤其是非貿易中間投入（像是電力），可以藉著增加那些部門的競爭力來達成。三、提升貿易財的科技及競爭力。

科技

提升科技很重要，不過通常無法一夕完成，而且三巨頭的政策可能會阻礙這個進程。處於崩潰邊緣的經濟體的企業，想的是如何生存下來，而非在研發上投資。同時在撙節的猛烈攻勢下，政府必須刪減基礎建設、教育、工作訓練、甚至科技等可能增加生產力的投資。所有這些深化了歐元區架構帶來的負面影響。我們在第五章討論過，危機國家不少有才能的年輕人出走，長短期都對這些國家的生產力造成傷害。同時資本也流出，意指這些國家的企業面臨資金成本飆升的壓力，得不到金援將讓促進生產力的投資更難以達成。至於在工業政策（落後國家期望藉此趕上歐元區內的先進夥伴）上的禁制，則讓縮減科技缺口更加困難。

瑣碎無用

說到促進競爭力，三巨頭低調地關注非貿易消費財，而不是貿易財或可能對貿易產生影響的非貿易財。即便如此，他們選擇的焦點也格外奇特。這些看似瑣碎的改革有多少激起三巨頭的美好想像，以及它們究竟怎麼進入「獵殺名單」，從來沒有人說清楚。[5]這裡我會提出一些希臘方案裡頭招惹爭議的改革。[6]

新鮮牛奶

怎麼會有人相信希臘面臨的最嚴重問題，是有關新鮮牛奶的定義。過去希臘在這方面真的是毫無問題。希臘人享受在地生產、即時運送的新鮮牛奶，但荷蘭及其他歐洲牛奶製造商卻想讓他們的牛奶翻山越嶺，看起來和希臘在地製品一樣新鮮，以此增加他們的銷量。二〇一四年，三巨頭強迫希臘在真正新鮮的牛奶上移除「新鮮」的標籤，並延長其保存期限。在這樣的條件下，歐盟其他地區的大規模製造商相信他們可以擊潰希臘的小型業者。理論上，希臘消費者也會因為價格降低而受益。而實際上，新的零售市場絲毫不具競爭力，初期跡象也顯示，低價格大部分沒有轉移到消費者身上。

一條吐司麵包的重量

想想另一個在經濟蕭條期間看起來相當奇怪的爭辯：三巨頭要求希臘變更有關吐司麵包重量的規定。過去吐司麵包只能以特定重量販售，像是〇．五公斤、一公斤、一．五公斤及兩公斤。長久以來許多文獻解釋這樣的標準能夠增加競爭，因為它們有助於比價購物。然而，三巨頭想要商店能夠販賣各種不同重量的吐司麵包。不知怎的，他們將原本的重量規定視為競爭限制。[7]（我從未聽過什麼合理理由可以讓三巨頭有立場干涉這件事。）就算我們無法捍衛希臘之前的法規，三巨頭以這樣的事情脅持整個國家，也荒謬至極。

藥局

排除競爭限制倘若處理得宜，同時宣傳得宜，可能會有效益。但是三巨頭又一次搞砸了。三巨頭的主要控訴與藥妝店（藥局）的限制有關。希臘要求藥局所有人必須是藥師，而且不允許在藥局以外地方販售成藥。三巨頭宣稱希臘的法規導致藥品價格居高不下。三巨頭為何如此擔心這件事，叫人摸不著頭緒。明明還有很多問題比這個更嚴重。據說藥妝店改革原本是要藉由增加競爭讓藥品價格降低，為消費者謀益。不過三巨頭為何突然關心起希臘的尋常百姓？他們不是推行政策讓實質所得下降四分之一，迫使赤貧者露宿街頭嗎？突如其來如此關心一般希臘人民，與三巨頭在其他方面的所作所為完全不搭調。降低成藥價格對希臘的國際收支也毫無作用。

對於三巨頭動機的質疑，或許讓改革更添抗拒。一般希臘人都知道多數藥妝店是家庭經營，由住家附近的住戶持有。他們省吃儉用，而非依靠壟斷定價過著優渥生活。希臘人看到一大堆藥局存在各地，這就是競爭的證據；所以對於欠缺競爭的指控，他們滿腹疑惑。許多希臘人與住家附近的藥局同仇敵愾，樂意支付稍高價格，甚至願意支持允許高價的法規。他們可能早就了解，允許其他地方販售成藥會使利潤降低，而經營藥局的獲利降低，可能導致藥局減少，甚至造成處方藥價格提高，讓他們在有需要時更難取得藥品。[8]

有這樣想法的人似乎看出三巨頭別有用意。就和新鮮牛奶的案例一樣，他們想要將希臘市場開放給跨國連鎖企業，並且強化能夠販售這些商品的現有（連鎖）店家，讓他們可以提供更低價格。只是這麼做也會摧毀數千希臘人的生計。

三巨頭好整以暇地向希臘人民保證，藥局改革背後的真正意圖只是為了幫消費者降低價格。這個目標沒能說服多數希臘人，顯示人們對三巨頭的動機普遍不信任，連姑且相信一下都不願意。[9]

造成不信任的還有一個事實，就是希臘許多法規（像是打烊時間）其實和歐盟其他地方類似，**包括德國**，三巨頭卻強烈要求希臘修改。德國財長蕭伯勒面對這個質問時，回應說希臘基本上處境艱險，無法負擔這些不便，但德國可以。只是他從未解釋增加多少交易時間會縮小貿易赤字，甚至提高GDP。這些法規影響的是非貿易部門，與出口毫無瓜葛。沒有在星期天花錢，也可以在其他天花錢。並無證據指出這些限制對國民儲蓄率有任何影響。[10]

另有一項事實，讓希臘民眾更加懷疑三巨頭別有用心，那就是他們並沒有持續這項改革，讓藥品價格進一步降低：總理巴本德里歐倡議的數位政府藥價新制（增加市場透明度以讓藥價降低），在他被趕下台後便告中斷。

削弱的勞動力

增加競爭力除了透過提升生產力來達成，還有降低工資這個選項。我懷疑當許多人因為危機國家失業率增加而倍感恐慌時，三巨頭在私底下想著要採用這個手段，好讓歐元順利運作這項長期目標能夠達成。我們在第四章提過，高失業率會造成低工資，低工資則會造成低價格，這種「內部貶值」過程**最終**能讓經常帳恢復均衡，並讓經濟恢復充分就業。這是用極為昂貴的成本來完成用彈性匯率就能辦到的事。

市場經歷了三巨頭的政策而造就了高失業，帶來勞動成本的巨幅下降（以希臘為例，降幅約二〇%）。對此三巨頭仍不滿意，他們要求改革勞動制度。委婉地說，這是要創造更具彈性的勞動市場。但實際上，這些改革會削弱勞工的協商能力，進一步降低工資，增加資方利潤。三巨頭甚至動搖了集體協商的承諾，這項基本權利幾乎是普世的核心勞動標準。

歐盟當權者用來掩飾要求的語言時常晦澀難解，不過動搖集體協商權的意圖明顯到二〇一一年巴本德里歐的一位忠實追隨者、既聰明又有熱誠的經濟學家選擇辭官，而非加入拒絕這項基本勞工權的一分子。

以下是三巨頭要求齊普拉斯政府不情願地同意的內容，括弧裡是希臘前財長瓦魯費克斯的解讀。希臘政府同意：

進行嚴格的檢討及現代化，包括集體協商權（例如，確保沒有任何集體協商權獲得認可）及產業行動（例如，務必要禁止）。同時，依循時程表及各機關同意（例如，三巨頭說了算）的方式，與歐盟的相關指導、最佳實踐範例、大量解雇（例如，雇主可以在衝動下這麼做）保持一致。基於這些檢討，勞動市場政策應該要與國際及歐盟最佳實踐範例一致，並且不該讓與促進永續及包容性成長不相符的政策回歸（例如，不該有任何機制讓受薪勞工可從雇主那裡掙得更佳的工作條件）。[11]

隨著三巨頭持續對希臘提出這些「勞動市場」的改革要求，一個奇怪的現象發生了：到了二〇一五年，經常帳赤字大幅消除了。確實，根據歐洲央行的資料顯示，希臘的競爭力高於歐盟平均之上。任何進一步的刪減似乎已經過於苛刻，甚至適得其反，我們會簡短地解釋這點。可以確定的是，這些刪減會導致GDP進一步減少。

三巨頭政策彰顯出以下通則：一、遊戲規則（工會能夠協商的條件）很重要，可以說重要至極。二、誰制定遊戲規則也很重要，而且重要至極。假如由各國財政部長制定勞動法，而非由勞動部長制定規則，最後會有不同的勞動法。但不該讓財政部來制定勞動法。我們的民主制度是為了確保社會不只看重金融市場的利益及觀點，也幸好是這樣。再說，沒有國家想讓其他國家的國會為自己的勞動法起草，更別說讓其他國家的財政部胡作非為了。

我們看到，危機國家的政府總是屈服於這些要求。但是他們這麼做實際上是有一把槍抵在頭上。他們太過懼怕不遵照辦理的後果，於是**不得不**低頭。

適得其反的改革

三巨頭以改革有助於經濟成長為由推銷改革，希臘則強烈顯示出改革效果適得其反。包括先前討論到的改革在內，一些架構改革效果糟糕至極。在地企業遭到歐洲大型跨國企業取代；「改革」增加了跨國企業的利潤，降低國內人士的所得。儘管消費者仍然受惠於低價格，卻產生另一個負面效果。利潤從國內轉到國外，代表在非貿易財上的支出減少了，這也在國民所得及就業上產生乘數效果。也就是說，危機國家所得降低的幅度，是移轉到國外的實質利潤的**好幾倍**。[12]擁有工作的消費者些微受惠於低價格，但稅收若一如預期隨著GDP下降，他們便會因為政府服務及社會保障制度縮減而生活大不如前。[13]總的來看，多數人過得更不理想，尤其是社會底層的民眾。一些人更是慘不忍睹。當然那些失業者承受巨大的雙重苦痛；他們既失去工作，又面臨公共服務的減少。

總言之，三巨頭要求的許多架構改革，**即便只看經常帳**都有負面效果。如果希臘人開始購買荷蘭的牛乳，進口因此增加，貿易平衡便會惡化。其他許多所謂的架構改革，也都是類似情況。[14]

每個危機國家都可以找到讓經濟更加穩健的改革方式，無論是短期或長期的改革。

重要的改革

工業政策

大多數先進國家都需要經歷經濟結構轉型，從過去的主導部門（大部分是製造業）轉移到主宰二十一世紀的部門。由於製造業的生產力的增加速度高於需求，全球製造業的就業機會將會減少。同時由於全球化的影響，全球製造業就業裡（包括歐洲）的先進國家占比會逐漸減少。德國等國如果設法讓貨幣被低估，也許暫時能夠維持某種利基。德國受益於與歐元區的「弱」國相連結，因為這樣做的淨效果是歐元比起以往德國馬克的表現還要疲弱。然而，大多數先進國家都必須重新架構經濟，遠離製造業部門而朝向新部門，比如更具動能的服務業部門。即使那些在製造業內持續有顯著經營活動的業者，也都得重新架構，從低技術轉型到高技術製造。

市場並不擅長靠自己完成重構。十九世紀末到二十世紀初，自農業到工業的轉移，往往是一段痛苦的過程。[15]身處舊部門的業者眼見他們的所得及財富日益蒸發，卻難以進入資本市場，無法做出必要投資，從老舊的經濟模式轉移至新的經濟模式。經濟從製造業移往服務業時也幾乎是這樣，尤其是朝創新及知識經濟邁進。要創造出一個學習經濟並不容易，政府必須扮演核心角色。[16]美國知識經濟的核心，是第一流的高等教育機構，其中許多早在一百多年前便已設立，一些甚至成立於數百年前。許多偉大成就的達成，得之於二戰前後歐洲遷入的人民，以及戰時和戰後政府對研究的鼎力相助。另外，也得力於數十年前創立的矽谷文化及「生態」（創投公司及大學校園與企業密切連結）。

若無政府的協力，落後國家依然落後。[17]第五章曾經簡短討論一系列稱為工業政策的政府政策，它們經證實能夠有效推動經濟重構。以美國從農業移向工業或製造業為例，戰時所做的努力**就是**工業政策。它們促使民眾離開農村前往前線作戰，並且到都會區製造戰爭裝備。戰爭過後，政府提供免費高等教育給打仗者（幾乎是每位年輕人），確保他們具有「新經濟」所需的技術。在最後四分之一世紀，美國政府再次扮演核心角色，大力投資於科技。[18]不過如我們在第五章所見，這種在世界各地成效顯著的工業政策[19]，在歐元區內卻遭大力阻擋。三巨頭施加的撙節措施，使得對架構轉型有所助益的公共支出被迫縮減。

促進平等

市場本身時常製造出過高的不平等水準（level of inequality），這樣的水準是（或應該是）社會所不允許，實際上也破壞了經濟表現。有時候這是因為政府在世代利益的交替上做得太少。[20]有時候是因為政府在平衡政治及經濟權力上做得太少。這些權力因而能夠長存不滅。經濟不平等導致政治不平等，從而導致撰寫市場經濟規則時，採用使經濟不平等擴大且陷入永久惡性循環的方式。[21]一些危機國家從長久的法西斯社會中起身，不平等水準相當高，因而需要政府共同努力創造更具包容性的社會。

但是三巨頭的許多政策導致更多的不平等，以及更少包容的經濟體。[22]在危機之前，西班牙是降低工資不平等的成功案例之一。危機開始後，西班牙的不平等及貧窮現象持續增長，其他危機國家的表現也是如此。[23]

在希臘，三巨頭強調「財政調整的責任由整個社會公平分擔，並且保障最弱勢者」。同時，「所得及退休金最低者，以及需要家庭扶助的最脆弱者，都會受到保障，並且因為調整政策的負面衝擊而獲得補償。」[24]然而，如我們所見，自從採納對於恢復成長頗具信心的方案後，幸福指數便往下沉淪。截至二〇一四年底，約有三六％希臘民眾「處於貧窮或社會排除的風險中」，比例屬歐元區內最高，也比貨幣聯盟的平均值高出十個百分點左右。低於貧窮線（中位數所得的五〇％）的希臘民眾，比例也從二〇〇九年的一二．二％提高到二〇一四年的一五．八％。要是你記得中位數所得也大幅降低了，這件事聽起來就非常誇張。貧窮率的增加顯示出三巨頭方案的重擔大多落在底層人民身上。[25]

然而，三巨頭不僅沒有幫助這些底層民眾，更沒有阻止財富及所得集中在上層階級。我們有其他的政策選擇，能夠更公平地分配調整重擔，讓貧窮的增加較為緩和。[26]

權力重整

在希臘及其他地方，三巨頭早該將焦點放在經濟及政治權力的**集中**現象，以及經濟租的來源。是它們造成了如此多的不平等。[27]這些重要改革能夠約束希臘寡頭，可是大多不在他們的議程中。要求巴本德里歐政府撤回透明決策及數位政府的倡議不斷被提出，但三巨頭卻默不作聲。這些倡議能夠大幅降低藥品價格、遏止裙帶關係，並且約束銀行放款給自身或友人持有的媒體。正是這些錢扭曲了政治過程。

三巨頭也可以推行針對寡頭的累進制財產稅，而非堅持實施非累進稅制。對於已經承受極大痛苦的民眾來說，這項作為造成了更多傷害，我在上一章已討論過。

如此全面的累進制財產稅，當然會遭到握有大量希臘財富的寡頭抵制。正因如此，三巨頭才應該積極參與這種議題。但是當我們審視三巨頭方案的細節時，時常讓人疑惑他們到底站在哪一邊。他們選擇給一般希臘人民帶來痛苦的財產稅，而非對寡頭造成衝擊的累進稅制，這只是一場意外或失誤嗎？

三巨頭做了一些象徵性措施，似乎對有錢人一樣嚴厲。他們當然知道這些措施毫無效果。例如，他們堅持廢除船運業的所有特殊待遇。希臘憲法對船運業的偏袒，清楚證明這項產業的重要性，以及有錢船主的政治影響力。要對船運業課稅特別困難，而三巨頭堅持實施**普通**稅率，無視於這些複雜性，所以幾乎可以保證不會有什麼稅收。[28]如果真的有哪個產業是**可移動的**，必定就是船運業了。船運業者很容易可以遷到低稅負轄區。各國在跨國企業的課稅上缺乏合作，已經讓避稅成為每間跨國公司的核心商業模式。[29]儘管三巨頭對希臘境內的避稅情形頗有微詞，歐元區內各主導國卻是改變國際課稅架構以降低避稅最堅定的**反對者**。同時，歐盟執委會主席榮克（Jean-Claude Juncker）在擔任盧森堡總理時，也讓該國扮演了避稅中心的角色。[30]

三巨頭要求對船運業者課稅（不太可能提高多少稅收，但有可能傷害希臘的GDP，因為大多數稅收可能會從希臘移往其他管轄區），是他們反寡頭立場的一次強烈示範。但是他們對希臘小型企業的所作所為，迫使無法遷移的小型企業提前支付一年稅款，卻又令人不解。[31]

改革金融部門

危機國家需要的第四個改革，是金融部門的改革。非危機國家也需要這樣的改革。金融部門在歐債危機以前就已經無法完成應當提供的基本服務，像是資本配置、融資給中小企業，以及管理風險。他們非但沒有為社會服務，還傷害了社會。歐洲可能會自豪這樣的殘酷情境比美國的情況來得輕微，金融部門沒有從其他地方奪走太多（美國的金融部門在危機發生前幾年奪走了近八％GDP，歐洲的比率則一直維持在六％以下），雖然回饋也很少。這實在沒什麼好吹噓的。

以希臘為例，大多數銀行是由希臘的寡頭所把持。寡頭持續以「連結性」放款的作為發揮影響力，借貸給旗下商業利益團體，以及友人或家人的公司。放款給他們持有的媒體公司尤其讓人不快，那通常是賠錢的公司，只不過可以增加寡頭的政治影響力。這麼做的同時，他們充實了自己在經濟及政治上的勢力。

希臘銀行必須要進行資本重整。這一點在危機時日益明顯，使得政府必須擁有表決權股的要求十分合理。為了確保連結性放款（包括放款給寡頭的媒體公司）能夠中止，政府必須擁有表決權股。不過當巴本德里歐政府提出這項建議時，三巨頭卻祭出抵制。巴本德里歐堅持到底，可是就在三巨頭堅決反對他倡議把方案訴諸公投之後，他離開了崗位，這些努力也就成了未竟之功。[32]

發生在危機國家金融部門的不是資本**重整**，而是資本**削弱**。我們說過，這是歐元區架構的必然結果。要是歐元區體認到這個問題，早就可以採取抵制作法。他們可以創設一項基金，放款給中小企業。許多時候皆出現過設立這種基金的討論。

然而，我們一再提到，三巨頭採取的行動**進一步**削弱了危機國家的銀行，最明顯的案例就是希臘銀行倒閉。同時三巨頭一再討論給存戶剃頭，成功說服了那些存戶把錢移出危機國家的銀行。從實務上來看，這不僅是一個適得其反的政策（至少從增加GDP的觀點來看是這樣），更是一個有違平等的政策，因為大企業很容易獲得預警而把錢移出。沒有管道進入國外銀行的小企業及一般民眾，則被遠遠拋在後頭。

氣候變遷

危機國家需要的第五個架構改革，世界各地也都需要，那就是對氣候變遷的現實做出回應。市場無法靠一己之力做到這點，尤其是在沒有為碳排放制價的情況下。幾個歐洲國家在危機之前已經施展策略，朝再生能源前進。希臘及西班牙等國有潛力製造太陽能及風力，他們可以出口這些能源到其他歐洲國家。

倘若沒有適當的碳價格，私部門不會自己做出這些投資。歐盟可以幫助各國重新建構能源部門，減少對化石燃料的依賴，不過這需要超過各國預算總額的支出。這是能夠產生高社會（甚至包括私部門）回饋的投資性支出。歐盟能夠資助這些投資，並且在做出投資的當下刺激經濟。這些投資與三巨頭關注的無效架構改革全然相反，也能藉由降低能源成本（增加出口競爭力）、減少各國對進口石油及天然氣的需求，促進經常帳的表現。[33]

總結意見

施加於希臘及其他危機國家的方案，在許多方面讓我想起幾十年前施加於印尼及其他陷入危機的新興市場的方案。它們同樣有著過度撙節及各式各樣架構改革的特徵。以印尼為例，曾經設下無數條件，每一個都有明確的時程。乍看之下，它們許多都非常奇怪。為何在爪哇主島失業率已經達到四〇%的蕭條當下，ＩＭＦ還在討論丁香獨占呢？同樣地，為何在希臘青年失業率飆高逾六〇%的景況中，三巨頭還在討論擺放過久的牛奶怎麼樣可以還是叫新鮮牛奶，或是麵包該怎麼賣呢？

在這兩個案例中，所施加的條件都沒有被清楚解釋。這破壞了人們對方案的信心，以及確定這些方案能夠有效實行的政治意志。有時候這些條件最後只反映出某些人的特殊利益，他們成功說服當權者採行這些條件。與ＩＭＦ對印尼私人銀行的破壞相比，歐洲沒有什麼不可原諒的災難發生。但是三巨頭對希臘銀行體系的破壞，與ＩＭＦ幾乎不相上下。[34]單單在二〇一一年，就有一七%存戶逃離。截至二〇一五年底，希臘銀行的資產從二〇一〇年的高峰下降近三成。[35]我們在第五章提到，缺乏銀行聯盟的單一市場當然會助長外逃。而三巨頭的政策讓這個情況加劇。

歐元區聲稱西班牙是成功的案例，即使青年失業率居高不下，但是經濟成長已經回歸。如果我們檢視西國的資產負債表、基礎建設及人力資本投資，甚至是ＧＤＰ（二〇一五年仍舊低於二〇〇七年二%），就會知道這根本不是成功。如果我們將人類苦難納入評估，這更不是成功。其他危機國家也上演著同樣的故事。即使是愛爾蘭，身為三巨頭方案**奏效**的明證，在二〇一五年有強勁的成長（七．八%），但是經過這些涵蓋範圍更廣的量規檢驗之後，根本**不是**成功。愛爾蘭二〇一五年經通膨調整的人均GDP，僅僅比二〇〇七年高出三．四%。這還是表現**最佳**的國家。

即便只狹隘地看債務可持續性，**所有**危機國家也都表現差勁，而且比危機之前糟糕許多。從二〇〇七到一五年，西班牙總負債占GDP比從三六%激增到九九%。希臘則從一〇三%激增到一七八%，而且預期暴增到二〇〇%。賽普勒斯負債占GDP比已經從五四%激增到一〇九%。即便是擁有傑出表現的愛爾蘭，負債占GDP比從二四%增長到**近四倍**的九五%。

然而，若從德、法兩地銀行獲得的還款來看，歐元區計畫是成功的。一些銀行甚至免於提早倒閉，而且經常帳餘額已經達成。如果資源要從危機國家移轉到他們的債權國，達成經常帳餘額是必要的。或許德國及其他債權國的實質目標確實已經達成了。

成長的必要

歐盟各領導人已經體認到，歐盟的問題不靠成長無法解決。但是他們無法解釋在推行撙節及構思欠佳、效果適得其反的架構改革措施的同時，要如何才能達到成長。相反地，他們主張要恢復信心，唯有恢復信心才能恢復成長。然而，無論耗費多少演講為信心及成長的重要性喊話，正是因為撙節破壞了成長、降低生活水平，信心才會瓦解。

唯有歐元區的架構及危機國家的政策有了根本的改革，信心才會恢復。不過若無比今日更為顯著的政治凝聚力及社會團結，信心很可能也不會恢復。

歐盟，尤其是德國，在這些政策的形成上扮演關鍵角色，但他們所持的看法卻相當不同。就像中世紀的放血師一樣，德國及其歐元區夥伴國主張要堅持到底，他們說更多的撙節及架構改革有其必要。這條路只會延續現有苦難。情況或許會輕微改善，但歐盟的表現再怎麼說都令人失望，除非與觸底的經濟低迷相比，而且恐怕還有更多失望即將發生。危機國家裡許多人只能靠存款過活，有些人把傳家之寶都賣了，有些則是把房子給賣了。然而，這只是生存下來的權宜之計，而非希望。

我們在這章及前章提出歐洲的其他選擇，**在大多數現有規則的限制下**也能達成。縱使在現有架構之內，原本也可以做出不同的政策選擇。但現行做法讓經濟低迷加劇，而且更久與更深，帶來更多苦難。這些規則並未規定財政平衡恢復的速度。一如希臘變成歐元區成員國眼中的壞小孩代表，希臘方案也變成三巨頭錯誤決策的代表。歐元區的規則並未規定希臘在接受指導後**沒幾年**，就得從龐大財政赤字邁向過高的四．五％盈餘。它們也並未下令嚴厲執行取消贖回政策，提高希臘人民的貧窮比例。架構改革也是如此。三巨頭推動細瑣、鬆散且適得其反的改革，但其他有意義的改革選擇，才能夠讓希臘走上共榮的道路。希臘依然不會像德國那樣有錢，但起碼不會再落入現有的赤貧及蕭條。

建構這個替代方案不需要一位諾貝爾獎得主，也沒有任何資訊是歐元區當權者在制定方案時所未見。

重讀希臘與三巨頭簽署的「協定備忘錄」（Memorandum of Agreement），有一點讓人感到疑惑。三巨頭的預測始終錯得離譜，卻做出這樣的判定。在第一份及後續的備忘錄裡，三巨頭寫著：「方案的設計能讓其在不利的發展中表現穩健……財政方案乃是以保守的臆斷為基礎……財政調整公平分配給社會各階層，並且保護最脆弱者……復原策略將社會正義與公平納入考量，無論是在不同世代間或同一世代內……希臘方案有非常堅實的基礎。」這是一種相信事情真的會這麼發展的非理性樂觀嗎？或者這是官僚的偽善——他們知道應當說些什麼，而現實與這些話不一致並不重要。就叫它認知失調大暴走好了，或是不誠實，隨你怎麼說。

最後一份備忘錄緊接著在一場政府支持的投票後完成簽署。希臘選民以六一%壓倒性得票率拒絕了幾乎一模一樣的方案。這份備忘錄再度顯示出虛妄，協定一開始便這麼聲明：「成功需要希臘當權者掌握改革議程方案。」並且暗示有那樣的掌控權存在。

當我檢視這些方案時，我看到了《全球化的許諾與失落》一書曾經描述過的兩股勢力，它們讓IMF在全球許多國家的方案失敗，那就是與意識形態一致且受意識形態支持的**企業利益**及**金融利益**。只不過這一次它們是在歐洲的疆界內上演。

儘管三巨頭能夠研擬出有效方案，不至於經歷這麼慘烈的失敗，但是歐元區的架構再怎麼說都會讓這項工作困難重重。

這就是歐元區面臨的情況。他們建立了一個以趨異而非趨同為特色的貨幣體系，使得危機不太可能是罕見的事件。不是那種歷史課裡學到的一生遇不到一次的大事件，而是時常必須處理的頻繁事件。然而，主導的利益及意識形態勢力所宣揚的政策，讓危機國家人民備感痛苦。最初的危機在歐元第一個十年間被挑起。就算在那時，也都有各種原因：它們與單一國家（希臘）公部門的浮濫有關，也與一些國家私部門的違法行為及資源分配不當有關，更與其他國家的經濟厄運有關，反映出歐元區的多元性。儘管北歐部分人士喜歡把問題歸咎給南方，但愛爾蘭及芬蘭的例子提醒我們，文化及地理並非驅動力量。芬蘭因為境內一家領導公司諾基亞而面臨問題，同時隨著鄰國俄國步入經濟衰退，芬蘭二〇一七年的人均GDP預期會比十年前的人均GDP減少九三%。歐元區制度在勤奮、接受良好教育且高度自律的芬蘭人那裡也沒有發揮效用。

而且，由於歐盟各國脣齒相依，表現良好的經濟體也會被拖累。二次衰退絕非意外。這不是美好的圖像，而我們可以確定打從歐元危機初始便做出的改革並不足夠。一些完成一半的改革極有可能懸宕數年，讓情況更加嚴重。

反事實

就算支持撙節及設想不周的架構改革的人，也不得不承認事情沒有照預期的發展。在歐元開始流通以前的討論裡，早已料到會有一項取捨：單一貨幣會帶來高度成長（例如因為匯率風險降低，而能透過降低利率達成），但是對於干擾則比較慢才能做出調整。第三章指出以歐元區整體來說，歐元上陣後並沒有讓成長爆發，危機過後的表現更是令人不滿。證據顯示歐元毫無益處可言，管控危機的成本卻相當明顯。

還是有一些人會問，若非歐元和歐元區夥伴國的協助，希臘和其他危機國家不會更嚴重嗎？經濟學家稱這樣的事情為**反事實歷史**。我們知道發生了什麼事。我們現在只能臆測過去還可以怎樣。

當然，歐元創設前的幾年，並非什麼事都一帆風順。曾經有過匯率波動，一些國家還面臨了陣陣高通膨。後法西斯時代的西班牙歷經高失業景況。許多國家飽受同樣的全球浪潮衝擊，導致衰退不定期出現。然而，當時沒有國家承受他們在歐元危機裡承受的苦痛。就以希臘為例，該國是錯誤的典型代表。以IMF一九八〇年以來（過去三十五年）的資料來看，希臘在歐元流通之前最嚴重的經濟低迷，是在一九八一到八三年，當時經濟萎縮近四％。此外，還有一九八七及九三年，經濟各別萎縮二・三%及一・六%。然而，在歐元危機裡，僅一年時間經濟便萎縮八・九%（二〇一一年），之後年復一年持續緊縮。希臘歷經過一陣陣失業旋風，一九九九年時失業率達到一二・一%，但這還不及二〇一三年逾二七%高峰的一半。

以歐元管控危機國家的本益比十分清楚：這些國家從歐元創設到二〇〇八年危機發生的短暫時光裡，由於錢潮不斷湧入而獲得了微少利益，卻造成往後異常痛苦的失衡局面。危機過後才幾年，所付出的成本便遠超過這些利益。

要是他們在一九九二年簽署加入歐元時知道此刻發生的事，要是歐盟民眾有機會投票選擇是否加入歐元，很難期待他們會支持歐元。不過歐盟今日面臨的問題和此不同。今日的問題是，現在要走向何方？

下面四章就要敘述**必須要做些什麼**。

第四部　前進的道路

［第九章］

創設能夠順利運作的歐元區

我們能夠且應該拯救歐元，但並非不惜一切代價。並非要以折磨著歐元區的經濟衰退、高失業率、被摧毀的人生及抱負為代價。並非一定要如此。我們能夠創設一個行得通的歐元區，一個既能促進繁榮、又能促進歐盟整合的歐元區。

歐盟目前身處的中途之家不是長久之計。不是要變得「更歐洲」，就是要「更不歐洲」。不是要有更多經濟及政治整合，就是讓歐元區在現有形式下解散。

原本提倡歐元的人士理解到歐元仍舊處在初期發展階段，還有許多未完成的事項。歐元若要成功，需要（且會導致）「更歐洲」。他們做了很多事沒錯，但似乎還是不夠。需要做的事不會超出歐盟的掌控範圍，必須做的事大多也已經獲得廣泛認可。只不過協調機制要比現有的「更歐洲」，而且絕對要比說歐元區不是周轉聯盟（transfer union）的人所樂見的「更歐洲」。

我描述的架構及政策改革，能夠讓已經成為歐元區常態的幾種危機更少發生，而且較不嚴重；不過仍然可能會有危機。我主張各殊的緊急政策對歐元區整體是有利的，尤其是對危機國家。標誌歐元危機的經濟蕭條久久揮之不去，但這是可以避免的。

改革歐元區的架構

在缺乏彈性匯率及獨立貨幣政策的情況下，歐元區架構改革的目標應該在於：建立一個經濟體系，以歐元區可承受的經常帳赤字，讓每個成員國同時達到充分就業及穩健成長。**維持各經濟體的充分就業必須是歐元區的基本承諾**。市場本身不會維持充分就業，一般說來也不穩定。少了政府的干預，失業及不穩定會一直持續下去。

對於歐元危機政策的批評，想當然耳大多集中在撙節上。但要是沒有針對歐元區的架構（制度、規則、監管法規）做出適當改革，讓各國恢復充分就業，經常帳赤字就會失控。我們看到歐元區現有架構如何導致趨異，確實也造成經常帳赤字及危機。歐元區需要一番改革，如此一來所有區內國家才能獲得且維持充分就業。目前歐元區的架構並不允許這樣的改革。在前面章節裡我們看到施加於危機國家的方案，最終都是要帶領這些國家重返充分就業。但是這條路代價高昂，成功卻在未定之天。可以確定的是，這些方案在未來幾年內會降低危機國家的成長潛力。除此之外，它們還有其他影響，像是增加各國內部及國際間的分歧，造成難以承受的政治動盪。

有六個架構改革是必要的，是關於治理歐元區的基本規則及共同經濟架構的改變。

架構改革一：銀行聯盟

歐盟領導人已經同意這項改革。一個共同銀行體系就是一個銀行聯盟，不只包含共同監督，還包括共同存款保險，以及銀行不能履行義務時的共同處理程序（稱作共同解決辦法）。[1]這三個項目中，最重要的是共同存款保險基金。倘若沒有它，錢會從「弱國」的銀行體系流向強勢國家的銀行，進一步削弱已深陷麻煩的國家。然而，沒有共同的監管制度，這樣的共同存款保險方案便有濫用之虞。接下來將說明共同監管制度必須**制定完善**，才能夠刺激需要它的國家擴張經濟，並在過熱的經濟體中限制放款。稍後我會解釋該怎麼做。

若無彈性執行、擴大授權及相關工具，共同監管架構會成為一個**自動的不穩定因子**。也就是說，當經濟疲弱時，共同監管架構會讓經濟更疲弱。的確，第五章指出在現有制度下，銀行緊縮放款造成**私部門撙節**，使得危機國家出現經濟蕭條。不過銀行監管制度的實行倘若沒有彈性，會加劇現有低迷。在經濟低迷時，不良貸款（債務違約）會增加。假如立法者嚴格以對，[2]銀行被迫緊縮放款，經濟低迷便會加劇。對單獨一家銀行來說，嚴格按照標準規範行事有其道理。但是當景氣低迷造成經濟脆弱，這麼做反而會適得其反。經濟趨緩若是源於放款減少，會導致更多違約產生，形成一種惡性循環。[3]

市場與政治之間不連貫的發展速度，影響了歐元的存續。許多歐盟領導人體認到有著共同監管、存款保險及解決辦法的單一銀行架構終究是必要的。不過有些人則主張這樣的激烈改革一定要如履薄冰，按部就班。一定要先有共同監管。當監管制度獲得「認證」後，歐盟才能步入下一階段。[4]如果危機沒有持續存在，這樣的主張有其價值，可是還有資金在例如西班牙銀行內的人，已經等不下去了；等待毫無助益，風險卻相當龐大。而且當歐盟領導人有所躊躇，便會削弱銀行體系；銀行體系一旦脆弱，經濟體也會跟著脆弱。[5]這樣的影響非常巨大。資本一旦離開該國，銀行體系一旦遭到削弱，恢復銀行體系及國家穩健可能需要很久時間。

架構改革二：債務互助

一如不想讓資本朝趨異及不穩定發展而創設了銀行聯盟，若不想讓勞力朝趨異發展，某種形式的債務互助是必要的。以地方為基礎的債務，在個體四處移動的世界裡實在毫無道理；個人很容易可以遠離雙親、揮霍無度的政客或歐洲央行錯誤決定所造成的債務。這樣的人口移動不僅不穩定，更不具效率，也有害勞力流動性的基本理念。

債務互助能夠藉由數個制度性機制來達成，像是要求歐洲央行發行由歐元區承銷的歐洲債券，再將收益借給歐元區各國。對於如何制定這樣的制度，官方已經有了提案，並且朝不會導致過度放款的方式設計。[6]對於債務互助的數量可以設限，與週期性變動有關的債務可以設下安全閥，同時明白當一國陷入衰退時可能會願意舉債。發行新債所帶來的資金，可以僅用來投資例如基礎建設或教育。還可以設下要求，除非經濟陷入衰退，否則當債務超過一定程度都得交由國內公投來決定。

歐盟部分人士反對這樣的互助形式，宣稱歐盟不是一個周轉聯盟。有兩點可以說明他們的立場是錯誤的：

一、他們誇大了違約風險，至少誇大了債務互助時的違約風險。當利率處於低點，大多數危機國家不應會有償債困難。若無債務互助，勢必會有部分違約的嚴重風險（希臘已經出現）。諷刺的是，現有的制度安排比起制定完善的互助制度，其實可能讓債權國損失更多。

二、任何成功的經濟整合體系，強勢國家都必須對弱勢國家提供一些協助。由於體認到這一點，歐盟本身已經提供相當資金給新進國家；這些資金稱為結構基金（Structural Funds）及凝聚基金（Cohesion Fund），包含各種方案在內。其中一項方案為歐洲區域發展基金（European Regional Development Fund），從二〇一四到二〇年，提供四〇二億歐元給最先接受國波蘭。[7]

前述的改革是防止趨異的關鍵。在本章稍後，我會描述用以促進趨同的架構及政策改革。

架構改革三：共同穩定架構

歐洲面臨著兩個更為嚴重的問題：一、如何推動歐元區的整體穩定。二、如何確保歐元區內所有國家表現良好。我們已經提過《馬斯垂克條約》對於財政赤字的限制，實質上會是一個自動的不穩定因子。隨著稅收驟降，一國違反三％赤字目標時，就必須刪減支出。這會造成GDP進一步減少。[8]

必須以自動穩定因子取代目前的自動不穩定因子，稍後我們會提供例子。

這些改革能夠促使歐元區整體**平均看來**有著穩定產出及就業。不過各國之間仍然有顯著差距。有些國家處於衰退，有些處於繁榮進步。由於工具箱內不再有匯率及利率可用，歐元區必須找到其他工具確保區內各國都能維持繁榮。

與穩定性有關的改革議程有六個部分。首先是《馬斯垂克條約》趨同標準的徹底改革。第二是一個新的成長協定，以歐盟**安定團結基金**為支柱，與先前我們提過提供給歐盟新進國家的歐盟團結基金類似。第三是一個**累進式的自動穩定因子**，讓一國面臨低迷經濟時可以自動增加支出，並且能夠禁止自動不穩定因子。第四是增加貨幣政策的彈性以因應各國內部的經濟趨緩。第五是了解市場自身可能**創造出**不穩定，因此組織法規嘗試加以控制。第六是反景氣循環的政策要更加活躍，以減少近年來施加於貨幣政策上的壓力。

一、共同財政架構：超越自殺協定

歐元區若要順利運作，也就是能夠提供一個讓各國繁榮且持續達成充分就業的經濟架構，首先要改革的正是共同財政架構。這項改革的要求比撙節協定、甚至加強版的「穩定暨成長協定」還要多，也與兩者不同。德國對於這項「改革」似乎早有想法，因為它呼籲更嚴厲地執行更加嚴格的預算規範。德國人強調歐盟各國都必須遵循這些規範，尤其是預算限制（三%的赤字上限）。他們擔心倘若沒有強制實施這項規範，經濟失序就會出現，歐元區便無法運作。德國的立場是基於一個信念，認為浪擲政府支出會導致危機，造成此刻歐元區的危機。但不是這樣的。

更好的預算規範

即便專注於結構性赤字（充分就業時赤字會是如何），仍然可以有財政紀律。從這個角度來看，許多危機國家的赤字會呈現出不同的樣貌。[9]然而，最重要的改革包括創設**資本預算**，將政府在消費及投資上的支出分開來，並對消費支出設限。政府不該表現得像施瓦本家庭主婦那樣，反而要像時下企業那樣關注資產負債表，並且在投資報酬超越資金成本時承擔負債。

二、安定團結基金

處理歐洲的問題基本上是一個**集體行動的問題**，需要動用全歐的資源（比目前能夠得到的還要多）協助受創國家。

希臘危機開始甫一年，顯然初期便實施的撙節措施對經濟復原並無助益。歐盟各領導人都承諾要協助希臘成長，但他們顯然沒有這麼做，原因之一在於他們缺乏工具。他們按照歐洲穩定機制，把資金用於拯救銀行及身陷困難的國家。[10]但是他們只關注危機發生當下，也就是當銀行破產或一國被拒於資本市場門外之時。

即使危機國家做了所有被要求要做到的事，回復榮景的步伐還是相當緩慢。足夠的資金是必要的，以協助面臨衝擊的各國維持充分就業，並且再度成長。這意指要有像是共同失業保險基金，尤其是與經濟低迷有關的例外支出。[11]安定團結基金能夠用來資助失業及其他與景氣循環有關的社福支出，並且協助政府積極制定勞動市場政策，幫助民眾在重新架構的經濟體內尋找新工作。

即便有了成功的銀行聯盟及共同存款保險，危機國家的銀行還是有可能非常脆弱。銀行緊縮放款，仰賴銀行融資的中小企業處境格外艱難。由於資金來源中斷，他們必須解雇員工，使惡性循環加劇。[12]因此，真正需要的是全歐的**中小企業貸款機制**，就像美國的中小企業署（Small Business Administration）提供貸款且（或）為小企業的貸款作保證。同時應該將放款目標設定在中小企業貸款短缺且（或）經濟表現特別脆弱的國家或地區。[13]

擴大現有歐盟制度

現有的歐盟制度有部分可以對穩定有所貢獻，尤其是如果這樣的貢獻屬於他們的權責。橫跨全歐的歐洲投資銀行是歐盟最大的多邊放款機構[14]，已經在各地成功資助各項基礎建設計畫。儘管歐洲投資銀行扮演起抗景氣循環的角色，不過這方面的任務顯然可以再加強。[15]

相互保險

我已經描述了歐盟可以提供給經歷經濟低迷的國家的各種協助形式。一個國家可能在這次成為接受國，下次則成為貢獻國之一。快速檢視歐盟各國的成長率歷史排名，名次確實大幅變動。我們提過許多危機國家在危機開始前幾年的成長，比歐元區整體還要快。例如愛爾蘭、西班牙及希臘，一九九五到二〇〇〇年的成長率（各別是一〇．一%、四．一%及三．六%）不僅比德國高出許多，也比法國（二．九%）和義大利（二．〇%）還要高。德國的成長率僅有一．九%。從二〇〇〇到〇五年，德國在這些國家中位居倒數第二（平均成長率只有〇．五%）。

三、自動穩定因子

穩定財政協定的第三部分，重點在創造自動穩定的因子。如此一來，當經濟處於低迷狀態，資金便會**自動**注入經濟體系。失業保險就是一例。一般說來，當勞工因為負面「衝擊」（例如出口需求減少）而失業，他們會減少支出，造成**乘數**效果。但是假如勞工受到失業保險的保障，乘數效果便會減少。

擁有彈性匯率的國家，匯率可以作為自動穩定因子；當一國面臨經濟問題時，匯率會下滑，刺激出口、抑制進口，增加國民收入。然而，加入歐元區後，各國放棄了這個自動穩定因子，相形之下加強其他自動穩定因子（像是累進稅制、好的失業方案及其他形式的社會保險）顯得更為重要。不幸的是，近年來這些自動穩定因子已經虛弱不堪。確實，我們擔憂的是自動擴音器效果（不穩定因子）已經或逐漸成真。尤其我們先前提過，嚴格執行銀行的資本適足標準會是一個自動不穩定因子，在共同存款保險體系闕如下更是如此。這些都是歐盟依現有方式（先擁有共同監管機制，再逐步取得共同存款保險）創設銀行聯盟、在可見的未來不可能順利運作的原因。

四、信用擴張的彈性

前面幾章提過目前歐元區在許多方面扮演著自動不穩定因子的角色，其中最糟糕的一點就是信用：現有制度會導致信用大量的**順向循環**，尤其是對中小企業。也就是說，當一國陷入經濟問題時信用下降，增加經濟衰退的深度。這樣的變動有些是當然的：身處經濟遲緩時期的企業，較不需要資金進行擴張。然而，歐元區的問題在於那些小企業的確想要擴張（例如他們可能有國外客戶），卻得不到需要的資助。一些企業甚至連維持運作的營運資金都拿不到。缺乏融資就是在扼殺經濟。第五章提過，三巨頭無法對私部門撙節做出適當的解釋，由此可以看出為何他們的預測總是失準。歐元區若要穩定，就**必須**翻轉這件事。

歐元區的運作剝奪了兩種彈性：匯率及利率。就算歐洲央行為歐元區整體制定單一利率勢不可免，也不必在監管標準的援用上同樣僵化，尤其涉及**總體審慎監管**時，亦即以穩定整體經濟為目標的監管。歐元區的銀行體系不只需要廣泛授權，集中火力於就業、成長及穩定，還需要更多**彈性**。面臨超額需求的國家或地區，可以緊縮其最低資本要求（銀行必須持有的資本數量，與銀行的放款有關）。這會迫使放款減少，抑制通膨壓力。同樣的，面臨需求不振的國家，可以放鬆其最低資本要求。這會增加放款，刺激需要借貸的經濟體。

還有許多監管條款可以根據特定國家或地區的總體經濟情況加以調整。一個例子是，當一地或一段時期看似有形成泡沫的風險時，就應該緊縮房貸的貸款標準。[16]關鍵在於，歐元區銀行體系的運作方式需要有更多**彈性**。

二〇〇八年危機的一個重大教訓，就是初期的貨幣政策並不周延，它們不僅讓央行的授權過於狹隘，提供的工具（唯一的工具應該是短期利率）也過於狹隘。即便他們已經體認到需要更多政策工具，卻還未發覺彈性運用的必要。讓歐元行得通的改革，關鍵在於創設授權更廣、政策工具更多，並且彈性管理的歐洲央行及歐洲金融監理機關。

五、管制經濟以防止過度的現象

如我們所見，幾個歐元區國家近期的經濟低迷乃是出於房產泡沫的破滅。這些泡沫起自一再發生的私部門失靈。信用過度擴張及過度風險承擔經常是經濟波動的原因。金融市場本身難以穩定。換句話說，要遏止衰退，一個重要工作是遏止促使衰退發生的過度行為。要成功控制這樣的過度行為擴散，需要歐洲央行、銀行監理人員及金融體系內更多監管單位的共同努力。若以二〇〇八年以前普遍存在的「寬鬆」或「自我」調節的體制，根本不可能做到。假使歐洲央行一如傳統只關注通膨，這些也不可能發生。歐洲央行及金融監理單位已經擁有（或說應該擁有）能夠防止這些泡沫（至少控制其規模）的工具。17

六、穩定的財政政策

儘管襲擾市場經濟體的諸多經濟波動的近因是來自金融部門的過度作為，但在一些案例裡，央行即便沒有促成、也**縱容**了這樣的惡劣行徑。二〇〇〇年初美國科技泡沫破滅後，總合需求驟降。政治當局似乎不願意建構有效的財政盈餘政策，於是讓貨幣政策擔負重任。美國採取其鍾愛的工具，即降低利率。布希政府著迷於解除管制。低利率與解除管制結合就像一杯毒酒。柏南克和葛林斯潘兩位聯準會前主席或許對於央行總裁的評鑑感到自豪，他們在任時通膨極低（主要是因為中國的低價競爭，以及緩步升值的匯率政策），經濟接近充分就業。然而，一旦深入剖析，便可發現他們對自己一手打造的過熱現象顯然視若無睹。歐洲央行首任及次任總裁杜森伯格（Willem Frederik "Wim" Duisenberg）和特里榭也是這個樣子，在任期內放任經濟失衡，一手打造了歐元危機。

無論新自由主義者對貨幣政策這項工具多麼有信心（假如在穩定通膨上運用得宜），我們都不能只把總體調控的責任交給貨幣政策。財政政策的目標在於必需的投資，於總體穩定上扮演的角色更關鍵。面對全球暖化的議題，美國及歐盟都需要大量投資，以翻新他們的經濟體。若希望生活水平繼續提升，美歐兩地也都需要在教育及科技上做大量投資。減少對基礎研究（GDP的一部分）的投資，會降低未來創新的速度。近來，羅伯特．戈登（Robert Gordon）[18]指出我們正往生活水平慢速增加的時代邁進，這或多或少是因為大西洋兩岸決定減少對基礎研究、科技及教育的投資所造成的結果。正是因為這些投資，未來生活水平的提升才會大舉到來。當然，這與致力縮減政府規模的保守意識形態相衝突。大西洋兩岸部分國家刪減企業及富人稅，加上政府支出刪減，因而遭逢經濟衰退。本書已經解釋了這些政策何以能夠預告今日的產出減少。如果刪減的是公部門的重要投資，這些政策還會降低未來的產出。[19]關鍵在於假如財政當局恪遵其職，貨幣當局就不會備感壓力而必須去創造（或說容忍）他們自己時常也難辭其咎的過度作為。[20]

架構改革四：真正的趨同政策——朝向架構重組

歐洲欠缺匯率調整機制，意味當各國生產力成長的速度或物價相異時，**實質**匯率會失去一致性。這種失衡在危機發生前好幾年便已出現，部分是因歐元所致。回應這個問題的策略包含三個部分，每一層面都分析了失衡背後的原因。[21]

一、抑制盈餘

一般說來，我們會預期歐元區的整體匯率讓該區出現經常帳餘額。任何國家或地區維持龐大的經常帳盈餘（或赤字），都會對全球經濟體系帶來風險。這就是為何IMF及國際社群一直談論著全球失衡，並且試圖讓各國不要維持盈餘。盈餘之所以帶來風險，是因為每個盈餘都必須對應著赤字（也就是說，假如某國出口多於進口，就必須有某國進口多於出口），如此也就必須填補赤字。而一旦提供資金者突然認為他們的借款有去無回的風險龐大，因而拒絕提供進一步資助，甚至拒絕續發新債時，這樣的填補便會驟然停止。這樣的突然中止，就是危機的主要來源。

如果歐元區整體的經常帳餘額通常為零，意指一些國家實行的經濟政策如果導致盈餘，其他國家就必須要有赤字。從某方面來看，盈餘國家是透過行動創造出其他國家的赤字。盈餘國家實質上藉由創造他國的赤字對他國施加成本，亦即外部性。這些貿易赤字再創造出不穩定風險，例如市場氛圍突然轉變，導致資助這些赤字的金流遽然中止，引發危機。即便沒有危機，貿易赤字也會讓赤字國家更難達成充分就業，因為貿易赤字減少的是國內總合需求。就其淨效果來說，一些需求不是靠國內生產滿足，而是靠進口。虛弱不振的國內總合需求會導致失業。[22] 為了抵銷總合需求不振帶來的效果，後凱因斯世界的政府一般會採取政府（赤字）支出的手段。因此，我們甚至可以把盈餘國家（尤其是德國）當作是財政及貿易赤字的元凶，以及其他歐元區國家過度擴張信用的元凶。

我們可以從另一個角度來看：跟著錢走。經常帳盈餘意指一國是債權國，一如赤字意指一國是債務國。假如歐元區整體的經常帳處於均衡，盈餘國家（主要是德國）實質上在貸款給赤字國家。假如德國有盈餘（而且歐元區整體的經常帳處於均衡），其他國家就**必須**是債務國；一些國家是公部門為債務人，一些是私部門。然而，他們的赤字都是**均衡**裡的一部分，隨著德國的盈餘而出現。當然，這只是暫時且不穩定的均衡。

我說過德國的盈餘勢必導致歐元區各國的趨異，既有政治後果又有經濟後果。我們早已體認到各國的不同會導致各國適合不同的貨幣政策。[23]以政策促進趨同的根本原因即在於此。環境不同也會導致政治差異。不同經濟環境會導致不同的利率。稍早我們提過，沒有任何差異比債權國和債務國之間的差異更重要。德國的持續盈餘把歐元區的基礎從團結一致扭轉為債權國與債務國的衝突關係。[24]

歐洲需要**真正的趨同政策**，這樣的政策必須抑制盈餘。凱因斯提出一個解決之道，就是對盈餘課稅。這樣的稅制不僅能夠阻止各國持有盈餘，稅收還能用來資助本章先前略述過的安定團結基金。[25]

二、盈餘國家的擴張性工資與財政政策

盈餘國家採取的許多政策都會造成盈餘。以中國為例，長久以來兩項政策扮演著核心角色，分別是管制匯率與控制工資，例如限制工會化的範圍。低工資造成低物價，因而造成更低的**實質**匯率。

第一項政策工具德國當然無法利用，不過第二項是關鍵。先進國家有各種工具可以影響工資，最重要就是最低工資，以及影響工會化和勞資協商的法律架構。德國直到最近才有最低工資限制，而缺乏最低工資時常給工資帶來下調壓力。在總理施洛德（Gerhard Schröeder）治下，底層人民的收入確實變低了。[26]收入下降讓德國更具競爭力，因而備受讚揚。但是這些作為是一種招人反感的競爭性貶值，也是一種以鄰為壑的政策。它們讓德國占盡鄰國的便宜，因為這些國家的

社經結構不容許不公的工資降低情事發生。因此德國實質匯率的降低，部分是以犧牲貿易夥伴為代價。[27]

更有甚者，透過我先前描述的內部貶值，架構調整的壓力都落在赤字國家身上。這是極為昂貴且不平衡的調整過程。[28]然而，一般說來，盈餘國家採取行動降低盈餘，比起赤字國家降低赤字要簡單得多。無論經由哪條路線，全球不均衡最終都會消除，只不過達成最終「均衡」所需的成本可能會大有不同。

盈餘國家不僅應該提高最低工資，還應該強化勞工的協商權[29]，並且投入擴張性財政政策。他們很容易可以取得資金資助這樣的擴張性政策。這些政策會對物價造成一些上升壓力（離惡性通膨還很遙遠），但那就是重點所在，實質匯率**必須**有所調整。比起目前歐元區架構下的政策，這些政策能夠用更低成本達成目標。

三、翻轉其他趨異政策

在第五章裡，我曾經描述幾個造成趨異或阻礙趨同的政策。例如歐盟限制工業政策，但這些工業政策可能讓落後國家趕上前段國家。

富裕國家對貧窮國家的優勢展現在許多方面。例如說，他們可以提供更高品質的教育給孩子。假以時日，歐盟若更團結，可以在修正這些差異上做得更好。但是歐盟無法修正所有差異。確實有一些差異此刻能夠且應該處理，包括基礎建設品質的落差。良好的基礎建設（部分由歐洲投資銀行資助）能夠協助歐洲進一步整合。基礎公共設施能夠增加私部門的報酬，因此在供給及需求兩面都具有乘數效果。

架構改革五：促進全歐充分就業及成長的歐元區架構

即使歐元區打算進行所有這些改革，即使區內各國最後都走向趨同（或者至少向彼此靠攏），也不保證會有充分就業及高成長。歐盟也可以擁有一個充滿低成長與高失業的穩定經濟體。事實上，歐盟的確一直朝這個方向前進。如果它又設法避免了一場危機，便會為此自鳴得意；即便有四分之一的年輕人失業，經濟成長也差強人意。歐元區本身的架構及總體經濟架構都能夠有所改革，在可持續的成長下促進充分就業。而關鍵的**總體經濟改革**在於改變歐洲央行的使命。

除了擴大使命以促進充分就業、成長與經濟穩定，而不只是關注通膨，歐洲央行應該要有一份特殊責任，確保金融部門為所當為。央行不僅不能讓經濟暴露於巨大風險中、不能剝削經濟體內其他部門，實際上更應該提供生產性目的的貸款給中小企業，為社會服務。[30]歐洲央行如同聯準會，已經大幅擴張流動性，然而少有資金投入創造新的工作機會，或是新的**實質**投資。多數資金都拿去資助像土地這樣的固定資產投資，而沒有刺激經濟。其他放款就只是循環裡的一部分，央行把錢移轉給銀行，銀行再把錢存進央行（準備金）。局外人看這整個過程會被蒙蔽，一如看著礦業部門時被蒙蔽一樣。採礦業者花費大把鈔票及資源挖掘金礦（給環境帶來極大風險），接著又花大把鈔票把它們埋回地下金庫。

架構改革六：確保全歐充分就業及成長的歐元區架構改革

這裡我會討論四個共同架構改革，有助於在充分就業的情況下確保可持續的成長。這些改革許多都包含了脫離過去三分之一世紀的政策框架，那時的政策是由新自由主義主導，認為市場愈自由愈好。這些改革同時認知到市場時常是無法產生效能及穩定效果的關鍵原因。

一、讓金融體系為社會服務

有關金融部門改革的討論（包括上述第二項改革），大多集中在防止金融部門對其他部門施加傷害，例如因為金融部門過度承擔風險而造成經濟體的不穩定。[31]少有人留意經濟體若要運作良好，金融體系必須確實執行重要功能。眾人指控的儲蓄過剩，背後原因正是因為柏南克在危機發生前意圖把全球經濟疲弱歸咎於全球過度儲蓄，尤其是中國。但是即使他說儲蓄過剩，許多企業及國家都有高報酬投資計畫得不到任何資助。經濟疲弱並不是因為儲蓄過量，而是金融市場沒能做好循環儲蓄這項基本功，確保儲蓄獲得有效利用。金融體系的這項功能稱為「中介」（intermediation），也就是居中為儲蓄及投資牽線。歐盟及美國的金融體系都沒能扮演好這個關鍵角色。的確，美國的金融部門始終忙於脫媒（disintermediation）★，將錢自企業部門搬走，結果剩下更少資金可供投資。例如有大量資金以股份回購形式離企業而去，在二〇一四年占GDP達四％，二〇一五年也有

★編按：指隨著經濟金融化、金融市場化，銀行作為主要金融中介的地位相對降低。存款人可以從投資基金和證券尋求更高報酬，而公司借款人可通過向投資者出售債券獲得低成本的資金。

三．五%。

再者，大多數儲蓄都是「長期儲蓄」，以備退休時使用，或是國家放入的主權財富基金。許多重要投資機會（基礎建設及科技）都是長期投資。短視近利的金融市場無法中介長期儲蓄與長期投資，或許也沒什麼好訝異的。

歐盟的法律、監管及稅制架構都能有所改革，協助金融部門集中在長期作為，並且為所當為。[32]

二、改革公司治理

企業也日益短視，只關注季報酬。而只重視下一季表現的公司，不會做出重要的長期研發、廠房及設備投資，更重要的是不會投資在員工身上。一間對執行長及其他管理階層過度給薪、分配過多股利及回購股票給股東的公司，不會有足夠資金提供員工合理的報酬或是投資於未來。

儘管歐盟在這些變化上一直不如美國極端，但與美國的差距正在縮小。歐盟必須了解是什麼導致美國的短視主義，並且務必採取行動，確保短視主義的惡疾不會在歐洲大陸擴散。

既然金融市場在大西洋兩岸都具有如此影響力，金融市場的短視擴大到經濟其他部門也許不令人訝異。歐盟的一些制度，像是「社會夥伴」利害關係人資本主義（stakeholder capitalism，嚴格定義的話，是指企業不會只關注股東權益），經證明是一種保障，能夠抵抗美國那種極端情況在這裡出現。在美國，執行長階級的薪水已經高漲到一般勞工的三百倍。[33]

然而，還有其他因素讓短視主義如此猖獗，例如管理階層薪酬中股票選擇權的提高。儘管企業管理階層宣稱他們是公司激勵機制的重要人物，但薪水與表現之間的關係其實相當薄弱。例如當油價下跌時，航空公司的股票就會上揚。當利率下降時，股票市場一般更會上漲。股票選擇權的提高反而與公司治理不足、透明度和公開度的法規不足有關。[34]許多股東並未理解到執行長的股票選擇權影響其持股價值的程度。改革這種「遊戲規則」有許多重要的事情得做。[35]這樣的規則改寫可能使企業專注在長期上，使經濟有更高且更穩定的成長。

三、破產的超級第十一章

資本主義一項常見的特徵就是企業及家戶過度負債。他們需要重新開始。因此每個現代經濟體幾乎都有破產法的存在，規定清償及重整債務的程序。

當經濟不景氣時，就像過去幾年來折磨歐洲的蕭條，許多企業及家戶以過度負債收場。美國制定有企業破產快速認定程序，很快會讓債務沖銷。這樣一來企業就能繼續生產，同時不會裁員。這稱為**第十一章（Chapter 11）**。當許多企業及家戶同時破產，快速認定程序更加重要，這時就需要**超級第十一章**。要是沒有這樣的快速認定程序，經濟可能會癱瘓。在今日的危機國家內，這樣的超級第十一章尤其重要。[36]

四、促進環境投資

一個運作順利的歐元區不僅要有高成長，更要永續成長。這樣的永續性包含經濟永續，也包含環境永續。一旦我們體認到因應氣候變遷的經濟改造需要龐大投資，我們就會理解任何宣稱有「儲蓄過剩」現象的說法是多麼愚蠢。然而，如我們所見，倘若沒有為碳排放定價，也就是說沒有強迫那些造成汙染的公司為其碳排放結果付費，我們很難激勵企業做出「綠色投資」。這就是歐盟全區制定昂貴碳價如此重要的原因。[37]

架構改革七：共享繁榮的承諾

今日先進世界面臨的一個核心問題，在於不平等的增加。我們提過不平等在許多方面對經濟表現造成影響。然而，歐元區的架構限縮了處理的作為。

倘若沒有租稅調和，資本及產品的自由移動只會導致資本的無效分配，並且降低所得重分配稅制的出現機會，使得稅後及移轉所得不均的程度升高，在某些案例裡甚至造成市場所得的不平等。管轄權的競爭可以是健康的，也可能是逐底競賽★。資本會流往稅率最低的轄區，而不是邊際生產力最高的地方。為了競爭，其他轄區必須降低施加於資本的租稅，所得重分配稅制的出現機會因此降低。（同樣的論證也適用於技術勞工。）

歐元區的架構不僅導致上層階級（稅後）獲得更多錢，還讓更多下層階級人民陷入貧窮。一如西班牙、希臘、葡萄牙等地所示，受經濟不穩定傷害最深的是窮人。[38]再者，致使不平等增加的主要原因之一是高失業率，所有危機國家都發生這樣的事。歐元區無法產生真正的經濟**穩定**架構，遂造成了不平等。

歐盟（因此這個分析超越了歐元區）必須進一步採取兩套政策。首先，限制逐底競爭，就是盧森堡等國最擅長的以他國為犧牲品的租稅競爭。這是血淋淋的外部性範例，一國的作為對他國施加傷害。然而，歐盟未能採取適當作為，部分原因在於歐盟許多國家迷戀著低稅及小政府的概念，而這種逐底競爭很適合他們。

其次，在歐盟境內便利的移動性之下，重分配的重責大任必須落在歐盟層級。[39]歐盟應該跟隨美國，以公民身分為基準課稅，無論是定居還是暫居，然後對超過一定門檻（例如二十五萬歐元）的所得課徵如一五％的適當稅率。這些資金可以用來資助像是移民安置或外國援助。這麼做或許比歐元本身更能創造出歐盟的政治整合。

一個真正的**成長及穩定的**行動計畫與改革計畫密切相關。唯一的永續繁榮，就是共享繁榮。

「危機政策」的改革

這些架構改革對於歐元區的長久存續是必要的，不過光有這些改革還不夠。即便有著制定完善的歐元區架構，還是會遭遇衝擊，導致歐元區內一些國家步入衰退。從先前章節我們可以很明顯看到，歐盟對於衝擊的回應一般是讓衰退加劇，而非讓受創國家迅速恢復充分就業。糟糕的政策只會導致糟糕的結果。提供給危機國家的政策迫切需要改革。然而，我們先前提過，即便最好的政策都不見得奏效，除非搭配（或先有）我所描述的架構改革。

★編按：race to the bottom，全球化過程中資本流遍世界以尋找最高報酬率，會導致各國以租稅為手段吸引投資，發展中國家則競相削減工資水平和福利待遇以吸引國際企業投資。

決定權與彈性的重要

先前我簡單提過，政策架構有兩個重要面向。德國強調**遵循規則**的重要。當然，遵循**錯誤的**規則會導致災難。歐元區內錯誤的規則已經導致可悲的經濟表現。

然而，要制定一套所有國家和所有情況都適用的規則十分困難。的確，我們必須承認自己的知識有限。就算我們的政策架構適用於一九九〇年的經濟，但在二〇一六年可能已經派不上用場。回應歐元危機時，三巨頭事實上動用了相當的決定權，不過他們的選擇經常是錯誤的，甚至在許多重要領域內太常犯錯。他們在施行這些方案時流露出充分自信，似乎相信自己精準掌握到每項政策的後果。IMF通常會在事後承認犯下錯誤，但三巨頭其他成員始終沒有多說什麼。

歐元區若要順利運作，就必須體認到各國之間的龐大差異。政策架構必須具有足夠彈性以容納這些不同。歐元區必須更能因應經濟情況及信念的差異而做調整。[40]

例如，有些國家比其他國家更致力於追求平等。有些國家比他國更擔心失業的後果。即便是在美國境內，每一州都有廣泛的決定權，可以追求不同的政策。我們必須了解以下這些基本原則：不會對他國造成外部影響的領域，就該保留給個別國家決定。（這個原則有時稱作歐盟內部的輔助原則。）調和（harmonization）在某些方面可能帶來些許經濟利益，不過降低各國擁有的決定權程度仍然會產生社會成本。達到適切的平衡非常困難，但至少在一些領域裡，施加於危機國家的方案已經過度貶抑他們的經濟主權，在降低負面外部性上絲毫站不住腳。

下面我會討論兩個政策框架上的必要變動，以處理危機國家的問題。

危機政策改革一：從撙節到成長

歐盟領導人已經體認到，若無經濟成長，歐盟的問題無法解決。然而，他們無法解釋在撙節情況下如何能夠達到成長。相反的，他們宣稱需要的是恢復信心。可是撙節既無法帶來成長，也不會帶來信心。歷經一再嘗試，錯估經濟問題後又胡亂拼湊解決辦法，歐盟失敗政策的難堪紀錄早已把人們的信心給破壞殆盡。[41]

先前提到的歐元區架構改革，包括債務互助、銀行聯盟以及安定團結基金，能夠讓成長再現。各國可以相互強化政府的支出擴張，例如有助經濟成長的公共投資。配合政府對私部門的放款，就能支持私部門投資。

進一步說，這項政策改革有兩個面向。[42]

一、體認到貨幣政策的局限：與財政政策並用

歐盟和美國一樣，回應近期的經濟危機均仰賴貨幣政策。不僅是仰賴貨幣政策，無論美國或歐盟都採取了撙節措施。而貨幣政策根本無法填補投資空缺。甚且，對貨幣政策的倚賴造成了更大的不平等。最大的贏家是那些因為低利及量化寬鬆政策而讓股票及其他資產增值的有錢人。最大的輸家則是那些把錢投資在政府債券，眼看利息幾乎要沒了的老年人。歐盟及美國的成長差強人意，甚而出現停滯，以及我在《失控的未來》一書中預測的「大萎靡」（Great Malaise，也被ＩＭＦ稱作「新平庸」（New Mediocre））。

的確，對貨幣政策的依賴會讓經濟受未來問題影響。由於借貸管道一直沒有修復，創造出來的流動性有太多用於製造泡沫，威脅著未來的經濟穩定。對於那些能夠以低利取得資金的企業來說，在某些情況下儘管工資停滯，但是資金成本進一步降低，導致他們採用更多資本密集的生產技術，長此以往便會造成失業。

二、體認到平衡預算乘數的原理

即使限制赤字規模，政府還是能夠刺激經濟。支出增加搭配增稅，能夠讓GDP增加，因為支出的刺激效果比（等額）課稅的緊縮效果還要強烈。而且只要慎選支出及課稅對象，例如窮人的福利金及富人的遺產稅，乘數會相當大。也就是說，GDP的增加會是支出增加的好幾倍。基礎建設及科技等公共投資可能增加私部門的投資報酬，因此也可說刺激了私部門投資。確實有些租稅，例如汙染稅，藉著改善環境促進社會福祉，甚至能夠刺激經濟。對碳排放課稅，促使企業把錢花在減少碳排放的投資上。其他像是針對頂級車（進口到希臘等國）課稅，能夠經由抑制進口改善一國的經常帳，也能改善所得分配，因為這些產品的稅金僅由富人繳納；同時還能促進國內就業，因為它們鼓勵支出從進口商品轉移到其他商品，其中一些商品可能是由該國自行生產。

不幸的是，許多新自由主義的幕後動機（在許多案例裡倒是沒那麼躲躲藏藏）一直是要降低政府規模，我們在第七章提過。

危機政策改革二：朝向債務重整

對於大多數歐元區的經濟體來說，現階段這些改革已經足夠。但有些國家（像是希臘）累積的錯誤（該國自己及他國強加的錯誤）衝擊太大，需要更多的改革。

高負債箝制著一國的成長。過去各國採取三種方式對付過高的負債占GDP比。許多國家投入通膨，這麼一來實質債務就會降低。如果是長期債，這麼做尤其有效。第二種方式是讓經濟成長。只要GDP增加，負債占GDP比就會下降，債務也就變得**相對**不重要了。

不過我們看到歐元區已經把這兩項策略從工具箱中拿走。歐洲央行不會允許通膨，三巨頭也不會允許欠債政府為了投資國家未來而花錢。（的確，如我們所見，撙節方案降低了GDP，讓債務更難維持現有水準。這說明了負債占GDP比而今每況愈下，比起危機剛發生時還要糟糕。）[43]這麼一來只剩下第三個選項，即債務重整。債務重整是資本主義的必要成分。我們曾經提過，國家通常訂有協助重整債務的破產法。阿根廷危機過後，就有創設主權債務重整機制的呼籲。小布希的諸般罪過之一，就是否決了這項倡議。接下來幾年，由於沒有主權債務危機，這項議題也就乏人問津。[44]

一個國家若是需要債務重整以強化成長，就應該迅速且徹底地完成這件事。徹底的債務沖銷很重要，否則可能出現另一次債務重整。這樣的不確定性揮之不去，會讓經濟復原蒙上一層陰影。基於同樣理由，稍早我們提過經濟體的重整成本可能比一般認為的還要低，而效益則非常龐大。理論及證據皆指出，進行了債務重整的國家，通常能夠迅速重返全球金融市場；[45]即便接下來國家得仰賴自己，而非轉向外國人尋求資金，任何負面後果都不足以與迅速做出債務重整獲得的利益相比。

只要政府沒有原始赤字，債務徹底重整可以帶來更多財政空間供擴張性政策利用。原本要送到國外還債的錢，現在可以留在國內。

阿根廷已經展現出債後生機，以及貨幣協調改革的龐大效益。因為這些改變，阿根廷逃離了經年的死亡陷阱。二〇〇二年時，他們的失業率飆升至二二．五%，逼近今日希臘的水準。歷經改變之後，從二〇〇三到〇七年全球金融危機之前，阿根廷的GDP以平均八．七%的幅度增長，二〇一五年的失業率預估會降至六．五%。

因為對於未來成長不甚確定，對於既有債務水平是否真的可以持續也就不確定。GDP連動債券（在一國經濟表現良好時報酬較高）可以妥善利用於債務重整。這樣的債券代表國家和其債權人之間一種有效的風險分擔形式，就好比企業將債務轉換成股票。[46]這些債券有更進一步的優點。它們讓債權人與債務人的利益保持一致。有了GDP連動債券，只要希臘表現更好，希臘的債權人就會表現更好。在目前的安排下，外部施加於希臘身上的錯誤政策，由希臘承擔所有後果。有了GDP連動債券，像德國這樣的債權人，就有動力對這些政策考慮再三。

總結意見

針對歐元區的架構及政策，我列出了一系列能夠促使它順利運作的改革，並且給這個地區帶來共享的繁榮。從某方面來說，這些改革已經很客氣了。它們離美國的經濟及政治整合，以及其他採共同貨幣的聯邦制度還很遙遠。但所需要的比起今日存在的還要多出許多。

我將焦點擺在能夠讓歐盟各國趨同、創造出共榮的經濟改革。這些變革至少守住了增進歐盟各國團結的承諾，而不是讓近年顯著出現的分裂態勢繼續下去。尤其是各種共同參與方案，諸如讓歐盟更緊密連結的基礎建設方案和安定團結基金，都有可能促進政治整合。只不過需要做得更多。[47]例如學校裡的歷史教學應該要擴大視野，這麼一來學生不只學到歐洲的衝突過往，還可以學到這座大陸在建立人權及民主時的共同奮鬥。

歐元本該要為進一步的政治整合鋪路，許多人認為它會加速這樣的整合過程。可是我們提過，今日恰恰產生了反效果。有些人說歐盟的作法是本末倒置，更緊密的政治整合以及良好政策的廣泛共識，才能提高共同貨幣體系的存活機會。歐盟內部廣泛受到討論的政治改革，許多能夠強化歐盟及歐元區。然而，它們的達成時常得犧牲今日主導國家政治舞台的人物。於是這些改革遭到政治人物抵制也就不令人意外。他們喜歡擁有當「小池塘裡的大魚」這種安全感，勝過在更具政治重要性的歐盟／歐元區裡扮演不確定角色。相信採用共同貨幣會改變這些政治動力，簡直是太天真了。

有些人可能會看著我的改革清單，說這根本不是最低限度的改革。我相信任何改革若是缺少這種全面的行動，都會增加歐元**失靈**的可能。就算歐元存活下來，也沒有帶來原先承諾的好處。我一再強調，歐元本身不是目的，而是達成更廣泛目標的手段。截至目前，歐元不僅沒能達成這些目標，還產生了**反**效果，帶來更糟的成長與更多的分裂。

這些或類似的改革，是防止歐元帶來趨異、不穩定、停滯、不平等增長及失業增加的必要條件。它們企圖對付缺乏匯率彈性、在多元地區內持有單一利率造成的後果，讓歐元區更有可能表現良好，儘管之後的調整依然受到原有限制的約束。

沒有這些正常的市場機制，讓歐元區的經濟體系不會面臨進一步的阻礙、不穩定和（或）停滯顯得更加重要。

四分之一世紀前流行的教條及政策，完全不適用於二十一世紀。本章的改革如此設計，是要把歐元區從不幸的歷史餘緒中解救出來，賦予歐元區充足彈性以因應新問題，並且在進化過程中納入新概念。

德拉吉掌理下的歐洲央行，已經展現出超乎許多人認為可能的彈性，並且完成一些關鍵任務；儘管許多德國人認為那些並不在央行的權責範圍。不過歐洲央行還是比聯準會更加受到拘束，對於今日的經濟現狀也遠不如聯準會應對得當。

許多歐洲人就算不同意我所列出的大部分改革，至少也會同意許多改革的價值。不過他們會說歐洲是民主社會，而民主讓事情進度緩慢。因此，結論只能是耐心等待吧！可是改革的時機及順序至關緊要，在經濟與政治整合不同調下更是如此。北歐與南歐之間的債權人／債務人關係已經相當惡化。除非我提出的改革（或是其他類似想法）實現，否則這樣的惡劣關係只會加深，覆水難收。

市場沒有耐性，不會等著看進一步的改革出現。現在若不從西班牙及希臘銀行裡拿出資金，採行共同存款保險的銀行聯盟沒有理由會在二〇一七年出現。惡性循環的成本已經十分昂貴，即便經濟頹勢獲得掌控，緩慢的復原依然會帶來破壞。因為今日犯下的錯誤，歐盟未來的成長潛勢不被看好。這裡有很重要的**遲滯效應**。今日加入勞動力的世代將無法累積他們的技術，幾年之後無法創造出讓他們更具生產力的人力資本。**遲滯**（hysteresis）這個詞就是指時間及調整成本之間的不平衡：

要去除歐元在幾年內創造出的失衡現象，耗費的時間比建立起失衡的時間還要更久。同時，去除失衡的成本比起失衡建立後獲得的利益還要高出許多。因此一旦資本或人才離開某國，通常也很難把他們找回來。經濟爭辯大多與哪種失衡比較重要有關。例如通膨鷹派擔心一旦通膨增加，要降低它成本高昂；短期高通膨的效益（要是有的話）與降低通膨的成本相比，根本微不足道。由此可證，我們目前關注的失衡實在是重要太多了。

然而，就我所見，不太可能以足夠的速度及進程，對歐元區架構採取徹底改革。[48] 延遲從另一方面來看也成本高昂。隨著歐盟因為有缺陷的歐元區所帶來的經濟苦難而掙扎，其他危機也一一浮現，最著名的就是西班牙境內的民族國家分裂威脅、英國的脫歐威脅，以及難民衝擊，尤其是敘利亞衝突造成的難民潮。持續的歐元危機以及如何處理危機的爭執，讓上述各領域的政策共識更難達成。但無論如何，這本來就是格外困難的事。

這就是為何歐盟需要刻不容緩地開始思考單一貨幣外的其他選擇，這些選擇我會在下兩章中列出。這麼做或許會增加他們的決心，不惜一切代價也要創設出順利運作的歐元區。

〔第十章〕協議離婚有可能嗎？

上一章描述了讓歐元順利運作的改革計畫，我相信從事這些改革是最佳的路徑。雖然我認為它們相當可行，但這些改革不會出現的可能性也很大。要是那樣的話，只有三個選擇。首先是目前得過且過的策略。換句話說，就是至少保持歐元區的團結，不過不足以讓它恢復繁榮。其次是創設「彈性歐元」，我會在下一章描述。第三個選擇是分道揚鑣，而歐盟應該竭盡所能平和地完成這件事。[1]

在本章裡，我們將討論和平分手的面貌。不見得要分裂成十九個不同貨幣，一如歐元區形成前那樣，但至少有幾個（兩到三個）不同的貨幣團體。本章的要旨十分簡單：協議離婚是可能的。事實上，運用二十一世紀的新科技，一些制度創新或許有助於這樣的分手，還能改善整體經濟表現。[2]分手能夠在離開國與其他歐元國家不用付出高成本的情況下達成。為了證明這個主張，我以希臘為例作分析，類似分析也適用於其他考慮離開歐元區的國家。希臘退出歐元區，有可能不破壞希臘的經濟，或是施加高成本於其他歐元國家嗎？假如希臘能夠處理得宜，比希臘富裕許多的國家大概也不會有問題。當然，會有成本產生。離開歐元區也是不小的變動，貨幣協調很重要。然而，如第三章指出，目前得過且過的策略也有著**龐大**成本。對整體歐元區來說，我們是以兆來計算成本。對陷入無止境蕭條的希臘來說，今日損失就是日後損失的一瞥。必須要有理性的計算，把這些已知且持續存在的成本與分手的風險做衡量。萬事起頭難，但至少分手之後有經濟衰退告終、展開實質成長的可能。[3] 本章主張在合理且處理得宜的協議離婚下，希臘會做得比活在三巨頭施加的方案下還要好。[4]

當然，會有經濟計算所忽略的政治面向。這樣的政治面向是多方面的。分手能夠讓飽受德國及三巨頭不平對待的希臘人民恢復自尊；分手也能夠恢復民主——希臘總理齊普拉斯在六二%希臘民眾公投反對撙節方案後，卻接受了三巨頭的要求，讓人不再懷疑他們的經濟主權已然喪失。

本章的最後一節將解釋，若要有限度地打破歐元區，德國離開比那些邊陲國家離開更為合理。最後則以**協議**離婚何以如此重要作結。

如何脫離歐元，創造繁榮

處理退出歐元區有些困難之處：管控財政赤字、經常帳赤字及負債；創設並維持穩定的銀行體系，有穩定的借貸資助新投資；以及創設新的金融交易體系。

二〇〇八年全球金融危機以及之後有關金融部門改革的討論，凸顯出金融市場的失靈及這些失靈給經濟體系帶來的嚴重後果，包括信貸創造下的過度波動，以及資本錯置及風險管理不當。貸款多數被用以購買固定資產，而非創造生產性資產。過度且不穩定的跨境短期資本流動，導致匯率及貿易流量不穩。支付體系索費過高。大量的非生產性社會活動，從市場操縱到內線交易，再到掠奪性放款。我說過這些後果對總體經濟的影響，信貸錯誤地往邊陲國家流動，創造出歐盟至今仍深受其害的失衡現象。

貨幣聯盟關乎**錢**。更廣泛地說，是關乎一國的金融體系。正是金融體系運作失靈導致了危機。歐洲央行及三巨頭關注的也是金融穩定的恢復，只是似乎沒有考慮到對受影響者的生活帶來了什麼後果。因此，假如希臘離開了這個失靈的貨幣／金融體系，問題將是由什麼來取代這個體系？一般的推測是希臘會重回德拉克馬（drachma）時代，重新面對與這個貨幣有關的所有問題。談論這個選項的人，通常忽略了德拉克馬時代最後二十年，希臘的成長速度遠高於進入歐元區後近二十年來的表現，同時失業率也比較低。

然而，過去四十年裡發生了太多事。現代科技成為**新形態**金融體系的基礎。希臘不必回到過去。她可以創造出未來的金融體系；儘管目前的金融部門想要為自己積存龐大租利，這樣的特殊利益阻礙了未來金融體系的創造。接下來各節我會簡短描述這種體系的關鍵要素，也就是輔助交易的低成本「交易媒介」，以及專注於**實體經濟**的信用創造體系，並且以較之現有體系更有利於總體經濟穩定的方式管理。

創設二十一世紀的金融交易體系

我們的銀行及貨幣體系具有許多功能，其中之一就是作為交易媒介。全球曾經使用過黃金，然後美國曾經走向複本位制，使用黃金與白銀，最後才走向紙幣（或法定貨幣），通行的交易媒介改變了好幾次。近幾年來，大家已經體認到遠離貨幣、走向電子貨幣更有效率。希臘退出歐元區正是這麼做的機會；這麼做也有助於希退，強化希臘經濟。

隨著各方專家認為希臘有可能退出歐元區，報載文章披露了後方準備情形，以及希臘有無可能印製足夠貨幣、如何轉換至德拉克馬、如何處理銀行帳戶，還有新鈔票的設計、印製和發行，同時如何賦予新貨幣價值。希臘在離開歐元區之前不太可能開始印鈔，人們也不清楚這段期間會發生什麼事。[5]

人們提出了這些問題，顯然是沒有注意到我們的支付體系（交易的方式）發生了什麼事。貨幣這個印有名人臉龐或建築物的有趣紙張是一種遺物。就和黃金、白銀一樣，貨幣曾經是支付體系的關鍵，現在已不復如此。

此刻我們有便利許多的電子支付體系，而且在全球大多數地區，假如是出自壟斷性金融體系之手，電子支付體系會更加便利。電子轉帳成本異常低廉，只不過銀行及信用卡業者索費過高，因此獲得了壟斷性利益。[6]

電子貨幣對交易雙方來說都更為便利，這就是它成為主要支付形式的原因。電子貨幣把印鈔成本省下來了。隨著偽幣製造者魔高一丈，印鈔成本增加不少。電子貨幣還有更多優點，尤其是像希臘這樣由小型企業主導的國家，電子貨幣明顯減少了避稅規模。[7]

有了電子貨幣，與歐元分手原則上可以順利完成，只要其他歐盟當局能夠配合。要是希退真的發生，希臘歐元（Greek-euro）很快就會出現。這會是希臘銀行體系內的貨幣。實際上這個貨幣會被「鎖住」，不過任何人都能進行轉帳交易。因此每個人實質上都能充分利用自己的錢。[8]希臘歐元會像其他貨幣一樣，有著相對於一般歐元的明確價值。

今日大多數人都擁有銀行帳戶，只有極貧窮者「無戶頭」。近年來各國政府及非營利組織，如蓋茲基金會（Gates Foundation），皆致力於讓無戶頭者擁有銀行帳戶。政府能夠迅速為這些無戶頭的少數人設立新的銀行帳戶。大多數國家政府的退休金支付如今是透過銀行帳戶轉帳，部分原因是為了減少支票遺失的風險，部分則是為了降低支票兌現服務索取的驚人費用。[9]

貸款：創設為社會服務的銀行體系

本章前面提到貨幣協調裡「交易媒介」接二連三的變動。使用法定貨幣的一大優點在於能夠管制供給。當黃金作為交易媒介時，只要發現了大量黃金，或是隨著西班牙征服新世界而使黃金供給增加，就會產生通膨，黃金價格相對於其他商品降低了。倘若黃金發現量少，便會產生通縮。通膨和通縮都會帶來問題。例如，通縮會造成所得重分配，從債務人轉移到債權人，增加不平等及經濟困難。一八九六年的美國大選就是在貨幣供給上攻防。債務人想要從金本位移向複本位，藉此增加貨幣供給。[10]

以法定貨幣為基礎的現代金融體系，並未因為黃金挖掘的變化莫測而受苦。不過現代金融體系有著更慘痛的苦難。銀行體系在製造貨幣及債務上的多變性，在沒有適當管制下呈現暴起暴落的狀況，成為資本主義制度的特徵。

銀行透過增加債務供給，實質上也是在增加貨幣供給。在現代經濟體裡，一般而言央行是間接管制各家銀行的放款。這些銀行應該要**提供剛好的數量**，這樣才會有金髮經濟★，不讓市場過冷或過熱，而是「剛好就好」。

信用創造的目標管制

現代金融體系有一個問題：由於央行的管控機制往往極為間接，經濟時常不是過冷就是過熱。有時候信用創造過多，導致總合需求過度以及物價上升，於是出現通膨。有時候需求不足，物價下跌，於是出現通縮。

這種失靈部分原因在於，儘管央行在信用供給上可以管制得宜，但是無法（更正確地說是不願意）管制貸款的**使用**。大多數貸款都被拿去購買既有資產，像是土地。經濟過熱或過冷取決於新商品及服務的購買（無論是為了消費或投資）。二〇〇八年危機過後，聯準會將大把鈔票注入經濟體，流動性大幅增加。然而，極少資金被拿去購買美國商品和服務。所以雖然依傳統計算，貨幣供給大幅擴張，經濟還是維持衰弱。[11]

簡而言之，即便有了法定貨幣，國內總合需求仍然會出現不足的現象。這樣的不足很容易修正，畢竟總有個人及企業想要花錢但沒有借貸管道。我一再提及，這是希臘及西班牙的主要問題。歐洲央行對市場的信念及對貨幣政策的誤解，使央行對信貸流動甚少注意。接近零的利率並不代表企業可以在這樣的利率下（或任何利率水平下）借貸。

儘管歐元區是單一市場，卻沒有單一借貸利率。的確，借貸利率的差異是歐元區趨異的固有面向之一。個別國家放棄貨幣體系的掌控權後，就沒有辦法平衡企業、家戶、甚至政府的資金成本。

這個不公平的競爭環境，本來就存在於目前的歐元體系。

「離婚」對於銀行信貸流動的衝擊

銀行體系是貸款的主要供應來源。於是有了這層隱憂：離開歐元不會導致銀行體系崩盤嗎？最少也會給經濟帶來嚴重打擊吧？的確，眾人都說正是這樣的威脅，造成希臘政府在二〇一五年夏天向三巨頭的要求低頭。

但這是虛假的恐懼。對於銀行的傳統認知乃是基於早期的農業經濟。農夫們種子超收（收穫大於他們想要消耗的分量，或是大於下一季要種植的數量），便會把種子攜去銀行，銀行再依利息將種子借給想要更多種子的農夫，無論是為了消耗（比如當年他的收成不好）還是種植。為了借貸，銀行必須存有種子。實際上，那些人擔心希臘能從哪裡獲得銀行體系運作的必要資金的人，心裡想的正是這種玉米經濟：希臘人沒有玉米可以放進新的銀行體系裡，而那些外國人又為何要把他的玉米放進新的希臘銀行裡呢？[12]

不過這樣的理解還是完全沒抓到二十一世紀的借貸本質。在現代的經濟體裡，銀行創造信貸實際上是無中生有，倚靠的是對政府的普遍信心，以及政府為銀行紓困的能力及意願，這包括政府課稅及借貸的能力。然而，歐元限制了這些能力；在銀行聯盟缺席下，歐元便破壞了國家的銀行體系。

★編按：Goldilocks economy，源於格林童話《金髮女孩與三隻熊》，故事中的金髮女孩在三隻熊家裡看到桌上三碗粥，太熱的不吃、太冷的不吃，只挑不冷不熱的吃。故「金髮經濟」引申形容不過冷、不過熱、溫度適中的市場。

恢復由國內管控信用創造

一旦一個國家的經濟主權恢復，比如說像希臘離開歐元區，其創造信用的能力便大舉恢復。最直接可以想到的是官股銀行。它可以藉由放款給信譽卓著的小型企業，把「錢」投入支付體系；這家小型企業或許想要在一座島上建造旅館，該地旅館住房的需求一直超過供給。

政府只要放更多「錢」在企業的銀行帳戶裡，企業便可以將之用來支付承包商以建造旅館。當然，提供貸款總是會有未償還的風險，所以必須建立評估償還可能性的標準。

近幾十年來，人們對於政府是否有能力做這樣的評估已經喪失信心；信心轉向私部門的金融體系。二〇〇八年危機以及過去三分之一世紀經常出現的其他危機，都顯示信心錯置。銀行不僅沒有做出正確的判斷（大規模的重複紓困即是明證），對於他們早該承擔的重責大任，即提供貸款予企業以創造新工作，也都沒能達成。根據顯示，他們的「實質」放款僅達業務的三%；另一說則是一五%上下。無論如何，銀行金融已經轉向。[13]

將信用創造的權利由政府下放給私人機構，會有明顯的問題。這些機構能夠利用這樣的權利，藉由我們先前說過的**連結性放款**而自肥。法規限制這種情事是受到不良放款的經驗影響，而非這樣的放款可能引起的貪腐及不平等。然而，限制連結性放款並未解決關鍵的根本問題。貸款是稀有財，以政府為後盾，讓私人銀行有權創造信用，給了銀行龐大的「經濟租」。他們能夠利用這樣的經濟力量使自己和親友更有錢。俄國就有最典型的例子，擁有銀行執照的人能夠藉此權力大量購買珍貴國有資產，尤其是天然資源。大量的俄國寡頭集團就是經由銀行體系創造出來的。在西方國家，這樣的事多在檯面下進行，不過還是造成極大的不平等（儘管規模不比俄國）。

在多數情況下，銀行把錢借給他們「信任」且認為信用可靠的人，並取得他們認為有價的東西作為擔保。簡言之，銀行家借錢給和他們類似的人。即便A銀行不能借錢給自己或他的親戚，還是可以借錢給B銀行的親戚，而B銀行可以借錢給A銀行的親戚。證據顯示他們的判斷容易出錯。他們有時對光纖科技過度放款，有時則是對水力壓裂科技、房市過度放款。

將信用創造的權利下放給私人銀行，還有第二個危險。縱觀歷史，放貸者向來惡名昭彰，因為他們殘酷地壓榨窮人，尤其是在這些人需款孔急之際。要是沒有這些錢，他們的孩子或父母可能會死。在這種時候，協商權出現極大的不對等，放貸者以壓倒之姿進行剝削。幾乎每個宗教都竭力禁止這樣的剝削作為、放高利貸，有時甚至是利息。不知怎的，在新自由主義的魔法下，這樣的悠久歷史已被遺忘。銀行家不僅不會因為被稱為放貸者而感到受辱，他們還晉升成為資本主義的典範。他們熱中這樣的功績，視其為資本體系運作的核心，假設剝削不會發生，或許是因為相信競爭會確保剝削**無法**發生，又或許是因為相信隨著勞工有了新的榮景，民眾不會讓剝削發生。

但這些都是痴心妄想。解除限制之後，這些二十一世紀的放貸者在各方面都和過去的放貸者一樣殘酷。事實上，在某些方面他們猶有過之，因為他們發現了剝削窮人及投資者的新方法。他們已經把錢從經濟金字塔底層搬到了頂層。[14]金融部門在政府信用的背書下，讓自己變得更有錢，卻沒有執行應該表現的社會功能。他們已經變成歐洲及全球各地不平等的主要來源之一。[15]

即便有這樣的淵源，政府還是想要把貸款決定權這項責任交給私人企業。不過政府應該發展出穩固的激勵及責任制度，像是金融體系實際上要把焦點擺在對就業及創業放款，這樣才不會在執行這些功能時中飽私囊。再換句話說，政府應該要為自己的背書收取合理補償。實際上，在目前的制度裡，政府信用保證的潛藏「價值」全都被私部門給攫取了。[16]

信貸拍賣

針對這個問題，有一個能夠使經濟更加穩定的可能做法；當一個國家脫離歐元區及其約束和法律框架後，可以利用這個方式幫助自己。首先，央行（政府）拍賣發行新債的決定權，所得數額會讓金融體系內的「錢」有所增加。每月允許增加的淨負債規模，取決於央行對總體經濟環境的評估。也就是說，倘若經濟疲弱，央行就會提供更多貸款以刺激經濟。依據信貸拍賣得標者對受貸者償債能力的評估，他們接著會把這些「錢」借給受貸者，並且依照央行可能施加的限制條件而行（下面會敘述）。[17]

要注意到在這個體系裡，銀行無法無中生有創造信用，而且每月創造出來的貸款受到相當程度的掌握。信貸拍賣得標者只能把他們帳戶裡的錢轉進受貸者的帳戶裡。

售予銀行的「放款權利」附有條件。給予中小企業及新創事業的貸款占比設有最低限制。放款予房地產投資（或許是依地點分配，根據在地物價的波動）、購買其他既有資產，或是從事投機買賣，例如避險基金，則設有最高限制。貸款不能用於社會所禁止的活動，像是加重全球暖化或與提高死亡率有關的東西，例如香菸。簡言之，就是設有最低標準的社會責任。對於索取的利息設有上限。歧視性放款作為及信用卡公司的濫權行為都會被禁止。連結性放款也是一樣。進一步的限制則在確保銀行的授信組合安全無虞。同時，政府監管單位會執行嚴格的監督，確保銀行遵守管理這項計畫的法規。

在二十一世紀的銀行體系裡，就某種意義來說，銀行只被暫時賦予放款能力。而且銀行必須遵循規則及標準。政府可允許其他單位進入銀行體系；的確，將儲貸功能與發行債務的公開拍賣權分開來，應該會讓進入更容易，也因此會有比現狀更為激烈的競爭。

既然放款是以資訊為基礎的活動，蒐集資訊又是固定成本，我們會冀求新的銀行體系要穩定，要求銀行不要走鋼索。也就是說，他們得要資金充裕，並且要有足夠利潤。我說「足夠利潤」並不是指二五％的股東權益報酬率；歐洲的德意志銀行（Deutsche Bank）最有名的就是把這樣的報酬率視為稀鬆平常。因此，企業若有充足資本，也能滿足其他條件，強化大眾對於他們會是負責放款者的認定，進入就會受到鼓勵。[18]信貸拍賣制度能夠確保銀行不會賺取超額報酬。大眾支持資金／信用創造帶來的價值，大部分價值也都會由大眾獲取，而非像現在是由銀行家奪取。同時新的信用創造制度讓金融的社會功能更有可能實現，至少會比現今的安排還要好。

這是如何創設二十一世紀銀行體系的舉例，呼應了電子科技的優勢，做出幾十年前若要達成會困難許多的事。這個銀行體系比起目前的體系更能確保負責任的放款及總體經濟穩定。同時不會造成如此多不平等的龐大經濟租及剝削；它們在世界各地的先進國家裡陰魂不散。

然而，這項改革不只是要限制銀行家的剝削，更要強化總體經濟的穩定。造成總體經濟不穩定的要因之一，在於貸款供給不穩定，尤其是用以購買生產產品及服務的貸款。二〇〇八年的危機顯示，市場進展及我們對市場的了解，仍然未能給這個關鍵變數帶來更大的穩定。事實上，恰恰相反，我們的體系不僅能夠強化這個關鍵變數的穩定，還能為良性循環扎根，增加經濟的整體穩定。

小型企業無法還款的重要原因之一在於總體經濟的波動。當經濟陷入蕭條，便無法償還貸款。確保（比現有體制）更大的總體經濟穩定，是確保銀行體系活絡運作的不二法門。

銀行資本從哪裡來？

現代信貸制度的好處，在於不太需要以往那樣的資本。重整歐元區國家遭破壞的銀行體系，不像昔日那樣需要黃金，或是借錢購買種子。如我們所見，政府自己就能創造信用（透過官股銀行），或是藉由前述的拍賣機制，將信用創造的權利授出。

政府創造出的錢能夠用來繳付積欠政府的稅款。同時政府有權徵稅，這項事實確保政府創造信用的價值。由於創造出的信用是電子貨幣，其流向很容易監控。因此政府不僅有能力徵稅，還強化了收稅能力。

銀行資本存在於這世界的唯一理由，在於那是銀行有能力償付利息的部分保證。銀行「購買」自政府的債務發行權只是暫時的，由此而生的債務必須償還政府。（此外，銀行將會失去資本。這個事實有強烈的激勵效果，讓銀行正確選擇貸款對象，並且監督借款。）然而，假如政府在銀行監管上管理得當，並且施加適當法規（例如管制針對連結性及高風險放款），所需的資本將會有限。單是這個事實就應該給貸款市場帶來更多競爭，降低現有的過度報酬。

在協議離婚下管理經常帳赤字

歐元危機起自希臘無法為其貿易及政府赤字取得金援。或者更準確地說，是希臘無法展延積欠債務。希臘大量依賴歐元區的協助，儘管我們提過所謂援助絕大部分是給了歐洲債權人，而非希臘。對希臘（或者任何危機國家）來說，有能力自主管理會是個好消息。

有了適當的債務重整（本章稍後會討論），國家的狀況比較不會那麼糟，即便其「夥伴國」沒有在協議離婚後伸出援手。的確，免於作為「援助」一部分而施加的條件，免於撙節及適得其反的架構改革，希臘確實會漸入佳境。在此關鍵時刻，歐元危機發生後五年左右，竟然有更好的消息傳出。危機國家中受害最深的希臘，幾乎排除了貿易及（原始）財政赤字。如果刪減這些赤字一直是三巨頭方案的唯一目標，而且毫不在意達成這些目標的成本，那麼他們的方案可以說是成功了。可是目標更遠大：要讓希臘靠自己站起來，在充分就業下達到成長。只可惜希臘反而陷入嚴重蕭條。而且如本書所示，達成貿易及財政赤字的減少，成本一直相當龐大。

展望未來，錢還是會朝反方向流動，不會從德國及其他歐洲國家流往希臘，而是從希臘流向德國及其他三巨頭國家。這樣的反向流動預計會持續幾十年。希臘不會需要向外求援，也不會得到什麼幫助。

在歐元區外，希臘（或是任何危機國家）就能夠利用彈性匯率（希臘歐元的價格可能會低於歐元）修正貿易失衡，並且強化經濟。如我們所見，貿易赤字的根源主要起於無法調整匯率。當匯率下降，出口變得更具吸引力，進口則相對不具吸引力。一般說來，這會把經常帳赤字拉回到可管控的程度（儘管有時不是立刻發生），甚至可以消除赤字。走向希臘歐元，能夠達成這種實際上的貶值。

希臘出口橄欖油等商品，其礦業部門規模也相當龐大。但是一如每個現代經濟體，希臘出售的不只是商品，還有服務。事實上，服務占其GDP達八〇％。單是希臘的旅遊業就占了GDP七％。[19]有效的貶值能夠帶給希臘在這方面的競爭優勢，因為消費者對價格敏感。這樣的優勢也能增加外匯收益。[20]

當然，長期下來，還有其他希臘能做且應該做的事。我們討論過希臘可以發展再生能源的生產力。貶值能夠讓希臘從出售這些能源給其他歐洲國家中賺取更多希臘歐元。希臘還可以發展成歐洲的陽光帶（Sunbelt，一如美國的佛羅里達州及亞利桑那州），吸引退休族前往（尤其如果希臘能夠強化其健康照護部門），並且吸引像美國運通（American Express）這樣的企業前往。以電子商務為本的企業，基本上可以落腳在任何地方。

進一步的考量在於那些出口至希臘的廠商，是否願意接受以希臘歐元付款？他們勢必會接受，尤其是當金融市場對希臘歐元與一般歐元之間的價格變動發展出一套對沖機制。當然，價格波動在所難免，就如歐盟內許多貨幣價格的波動一樣，像是瑞典克朗與英鎊價格的變動。現代金融市場深諳如何管理這些風險。

透過貿易憑單管理經常帳赤字

還有另一項改革能夠解決希臘歐元可否被接受的疑問，同時協助整個調整過程。這個概念甚至已經提供給美國參考（美國一直存有經常帳赤字，致使經濟表現疲弱），提出者不是別人，正是沃倫・巴菲特（Warren Buffett）。[21]這項改革也能確保貿易信貸往特定方向流動。在這項提議中（稱為貿易憑單或巴菲特憑單，trade chits, Buffett chits），政府會提供出口商一張憑單，也是一種「代金」（電子記錄），數量依出口商品的價值按比例訂定。進口一希臘歐元的商品，需要支付一個希臘歐元的憑單或「貿易代金」。會有一個憑單的自由市場，這樣憑單的供需才會均衡。藉著平衡憑單的供需，便會自動平衡經常帳。

從實際操作上來看，憑單的價值通常非常低。例如，在二〇一五年初混亂開始衝擊希臘經濟之前，希臘有經常帳盈餘，在此情況下憑單的價值是零。不過這樣的制度是在管控市場經濟體內的高度波動。隨著資本自由移動，匯率是由市場的變幻莫測所決定。這些反覆無常的匯率變動主導著進出口、貿易赤字及借貸，同時造就總體經濟的不穩定。有了貿易憑單制度，便能控制貿易赤字，強化整體穩定。[22]

在上述的分析裡，每個進口都需要一張憑單，不是出現貿易盈餘，就是貿易平衡。政府也可以利用這個制度限制赤字或盈餘的規模。假設政府想要將進口限制在不超過出口的五分之一，可以針對每歐元的出口發放一・二張進口憑單。當盈餘過多時，每個進口會被發給一張「出口」憑單。這樣一來，每個出口都會需要一張憑單。這會自動把出口拉低至進口的水準。藉著發放進出口憑單，貿易平衡能夠維持在預設的範圍內。

若國家能夠穩住貿易赤字或盈餘的規模，對於總體經濟將頗有助益，也能夠協助總體經濟維持穩定。比如說，小國因此不必為「外部均衡」（淨出口地位）的無常所苦。這些波動給社會帶來巨幅成本，製造它們的市場卻沒有擔起任何責任。

赤字／盈餘的穩定也造就了長期穩定，我們已經看到累積多年的國家負債可能在一夕之間變得無以為繼。市場是以短淺眼光看待這個世界。它願意年復一年地放款，直到哪天突然改變心意。藉由限制貿易赤字，實質上就是在限制國家負債；這項架構減少了不穩定的主要來源。

歐洲及其他地方的經驗，顯示了危機的發生原因與其說是政府負債，不如說是國家負債。在一些案例裡，國家負債就是政府負債（如希臘），但是在其他許多案例裡（如愛爾蘭及西班牙），國家負債來自私部門負債。一旦危機襲來，債務便迅速從私部門的資產負債表轉移到公部門。

再者，我們可以看到這樣的制度如何協助強化希臘歐元。倘若沒有憑單制度，希臘人對進口的需求增加（也就是對德國歐元的需求增加，用以購買德國車），會導致希臘歐元的價格降低。但是現在進口必須另外付費購買憑單，因此受到抑制。在此情況下，對進口的需求增加，會反映在憑單的價格增加，而非希臘歐元的價格降低。希臘歐元的價格反而會提高，因此避免了希臘歐元因為希退而崩盤的預期心理。[23]

管控財政赤字

處在歐元區外，希臘（或是其他危機國家）不僅可以不靠援助管控貿易赤字，還可以管控財政赤字。較高的成長會帶來更多收入，債務重整（下面敘述）會降低一國的資源外流。長期下來，謹慎使用貿易憑單，能夠防止外債大量累積（無論來自公部門或私部門）。

有趣的是，即便身處歐元區內，今日的希臘在融通財政赤字上並沒有出現嚴重困難。該國即便沒有IMF及歐元區的資金也能夠存續。除了償付利息，希臘在調整經濟上表現優異，二〇一四年還出現盈餘。二〇一五年夏天的混亂確實讓金融緊繃，但是二〇一六年初希臘已經恢復均衡，預計在二〇一八年時會有大量盈餘出現。[24]

儘管走向協議離婚，但不可否認在朝獨立貨幣的道路走去時，若有援助將甚為有益。離開歐元區的過程中會出現阻礙及不確定性。在這段過渡時期，歐洲應該要提供「調整協助」。團結意味著資金應該以補助的形式撥出。[25]

即使這樣的協助不會立即出現，還是能夠順利度過過渡時期。政府需要資金有三個目的：購買國內商品及服務、償付利息，以及購買外國商品及服務。從概念上來看，至少第一個目的比較容易處理。政府實際上可以對國內發行債務（見前述政府如何對其他團體發行債務的討論）。緊接而來的總合需求的增加對於經濟相當有益。評論者提出對通膨的擔憂，但危機國家一直面臨的是通縮，是總合需求的不足。

如果政府有必要挹注更多資金，超出經濟恢復充分就業所需的金額，就必須增稅。然而，透過電子支付系統所得到的資訊，能夠讓政府在課徵既有稅上做得更好，也就更不需要增稅。

經由債務重整，需要資金來償付利息的情況會大幅減少。這對於任何協議離婚來說都相當重要，我會在下一節討論。只要方案（包括巴菲特憑單的使用）的其他部分被採納，外匯需求也很容易處理，因為這樣不會有實質的外匯「短缺」。[26]

管理債務重整

大多數危機國家的累累債務均是以歐元計價。我在上章討論過諸如希臘這樣的案例，如今很明顯必須進行債務重整。該國若離開歐元區，這件事只會更加必要，因為很有可能新的貨幣（為了簡便，我們還是繼續稱它為希臘歐元）幣值會低於一般歐元（我們還是把它稱作歐元）。

我在第七章解釋過，債務重整（破產）是現代資本主義的重要特徵，只不過它們通常充滿爭議。為了讓重整過程順利，希臘政府可以有些作為。首先，政府應該宣告所有以歐元計價的債務改以希臘歐元支付。這樣的重新定價之前曾經發生過：美國脫離金本位制時，以黃金定價的債務就曾以美元重新定價。的確，在進入歐元區時，以德拉克馬定價的債務便轉換成了歐元。[27]

假如希臘歐元相對於一般歐元以折讓價格交易，這就相當於債務重整，只不過這可以順利進行，不必依賴一般債務重整包含的複雜程序。有趣的是，上述的憑單制度能夠降低匯率下跌的程度。[28]

在一些案例中（希臘就是其一），必須要有明確的債務沖銷。如果債務是依外國法律制定的契約條件還款，在此情況下危機國家不能重新定價，就更該要有明確的債務沖銷。（為了達成協議離婚，其他歐盟國家應該要同意讓發行於其他歐盟管轄區的債務能夠重新定價。）

若是私部門債務，政府應該要通過有助於加速重整的法律。[29]美國已經體認到讓企業重新開始的重要性，並且依其破產法的第十一章迅速執行。當許多公司面臨債務違約（如果以歐元計價的債務無法重新定價，也會如此），這麼做就更形重要。前一章提過，歐盟各危機國家都需要接受這樣的觀念，無論他們離不離開歐元區。

本章的重點在於希臘與歐盟的協議離婚，而在希臘大多數債主是其他歐盟夥伴國的情況下，我們希望這些國家能夠了解重新開始及債務徹底沖銷的重要與必要性，並且以自身的權力及影響限制私部門興訟，不要以一連串的訴訟與希臘對抗。在歐洲團結一致的背景下，這些國家能夠以超越二〇一五年時國際社會認可的最低原則進行債務重整，使整個過程更為順利且成功。[30]

德國離開的好處

前面的討論描述了許多制度改革及創新機制，為任何危機國家順利脫離歐元區的過渡期做好準備。我們的分析則指出，單純讓希臘離開，無論現在或放眼未來，都不會解決歐元區的問題。還有其他國家身處蕭條及衰退之中，無法立即脫離險境。與其讓每個危機國家接二連三離開歐元區，或是讓歐元區各國一同陷入幾近停滯的噩運，還不如選擇另一個解決辦法：讓德國或一些北歐國家（例如荷蘭及芬蘭，如果這些國家能夠迅速從現有問題中恢復）離開。這會是歐洲恢復穩健的簡便之道。[31]

一些北方國家的離開，能夠讓留下國家與這些國家的匯率進行調整。這樣的調整能夠協助恢復經常帳餘額，而不必以衰退或停滯手段壓制進口。匯率降低能夠增加出口並減少進口，這樣會刺激成長。增加的成長能給政府帶來更多收入，讓撙節告終。自從危機開始以來向下沉淪的惡性循環，將被成長及繁榮的良性循環取代。

若南歐經濟體的力量持續增強，將使他們有能力償付利息，甚至償還部分債務。北歐國家若離開，南歐國家的通行貨幣仍然會是歐元（北歐國家的通行貨幣稱為北方歐元）。由於是歐元債，南方各國又都維持歐元，因此不會提高槓桿。假如南歐各國離開歐元區，就會提高槓桿，並且伴隨所有那些負面影響。

同時，在那些歐洲北部的國家，強勢的北方歐元對於排除持續的貿易盈餘有意想不到的效果。貿易盈餘不僅讓歐元區其他夥伴國、也讓全球經濟相當頭痛。德國因此會被迫尋找其他刺激經濟的方法，做出前一章所提的事，像是提高底層的工資、降低不平等，以及增加政府支出。在目前的情況下，（即便是北歐國家的）貨幣政策相對無效。德國如果希望維持充分就業，就得仰賴財政政策。

隨著北國的企業、家戶、甚至政府持有歐元債，同時北方歐元對歐元升值，市場就會自動去槓桿，這樣就能刺激成長。這會抵銷一部分排除貿易盈餘時帶來的緊縮效果。

總結意見

本章談到了如何處理協議離婚，指出在這樣的分手中，危機國家面臨的每個核心問題該如何處理。經常帳赤字能夠被排除，甚至轉為盈餘。政府能夠資助其支出。經過多年深陷衰退及蕭條，歐洲的經濟體能夠恢復充分就業，而且既不會有通膨，也不會有通縮。我所提出的制度，即便是傳統上「疲弱的」經濟體，都不會累積一再促使危機發生的外債。即使是在這樣的框架內，仍然需要做出許多決定。至少在過渡期的前幾年，我會建議各國以經常帳盈餘為目標、公共支出傾向投資、維持小額財政盈餘。而且，如果有必要，可運用平衡預算乘數以確保總合需求到位。

當然，事情鮮少能夠如此順利。一如往常那樣，可能會傷了感情，也會有指責聲浪。誰該負責？要是……的話，這段婚姻是否會不一樣？要是希臘表現好一點的話呢？要是三巨頭不那麼汙辱人呢？希臘民眾幾乎要展現出身處虐待關係中各種人格面向了。他們會說，要是我們再配合一點……要是我們能夠……

然而，前一章提到真正出錯的，是歐元區的架構本身。我解釋過假使希臘的談判人員再配合一點，結果也不太可能有何不同。整場危機下來，希臘的談判者態度多變令人目不暇給，卻沒有一個進展順利。真的沒有必要為此自責。

許多歐盟內部人士會因歐元的壽終正寢而難過。拜託，這又不是世界末日。貨幣本來就來來去去。歐元只是一場十七年的實驗，設計不良且安排失效。歐盟計畫不只於此，整體歐洲的視野絕不僅止於貨幣聯盟。貨幣本該要促進團結，達成進一步的整合及繁榮，但歐元一項都沒辦到。建立之初，歐元就成為達成這些目標的障礙。如果前一章討論到的歐元區改革已經超出今日歐元區的能力範圍，最好就是捨棄歐元，以挽救歐盟及歐盟計畫。

〔第十一章〕朝彈性歐元邁進

看看今日的歐盟，我們可以說它身陷困境。就算歐元一直沒有發揮效用，歐盟還是想要留住歐元。它想假裝各成員國要是遵守規定、美國要是沒有製造金融危機，則一切都會安然無事。可惜若捫心自問，歐盟必定知道這不是真的。遵守規定的國家也陷入了危機，不只是南方的邊陲國家，還有愛爾蘭。即便品行端正如芬蘭，也都出現適應困難，產生難以忍受的高失業率，二〇一六年初達到九．三%。

市場經濟的本質就是「壞事年年有」。這些壞事對不同國家造成不同影響，需要各國做出大幅調整。歐元再怎麼說都讓這些調整難以完成。

儘管北方各國嚴厲譴責南方國家（也稱蒜頭帶★）的財政浮濫，芬蘭的問題卻顯示出該處情況更為嚴重且特殊。芬蘭一直是歐洲的成功模範之一。成為蘇俄的準附庸國之後，一九六〇年芬蘭人均GDP不過一〇五〇〇美元（經通膨調整），是當時美國的六八%。然後，歷經大量的教育投資，

★編按：garlic belt，即希臘、義大利、葡萄牙和西班牙。

到了二〇〇七年，芬蘭人均所得達到四二三〇〇美元，是美國的九三%。只是後來一系列問題降臨該國。在瞬息萬變的高科技世界裡，該國首屈一指的公司諾基亞（Nokia）失去了競爭力。芬蘭與愛沙尼亞來往密切，愛沙尼亞遭受二〇〇八年的危機重創。此外，柏林圍牆倒塌後，芬蘭受惠於與俄國的頻繁貿易。然而，對俄經濟制裁既傷害俄國也傷害了芬蘭；俄國也因為石油及天然氣價格下跌而受創。

二〇〇九年，芬蘭的GDP萎縮達八·三%。到了二〇一五年，GDP還是比二〇〇八年高峰時少了將近五·五%。若沒有採用歐元，芬蘭的匯率會向下調整，如此一來減少的進口及增加的出口會刺激經濟。若沒有歐元區夥伴施加的財政限制，芬蘭可以貸款資助刺激經濟的政府支出。相反的，芬蘭搭上了衝擊全歐洲的撙節浪潮。公部門工資的分層刪減理應要增加芬蘭的出口競爭力，結果卻造成需求減少，加深經濟低迷。簡言之，比起南方那些負隅頑抗的病人，歐盟藥方對乖順的芬蘭只稍微有效一點。

選擇走向「更歐洲」、創設順利運作的歐元區，對歐盟來說是最好的道路。但是對於一些歐元區國家，這麼做似乎有些難以消化。此外，上章討論的選擇，即協議離婚，也同樣令人難以下嚥。對於那些把歐元看作是歐洲整合的關鍵階段的人來說，離婚是放棄的象徵，代表不幹了。我認為這是錯誤的觀點。共用共同貨幣不是、也不應該是歐盟計畫的核心。不過在某種程度上，認知才是現實。如果絕大多數歐洲人都認為協議離婚是一種暫時的投降，這樣只會讓歐洲整合的行動受挫。[1]

本章我想要簡短討論最後一項選擇，我稱為「彈性歐元」。它意味著承認自從歐元危機爆發以來，歐元區的架構創設有所進展，儘管仍不足以讓單一貨幣順利運作。彈性歐元以這些成功為基礎，希望創設出一種體系，讓不同國家（或國家集團）都有自己的歐元。各歐元的幣值會有所浮動，但受歐元區政策所影響。長久下來，隨著團結有了充足進展，浮動範圍能夠減少，最終一九九二年《馬斯垂克條約》提出的單一貨幣目標終能達成。然而，這一次，在必要制度都到位的情況下，單一貨幣可以確實達成促進繁榮、歐洲團結及政治整合的目標。

基本概念

基本概念來自於第九章及第十章：體認到歐元區架構的現有缺口可能持續到未來幾年，我們可以使用一些用於協議離婚的工具，安排足夠的政策協調，這樣各種歐元貨幣的幣值浮動就會受到限制。

一般來說，二十一世紀已經進入數位經濟時代。加速這個進程能夠增進效率，並且有助於徵稅。整個歐洲地區不會像此刻歐元區這樣採用單一貨幣，而是有幾個集團，每一個集團都有自己的貨幣。順著第十章所述的內容，每個國家或國家集團都會創造出各別的電子貨幣。錢很容易可以從一個帳戶轉至另一個帳戶，例如在購買商品和服務時。企業會把勞工的工資匯入這些帳戶，同樣也會以此付款給供應商，並且接受客戶的付款。我在第十章描述過如何在電子系統內增加或減少資金，好比藉由創造信用或緊縮信用。

我也提到一項制度，讓流往國外或國內的支付淨額能夠保持均衡。出口商除了收到以在地歐元支付的轉帳款項外，還會收到憑單。進口商除了由帳戶付款，還必須購買相應數量的憑單。可交易貿易憑單制度能夠確保出口總值等於進口總值，支付體系裡不會有淨流入或淨流出。一如我們在第十章所見，各國可以決定要讓貿易赤字發生，還是維持貿易盈餘；只要改變一單位歐元出口所收到的憑單和一單位歐元進口所需購買的憑單兩者的比例即可。

在此制度中，一國的歐元幣值能夠相對於他國做出變動（甚至相對於他國歐元幣值加上相關憑單價值總額做變動）。這是現有制度中缺乏的匯率彈性。同時我也解釋了憑單制度得以限制一國歐元對另一國歐元的變動。

穩定相對匯率

歐盟可以協力讓許多辦法發揮效用，以限制彈性歐元制度下匯率的浮動程度。我在第九章討論過這些辦法，這裡只是簡短帶過。

限制盈餘

首先，一直以來擁有貿易盈餘的國家（尤其是德國，透過這樣的不均衡結果，對歐洲鄰國及全球經濟體施加大量外部成本），可以致力於減少盈餘。他們可以用同樣的憑單制度達成這個目的。這麼做不僅可以降低全球失衡現象，同樣的邏輯（在憑單限制貿易赤字之下，希臘歐元變得比沒有憑單制度時還要強勢）表示德國歐元在憑單限制貿易盈餘之下，會比沒有憑單制度時還要弱勢。

歐元區的領導人倘若有心，只要調整憑單制度，就能在不同國家或區域歐元之間，達到趨近平等的效果。

更有效率地分配調整重擔

先前各章指出，貿易失衡起自實質匯率的僵固，而實質匯率的僵固來自名目匯率的僵固。歐元區嘗試以虛而不實的生產力調整（例如架構改革方案）或內部貶值達成實質匯率調整。但這些方式根本毫無作用，而且令人痛苦。

調整失敗的部分原因在於德國堅持不對等的調整過程，由赤字國家承受調整重擔（透過降低工資及物價），完全不顧所有證據及理論指出，相對於向上調整，向下調整的成本格外高昂。假如歐盟能夠帶著相反偏見，致力於另一種不對等的調整過程，情況會改善許多。應該讓盈餘國家遵循導致工資及物價向上調整的政策，例如財政及工資政策。

生產力的趨同

在先前各章裡，我們也看到了歐盟如何坐實生產力趨異的過程。弱國的資金來源日益惡化，基礎設施、教育及科技等公共投資驟然下降。

歐盟已經有一些機構可以挽回頹勢，也承諾會做得更多。例如歐洲投資銀行可以增加在弱國的投資。如果歐元區承諾創設真正的銀行聯盟後，迅速以共同存款保險跟進，就足以防止極端的趨異進入私部門金融市場。不過弱國的中小企業仍然會處於競爭劣勢。但是歐元區的中小企業借券機制，尤其是針對弱國，能夠協助修正這些劣勢。假如歐盟創設安定團結基金，或是在受創國家的失業福利支出上承擔更多責任，就能解除這些國家的預算束縛，做出更多具有前瞻性的投資。[2]假如歐盟願意促進工業政策，落後的國家就更有機會加入領先國家之列。

經濟原理

先前各章已經解釋過歐元區單一貨幣體系的問題。邊陲國家早在危機發生前幾年就已累積了大量的失衡貿易，單一貨幣制完全沒有任何作為。在危機過後，這項制度還帶來了痛苦且昂貴的調整過程，而成本一般是由赤字國家承擔。假如我們往各國內部看去，情況只有更糟。勞工和小型企業為不對稱的調整過程付出代價，然而創造出失衡貿易時卻是由其他人獲益。以西班牙為例，這些人就是建設公司及房地產投機客。我們正在要求無辜的旁觀者為他人的錯誤付出代價。

整個體系充斥著總體經濟的外部性，部分個人及企業的作為在他人身上施加了極高成本。每當外部性產生，就有公共行動的必要。這在環境汙染的外部性案例裡相當明顯，公共行動導致了更乾淨的空氣及河流。這麼做是有效的。然而，美國的銀行卻以毒藥房貸汙染全球經濟。監管單位對此應該有所作為，結果卻默不作聲。同樣的事情也發生在歐元區內。在一些案例中（愛爾蘭及西班牙），房產泡沫真實上演。在其他案例裡，這樣的過度作為則以不同形式出現。

本書描述的制度提供了一個更能夠處理總體經濟外部性的框架。當然，這並非萬靈丹。總體經濟波動仍會出現，可是如果管控得當，這些波動及其後果就不會那麼嚴重。這樣的制度能夠讓歐盟從經濟停滯中再站起來。

有些人或許會抱怨，這樣不是在干預市場嗎？但歐元區本身就是對市場的極大干預。它固定了關鍵價格，即匯率。它主張必須要由歐洲央行這個公共機構制定全區單一利率。問題是，在政府施加的僵固性下，市場其他部門能夠表現多好？這樣的僵固性能夠確保經濟穩定嗎？現在已經有了超過十年的證據，答案是刺耳的：「不能。」

這項提議包含了對市場的些微干預。即便這麼做，也是以市場機制去制衡市場。它能修正普遍公認的外部性，即與外部失衡有關的市場外部性。歐盟之所以陷入此刻的混亂，部分是因為過分認定市場的完全競爭。無論是在物價或數量上，市場的變動都很大。各國貸款人所需支付的利息劇烈地朝不同方向增減，資本及信用流動在現有協調機制下也幾乎是以無法控制的方式產生波動。

勞工被告知說，面對這些混亂的衝擊，只能逆來順受。這些混亂不是自然所為，而是不理性且不具效率的市場所創造。勞工應該接受工資刪除，以及削弱社會保障，只為了讓資本市場享受其「自由」。彈性歐元制度用意在於為這番混亂帶來些許秩序。但這番混亂至今連原本承諾的GDP增長都未實現，遑論本該跟隨GDP增長而來的社會保障。

彈性歐元架構和今日的歐元架構之間，有一些思維上的根本差異。後者主張只要歐洲央行制定正確利率，個別國家遵守負債及赤字限制，一切都會相安無事。當然不是這樣。有一個抽象理論稱為艾羅．德布魯競爭均衡理論（Arrow-Debreu competitive equilibrium theory），解釋了什麼時候這種不受限制的競爭市場體系能夠順利運作，並且帶來整體效率。它需要比世界上其他地方更健全的資訊和市場。而且即便是如此，這群諾貝爾經濟學家還是不能證明這樣的市場體系充滿穩定力量。這是個**均衡理論**，但對於經濟如何達致均衡，沒有做出任何解釋。

在我們居住的現實世界裡，不單獨倚賴價格通常比較好。一如彈性歐元架構所提，我們可以嘗試控制負債及淨出口數量，並且管制貸款流向及外債數量。對於經濟管制，我們提出的架構主要倚賴物價調整，但並非全然如此。這裡沒有個體經濟的管控，有的只是比現今更多的總體經濟管控。

幾十年前，我們已經得到不能讓市場經濟體自我管理的教訓。這也是為何每個國家都有一個決定利率的中央銀行，以及監督金融的監管機構。一些極端保守分子想要回到過去，回到沒有中央銀行、金融自由毫不受限的世界。任何讀過自己國家經濟史的人，都知道那會是多大的災難。

觀察近年總體經濟表現的人，都會看到進展並不順利。第三章揭示了資源的大量浪費。假如我們不試著改善這個令人遺憾的紀錄，必定後悔莫及。這裡及前幾章提供的架構，正是在做這樣的事。這些只是溫和改革，不會動搖整個體系，而是有系統地處理目前經濟安排的一些重大缺失，處理一些已經證實對經濟體及社會造成嚴重成本的不穩定。

當然，有許多細節尚待實行。這樣的制度必然不完美，但可以確定的是，它比目前的制度還要理想。目前的制度已經給歐元區內許多國家帶來極大成本。如此有著彈性歐元的歐元區經濟整合架構，將能夠帶來更高的經濟穩定及成長。[3]

歐元區合作的必要

正如協議離婚的前提是歐盟團結合作，團結合作對於確保彈性歐元順利運作也有助益。即便一些國家對於這個建議選項有所遲疑[4]，這項制度依然可以由「意願聯盟」（coalition of the willing）實行，歐元區內任一國家集團都能採取這項制度。這些國家可以一同合作，確保在地歐元匯率變動處於相對穩定的狀態，就如我在本章前述的那樣。當然，假如歐元區所有國家（除了德國）甚或大多數國家都加入這個意願聯盟，那麼實際上德國的匯率也會變得具有彈性，因為它會跟著其他在地歐元變動。如此一來，德國便有加入整體制度的意願，以確保其匯率穩定。

有了充足的團結及合作，這項架構會讓匯率變動幅度逐漸縮減。在匯率協調、縮減變動幅度上有了更多成功，有天終會讓歐盟繼續往前行，朝單一貨幣邁進。

〔第十二章〕前進之路

本書為歐元區的現況提出了一個前景黯淡的評估。我描述了歐元區建構的缺陷，這些缺陷部分來自於對經濟的錯誤理解，部分來自於政治意志及團結的不足。我們也看到，同樣的理解與團結不足如何導致對危機的錯誤回應。

被犧牲的不只是歐盟的現在，還包括它的未來。歐元本該為歐盟人民「服務」，現在這些人民不得不接受低工資、高賦稅以及低社會福利，只為了拯救歐元。而且，不僅歐盟的經濟被犧牲了，從許多方面來看，對歐盟的民主信心也不復存在。

德國及其他歐元區內的領導人，認為嚴苛的政策是「**別無選擇**」。我已經解釋過，有些選擇甚至能讓債權人變得更好。

在此終章，我想要提出三個問題。歐元區可能走向何方？它為何走在目前的道路上（有什麼正在背後醞釀）？歐洲計畫為何如此重要？

歐元區正在萎縮？

針對目前得過且過的策略，我列出了三個選項。我知道假若我是歐洲人，我比較中意哪個選項——第九章所描述的能讓歐元區順利運作的改革。

經濟學家在預測上時常失準，若說到三巨頭在歐元區實行的方案，這種連續預測失準可能刷新了紀錄。然而，政治預測比經濟預測更加困難。要是目前的策略持續下去，我擔心甚至連協議離婚或彈性歐元都會遭到擱置。受創國家未來會抱持著最低期望續留在歐元區內。德國及其他歐元國家為了歐元區，會大力扶持希臘及其他受創國家。這些國家的人民不理性地將離開歐元區視為離開歐洲或歐盟，而忘了丹麥、瑞典及英國身處歐盟卻不屬於歐元區，也忘了瑞士、冰島及挪威甚至不在歐盟之列，卻算是歐洲的一分子。

未來的政治後果因此不甚樂觀。堅守歐元的中間派政黨逐漸讓位給極端政黨。以西班牙為例，要求地區自主的政黨持續壯大。縱觀全歐，隨著對失業的恐懼擴散，我們可能看到反對歐洲開放的政黨逐漸崛起，特別是要求關閉邊界，不讓移民進入。沒有人可以保證各國留在歐元區內的意志何時會潰散，唯一確定的是，這個風險的確存在，甚至有極大機率會發生。我們早已從投票中看到了這個趨勢。

一旦分裂真的發生，風險就勢不可擋。只要有國家順利離開，就會有其他國家跟進，除非在此之前三巨頭反悔了，然後／或是這些國家回歸了。從目前來看，兩種可能性都很微渺。說這些戲劇化事件不只對歐洲、甚且對全球造成嚴重經濟及政治後果，其實還稍嫌保守。

歐盟領導人在創設歐元時，將自己看作是前瞻者。他們以為自己超越了時常盤據在政治領袖心中的短期需求。而今，歐盟及歐元的未來端視歐元區當前政治領袖是否能夠結合對經濟的些許理解，以及對歐洲團結一致的眼界與關注。

到底是怎麼了？政治與經濟的相互影響

我已經說過數次，施加於受創國家的政策不太對勁。一般說來，債權人對債務人施加條件，是為了提高債務償還的可能。三巨頭施加的條件，卻降低了這些國家的償債能力，尤其是希臘的案例。在我寫作此刻，希臘處於嚴重蕭條已經多年，GDP從高點跌落二七％，失業率達二四％，青年失業率更是兩倍有餘。我想不到有任何經濟衰退曾經如此充滿惡意，並且帶來如此悲慘的後果。

所以我們很自然會問，到底是怎麼了？

意識形態再次作祟

一個（真實的）可能性是撙節的建構者們真的相信他們擁護的經濟信條，儘管過去四分之三世紀已經累積了壓倒性的反證。

行為經濟學和心理學的進展，對於這樣的堅持提出了解釋。**確認偏誤**理論（theory of confirmation bias）認為，人們會忽視與自己先前信念不一致的訊息。在這個複雜的世界裡，這很容易發生。希臘GDP的減少固然難以反駁，但有可能尋求其他解釋，例如希臘並沒有做到所有該做的事。

IMF在開發中國家及新興市場施行各種失敗的方案，我在其中看到了這樣的合理化行為。有人說這些方案都經過完善規畫，失敗的原因在於各國執行不力。我認為這樣的爭辯有些狡猾，意圖要將方案的失敗歸咎於方案的受害國。

譴責受害者

一如我們所見，二〇一五年施加於希臘的方案就像是要責怪希臘表現不佳，甚至還想把方案設計不周的責任也一併推給希臘。要是他們可以多加把勁……要是他們可以有一位比瓦魯費克斯更懂得調解的財政部長，更懂得遵守傳統規範（財長總是打領帶，瓦魯費克斯卻從不這麼做），沒有那麼理直氣壯。許多希臘人甚至怪起了自己。

過去五年來，我一直在觀察希臘與三巨頭的談判交涉。首先是派出態度溫和、充滿智慧且善於調停的巴本德里歐，接著是他的繼任者薩瑪拉斯，最後是激進左翼聯盟政府。很難看出結果有什麼不同。

德國及其他歐元區國家會責怪希臘，一點也不讓人意外。他們寧願堅守自己那套不一致且不足採信的理論；為了讓發生的事情符合他們的理論預期，他們**必須**責怪希臘：是病人沒有遵照醫囑所致。事實上，幾乎沒有民主政體能像希臘一樣，在幾年內就達到「財政整頓」（減低財政赤字規模）——他們在五年內便成功地把龐大的原始赤字轉換成盈餘。

即便是資金給予方式都讓希臘**看起來**比先前還要依賴德國和歐元區夥伴國。短期債在分券減少且分散出售下，讓希臘的負面形象加深。比較一個一千億的五年債與一系列的五個一年債，可以看見債務不斷滾動。以後者而言，希臘必須且已經借貸五千億，卻還是沒讓事情步上軌道。當然，就錢來看兩者是一樣的。但是對於不諳金融把戲的一般人民來說，希臘究竟受款一千億還是五千億大有不同。後者很明顯讓希臘看起來像是在領失業救濟金。

如我們所見，希臘只拿到貸款的少部分，貸款的大多數都給了私部門債務人。然而，希臘卻付出龐大代價，只為撐住其他國家的銀行體系。

這幅景象與現下猖獗於美國的掠奪性放款，有著令人毛骨悚然的相似性。一個貧窮的美國人會買下一張五百美元的躺椅——為了能夠獲得貸款，他甘願溢付兩到三倍的金額。一年的貸款利率是二〇〇％。如果沒有準時繳款，還要額外索費。兩三年之內，這位窮人會欠下兩千美元。然而，他並不像是過著過度借貸的生活。他唯一的揮霍只是那把五百美元的躺椅，其餘的都是利息、利息的利息，以及利息的利息的利息。對掠奪性放款者來說，一切都是錢的算計。銀行和其他掠奪性放款人早已算出在合法範圍內，他們能從窮人身上敲多少竹槓。

在此還上演著其他事情。ＩＭＦ和其他「官方」債權人其實並不需要他們要求債務人歸還的錢。他們也不是營利事業。在正常的情境下，得自希臘的錢很有可能再次借給希臘（一般說來，幾乎是立即發生），然後等著再次歸還給債權人。這不過是做做樣子，是一場騙局，卻有著真實的後果。

每回貸款及每回分券，三巨頭都會提出希臘無法接受的要求。當然，三巨頭的要求不啻要把人民丟上街頭，這對任何關心國家的希臘政治人物來說都是難以接受的。只是隨著希臘一次又一次抗拒三巨頭的要求，這個國家就愈來愈像個桀驁不馴且不知悔改的伸手者。至少在德國境內，嚴厲對待希臘的態度有增無減。

別無選擇

第一章討論到德國那種「別無選擇」的態度，可說為協商定了調：對於基本盈餘這個對總體經濟表現至關緊要的變數，德國絲毫不肯讓步。二〇一五年希臘激進左翼聯盟政府受惠於時局轉變，稍微成功地延後了緊縮速度，只是二〇一八年三．五％的基本盈餘目標依然不變。眾人也早已有數，德國甚至不願就債務重整問題和ＩＭＦ協商。我們在第七章提過，各黨派都知道希臘被迫簽署的方案毫無道理可言；裡頭沒有債務重整，只有以拖待變。

歐盟內部一些人士在經濟知識有限下，誤信這樣的方案能夠發揮效用。當人們的信仰與證據悖反，且不能也不會被動搖時，我們會說他們被意識形態給蒙蔽了。近年來，我們看到意識形態在許多公共及私人空間裡形塑人們的行為。在經濟學領域與形塑社會的政治及政策如此貼近，不令人意外的意識形態也角色攸關。

錯失學習良機

三巨頭沒有從歷史中汲取教訓，這樣的私部門及公部門撙節幾乎只會帶來衰退及蕭條。而看來歐盟領導人也沒有從歐盟內部學得經驗。

應該稱讚一下ＩＭＦ，至少他們體認到了緊縮性政策的本質，以及希臘、愛爾蘭危機政策裡的一些錯誤。[1]顯然，三巨頭其他成員對這樣的誠實不甚開心。[2]

我們提過，三巨頭依舊要求希臘在二〇一八年前達成基本預算盈餘（不包含利息所得）占GDP三．五%的目標，並且維持下去。這項目標過於嚴苛。諷刺的是，這些政策不僅讓希臘落入頹勢，也早已讓各債務國付出可觀成本，並且有可能在未來讓他們得付出更多代價。

缺乏對民主的信心

歐盟為何會有這等表現？歐盟領導人為何阻擋巴本德里歐的初次公投提案，或是激進左翼聯盟政府在二〇一五年的公投，甚至拒絕希臘展延對IMF的還款截止期限（六月三十日）幾天呢？歐盟不是十分講求民主嗎？巴本德里歐相信他會贏得公投，大多數民眾會支持他的痛苦措施。他也相信這樣的支持對於方案的有效實行是必要的。激進左翼聯盟政府則想要確定，接受這麼一個與大多數希臘人冀求相反的方案，一個與二〇一五年一月選舉結果相反的方案，具有民主正當性。

對於民意的顧慮與歐元區的政治並不相容。歐元區**從來就不是一個非常民主的計畫**。大多數歐元區成員國政府把貨幣自主權交到歐洲央行手上時，並未直接尋求人民的同意。再者，身為歐元區重要機構，歐洲央行的政治課責卻相當有限。當瑞典和丹麥針對加入歐元區尋求公眾認可時，他們的人民拒絕了。或許這些政府了解到各國的貨幣政策如果交由某一央行制定，該央行又僅專於通貨上，這樣只會讓失業率攀高。一九九〇年代初，斯堪地那維亞人民已經因為對金融穩定的關心不足而嘗到教訓。當時他們經歷了經濟大恐慌以來最慘重的經濟低迷。

而今，部分民意反抗歐元，乃是擔心德國的影響過當，以及盛行於歐元區的觀念與意識形態。在本書裡，我們一再提及新自由主義在歐元區架構及政策上扮演的角色。其他許多國家的主流意見與IMF研究部門及本書表達的意見相一致：撙節只會帶來緊縮，三巨頭的政策只會帶來反效果。然而，在歐元區內，這樣的概念遭到冷落。當然，歐洲央行和歐盟執委會並非由德國把持。歐洲央行的確不曾由德國主導，某些央行政策像是量化寬鬆，也違背了央行傳統。但不知怎的，俗話說「有錢就是老大」，德國是歐元區內最強勢的經濟體，政策由德國主導或許也不那麼讓人意外。[3]

照此邏輯，我們可能會以為德國人極度熱中歐元。在歐元創設時，許多人擔心把南歐幾個揮霍國家納入會讓歐元變成弱勢貨幣，歐元區也會沾上通膨汙點。他們確實如願以償，甚至猶有過之，包括強勢貨幣和整個地區都瀕臨通縮。然而，即便是在德國，一些民調顯示近乎三分之二的民眾認為他們的國家若不在歐元區內會更好[4]，儘管所持的理由不盡相同。他們認為自己最終會被迫與南方較貧窮的鄰國「分享」那些紓困。

果然，在歐元區開始十六年後，我們看到的進展是民主的悖反。許多歐盟領導人想要親眼看到齊普拉斯總理領導的左翼政府步上絕路。他們似乎相信最終能以霸凌的方式讓希臘政府接受與人民託付相悖的協議，進而讓希臘政府垮台。

但最後他們沒能讓希臘政府垮臺。二〇一五年，齊普拉斯有了更多民意支持。可是他卻被迫接受與大多數希臘民眾期望相違的條件。為了留在歐元區，希臘已經放棄經濟主權。當我看到齊普拉斯自布魯塞爾返國，在最後一刻向三巨頭的要求屈服時，浮現在我心裡的是十八年前蘇哈托（Suharto）總統把印尼的經濟主權讓給IMF，由IMF總裁康德緒（Michel Camdessus）對這位權傾一時的領導者發號施令。[5]

現在的情況可能一樣糟糕。針對歐元區進一步「改革」的提議，只會讓事情變得更嚴重。德國緊抱著各國必須依預算而行這個主張，認為只要各國這麼做，一切都會相安無事。為了執行這些規範，德國財政部長蕭伯勒與德國基督教民主聯盟（CDU；德國保守政黨）前任外交事務長卡爾．拉默斯（Karl Lamers）一同提議指派「一位歐盟預算專任官員，有權在各國不符共同的規範時拒絕其預算」。[6]實際上，指派的官員有能力否決各國國會的行動。[7]

意識形態與權力

儘管少有人會承認，但對於歐元的論辯與拉扯與其說關乎金錢與經濟學，不如說是關乎權力與民主、意識形態之爭、全球發展視野，以及社會的本質。

這不僅是左翼與右翼的學術爭辯。一些人只看向政治爭鬥：施加於激進左翼聯盟政府的嚴苛條件，應該是對歐盟內部任何政黨的警告，要是不聽話就有可能發生這樣的事。[8]一些人聚焦在經濟爭鬥，認為這是一次對希臘強加經濟架構的機會，再沒有其他方式可以讓他們接受了。

引人側目的是，三巨頭沒有成功說服希臘、葡萄牙及西班牙人民他們的政策美意。我深信民主過程，也就是說無論要達成什麼樣對經濟有益的架構，唯一的方法就是透過說服。以目前的狀況來看，希臘、葡萄牙及西班牙人民似乎比德國財政部長或三巨頭更懂經濟學。

就算並未致力於民主與民主過程，強加於危機國家的方案是否成功，部分也要仰賴「支配權」的觀念，相信方案儘管苦口，卻是對症下藥。三巨頭說服了一些危機國家人士（比我原先設想的還要多，畢竟理論和證據都提出有力反擊）事情就是這樣。然而，民調顯示多數人未被說服。

任何投身公共政策的人都知道公眾感知（public perception）何等重要。假如公眾感知是錯誤的，政策就得反駁公眾才能施行成功。比方說，在所有國家裡，徵稅主要倚賴自願服膺。但是當稅制被認為是不公不義時，我們就不該期望更多服從；無論我們如何斥責希臘人民懶惰且不服從。同樣的，若讓官僚機構感到與人民疏遠且士氣消沉，同時刪減他們的資源，可以想見應該由他們執行的方案絕對不會順利。

在新興市場不斷陷入危機的那段日子裡，每當ＩＭＦ的方案失敗，他們就說方案本來制定完善。他們想要把失敗的責任歸咎於那些國家，說問題出在執行者身上。當三巨頭的方案一再失敗，他們也做如此反應。主張說方案制定完善，但執行上卻一再失敗，是很矛盾的事。方案的制定必須以一般人（受制於資源有限的官僚，以及受制於選民、必須對選民負責的領導者）能夠實行為前提。方案的成功需要選民及官僚共同支持，三巨頭似乎沒有體認到這一點。的確，從他們的反民主立場來看，例如反對公投，他們似乎公然違逆了這些看法。

我沒有這麼樂觀，相信民主政治一定會帶來好的經濟或社會政策。美國保守派人士推動的經濟政策，在某些州獲得選民強烈支持。見證過這些政策的美國人都不得不承認：由於正值實質利率為負的時期，一些州以撙節收場，但公共投資的實質報酬相當可觀。另一個例子是供給面經濟學一再復甦，但早些年時就已證實其預測錯得離譜。我對專家們也不表樂觀，正是這些金融部門裡所謂的專家，發展出這些監管及總體管制模型，導致了二〇〇八年的危機；正是這些專家相信歐元會帶來更穩健的經濟表現。

在全球多數地方，人們逐漸認知到右翼意識形態及新自由主義經濟信條的失敗。身為美國人，我親身經歷過這一切。大約從一九八〇年開始，美國展開一項大膽的實驗，降低高所得者的稅率，宣稱這是為了提高誘因，並且「解放經濟」、解除管制，尤其是對金融部門。結果就是現在這樣，九成的民眾目睹他們的所得停滯，其中大多數人眼見所得減少，只有頂層的人過得很好。整體經濟則更顯衰弱，成長率比二戰後數十年還要低。右翼政府改寫市場經濟規則，結果只讓少數人受益。此刻改寫規則的呼聲再起正是出於這個原因，只不過這次要讓大多數美國人受益。[9]

歐元區是改寫規則的另一項嘗試，卻導致更多不平等及經濟停滯。此刻這些觀念在大西洋兩岸盡皆受挫，也難怪擁護者改採守勢，必須仰賴強制力（某些情況是欺騙，以及與反移民團體的邪惡結盟）達成政治目的。

撙節是充滿矛盾的。包容性資本主義（與三巨頭創設的恰恰相反）才是創造共享及永續繁榮的唯一辦法。[10]在國家的宏大策略中，撙節只是一小部分。蕭伯勒主張，「在正常經濟環境下，公共支出的增加比率不該超過名目成長率。」[11]然而，並沒有一般理論（無論經濟學或政治哲學）支持這樣的主張。假如某國政府一如大多數國家應該為健康照護負責，那麼當人民變得更有錢且更長壽時，身為民主社會的一員，他們為什麼不應該投入更多公共支出在健康照護上？

經濟及社會結構的轉變也需要提高公共支出比例的支持。在一個創新經濟體內，基礎研究益形重要。只有政府才能資助這樣的研究。隨著愈來愈多人居住在城市裡，公共提供的城市便利設施需求與日俱增。隨市場經濟而來的不平等一再升高，此時一個穩定且公正的社會可能希望採取更具野心的行動來對抗。在全球暖化及其他環境風險威脅之下，政府需要有更多作為以保護這個環境。

然而，這裡討論的議題並非誰對誰錯。我擔心的是，歐元區的經濟架構被用來推動有關經濟與社會的某種特定觀念，而這些觀念已經確實施加於危機國家。[12]

歐洲計畫為何如此重要？

讓歐盟邊陲國家與鄰國疏遠，對於歐盟或全球來說均無益處，尤其此刻地緣政治不穩定的情況已經相當明顯。鄰近的中東國家身處混亂之中，西方國家努力遏抑著俄國的野心。已是全球最大儲蓄來源、最大貿易國及最大經濟體（以購買力平價計算）的中國，正以新形態的經濟及策略與西方抗衡。歐盟沒有餘裕分裂或讓經濟疲軟。

我甚至強烈主張，所有人都會因為歐洲計畫的成功而受益。歐洲是啟蒙運動的發源地。啟蒙運動造成過去兩世紀來生活水平顯著增加，進而讓現代科技出現。我們太常忘記在好久好久以前，生活水平其實少有改變。[13]

儘管大家盡情享受著啟蒙運動的果實，但是在世界許多地方，甚至在美國境內，啟蒙運動的基本價值許多時候都遭到質疑。我的一位友人在歐巴馬政府工作，為了防止全球暖化及氣候變遷而疲於應付，他說道自己每天都得對啟蒙運動控訴再三。一直以來歐洲都在拯救地球的奮鬥中擔任先鋒。一個更為團結的歐洲，更有能力發起這樣的戰役。

啟蒙運動也標舉出一種新的容忍態度，包括容忍那些與自身不同者。啟蒙運動催生了基本人權觀念，所有人都能享有人權。美國有幸在這些觀念流傳時建立，人們可以從獨立宣言及權利法案看到這些觀念的深刻反映。創設出反映這些啟蒙運動價值的政治和社會制度，是一場沒有終點的奮鬥。時常有新的領域等待開拓，而多數領域也還是由歐盟領軍，從性別平等到隱私權，從透明政府到「知的權利」，讓生活各層面都有民主參與存在。

此刻全球都在召喚著這些價值。為了生存，我們奮力防止氣候變遷惡化至難以挽回的程度。歐巴馬一直是全球合作的強力聲援者，但是共和黨及國會內存在許多氣候變遷否定論者。這時歐盟必須扮演關鍵角色。歐盟的協同行動或許能夠促成跨國稅制施行，針對來自美國及中國、以不具碳友善方式製造的商品課稅。

全球也更常投身於對抗伊斯蘭國（ISIS）及恐怖主義戰爭。更立即的是人道移民危機，對此歐洲各國仍歷歷在目，因為二〇一五年夏天才剛爆發。危機的近因是敘利亞戰事，敘利亞戰事也是對抗伊斯蘭國及恐怖主義的大規模戰爭。這些危機給西方價值及歐洲計畫帶來多重挑戰，其中之一，是如何在不過度犧牲我們所保障的價值下，對伊斯蘭國及恐怖主義宣戰。歐盟對於確保全球反應的平衡與有效也身負重任。團結的歐盟能夠更有效地確保這些回應與我們信守的價值一致。

儘管美國長久以來頌揚著開放移民的作為，近年來的現實卻不是這樣。比起小上許多的瑞典，美國只接受一小部分的伊拉克難民，而這些難民卻是起自美伊戰爭。顯然，布希政府覺得他們對戰爭造成的數百萬流離失所者並沒有任何道德責任。這世界需要一個團結的歐洲，針對這些移民危機做出人道回應。

然而，一如前幾章討論所強調的，要讓歐盟對於平均分擔後果有所共識，需要一個有效運作的歐盟經濟體。移民們可能不會想要前往有著龐大失業的國家，身陷嚴重衰退、甚至經濟停滯的國家也沒有能力接受移民。移民和地主國都知道沒有工作就無法展開新生活。要是移民們得要和那些長久失業的人民競爭工作，必定會產生更多憤怒和敵意。

諷刺的是，施加於希臘的政策促成了部分移民危機的形成。例如，希臘已經是許多巴爾幹半島人民的落腳處。隨著希臘經濟驟降，這些移民必須轉往他處。歐元區內許多國家處於高失業，他們唯一可以去的地方就是德國，以及少數還有充分就業的歐元區國家。[14]

歐元在歐盟內部製造出經濟失衡，可以想見結果就是移民的流動失衡。第五章的重點在歐元區現有架構如何導致趨異；不過經濟表現不錯的少數國家，也會因為承受移民壓力而感到不滿。在本書付梓時，解決移民危機的行動宣告失敗，給歐盟帶來了存在危機。歐盟的一項基本原則就是勞力自由移動，但是這項原則與趨異的歐元區相結合，勢必暗示著將由德國這樣**相對**繁榮的國家承受移民負擔。沒有了共榮（最少要比歐元區趨異架構下可能存在的繁榮更具共享性），歐盟很難可以遵守人道原則和自由移動原則。有捨才有得，順著我們建議的方法改變貨幣協調機制，會是理想許多的作法。

當經濟趨異又加上不公平感以及對於價值觀和經濟原則的歧見，要在其他議題上凝聚歐洲共識顯得十分困難。我們看到這樣的情況再次在移民危機裡激烈上演。希、土兩國和中東地區相接。歐元區計畫導致希臘GDP減少二七%之後，該國無從解決大量移民湧入邊境的問題。希臘在「夥伴國」的操弄下受到殘害，使其在處理移民議題上更不信任他人。強迫早已深受蕭條所苦的希臘自行承擔移民潮帶來的諸多壓力，尤其是來自敘利亞的移民，已經加速歐洲團結信念的萎縮，連最基本的公平正義都凋謝殆盡。

政治及經濟整合：歐元區的教訓

全球化意味著世界比之前更為整合，也意味著一國的作為會對他國造成影響，一國人民的所作所為會對他國人民帶來影響。在許多方面，我們已經變成一個全球社群。這個社群有著全球治理體系，卻沒有一個全球政府。

形塑全球社群的進程依然持續著，這個過程反映出世界各地的價值與關切。歐盟的聲音以及我在前面描述的價值觀需要被聽見。如果歐洲計畫成功，它們更能清楚地被聽見。如果歐盟一片混亂、沒有共榮可言，它們就不會被聽見。

對世界其他地方來說，歐元區的經驗還有一個更重要的教訓，那就是千萬別讓經濟整合的腳步超越政治整合。別輕信那些倡議政治整合自然會追隨經濟整合的人。若有人在缺乏適當政治整合的情況下提議貨幣聯盟，尤其要以懷疑態度看待。其他地區各式各樣的貨幣聯盟提議都已經悄悄束之高閣。歐盟問題的一線曙光，或許就是深切記取這個教訓。

世界各地都有許多促進經濟整合的努力，卻沒有在政治整合上有相應的行動。其中驅動政治整合的因素以及制度出錯的根本原因，時常與我們在歐元創設中看到的類似。歐元建構在一個簡單的假定上：單一貨幣能夠促進資本及商品的流通；歐元造就的經濟整合能夠促進歐元區內各地的社會福利。經濟改革總是有贏家及輸家，而眾人為改革辯護，是基於贏家的利益遠超過輸家的損失，而且長期下來，幾乎所有人都會是贏家。為歐元區辯護的主張也是立基於每個人、或幾乎每個人都會受益。然而，我們看到實際情形並非如此。在歐元區內，德國是最大贏家，其他多數國家是輸家，尤其是危機國家。歐元區的整體表現極不理想，輸家的損失遠大過贏家的利益。[15]這裡的教訓是，市場機制極為複雜。若是對市場的複雜性沒有深切體會，單單基於意識形態做出簡單的修補，而非深入了解市場究竟如何運作，那只會造成悲慘的後果。

今日的美國正在推動橫跨太平洋、大西洋兩岸的貿易議程。他們以為商品的跨境移動**愈自由**，就愈能增加**所有**參與國的人民福祉。的確，他們以為這麼做會讓世界上所有國家受益。然而，這又是簡單的自由市場意識形態與特殊利益的作用，結果只會讓貿易協定比歐元區的協定更不可能實現承諾，包括跨太平洋夥伴協定和跨大西洋貿易及投資夥伴協定。固然會有贏家，不過是大型企業，尤其是藥廠和威脅環境的煤礦和石油公司。然而，正如目前歐元區的情況，輸家的損失將超過贏家的利益。這樣的協定會讓人們更難購得非專利處方藥，勢必造成更多不平等，也會讓政府更難以公共利益之名管制環境、健康、安全，甚至整個經濟體。[16]

拯救歐洲計畫

針對歐元的持續爭論，包括架構及施加於危機國家的政策、方案，引起大眾對於歐元的價值與目標的強烈質疑。我們太常看到拯救銀行、甚或歐元優先於拯救人民福利。成功是以主權債券利差來衡量，亦即希臘或義大利債券利息與德國債券利息之間的差額。一旦這些利差降下來，就可以宣告政策勝利。

前面提過，當失業率開始下降或GDP開始增長時，他們便宣稱方案成功，而非失業率恢復至可接受的水平，或生活水平恢復至沒有危機時會有的水準，甚至再謙虛一點，恢復至危機前的水準就好。

驚人的是，在評估三巨頭的方案（經常是出於擔心政府負債及赤字而擬定）成功與否時，少有人關注負債占GDP比，也就是說債務可持續性一直沒有改進。的確，如我們所見，危機國家的負債占GDP比提高，部分國家甚至到了一般咸認難以維持的程度，因為已經對GDP造成負面影響。[17]在這項比率中，分母的減少幅度比分子的限縮幅度還要大。

評估任何經濟方案是否成功，應該要有一個單一且簡單的衡量標準，那就是一國人民的福祉（不只是那一%的頂層者）。福祉**不只**是所得。比起估算GDP或人均GDP的增減，衡量成功與否還有更多依據。對大多數人來說，充滿意義與尊嚴的工作，是他們生活的重要部分。一個拒絕為大多數人民找到有意義工作的經濟體，一個很多人無法就業、遑論主要都是年輕人失業的經濟體，就是失敗的經濟體。經濟體系或經濟安排如果沒能達成大多數人民的福祉，就是失敗的。一個經濟體系若讓大多數人民面對高度不安全感，就是一場失敗。

對於年輕人來說，實現夢想的願景和充滿希望與抱負的生活，是他們感到幸福的關鍵。對於年長者來說，有尊嚴的退休和些許的安全感，是他們感到幸福的必要。許多年長者不打算退休而繼續工作，但隨著失業程度居高不下、經濟嚴重遲緩，這些個別工作機會已經消失不見。或許有人會說，他們早該料到這個下場。但是誰又能預料歐盟領導人會創造出如此失能的體系，或他們施加的政策會導致如此嚴重的後果？經濟上的進步應當要能終結景氣循環的影響，至少要能讓其穩定才是。

對於個人及社會福祉的研究結果或許再清楚不過。人們關心的是安全感與工作。歐元區以及施加於受創國家的政策增加了不安全感，減少了工作機會。我們提過許多危機國家的情況有多糟，症狀之一就是自殺案件驚人增長。[18]經濟政策的最重要目標是增加個人及社會福祉，而歐元區再怎麼說都是令人失望。

貨幣制度來來去去。像布列敦森林體系這樣的貨幣協調，自一九四四年後主導全球，取代金本位制。二戰過後幾年，該體系似乎順利運作，可是到了最後，甚至沒能持續超過三十年。歐元的榮耀時刻更加短促，而且一如我的主張，即便是在看似運作順利的短暫時期裡，導致危機出現的失衡現象也不斷在累積，而罪魁禍首就是歐元（以及相關的經濟安排）。

本書已經指出歐元尚有一線生機，也應該加以挽救，只不過要以能創造出共榮及團結的方式為之，那是歐元承諾的一部分。歐元是達成目的的手段，而非目的本身。我提出了歐元區的架構改革方式，以及成員國面臨危機時可遵循的政策。這些改革**從經濟層面來看**並不困難，從制度面來看也不難。不過它們需要歐洲的團結，這種團結絕對不同於歐洲內部一些領導人所號召的自殺協定。

儘管人們對歐元傾注了很多情感，為了保存它做了很多承諾，但歸根究柢它不過是一個詭計、一個人造物。歐元不過是靠不住的人類創造出的另一個靠不住的制度，由具有遠見的領導人在良善立意下創設，卻因為對貨幣聯盟內涵不甚理解而遭到蒙蔽。這是可以理解的，因為這樣的事從來沒有人試過。真正的罪過在於歐洲沒有從過去二十年來發生的事中汲取教訓。

我的分析清楚呈現出三個訊息。共同貨幣正威脅著歐盟的未來，得過且過不會有任何成效。歐洲計畫如此重要，不該在歐元十字架上被犧牲。歐盟及全球都值得更好的安排。我指出了還有其他選擇。從今日歐元區現況朝這些選擇邁進，並不是件容易的事，但可以實現。為了歐洲，為了全世界，我們願歐盟能夠起身力行。

〔後記〕英國脫歐及其後續影響

英國在二〇一六年六月二十三日舉行脫歐公投，以五二％對四八％的得票率決定脫歐，引發英吉利海峽兩岸的政治及經濟動盪。英國首相卡麥隆（David Cameron）為此辭職；人們覺得反對黨工黨黨魁在「留歐」宣傳上表現不力，要求他下台的聲浪不斷。英鎊兌美元四天內下跌了一一％，來到三〇年低點。英鎊兌歐元僅下跌八％。「脫歐」支持者對於勝利之後該做什麼並沒有任何計畫，這一點愈來愈明顯。主張脫歐的英國人就算沒有謊話連篇，也始終大言不慚。

歐盟對英國公投的回應，嚴厲態度一如二〇一五年六月希臘公投拒絕紓困時的反應。歐盟理事會前主席范榮佩（Herman Van Rompuy）[1]代表歐盟內部的普遍感受，他說卡麥隆決定舉辦公投是「幾十年來最糟糕的決策」。這樣的說法也顯露出范榮佩對民主課責的憎惡。這是可以理解的。我們提過，直接訴諸選民的公投個案多數都對歐元[2]、歐盟[3]及歐洲憲法[4]投下反對票。英國脫歐公投的投票情形，更顯示出英國以外許多歐盟國家的主流民意。他們都抱持著反對歐盟的看法，包括希臘、法國及西班牙。[5]

英國脫歐的經濟及政治後果如何，端賴歐盟的回應如何。大多數人認為歐盟不會「跟自己過不去」。為了實現最理想的經濟關係，不違背民主期望及英吉利海峽兩岸的顧慮，一場「協議離婚」似乎是眾望所歸。貿易與經濟整合是相輔相成的。如果歐盟認真看待其信念，堅持經濟整合愈緊密愈好，這意味著他們想要盡可能達到**最緊密**的連結。歐盟任何懲罰英國的舉動都會有「一樣的反效果」，在過程中傷害歐盟自身。歐洲股市重挫，銀行遭受劇烈衝擊，這些事實提醒著英國脫歐對歐盟也有害處。[6]

不過歐盟執委會主席榮克身為盧森堡大規模企業避稅計畫的傑出建構者，態度始終強硬。如果榮克的歷史定位是任職期間歐盟開始解散，他的態度或許可以理解。他的立場是歐盟的處罰必須堅定，給英國的待遇不該超過WTO這種全球協議給英國的保證，以免其他國家也吵著要退出。[7]真好的回應！照榮克的說法，歐盟各國結合在一起，不是因為結合帶來的利益遠超過成本，不是因為經濟繁榮、團結，或者身為歐盟一分子的驕傲。不是的。歐盟各國結合在一起，是出於退出的後果將如何的威脅及恐懼。

這真是屋漏偏逢連夜雨。世界各地的專家學者（以及四八%的英國選民）都視此為一場大災難，是與主流的全球化及緊密經濟整合相衝撞的激流。**要是**他們再加把勁，避開這個幾乎遭全體歐盟及英國領導階層反對的結果，會如何呢？史家們將為此爭辯。要是那樣，公投的結果會給歐盟及歐元區帶來全新局面。不過全球化似乎是不容置疑的。

隨著本書出版，英國在替代性方案上的角力已經十分明顯：多數政府官員主張要謹慎且合理的分離，更希望能夠與歐盟達成和解。歐盟內部許多人士（最顯眼者莫過於法國總統歐蘭德〔François Hollande〕）只想要速戰速決。舉棋不定代價高昂，此刻英國及歐盟之間關係緊張，可能會阻礙兩地的投資。我們也提到，像榮克這樣的人想要讓協議愈痛苦愈好，如此一來其他國家想都別想要離開歐盟。

歐洲以法治為傲。歐盟的法律協議讓想要訴請離開的國家提起訴訟。從提起訴訟到訴訟終結，歐盟只給予兩年期限。但是現實政治不一定符合國際法規，威脅和反威脅才是實情。在此節骨眼上，再厲害的水晶球也都一片霧茫茫。

本書的關注範圍未及於歐盟全體，重點擺在設計不周的歐元身上。歐盟二十八個成員國中，有十九個共享此單一貨幣。我們也聚焦在無效的錯誤制度上。從這些錯誤制度中誕生的政策，導致了經濟及政治趨異。英國沒有加入歐元區固然聰明，不過下面我將解釋，歐元的失靈如何造成此次公投的震撼結果。造成歐元失靈的各種驅力，部分也擴及歐盟，讓歐盟盡失民心。我在第九及第十二章提出許多改革，可以為未來鋪路，影響所及也超越歐元區而擴及歐盟。這些改革對於實現歐盟創設的願景不可或缺：一個因團結及共同利益而約束的聯盟，而非一個受未知恐懼籠罩、被偽盟友報復的聯盟。後記的最後一部分，我會討論另外一些關鍵改革。新自由主義及企業菁英的觀點，不只成為歐元創設時的智慧方針，也是歐盟進化的指南。[8]本書以貨幣協調為背景，說明這些觀念何以失敗。但失敗已經擴大。歐盟若冀望成功，不想再有成員國像英國這樣鬧離婚，就必須和這種意識形態及利益服務劃清界線。

一、屋漏偏逢連夜雨

英國陷入的混亂可以說和重創美國的混亂相同。大西洋兩岸的一般民眾也都受夠了。美國共和黨總統提名初選和英國歐盟公投的結果有個共同主因，那就是**多數民眾都過得不好**。三分之一個世紀以來，新自由主義對待一％的人民不薄，對待其他民眾卻不是如此。長期下來，我預測這樣的經濟停滯最終會帶來政治後果。對未上大學的人來說，這樣的情況比經濟停滯還要嚴重。我預測的那一天似乎已經到來。

以美國來說，資料揭露了我們的險境。今日家戶所得中位數經通膨調整，與一九八九年相比高出不到一％。[9]川普（Donald Trump）的支持者包含那些憤怒的中產階級中年白人，一點也不讓人訝異。一位典型全職男性勞工的實質所得還不如四十年前。[10]工資停滯、經濟不安全感及工作保障減少，加上沒有工會阻擋資方濫權，這些壓力對許多人來說已經不勝負荷。死亡率因此增加，包括因社會疾病而起的死亡，像是藥物濫用、酒精中毒及自殺。[11]在社會底層，問題日益嚴重。經通膨調整的工資水平和六十年前不相上下。

英國及歐盟的情形不過是半斤八兩。[12]經濟學家米拉諾維奇（Branko Milanovi）的研究顯示驚人結果。從一九八八到二〇〇八年，二十年來世界各地不同群體的遭遇有著極大差異。大贏家是全球那一％最富有的人，以及中國、印度等新興市場的新興中產階級。全球中產階級的所得提高了七成到八成不等，而頂端一％的富豪所得增加了六成；光是這些富豪，就攫取了二七％的全部所得。

另一方面，數十年來有兩組人口身處劣勢，而且持續受苦。首先是包括最貧窮國家的貧困農民在內的底層民眾，受貿易協定打擊至深。這些協議允許富家維持龐大農業補貼。美國及歐盟的農業特殊利益團體貪婪至極，竟成功說服政府放棄「杜哈回合貿易談判」（Doha development round），使得十四年前就已啟動的貿易談判最後在二〇一五年胎死腹中。他們寧願眼睜睜看著貿易談判以失敗告終，也不願放棄為數可觀的農業補貼。尤其是美國，大多數補貼都給了有錢農民，通常是企業農場。他們寧願看著補貼帶來的生產量增加拉低全球價格，損害開發中國家的赤貧農民。即便美國龐大的糖業補貼損害了非洲、印度及拉美貧農，違反WTO規定罪證確鑿，美國還是拒絕取消這項補貼。

然而，**最嚴重的**一組人口是歐盟及美國的勞工階級，他們的所得二十年來幾乎不見增長。[13]二○○八年全球金融危機之前，他們的情況就不是很好。危機讓情況變糟，對弱勢群體來說尤其如此。[14]銀行得救。事實上，政府已經投下數十億拯救銀行、造成危機的銀行家、銀行股東及債券持有人。可是沒有什麼錢拿去拯救受害者。他們失去工作，許多國家的人民流離失所，出現大規模的社會驅離情況，比如在美國、愛爾蘭、西班牙及希臘。在英國以及我所關注的危機國家，隨著撙節主導一切，受害者更加痛苦。為了彌補對銀行的慷慨贈與，政府要求大規模刪減健康照護及福利等社會支出。這麼做充滿爭議，看來也非常**不公平**。的確不公平。

二、偉大的實驗

三分之一個世紀前，銀行家及其他菁英堅定許下與眾不同的承諾，與後來歐元創立時許下的承諾沒什麼不同：全球化、金融化、經濟整合、企業及個人減稅，以及自由化若能更加普遍，就可以創造出新的經濟秩序。低稅率會激勵經濟，自由化會提高經濟動能。兩相結合能夠釋放出經濟能量，讓所有人受益。確實可能會有更多不平等產生，可是只關注不平等等於是在向嫉妒低頭。要是每個人都過得不錯，經濟這塊餅變得更大，誰還會抱怨比上不足？尤其那些過得特別好的人都是創造就業及創新發明的人，都是其他人生活水平提升的來源！

這段敘述只有一個部分最後成真了，那就是這些「改革」的確導致更多不平等，甚至比最苛刻的批評者所擔憂的還要嚴重。事實上，經濟成長減緩了，結果造成經濟停滯，增加社會大部分人的不安全感。在美國，這些人是底層九〇%的民眾。多數歐洲國家（除了斯堪地那維亞諸國）也都離此不遠。

英國可以為失業率低於歐盟而感到驕傲。二〇一六年三月時，前者的失業率是五%，後者是八．七%（歐元區是一〇．二%）。[15]但是對於失業或就業前景黯淡的人來說，統計數字起不了安慰作用。擁有工作的人也沒過得特別好。工資及生產力停滯不前，政府頻繁威脅大砍社會安全網的支出；有很多人最後別無他法，只能依靠這些支出。這些改變讓就業者感到更加不堪一擊。

在大西洋兩岸，許多左派人士深信某些新自由主義觀念，批評右派冷酷無情。具有同情心的保守分子和「新左派」兩者愈來愈難區分。美國的柯林頓、英國的布萊爾（Tony Blair）及德國的施羅德（Gerhard Schroeder）都引介了右派努力數十年才做出的改革。以美國為例，柯林頓降低資本利得稅率，資本利得是巨富者的主要所得來源。柯林頓也投入大規模金融市場自由化。在英國，布萊爾及繼任者戈登．布朗（Gordon Brown）討論著「寬鬆」的管制。這個自我矛盾的詞大概就和「自我管制」一樣。管制法規逐底競爭的情形出現，銀行是最大贏家，我們的社會是最大輸家。

這些領導人全都致力於貿易協定。這些協定不僅降低關稅，還強化智慧財產權、確保金融市場自由化與整合、以各種方式增進企業利益，例如讓環境、健康及經濟管制變得更難執行。

新政治中一個非常怪異的現象逐漸浮現。對於維持經濟秩序的許多信條，左派及右派菁英似乎達成了廣泛共識。當然，對於細節雙方各有己見，例如左派更加關心環境，再怎麼樣他們都會顧及社會正義及基本人權。然而，中間偏右及「新」左派的經濟議程，包括自由化及解除管制、全球化、減稅（就算稅率沒有比右派追求的還要低），獲得了廣泛支持。在總體經濟學裡，這包含了對抗通膨及維持預算平衡。在歐洲，新的共識聚焦在歐洲計畫的推進。對大多數歐洲國家來說，這意指歐元的推進。然而，這般中間偏左／中間偏右菁英階層的共識，無法說服多數人民。對多數美國人及歐洲人來說，經濟及政治秩序絲毫沒有實現。

二〇〇八年的金融及經濟危機是造成此刻政治危機的主因。承諾變革的政治人物沒有帶來預期的改變。人們知道制度不公不義，但是在危機和蹣跚的「復原」之後，他們看到的是更多意料之外的不公不義。對於經由政治過程修正問題，他們失去了最後一點信心。他們把票投給承諾整頓局勢的政治人物，歐巴馬的競選宣傳就是以「你能相信的改變」（change you can believe in）為主軸。在某些領域，歐巴馬的確實現承諾，像是成功推動民主黨數十年來渴望達成的健保改革。然而，在攸關個人福祉的經濟領域，承諾卻沒有實現。這也難怪，美國、英國及其他地方的新政治人物，大體上都是同一類人。他們都是同一意識形態的奴隸，傾向同樣的特殊利益，就和那些承諾全球化會讓全體受益的人一樣。

三、解釋失靈：中間偏右陣營加碼下注

針對目前的經濟惡疾已經有一大堆解釋及處方。對於為何過去三分之一個世紀「新自由主義秩序」的建構**承諾**給**全體**帶來利益，結果卻給這麼多人帶來負面影響而以慘敗告終，也有許多解釋。

社會夥伴、勞工、雇主及政府之間的平衡被破壞，改變了經濟、社會及政治動力。例如勞工協商地位的削弱，代表勞動薪資減少及不安全感增加。這也意味著沒有勢力足以抗衡企業的政治影響力。金融化加上短視近利，導致成長愈來愈低，勞工獲得的餅因而愈來愈小。

右派（英國的保守黨、美國的共和黨）說我們只需再加碼，便會帶來不同。我們需要更多預算刪減、更多貿易協定、更多金融市場自由化及整合，以及更低稅率，不論企業及個人。這就像中古世紀的放血療法，醫生若看到病人沒有康復，會要求放更多血。顯然，造成惡疾的壞體液依然存在。時任英國財政大臣的喬治．奧斯本（George Osborne）尤其心口不一。奧斯本一直要求撙節，卻在二〇一五年選舉準備階段小心翼翼地放鬆煞車，把腳踩上油門，讓他得以宣稱撙節政策奏效。[16] 然而，就算他花招盡出，也無法改變英國停滯的生產力及長期失業情況，尤其是在英國北部。他一再威脅刪減預算，也讓經濟及社會焦慮升高。

四、解釋失靈：中間偏左陣營強行拉攏

在歐元區內部，中間偏左陣營為帶來經濟停滯與嚴重後果的失靈政策辯護。他們宣揚並承諾增加撙節，儘管人們知道撙節沒有效果；德國除外。撙節持續下去，人民感到權力逐漸被剝奪。他們最關心的是影響生計的決定，這些決定卻都不在他們的掌握之中，而是掌握在那些沒有民主課責的人身上。

我們看到歐元區一些國家人民的困境，也自然他們會把部分不幸遭遇的矛頭指向歐元。英國的情況則不是如此，至少歐元的影響沒有那麼直接。不過海峽彼岸主要貿易夥伴的衰弱，顯然重傷了

英國。英國也自願施行撙節政策。保守黨員受到錯誤的經濟信條影響，這些信條與普遍存在於德國的意識形態相同：他們相信赤字是英國經濟疲弱的根源，對赤字下藥是恢復穩健成長的必要條件。他們也相信透過下滲經濟學★，這樣的成長會讓全體受益。

中間偏左及偏右陣營有兩個問題。他們既不能對承諾跳票提出適當解釋，也無法提供可行的選擇方案。整體說來，他們已經失信於民。承諾與現實之間出現如此缺口，人民為什麼還要相信他們？

這讓「極端」左派及右派有了出頭機會。事實上，現在被歸類為「極左」者，在另一時代會被當作中間分子看待。具有新自由主義意識形態的中間派，則已經極度右傾，似乎不再是所謂的中間分子。現在被視為極端分子的中間派，推動的政策實際上會帶來更多成長與平等。他們要求停止撙節，也體認到經濟政策的任何改變都可能造成龐大的分配性後果，這些都必須納入考慮。稍後我們會回來討論這些政策。

除了金融部門的過度作為，極右派關注兩個主題，就是貿易和移民。說貿易自由化及移民是勞工階級困境的要因，這樣的指控不無道理。這個事實對中間派來說一樣令人不快。其他驅力（例如科技變革）當然也是原因之一，很多時候還是主因。不過科技變革多半非我們所能掌控，至少看起來是如此。貿易和移民是政策問題，反映的是**選擇**。其他政策可能帶來更好的結果，比如更多高薪工作以及更佳的工作保障。即使貿易和移民方便之門大開，還是有其他政策選項更能夠緩和負面影

★編按：trickle-down economics，主張對富人階級減稅與提供經濟優惠，可改善整體經濟，最終使貧困階層也得到改善。反對以徵稅手段減少貧富差距。此詞多含貶義。

響。諷刺的是，貿易自由化的支持者積極反對這樣的政策，尤其是美國。

相反的，英國前財政大臣、保守黨的奧斯本，的確採取了一些行動幫助社會底層，並且增加就業機會，只不過這麼做仍然不夠。二十五歲以上勞工的最低工資從每小時六・七〇英鎊提高到了七・二〇英鎊，政府也計畫在二〇二〇年以前進一步提高到每小時九英鎊。雖然還是不夠，但總比沒有好，尤其更勝看起來較富裕的美國。美國的最低工資維持在每小時七・二五美元（以英國脫歐公投前的匯率計算，相當於每小時四・八三英鎊），經通膨調整後的金額比一九五〇年代末期還要低。法國、丹麥及瑞典等國的勞工階級，過得比英美的勞工還要好。這個事實提醒我們，政策的確很重要。[17]

奧斯本的所得比例貸款方案（income-contingent loan program，學生們可依照個人收入償還學貸），用意是為擴大英國學生接受教育的機會。這項方案所處理的問題，在美國總統選舉宣傳時也浮上檯面。學生沉重的債務壓力（總計超過一兆美元），讓一般美國人愈來愈難以負擔高等教育。不過這個方案是否能夠完全抵銷英國境內顯著上揚的學費仍有爭議。[18]

諷刺的是，能夠讓勞動需求增加、帶來更多就業機會及更高工資的重要政策，正是停止撙節。然而，保守黨員在中間偏左陣營（新工黨〔New Labour〕）的協助及煽動下，說服了一般民眾去重視降低赤字。奧斯本可能不像梅克爾那麼成功，時常拿盡責的施瓦本家庭主婦當例子（見第七章）來推銷她的赤字癖，不過他倒也不落人後。於是全英的論爭轉而朝向貿易及移民這類更複雜且更具爭議性的議題。

五、貿易

大西洋兩岸的人民緊抓著貿易協定不放，認為這就是造成他們不幸的根源。這樣的想法雖然過於簡單，卻可以理解。貿易協定（包括近年提出的跨太平洋夥伴協定，把太平洋兩岸十二個國家綁在一起，以及美歐之間的跨大西洋貿易及投資夥伴協定）一直是檯面下的談判，盡是企業利益，從來不見一般百姓或勞工的利益。談判結果不公絲毫不讓人意外。它們進一步削弱勞工的協商地位，若再加上立法削弱工會及勞工權利，還有科技變革，影響更是雪上加霜。

反對貿易自由化的矛頭並未指向歐盟**內部**的自由貿易，而是指向歐盟（或美國）與其他國家的貿易協定。多數新自由主義經濟分析都是以完全競爭市場的假設為根據，以為自由貿易會使世界各地非技術勞工的工資均等化。這個簡單概念是由二十世紀最偉大的經濟學家之一保羅・薩繆爾森（Paul Samuelson）提出。商品貿易可以替代人的移動。[19]來自中國的進口商品需要許多非技術勞工才能生產，如此一來減低了歐盟及美國對非技術勞工的需求。這樣的驅力非常強烈，倘若沒有運輸成本（以及倘若美國及歐盟沒有其他比較利益來源，比如科技優勢[20]），最終會變成勞工**宛如**自由移動，中國勞工**宛如**不斷遷移到歐盟及美國，直到沒有工資落差為止。新自由主義者從來沒有大肆宣揚貿易自由化的這個後果並不叫人意外，畢竟他們曾經宣稱（也可以說是謊稱）所有人都會受益。美國共和黨國會議員的行徑更是惡劣，甚至拒絕對這些措施的直接受害者提出援助。近年的研究顯示，大量的中國進口商品中，部分與美國某些地方生產的商品具有相當高的替代性；這些地方的工資因而降低，失業率也較高。[21]雖然這等複雜且仔細的研究並未針對歐盟，若說類似影響不會在歐盟出現也讓人意外。[22]

主張貿易會使全體受益的新自由主義分析家犯了兩個關鍵錯誤。首先，他們認為市場運作良好，所以經濟總是處於充分就業狀態。這是因為新自由主義的分析認為，若市場處於完全競爭，進口的增加效果會被出口的增加效果抵銷。出口創造就業，進口破壞就業，不過在完全競爭的經濟體裡，央行關注充分就業且政府不受撙節限制，總體經濟政策能夠確保充分就業如青山常在。此時轉往更具生產力的出口部門，能夠提高生活水平。

不過證據明顯在扯後腿。歐盟的失業率始終處於高點。這意味著貿易自由化帶來的破壞就業效果，早已非創造就業所能抵銷，尤其是以中短期來看。一個部門破壞就業，並不代表另一個部門會自動創造就業。

其次，他們忽略了貿易協定的分配性後果。我們知道就算GDP增加了，也還是有輸家存在。所有「貿易是好的」的主張，背後暗示的是贏家**能夠**補償輸家。假如貿易要讓全體受益，贏家**應該要**補償輸家，不過並不代表他們就會這麼做。在新自由主義政策之下，他們**並沒有**這麼做。即便像美國這樣拚了命地讓「官方」失業率維持在低點的國家，也難以承受分配性後果。如果貿易自由化破壞了紡織業的就業，但創造出高科技產業的就業機會，那麼紡織業勞工既無能力、也無技術在擴張的部門擔任具有生產力的勞工。此外，新工作時常與遭破壞的舊工作相隔千里，再怎麼說社區都會遭到破壞，家庭也會被拆散。在缺乏慷慨補償及主動就業訓練政策之下，貿易已經對許多人造成傷害。[23]受害者相當憤怒，感覺被中間派政治人物給騙了，他們曾說貿易協定會讓每個人過得更好。現在他們更是怒不可遏，因為這些政治人物告訴他們為了維持「競爭力」，他們不僅必須接受工資及工作保障被刪減，還只能依靠縮水的社福方案。這些政治人物本來告訴他們貿易協定會讓他們過得更好，現在卻告訴他們想要在這些協定下「過好一點」，就必須接受大幅降低的生活水平。難怪他們不會再信任這些政治人物和政府體系了。

六、移民

移民這個問題牽涉到情緒更甚於貿易。許多難民是內戰衝突的受害者，而這些內戰是由西方勢力直接或間接造成。殖民勢力並未盡力灌輸民主價值，反而採取專制作為。這樣的政治餘緒依然困擾著許多前殖民地。協助這些難民逃離迫害是每個人該有的道德責任，尤其是那些前殖民地國家。

單純就經濟學觀點來看，當需求曲線下滑（一般情況），此時供給的增加通常會導致均衡價格降低。儘管許多人不這麼認為，但標準法則強烈這麼預測。在勞動市場裡，這意指更多非技術勞工的湧入會造成工資降低。如果工資無法或不會下降，便會產生更嚴重的失業。在經濟管理不當導致整體失業率飆升的地區，上述問題尤其令人擔憂。

針對上述的一般假設，有例外存在。高技術勞工的湧入能夠增加非技術勞工的生產力（因此讓工資增加）。富裕難民的湧入能夠提高商品需求，需求效果足以抵銷供給效果。但即便如此，也有龐大的分配性後果。富裕移民可能提高部分地區如紐約、溫哥華及倫敦的房地產價格，使得一般美國人、加拿大人或英國人難以負擔在市中心生活的成本。儘管這些地區的地主因此變得更富有，卻也不是什麼值得安慰的事。

在歐盟內部，失業率表現**比較好**的國家，預期會接收到比公平分攤還要多的難民人數。這些國家的勞工承受下跌的工資，以及難民人數較少時不會有的高失業率。企業卻可能因為低廉勞工帶來的利多而歡欣。負擔則落到了最難以承受的人身上。

問題更早就已浮上檯面，就在他們歡迎貧窮許多的東歐國家加入歐盟時。歐盟領導人在擴張歐盟時，把東歐及巴爾幹半島國家都納入，卻沒有多加思考上述的經濟學基本法則，實在讓人震驚。對於生活在這些國家的人民來說，歐盟的慷慨之舉實在用心良苦。多數研究指出，從共產主義轉型到市場經濟，成功與否的最重要變數在於是否納入歐盟。進入歐盟有助於創設現代市場經濟體不可或缺的法律及制度架構。

不過這是慷他人之慨，主要的承擔者是一般勞工，而受益者是西歐的企業，他們能夠以更低成本獲得勞力。有兩種詮釋相互較勁：一是歐盟領導人疏於考慮到社會及經濟成本，所以也該由他們自己承擔這些成本；一是歐盟領導人為企業利益疲於奔命，為的是擁有更聽話的勞動市場，最終瓦解工會的力量。對企業來說，勞工承受壓力他們求之不得。忽視對勞工的負面影響與把歐盟許多新自由主義議程看成是在為企業服務，兩者可謂曲諧。

至於貿易，移民自由化的支持者高估了整體利益，卻低估了分配性後果及其影響。一國接受移民**整體說來**好處多多，這樣的說法相當盛行。對於提供低福利保障的國家，包括社會保障制度低落、社會安全網不足、教育及健康照護欠缺等，接受移民可能頗有好處。但是對於表面上提供平等社會服務的國家，接受移民只有壞處。就算國家整體受益，某些勞工群體可能受害。就算一國整體受益，贏家也**有能力**補償輸家，但這樣的補償幾乎從未實現。這樣的補償從來都不是歐盟架構的一部分。

一般也認為，輸出移民的國家能夠受益。以個人移民來說，移出國能夠受益似乎十分明顯，因為這些人想要移民就是因為深信到國外會過得比較好。然而，社會分析的結果卻更加複雜。如果才能出眾者移出希臘至他國，留在本國的非技術勞工就會面臨就業機會減少及更低工資。[24]我們在第五章提過這種情況如何造成低稅收，並讓留在本國者的人均負債增加。以希臘為例，德國及三巨頭強迫希臘刪減健康照護支出，據說已經造成七千五百名希臘醫師移往他國，包括德國。[25]因此，希臘人在教育上投資了無數歐元，結果卻飽受找不到醫生之苦。德國及其他歐盟國家的健康服務水平卻因此提升。[26]

早年從共產主義轉型至市場經濟時，有才青年移出的情況十分嚴重，這是在「掏空」一國的經濟。留下來的是老人、體弱多病者，以及還無法旅行的嬰幼兒。儘管國家受益於移出者寄回家鄉的匯款，但這些匯款時常愈寄愈少。而且再怎麼說，它們都無法補償「掏空」造成的後果。[27]

所以我在第五章解釋過，沒有租稅、債務、資訊不完整的完全競爭市場模型並不實際，資本及勞力的自由移動會導致**趨異**而非趨同。自由遷移造成移入國及移出國福利雙雙降低，這才是必然結果。即便國家整體受益，也有可能造成重大分配性後果，讓許多人、甚至大多數人過得更糟。唯一的贏家只有那些移民，以及獲得廉價勞力的企業。

新自由主義對於移民的分析顯然是錯誤的，不過把勞工的困境歸咎於移民或貿易也同樣錯誤。包括英國在內，歐盟各國政府要是採取其他政策，像是成長政策而非撙節政策，或是更堅固的勞動市場政策，包括提高最低工資、更理想的再培訓計畫，以及強化工會協商權力的改革，這麼一來會有更多勞工的生活獲得改善。

自由遷移就像歐元，是經濟整合超越政治整合的例子。長期看來，有個單一歐盟卻沒有自由遷移，令人無法想像。不過我一再提到，在我擔任世銀首席經濟學家那幾年裡學到的重要教訓就是，循序漸進的改革很重要。而本書呈現的正是，在配套制度建立完善以前便實施單一貨幣，會是一場怎樣的經濟及政治災難。這麼做反而阻礙進一步的經濟及政治整合。自由遷移也是如此。

七、歐元區的失靈如何打破歐盟美夢

英國很聰明，沒有加入歐元區。可能有人早已預料到英國會是最早離開歐盟的國家，尤其是在閱讀本書時。英國加入歐盟時，內部對於歐盟有相當大的質疑，可能比歐洲其他國家的質疑還要多。後來發生的事只是讓情況變得更糟糕。

歐盟的管理一直極為不當，尤其是歐元區。近年來平均失業率已經持續高於美國，而且經常是兩位數。這顯然破壞了歐盟內部的信心，不過還有其他影響。

首先，我們提過歐盟內部的自由遷移顯示，那些失業率表現較好的國家，預計會接收比公平分攤還要多的難民。在自由遷移的歐盟裡，英國具有一個獨特地位。這個國家已經變成多民族的多元文化國家。隨著英語變成全球通行的語言，移民發現這個地方格外具有吸引力。就算沒有被歐元綁住，英國還是能夠成為高度就業的經濟體，非常吸引樂於工作的移民。

其次，歐元區功能失調，危機國家主權遭到踐踏，讓歐盟這個「俱樂部」愈來愈不具吸引力。尤其德國的蠻橫主導讓許多國家大為感冒。假如撙節政策讓這些國家迅速恢復充分就業，那就另當別論。可是這些政策徹底失敗，加上執行者的傲慢態度和嚴苛手段，事情只會每況愈下。

如此反而強化了長久以來對歐盟的一個看法：它是一個墨守成規、思慮不周的官僚體制。英國保守黨長期便利用這個看法，把降臨在這個國家的任何惡疾都歸咎到歐盟體制。這是一個有用的計謀，強化了刻板印象。「離開」的宣傳裡充滿太多誤導人的誇張言詞，例如歐盟要求香蕉必須是直的。這些謬論隨處可見，被冠上「歐盟迷思」[28]的稱號。許多錯誤故事在流傳，不過有些倒有幾分真實。每個英國人都知道（或是認為他們知道）有些管制他們並不同意，例如「冰淇淋」這個品名下可以賣什麼，或者雞蛋不能夠整打出售，必須按重量計價。

歐元區內發生的事，滋長了另一個長久存在的看法，那就是歐盟有著龐大的**民主赤字**。這裡描述的赤字觀點並非我所創，歐洲各地都有這樣的見解。歐盟核心機構的治理明顯具有民主赤字，像是歐洲央行（見第六章的討論）。回應危機的政策也有民主赤字存在。我一再指出，范榮佩徵詢民眾看法時表現出的敵意，在菁英領導階層相當普遍。儘管英國人並未**直接**承受歐元危機裡明顯的民主赤字[29]，民主赤字卻直接出現在他們對歐盟的看法中。

八、難民危機

從二〇一五年中旬開始，歐盟的關注焦點從歐元危機轉移到了難民危機。數十萬難民湧入歐盟，主要來自遭受戰爭蹂躪的中東地區，尤其是敘利亞。不過也有來自北非、撒哈拉以南及更遠地區的難民。

德國喜歡把後一類難民歸類為不應享有遷移權利的經濟難民，儘管這樣的區別並沒有造成明確的差別待遇。對於這些經濟移民，西方國家多少也該負有責任。我們擁有全球經濟體系，這個體系讓棉花價格過低，以致馬利農民無法養活家人。移民是他的孩子逃離死亡的唯一辦法。棉花價格過低，原因之一是先進國家的龐大棉花補貼。從歷史上來看，全球暖化肇因於先進國家的碳排放，卻造成薩赫爾（Sahel）★地區沙漠化，讓經濟移民數量再往上增加。

無論歐盟對這些難民的道德責任為何，無論在國際法或歐盟自身法規的規範下，歐盟接收難民的責任為何，一個普遍共識是歐盟在難民危機上處理欠佳。歐元造成的趨異，讓歐盟的處理不當幾乎是無可避免。建立公平的責任分攤非常困難。從經濟學的角度來看，讓幾近充分就業的國家接收大部分移民，讓富裕國家協助貧窮國家負擔照顧難民的社會成本，這麼做合情合理。可是德國一再重申「歐盟不是周轉聯盟」，阻擋這樣公正且合理的方式落實。僵局無可避免地隨之出現，造成加萊（Calais）這個離英國最近的法國地區出現大量難民營。難民們等待越過英吉利海峽，日復一日提醒著我們這一連串的政治錯誤。

九、英國脫歐的後果

公投後的情況和主張「留下」的人所宣稱的一樣慘重，甚至更慘。英鎊在四天內就下跌近一一%，來到三十年低點。股市重挫。英國債券遭降評。[30] 歐元兌美元也跟著下跌，歐盟股市也下挫，真的是反映出貿易及經濟整合讓英歐雙方**互利共贏**！一如二〇〇八年，此時也出現資金流向安全資產（flight to safety）的現象，使德國及美國的利率降至五年低點。[31]

然而，市場的過度反應，以及面對不確定增加時的負面反應，我們已經司空見慣。公投結果公布後幾天之內，英國「富時一〇〇指數」（Financial Times Stock Exchange 100）來到十個月高點。不過這項指數成分以跨國公司為主。英國房地產基金遭受重創，許多人擔心價格會進一步下跌，因而要求贖回。結果贖回金額過高，投資人被告知無法立即兌現。此刻唯一確定的是未來變得愈來愈不確定，而不確定會抑制投資。未來會發生什麼事，端視新的經濟及政治關係如何建立。專家們列出了各種可能局面。

其一是英國會延後援引《羅馬條約》第五十條。該條為脫歐設定了兩年期限。同時，接下來的談判會讓難民接收踩煞車，也會推進其他民主改革，而這足以再次徵詢英國民眾意見。在此局面下，「改革並留下」勝出，英國脫歐變得像是從未發生。[32]

其他極端局面包括英國脫歐成真，而歐盟起初會強硬拒絕英國享有任何特殊地位。如果英國一再拖延援引第五十條，歐盟甚至會以更差的「協議」要脅。[33]但這是在「跟自己過不去」。為了讓其他國家不要離開這個極度失寵的聯盟，歐盟只能用這樣的脅迫手段維持合體局面。

實際情況是英國不太可能因此變糟，反而極有可能過得更好，只要這場離婚沒有鬧僵、歐盟沒有違反WTO規定的義務，包括關鍵的「最惠國待遇」條款；這項條款要求一國給予共同市場內其他國家的待遇，不得劣於共同市場外國家的待遇。這麼一來，英國獲得的待遇就不能劣於美國。

關於經濟整合的討論眾聲喧譁，唯一確定的是全球因為關稅降低而受益。WTO開創了國際法治的新頁。我只說「開創新頁」，因為強勢國家為了國內政治的種種原因，基本上傾向公然藐視裁決。然而，近來的協議，甚至是那些稱作「貿易」協議的人，更多是在「調和」管制、保障智慧財

★譯按：橫跨撒哈拉沙漠南緣及蘇丹草原的綠色長廊地帶。

產及促進金融市場自由化，而非關注貿易本身。協議裡企業利益備受呵護，社會利益則備受質疑。以跨太平洋夥伴協定為例，藉由大規模的地區貿易協定，達成「更緊密」的經濟整合。經過各方估算，TPP對美國GDP的影響從些微負值到〇．一五%，效果微不足道。這還是在不切實際的樂觀預測下得出的數字。[34]就連IMF都對解除所有貿易障礙以達成資本自由流動的效益感到懷疑。在全球金融危機過後，IMF新的「制度觀點」（institutional view）要求各國選擇性採用資本管制，此刻稱為「資本帳管理」。[35]倘若缺乏這樣的資本管制，破壞「熱錢」流動會讓不穩定加劇。

我們應該留意美國及加拿大之間並沒有自由遷移、沒有單一市場，也沒有全面的經濟整合，卻都享有繁榮經濟。的確，他們表現得比歐元區好太多了（見第三章）。事實上，加拿大很慶幸自己與美國的經濟是有限整合，否則加國得完全承受二〇〇八年危機帶來的災難。而這是因為新自由主義觀念會主導整個金融體系，金融部門將會被迫採取這些錯誤觀念。（我們也該為各地的經濟架構具有「多樣性」感到慶幸，否則全球金融危機的危害程度會是本來的好幾倍。）

在本書稍前，我討論了經濟及政治整合的效益及成本。全球飽受交戰國帶來的折磨，一定程度的全球合作顯然有益。聯合國的存在效益匪淺，儘管那從來不是一個完美的機構。美利堅合眾國成立以後，大部分地區的治理也都留給各州。美國是聯邦架構，而非單一制政府。應該轉移多少權力、轉移什麼權力，並且保留多少權力在中央，需要複雜的思考，也確實沒有「正確」答案。有許多可能的解決之道，其中輔助原則是關鍵。本質上歸屬地方、對他國造成的外部性有限的事，就該留給較低層級的政府決定。問題在於要能明確指出哪些決定不能或不該轉移，並且認知到哪些轉移與未轉移權力的組合不太可能發揮作用。

先前我提過歐元區是如何誤入歧途。他們以為單一貨幣要能發揮作用，關鍵在於有限度的**財政**赤字及政府公債。因為這樣的想法，歐元區創設者創造出一個趨異體系，大力促成歐元區的停滯，以及逐漸減少的政治團結。歐盟也犯了類似的錯誤，無論他們是不是始作俑者。

我已經提出兩個失足之舉。一個是他們在擔憂不公平競爭、又深受新自由主義意識形態影響之下，禁止各種促成歐盟新進國家迎頭趕上、與前段國家趨同的工業政策。歐盟對於不當的「政府補助」採取嚴格定義，使得義大利政府援助境內受困銀行的作為備受質疑。可是沒了這些援助，中小企業的貸款會大為受限，義國的成長也會持續受阻。

我也提到歐盟沒能調和租稅政策，將累進稅制施行於歐盟全境，造成破壞性租稅競爭及日益增加的不平等。各成員國發現他們無法在境內施行累進稅制，因為富人會要脅搬離本地。他們深知搬至他處也能夠繼續經營自己的事業。現任歐盟執委會主席榮克在擔任盧森堡總理時，就是這種租稅逐底競爭的能手。這種競相降低個人及企業稅率的競賽，當然讓企業漁翁得利。[36]

還有其他失足之舉。歐盟顯然推行過多不必要的法規調和。對於法規調和的過度熱情，是歐盟招惹英國的事由之一。這種過度熱情的成本十分明顯，效益卻沒那麼顯見。但布魯塞爾的官員們或許不這麼想，他們熱中於宣布法規。為何歐盟各地對冰淇淋或汽車擋風玻璃要有相同的標準（無論這些法規是太過鬆散還是嚴苛）？美國和加拿大擁有一個範圍廣大的跨境貿易共榮圈，卻不必處處都要有嚴格的共同法規。

歐盟政策背後應該要有一個簡單的原則：哪裡缺乏法規、且會造成嚴重的**跨國**影響，那裡就需要調和法規。如果英國的冰淇淋不一定要有奶油，但義大利的冰淇淋一定要有，就可能造成「不公平的」競爭，因為這麼一來英國冰淇淋生產成本會比較低。諷刺的是，在理想的新自由主義世界裡，資訊完全支配一切，上述情況不是問題。英國的冰淇淋，或說特定品牌的英國冰淇淋裡沒有奶油，會遭受名譽損失。充分知情的消費者可以決定是否要付出特定成本，享受含有奶油的冰淇淋所帶來的效益。如果他們認為值得，就會選擇義大利的冰淇淋商品；如果他們認為不值得，就會選擇英國的商品。但實際上，消費者根本無法充分知情。不過絕對有比要求所有冰淇淋都要含有特定成分更簡單的解決辦法，例如適度揭露冰淇淋的成分。只要提供相關資訊就好，讓消費者自行做出選擇。

汽車擋風玻璃的例子稍微複雜一些。強迫所有車輛要用相同規格的玻璃，成本可能稍微低一些，不過也沒低多少。美國及歐盟一直以來相互交易各種規格的汽車，從來也不是問題。顏色顯然也不必標準化。如果所有汽車製造商把新車都漆成黑色，成本可能會更低一些。可是不同消費者想要不同顏色的車子。商品多樣性帶來的效益，遠超過擁有單一顏色帶來的成本降幅。讓一台車能夠適應不同規格的擋風玻璃，無論是有無隔熱膜或是有無經過防爆處理，成本也是可以被忽略的。[37]

訂定基因改造生物種子的標準是另一回事。基改種子經風一吹飄過邊境，可以在沒有基因改造生物的田地裡繁殖。許多歐洲人十分在意他們的食物是否經過基改，並且樂意多花錢購買非基改食物。因此，在鄰近他國的土地上種植基改作物，會對他國造成**外部性**，施加跨國成本。這時統一管制就是必要的。

然而，即便沒有統一管制，貿易還是能在這裡進行。美國及歐盟可以有不同法規。如果消費者在意這些法規，政府就該讓他們有知的權利。在美歐的貿易談判中，美國要求不要讓消費者知道，要求不要有商品標示，因為這樣的標示會讓美國的基改商品處於不利地位。可以想見歐盟會要求這樣的標示，他們也不會屈服於美方談判者施加的壓力。強迫美國做出商品標示提高了歐盟的社會福祉，反之則會降低歐盟福祉。目前看來，歐盟談判者在這方面還未失守。

在決定採行某項管制時，效益及成本的謹慎衡量時常不見蹤影。有時候企業利益好像占了上風，儘管不是一向如此。在危機國家的制度改革中，我們也看到同樣問題。歐盟沒有理由強迫希臘宣布出廠十天的牛奶仍然是新鮮牛奶，這麼做只是為了讓荷蘭及其他地方的大型酪農業者得益。

十、連結自由貿易、金融市場自由化、人權與自由遷移

包括公投宣傳時的首相卡麥隆在內，許多英國人認為脫歐前的英國是「所有可能世界中最好的一個」。英國沒有失調歐元帶來的負擔，卻擁有歐盟經濟整合帶來的其他經濟效益。然而，將這些效益量化難以讓人信服。上述的討論也指出，這些效益總與成本相伴。

歐盟許多人主張，英國想要獲得任何特殊利益（超越WTO法規賦予的利益），就必須接受自由遷移原則。歐盟這麼做是企圖連結貿易／金融市場整合與勞動市場整合。

這種連結並不合理。英國在遷移上的立場似乎沒有給境內銀行或汽車製造商帶來競爭優勢。有關遷移的經濟利益，如果我們相信歐盟的話術，就會知道英國絕不會受益。如果我們擔心勞動市場出現「不公平的」競爭優勢，顯然應該擔心的是缺少適當的最低工資及工作保障，或者應該擔心促使工資降低的協商架構。然而，歐盟對於這些議題始終保持沉默，因而默許了一個看法：歐盟的經濟議程與促進企業利益站在同一陣線，而不是在促進公平貿易。

歐盟同時有著積極的人權議程。在一些案例裡，這些權利也擴及勞工權，有著明確的防衛措施及最低基準。有趣的是，包括黨魁柯賓（Jeremy Corbyn）在內，許多英國工黨人士本來對歐盟興趣缺缺，卻因為上述理由而支持留在歐盟。一些保守黨人士反倒聲援離開。

金融部門的某些人士宣稱，英國與歐盟之間若無單一市場、自由遷移、統一法規體系，他們就要離開倫敦到歐盟落腳。這同樣不合理。早先我們提過，全球化銀行以全球為經營範圍。美國許多衍生性金融業務是透過倫敦辦理。蓋曼群島（Cayman Islands）等離岸金融中心的所有金融活動，實際上幾乎全都發生在倫敦及紐約。這些離岸金融中心時常只有信箱或郵寄地址，所有真實的工作都在他處進行。銀行及其他金融企業早已學會在多個管轄區下營運（美國有五十個不同的保險監理官）。他們當然偏好單一體系，只要這個體系實行最少的管制。這或許提供了一條線索，讓我們了解金融部門的真實動機。英國在歐盟內時一直是「輕度」管制的強烈支持者，無論是在工黨或保守黨的治理下。金融部門可能擔心要是沒有來自英國的壓力，歐盟各地區加重管制的要求會占上風。

十一、實質成本或效益可能是政治性的

英國脫歐公投過後，眾人的注意力集中在經濟影響，不過對英國及歐盟帶來的政治影響可能更重大。一百多年來傾向整合的潮流已經遭到翻轉。一些人擔心這會導致蘇格蘭與英國分離，畢竟留歐在蘇格蘭獲得壓倒性高票；一些人則擔心這會進一步刺激西班牙等地的分離主義分子展開行動。

更有人擔心如果英國的經濟仍舊表現不錯，會刺激義大利、希臘、西班牙或葡萄牙選民離開歐元區。然而，事實是歐盟執委會堅持力行撙節，可能比英國的所作所為更能鼓勵各國脫離歐元區。

歐盟執委會威脅要懲罰西、葡兩國，因為經過多年痛苦的撙節後，他們依然無法讓赤字出現足夠降幅。**最後讓歐元區解體的不是英國脫歐，而是歐元區自身的失敗。**

我希望英國脫歐公投是敲響歐盟領導人的一記警鐘。除非他們讓歐盟更加民主、更具有民主課責、在經濟上更成功，否則進一步政治或經濟整合的機率是零。歐盟沒能讓境內大部分人民享受到經濟果實，不是因為不可遏阻的經濟力量，而是經濟政策使然。這些政策太常受到新自由主義意識形態的決定，以及企業和金融利益的影響。

十二、前進道路

英國留歐派一再重申「留下來改革」。歐盟想要存活、想要繁榮，就必須做出改革。我所說的繁榮不只是GDP增加，還包括共榮，以及民主價值受到尊重。人們想要留在歐盟，原因應該是歐盟能夠帶來繁榮，而非出於恐懼，害怕他們要是離開盟友們會因此怒不可遏。

英國脫歐公投後隨之而來的改革爭辯，在歐洲各地如火如荼展開，幾乎就和公投本身一樣戰況激烈。普遍認為政治和經濟整合之間的落差，是歐盟及歐元問題的根源。這已經非常明顯。我在本書的主張是，歐元若要順利運作，就必須要**更歐洲**一些。歐盟不必和美國的聯邦制度一樣，把三分之二的公共支出交由國家層級決定。不過歐盟還是有很大的進步空間。另一選項是**更不歐洲**，包括放棄單一貨幣。本書主張目前的中途之家不是歐元發展的長遠之計，同樣主張也適用於歐盟。歐盟若想要有一體適用的法規體系，就必須有信心讓法規能夠反映全體人民的利益，而非只反映企業利益。歐盟若想要有自由遷移，就必須把經濟制度設計周全，確保更多國家擁有充分就業及適當的社會保障制度。各國內部和之間必須要有更理想的責任分擔制度，包括移民的社會保障制度。不能既想要有經濟聯盟，又不願分擔風險及責任。遵守「歐盟不是周轉聯盟」這個老掉牙的口號，等於是讓歐盟無法順利運作。

歐盟許多領導人很快就排除朝「更歐洲」前進的舉措，他們宣稱歐盟還沒有準備好。如果是那樣，歐盟也還沒準備好實行單一貨幣、自由遷移和單一市場。本書的論旨在於，單一貨幣要能實行，更歐洲是必要條件。這篇後記的論旨則在於，自由遷移及單一市場要能實行，更歐洲也是必要條件。從經濟學的角度來看，所需要的並不多，而且歐盟顯然力有所及。只不過在歐盟現有政治體制下，這些要求在政治上是否可行又是另一回事了。

本書最後一章提出一項議程，指出讓歐元順利運作的必要步驟。其中一些項目也適用於歐盟，包括租稅調和、歐盟全境累進稅制、社會安全網，以及協助落後國家迎頭趕上的工業政策。這篇後記聚焦在幾個更為必要的改革上，包括更合理的貿易及遷移政策。這樣的政策能夠體認到遷移給各國帶來的分配性成本、貿易自由化及遷移造成的負擔不均，同時提出歐盟全境適用的條款，協助過度承受這些負擔的國家群體。集體製造的問題必須集體解決，就和歐元的情形一樣。讓移民們融入在地社群需要時間及資源。倘若沒有這樣的融合，負面影響風險會更高。這代表各國應該有權施加一些限制。移出國也應該獲得一些補償，以彌補他們過去投資、如今損失的人力資本。

限制的規模當然得視歐盟的團結程度而定，也必須看更廣泛的歐洲計畫是否成功。如果歐盟內有更多國家成功達成充分就業，自然就會讓負擔有更好的分配，同時強化各國接受新移民的意願。

如果歐盟持續修改勞動法，削弱勞工的協商權，同時如果工資一如預期（或說因此）沒有提高多少，各國反對接收移民的意識便會提高。如果歐盟增加預算，分配更多預算為移民鋪路，而非把預算拿來補貼農業企業或為金融機構紓困，我們才能期待各國對遷移有更開放的態度。

最重要的是，對於歐洲發生的事，歐盟要有所覺醒。這些問題也存在於美國，包括日益增加的貧富差距、不切實際的政治菁英、大部分人民皆有感的經濟停滯，以及對許多人、甚至多數人來說還未兌現承諾的經濟制度。

中產階級的消失在大西洋兩岸造成類似影響，不難理解憤怒四處可見。然而，一些人帶著憤怒投票，就算足以改變英國公投的結果，也不能解決問題，反而可能造成更差勁的政治人物掌權，以及更差勁的政經局勢。回應不該是不斷的相互謾罵與憤怒，把矛頭指向那些投「錯」票的人，或是那些政治領導階層，說他們本來可以成功說服選民再次「相信他們」會做出承諾的改革，最後帶來一個東山再起的全新歐盟。人們把英國建制派政黨全都視為罪魁禍首；而其中那些認為自己被過去三分之一個世紀的政治背叛的人齊力反對英國脫歐，甚且會加強英國兩大黨又再次推行建制的印象。

歐洲計畫的用意在於拉進歐洲各國人民之間的距離。從某些方面來看，這個計畫確實奏效了。歐洲各地的年輕人此刻都認同自己是歐洲人。即便在英國，也有四分之三年輕人投票支持留下。[38]他們對歐洲的未來**充滿希望**，認為歐盟既能夠做出改革，也一定會這麼做。

或許這只是年輕氣盛時的天真想法。年長者有充分理由不懷抱任何希望。他們眼睜睜看著一項促進團結及人民福祉的計畫反其道而行，似乎被企業利益及新自由主義意識形態俘虜。英國受到的影響沒有那麼慘重，因為他們的領導人聰明地選擇不加入歐元區。但是失業者、甚至為數眾多的低薪工作者**深知**他們過得並不好。他們**深知**這個制度並不公平，承諾會帶來全新繁榮局面的政治領導人騙了他們。許多英國人失去的不只是希望，還有信任。他們於是用選票做出選擇。

在我聽了英吉利海峽兩岸有關英國脫歐的討論後，我時而充滿希望，時而充滿絕望。絕望在於兩岸許多人士都未了解事情的嚴重性。絕望在於那些始終為企業利益服務的部分領導者姿態強硬；他們自己就是歐盟問題的製造者。絕望在於無法讓這些領導者理解經濟學的基本原理，無法針對歐元區架構做出改革，讓歐洲重返共榮。假如他們連顯而易見的改革都無法即刻完成，要怎麼完成必要的深層改革，讓歐盟在經濟及政治上順利運作呢？

經濟學的一項基本原理是**讓過去的成為過去**。英吉利海峽兩岸的政治目標，應該是要理解憤怒背後的根源。一個民主政體怎麼會對多數人民關心的事不聞不問？他們應該想清楚**現在**該要怎麼做。他們應該透過跨國協調，在各國內部創造出更民主的歐盟新面貌。這個民主歐盟的目標是要促進一般人民的福祉。三分之一世紀以來引領風騷的新自由主義意識形態，無法促成這樣的目標。如果我們無法區分目的與手段，釐清歐元是手段而非目的本身，也就無法達成目標。只要管理得當，歐元**有可能**帶來更大的共榮。而一旦管理不當，**將會**降低許多人、甚至多數人民的生活水平。海峽兩邊的很少領導人了解這些事，實在讓我沮喪萬分。

不過讓人充滿希望的理由，或許比這些令人悲觀的理由更加重要。歐洲各地許多人對歐洲計畫堅信不移。即便是在萬般皆叫人絕望的國家，也還是有希望存在，希望歐盟能夠且一定會做出改革。歐洲各地有不少政治領導人理解本書提出的觀念。他們選擇成為政治人物，就是因為始終相信民主政治可以帶來改變，讓一般人民共享繁榮果實。尤其是歐洲各地的年輕人，他們為不一樣的歐盟走上街頭。在這樣的歐盟裡，新的貿易協定不只為企業利益服務，更為廣大的社會利益奉獻。

幸好，有其他不同於目前協調機制的選擇，能夠創造出真正的共榮。挑戰在於必須從過去汲取教訓，以創造屬於未來的新經濟與新政治。英國脫歐公投是一次衝擊。我希望這樣的衝擊能夠激起英吉利海峽兩岸的改革浪潮，帶來全新的歐盟。

致謝

歐元危機已經醞釀數年，在這些年裡，對於歐元的未來，我與學術圈、政治領導、金融界及各國公民進行了無數次討論，累積了不少人情債。

其中一些核心概念，是在二〇一二年八月十三至十四日，由布宜諾斯艾利斯國際經濟協會（International Economic Association）主辦的「債務危機：如何管理債務，安然度過債後餘生」會議中所提出。另外一些則是二〇一四年五月六日在羅馬的路易斯大學（Luiss Guido Carli University）第十四場安傑羅・科斯塔（Angelo Costa）講堂中提出。[1]在此我要向與談人 Martin Guzman、Daniel Heymann 以及其他參與討論者表示謝忱。

許多概念也見於近年來多場研討會的討論。研討會的贊助單位包括政策對話倡議（Initiative for Policy Dialogue, IPD）、歐洲進步研究基金會（Foundation for European Progressive Studies, FEPS）、新經濟思維倡議（Initiative for New Economic Thinking, INET）等組織。也見於華盛頓、柏林、布魯塞爾、羅馬、馬德里、紐約等地舉辦的研討會。希臘巴本德里歐基金會（Andreas G. Papandreou Foundation）每年夏天規畫的錫米論壇（Symi Symposium）讓我獲益匪淺，我已經是常客。尤其珍貴的是二〇一五年集會討論希臘危機，Richard Parker、Robert Skidelsky、Nathan Gardels、Kemal Dervis、Leif Pagrotsky、Mats Karlsson、Mary Kaldor 等人提供了許多洞見。

危機發生之前及過後數年，特別是危機發生那幾年，我有幸與多位歐洲領導人、各國總統、總理、央行人員及財政部長共事，其中一些還曾密切配合。我不只待過危機國家（愛爾蘭、葡萄牙、西班牙及希臘，唯一沒有機會造訪的是賽普勒斯），也待過面臨財政困難的國家（義大利、法國、芬蘭），以及一些看似強盛的國家（德國、荷蘭、比利時）。這些經驗讓我更加了解他們如何看待歐洲及歐元的未來。我曾在薩巴德洛（二〇〇四至一一年的西班牙總理）政府的進步知識分子諮詢委員會（Advisory Committee of Progressive Intellectuals）服務。與我一同辯論及討論的還有義大利總理蒙蒂（Mario Monti，二〇一一至一三年在位）及倫齊（Matteo Renzi，二〇一四年以後在位）、法國總統薩科齊（Nicolas Sarkozy，二〇〇七到一二年在位）及歐蘭德（二〇一二年以後在位）、愛爾蘭總理肯尼（二〇一一到一六年在位）、葡萄牙總理蘇格拉底（José Sócrates，二〇〇五到一一年在位）及柯斯塔（二〇一五年在位），以及希臘總理齊普拉斯（二〇一五年以後在位）等。我想特別提出瓦魯費克斯（二〇一五年大半時候擔任希臘財政部長）及高伯瑞（James Galbraith）兩位。二〇一五年夏天我與他們針對希臘可能退歐有格外深入的討論。巴本德里歐（二〇〇九到一一年的希臘總理，也是錫米論壇的創辦人）對希臘及整個歐元區的洞見亦非常寶貴。他離職後至哥倫比亞大學任教，讓我們有機會做更深入的討論。他的弟弟尼可斯（Nikos Papandreou）是世銀前經濟學家，也是我在普林斯頓的學生。尼可斯對經濟學與政治學之間的介面（interface），以及長期以來影響希臘至鉅的媒體與銀行的寡頭集團，頗有見地。身為制定危機政策的三巨頭成員之一，ＩＭＦ的心胸已經比過去寬大，甚至罕見地自我檢討起一些國家方案。與ＩＭＦ資深官員的討論讓我受益良多。對於他們樂意與我暢談各國方案背後的經濟學與政治學，在此聊表謝忱，即便我並未全盤接受他們的結論。

二〇〇八年全球金融危機與歐元危機幾乎是無縫接軌。就在山雨欲來之際，聯合國大會主席邀請我主持「國際貨幣及金融制度改革專家委員會」。「全球金融經濟危機及其對發展的衝擊」（World Financial and Economic Crisis and Its Impact on Development）這項決議裡頭的重要聲明，就是以委員會提出的建議為基礎；該決議在二〇〇九年六月二十六日經一百九十二個會員國一致通過。[2] 委員會諸位成員及職員提供的見解，包括危機成因及其影響，讓我受益匪淺。有關危機的衝擊，我們的關注焦點多半落在新興市場及開發中國家。不過我們的討論經證明也同樣適用於歐洲。

對經濟學家來說，歐元這個主題當然很吸引人。許多人都是我的良師，其中有三位我想特別提及。一位是馬丁．沃夫，從他的著作《面對轉變與衝擊的年代》及與他的對談中，我學到很多。一位是喬治．索羅斯，他對歐元危機的擔憂，以及對金融市場的深刻了解，讓他一頭栽進歐元危機的研究。我從他的相關文章及無數次討論中學到不少。一位是羅伯．強森（Rob Johnson），他是INET的主持人，也是我在普林斯頓的學生。他經常和我討論這個主題，也召集了多位歐美經濟學家探討歐元的成因及對策。

有關歐元危機及歐元區的改革，最縝密的研究來自布魯塞爾智庫。他們發表的論文讓我十分受益，尤其是 Jean Pisani-Ferry、Paul De Grauwe、André Sapir 的研究，包含諸多討論而更顯豐富。儘管可能掛一漏萬，我還是要感謝 Jean-Paul Fitoussi、Maria João Rodrigues、Stephany Griffith-Jones、Daniel Gros、Daniel Cohen、Ernst Stetter、José Antonio Ocampo、Adair Turner、Paul Krugman、Nouriel Roubini、Peter Bofinger、Heiner Flassbeck、Richard Koo、Hans-Werner Sinn、Richard Portes、George de Menil、Dennis Snower、George Akerlof、Olivier Blanchard、Jeff Sachs、Nick

Stern、Dominique Strauss-Kahn、Dani Rodrik、Thomas Piketty。

我在前言中解釋過，我之所以對「歐元實驗」這般著迷，原因之一是它匯集了許多不同想法和議題，我的想法也是其一。歐元實驗的核心是經濟整合，而經濟整合是全球化的核心。我的兩本早期著作《全球化的許諾與失落》、《世界的另一種可能》就是在討論全球化，書中列出了許多我想感謝的同事，無論是在學術圈還是其他國際機構，尤其是世銀的同事。這些書和《失控的未來》、《狂飆的十年》指出了死守新自由主義（或市場基本主義等有關市場運作的簡單概念）有何危險。我在柯林頓政府及世銀任職的那幾年，對這些危險有第一手的觀察。這本書是以先前的見解為基礎，因此我的人情債也愈來愈多。我以東亞危機為模型，建立危機及危機管理的相關概念。在我擔任世銀首席經濟學家期間，我積極參與東亞危機研究。（在東亞危機之前，我進入世銀時處理的是墨西哥危機的後續問題。墨西哥危機爆發於一九九五年底，當時我服務於柯林頓總統的經濟顧問委員會。）我特別感謝世銀的同事，他們協助讓政策成形，以回應墨西哥危機及其他經濟危機，並針對危機再起提出預防建議。我特別要向Amar Bhattacharya、Ravi Kanbur、Masood Ahmad、Gerard Caprio、Patrick Honohan、Uri Dadush、Bill Easterly、Roumeen Islam、Anupam Khanna、Guillermo Perry、Boris Pleskovic、Ajay Chhibber、Stijn Claessens、Dennis de Tray、Ishac Diwan、Isabel Guerrero、Michael Walton、Danny Kaufmann、Danny Leipziger、Homi Kharas、Mustapha Kamel Nabli[3]、Akbar Noman、John Page、Jean-Michel Severino、Marilou Uy[4]、Jason Furman、Vinod Thomas致謝。

我持續參與世銀的工作，擔任首席經濟學家的顧問團成員。我們的討論固然轉向全球及歐元危機，不過世銀顧問團及職員的見解對我幫助很大。我想特別感謝世銀現任首席經濟學家Kaushik

Basu[5]與我的討論。

我在哥倫比亞大學待了將近二十年。哥大讓我得以自由追求我的研究，並且為我帶來樂於追求挑戰的優秀學生。我從傑出的同事身上也學到許多，他們研究歐元及其他襲擾市場經濟的危機，包括Patrick Bolton、Charles Calomiris、Glenn Hubbard、Frederic Mishkin、Tano Santos。Tano 對西班牙危機有獨到見解。來自世界各地多元背景的學生對歐元的未來充滿興趣，我們有充足機會進行相關主題的各式討論。最重要的是，本書提出的觀念是我和摯友Greenwald長年討論後的成果。多年來我和他共同開設全球化及市場經濟課程，在課堂上討論歐元危機，讓這些觀念不斷接受學生的檢驗。

當然，我不免俗地要提出免責聲明。所有意見及觀念貢獻者，不必對本書內容負責。

製作這樣一本書需要一群人協力配合。多年來，一群研究助理幫助我完成寫作計畫，我要一一感謝他們：Sandesh Dhungana、Jun Huang、Leo Lijun Wang、Laurence Wilse-Samson、Ruoke Yang、Feiran Zhang。我也要特別感謝 Hannah Assadi、Sarah Thomas 在寫作過程中的協助。還是那句老話，我有幸和 W. W. Norton 及 Penguin 出版社合作，有 Drake McFeely、Stuart Proffitt 的編輯協力，尤其是Brendan Curry的幫忙。我的辦公室助理Debarati Ghosh、Eamon Kircher-Allen不僅是寫作計畫的催生人，進行龐大的資料收集及數據校對，還做出不少智識貢獻及編輯苦工。

最後，一如以往，我要把最大的感謝獻給太座 Anya Schiffrin。她幫我編輯本書，把一本充滿論述的大部頭，變成一本我希望不會太難讀的作品。她更時常提醒我歐洲計畫的重要性，以及關鍵問題在於歐元帶來的衝擊。若沒有她，這本書不會出現。

注釋

前言

1 根據歐盟統計局（Eurostat）資料，二〇一六年初青年失業率約在四五%左右。

2 演說內容刊在《美國經濟評論》（*American Economic Review*）九十三卷一期（二〇〇三年）第一至十四頁。引言見第一頁。

3 由於各國通貨釘住黃金，各通貨間的**相對**價值也是固定的。

4 布萊恩在一八九六年七月九日於芝加哥民主黨全國代表大會的演講裡講了這句話。

5 Barry Eichengreen, *Golden Fetters: The Gold Standard and the Great Depression, 1919–1939* (New York: Oxford University Press, 1992).

6 美國及中國GDP分別為十七．九兆美元及十一兆美元。（按購買力平價〔purchasing power parity，一種跨國比較的標準方法〕計算，歐盟GDP低於中國約一個百分點，不過高出美國七個百分點。）由於匯率變動（僅二〇一五年一年，歐元對美元匯率就從一．〇六變至一．一三），相對匯率（按現行即期匯率）會跟著改變。在二〇一四年，歐盟其實是最大的經濟區塊。地位跌落反映出匯率變動，跌幅達一七%。

7 正式名稱為《歐洲聯盟條約》（Treaty on European Union）。

8 許多經濟、政治學家也著迷於觀察歐元危機。目前已累積不少文獻，從金融、政治和經濟危機等不同面向探觸這個議題。本書採取的獨特途徑專注在歐元區的架構本身，包括其規則、法規及治理等方面；這些規範使得危機及整體不佳的經濟表現幾乎無可避免。有關歐元危機的初期調查，見Philip R. Lane, "The European Sovereign Debt Crisis," *Journal of Economic Perspectives* 26, no. 3 (Summer 2012): 49–68。寫於此貨幣聯盟形成後數年，具有完整深入的歐洲觀點，見Tommaso Padoa-Schioppa, *The Euro and Its Central Bank: Getting United After the Union* (Cambridge, MA: MIT Press, 2004)。想要一窺後續發展，Henrik Enderlein et al "Completing the Euro: A Roadmap Towards Fiscal Union in Europe, Report of the 'Tommaso Padoa-Schioppa Group,'" Notre Europe, 2012，http://www.notre-europe.eu/media/completingtheeuroreportpadoa-schioppagroupnejune2012-pdf?pdf=ok。近期調查見Enrico Spolaore, "What Is European Integration Really About? A Political Guide for Economists," Tufts University and

NBER Working Paper, June 2013，及*Journal of Macroeconomics*討論歐元危機的特刊“The Crisis in the Euro Area. Papers Presented at a Bank of Greece Conference,” 39, part B (March 2014)。此份特刊包含以下諸人的評論（按出現次序排列）：Heather D. Gibson, Theodore Palivos, George S. Tavlas, George A. Provopoulos, Vítor Constâncio, Seppo Honkapohja, Michael Bordo, Harold James, Barry Eichengreen, Naeun Jung, Stephen Moch, Ashoka Mody, John Geanakoplos, Costas Azariadis, Paul De Grauwe, Yuemei Ji, Vito Polito, Michael Wickens, C. A. E. Goodhart, Lucrezia Reichlin, Stephen G. Hall, Karl Whelan, Anabela Carneiro, Pedro Portugal and José Varejão et al。

9 在《全球化的許諾與失落》（*Globalization and Its Discontents*, New York: W. W. Norton, 2002）一書，我描述了這些失敗之舉，並解讀隱藏其後的政治、利益及意識形態。

10 見《全球化的許諾與失落》。

11 *The Price of Inequality: How Today's Divided Society Endangers Our Future* (2012)、*The Great Divide: Unequal Societies and What We Can Do About Them* (2014)、*Rewriting the Rules of the American Economy: An Agenda for Growth and Shared Prosperity* (2015)（with Nell Abernathy, Adam Hersh, Susan Holmberg, Mike Konczal）, W. W. Norton. 這幾本近期著作是以早期研究為基礎寫成，例如“Distribution of Income and Wealth Among Individuals,” Econometrica 37, no. 3 (July 1969): 382–97; “Dynastic Inequality, Mobility and Equality of Opportunity”, with Ravi Kanbur, Centre for Economic Policy Research Discussion Paper No. 10542, April 2015，發表於二〇一六年的*Journal of Economic Inequality*。

12 Robert E. Lucas Jr., “The Industrial Revolution: Past and Future,” *The Region* (May 2004), Federal Reserve Bank of Minneapolis, pp. 5–20, https://www.minneapolisfed.org/publications/the-region/the-industrialrevolution-past-and-future。盧卡斯接著說：「尋求各種生產分配方式來改善窮人生活，與增加生產的無限潛能相比，顯然不足掛齒。」就算改善窮人生活帶來的潛能十分巨大，多數時候並未實現。今日的歐盟及美國都有血淋淋的例子。

13 《不公平的代價》及該書附註。OECD, “In It Together: Why Less Inequality Benefits All,” May 21, 2015, http://www.oecd-ilibrary.org/employment/in-it-together-why-lessinequality-benefits-all_9789264235120-en。Andrew G. Berg及Jonathon D. Ostry, “Inequality and Unsustainable Growth: Two Sides of the Same Coin?,” IMF Staff Discussion Note 11/08, April 8, 2011，https://www.imf.org/external/pubs/ft/sdn/2011/sdn1108.pdf。Jonathan D. Ostry, Andrew Berg及Charalambos G. Tsangarides, “Redistribution, Inequality, and Growth,” IMF Staff Discussion Note 14/02,

February 2014, https://www.imf.org/external/pubs/ft/sdn/2014/sdn1402.pdf。

14 Bruce C. Greenwald and Josepf E. Stiglitz, "Externalities in Economies with Imperfect Information and Incomplete Markets," *Quarterly Journal of Economics* 101, no. 2 (1986): 229–64.

15 我在世銀任職期間格外投入「危機的經濟學」研究，也單獨或與世銀同事一同針對這個主題寫了各種文章。一篇頗受歡迎的報告收錄在《全球化的許諾與失落》。另見我的文章 "Lessons from the Global Financial Crisis," *Global Financial Crises: Lessons from Recent Events*, Joseph R. Bisignano, William C. Hunter and George G. Kaufman eds. (Boston: Kluwer Academic Publishers, 2000), pp. 89–109（最初發表在Conference on Global Financial Crises, Bank for International Settlements and Federal Reserve Bank of Chicago, May 6, 1999）；"Financial Market Stability and Monetary Policy," *Pacific Economic Review* 7, no. 1 (February 2002): 13–30; "Lessons from East Asia," *Journal of Policy Modeling* 21, no. 3 (May 1999): 311–30（論文發表在American Economic Association Annual Meetings, New York, January 4, 1999）；"Responding to Economic Crises: Policy Alternatives for Equitable Recovery and Development," *Manchester School* 67, no. 5 (September 1999): 409–27（論文發表在North-South Institute, Ottawa, Canada, September 29, 1998）；"The Procyclical Role of Rating Agencies: Evidence from the East Asian Crisis," G. Ferri and L.-G. Liu, *Economic Notes* 28, no. 3 (November 1999): 335–55; "Must Financial Crises Be This Frequent and This Painful?," *Policy Options* 20, no. 5 (June 1999): 23–32（論文最初發表在September 23, 1998, as University of Pittsburgh McKay Lecture）；"Knowledge for Development: Economic Science, Economic Policy, and Economic Advice", *Annual World Bank Conference on Development Economics*, Boris Pleskovic and Josepf E. Stiglitz eds (Washington, DC: World Bank, 1998), pp. 9–58。

我寫過幾篇論文，討論國內及國際間哪種金融制度改革能夠促進經濟穩定；"Reforming the Global Economic Architecture: Lessons from Recent Crises," *Journal of Finance* 54, no. 4 (August 1999): 1508–21; "The Underpinnings of a Stable and Equitable Global Financial System: From Old Debates to New Paradigm," 與Amar Bhattacharya合撰，收於*Annual World Bank Conference on Development Economics 1999*, Boris Pleskovic and Josepf E. Stiglitz eds (Washington, DC: World Bank, 2000), pp. 91–130; "Robust Financial Restraint", with Patrick Honohan（Patrick稍後赴任愛爾蘭央行總裁，我因此有機會和他討論愛爾蘭諸多危機的各面向，某些討論可見之後內容），收於*Financial Liberalization: How Far, How Fast?*, Gerard Caprio, Patrick Honohan and Josepf E. Stiglitz eds (Cambridge,

UK: Cambridge University Press, 2001), pp. 31–63。

我和Jason Furman撰寫了一篇論文，嘗試了解促成東亞經濟危機及各地危機的成因為何："Economic Crises: Evidence and Insights from East Asia," Brookings Papers on Economic Activity No. 2, September 1998, pp. 1–114（發表於Brookings Panel on Economic Activity, Washington, DC, September 3, 1998）。

我也和三位世銀同事（Daniel Lederman, Ana María Menéndez和Guillermo Perry）寫了幾篇論文，嘗試了解一九九四至九五年間的墨西哥經濟危機："Mexican Investment after the Tequila Crisis: Basic Economics, 'Confidence' Effect or Market Imperfection?," *Journal of International Money and Finance* 22, no. 1 (February 2003): 131–51; "Mexico—Five Years After the Crisis", *Annual Bank Conference on Development Economics 2000* (Washington, DC: World Bank, 2001), pp. 263–82。最後，我與另兩位世銀同事William R. Easterly and Roumeen Islam寫了兩篇論文，嘗試了解造成經濟波動的潛在力量："Shaken and Stirred: Explaining Growth Volatility", *Annual Bank Conference on Development Economics 2000* (Washington, DC: World Bank, 2001), pp. 191–212; "Shaken and Stirred: Volatility and Macroeconomic Paradigms for Rich and Poor Countries", *Advances in Macroeconomic Theory*, Jacques Dreze eds.，IEA Conference Volume 133 (Houndsmills, UK: Palgrave, 2001), pp. 353–72（在Michael Bruno Memorial Lecture所做的演講，第十二屆World Congress of IEA, Buenos Aires, August 27, 1999）。

重要的是，投入研究這些危機有助我了解傳統貨幣經濟學出了什麼問題。我在與格林沃德合撰的*Towards a New Paradigm in Monetary Economics* (Cambridge: Cambridge University Press, 2003) 裡提出了解釋。

16 這種標準模型稱作動態隨機均衡（Dynamic Stochastic Equilibrium）模型：它甚至並未解釋如此的「均衡」如何獲致，只單純地假定就是這樣。

17 Stiglitz and Greenwald, *Towards a New Paradigm in Monetary Economics; Freefall: America, Free Markets, and the Sinking of the World Economy*）(New York: W. W. Norton, 2010)。

第一章　歐元危機

1 為求一致，我盡可能以IMF為資料來源，除非另有註明。（寫這本書時，部分二〇一四及一五年的數據來自IMF人員的預測。）不同資料來源產出的數據不同，但主要報告內容仍然一致。

歐盟有二十八個成員國：保加利亞、克羅埃西亞、捷克、丹麥、匈牙利、波蘭、羅馬尼亞、瑞典及英國隸屬歐盟

（譯註：英國於二〇一六年六月二十三日舉行脫歐公投，脫歐派以五二%得票率勝出，正展開脫歐程序。若無意外預計會於二〇一九年正式脫歐），但未使用歐元。英國及瑞典皆已表明近期內不太可能採用歐元。目前歐元區有十九國，但二〇〇七年以前僅有十三國：奧地利、比利時、芬蘭、法國、德國、希臘、愛爾蘭、義大利、盧森堡、荷蘭、葡萄牙、斯洛維尼亞及西班牙。（賽普勒斯、愛沙尼亞、拉脫維亞、立陶宛、馬爾他及斯洛伐克在二〇〇八至一五年間加入歐元區。）歐洲內部尚有其他許多經濟集團，稍後在第二章裡會討論到。本書比較現在與金融危機前的時候，通常只使用二〇〇七年一月一日以前就在歐元區內的十三國資料。討論之後幾年的資料時，通常採用二〇〇七年的歐元區定義。我盡可能以註釋方式標出某一特定討論包含哪些國家，這麼做才不至於破壞整體敘述。

2 人均GDP已經從二〇〇七年的三〇二九四歐元（按二〇一〇年固定價格計算），降至二〇一五年的二九七五二歐元估計值。

3 「蕭條」在經濟學家間並無普遍認可的定義。借用本詞時我採取一般用法，即嚴重的經濟低迷與高度失業，以及GDP低於前次高峰。

4 全書的失業、貧窮、不平等、勞動成本及人口移出資料，除非另有註記，否則均來自歐盟統計局資料庫。（歐盟統計局是歐盟的官方統計機構。）歐元區失業率在二〇一三年達到超過一二%的高峰後，在二〇一六年三月來到一〇．二%。自二〇〇九年末開始，失業率不時困在二位數。相反地，美國失業率在二〇〇九年十月短暫達到超過一〇%的高峰後，從二〇一〇年開始便幾乎一路順暢下降，在二〇一六年四月來到五%。第三章會深入探討這些統計數字。

5 二〇一六年三月歐元區的青年失業率是二一%。在希臘、西班牙等受害慘烈的國家，青年失業率各別是五二%（一月時，最後記錄月分）及四六%。

6 西班牙二〇一二年時是五．九%。評估情況有多糟時，一般是看利差，即一國必須支付的利率和比如德國支付的利率之間的差額。希臘在二〇一二年時利差達到二一%，西班牙則是四．四%。資料來源：OECD長期利率資料（政府十年期公債利率），https://data.oecd.org/interest/long-term-interest-rates.htm。

7 實際上制定公共政策的責任許多都未轉移給各國，而是交由部長理事會（Council of Ministers）。而且，違背輔助原則比起遵守它們還要光榮。

8 歐盟資料。

9 Congressional Budget Office, "Summary of the Budget and Economic Outlook: 2016 to 2026," January 19, 2016, https://www.cbo.gov/publication/51129.

10 即便沒有接受「紓困方案」的國家也是如此。當他們向夥伴國借款時，隨貸款而來的是貸款條件。歐盟執行委員會有權否決這項預算，只要他們認為貸款條件無法被滿足。二〇一五年十月，六二%葡萄牙選民投票支持反對撙節的政黨。當新獲選的柯斯塔（António Costa）政府提議增加撙節預算時，歐盟執委會威脅要否決預算。最後雙方妥協，柯斯塔同意刪減一．三五億歐元預算，做出讓執委會放行的具體修正（一．三五億歐元是葡國GDP的〇．〇一%不到）。Peter Spiegel and Peter Wise, "Portugal Agrees Extra 135m Euro Budget Cuts to Avoid Brussel Veto," Financial Times, February 7, 2016, p. 4.

11 英國從危機中汲取教訓，現在開始關注穩定問題。歐元區的關鍵問題在於缺乏彈性，且沒有汲取「歷史教訓」。

12 如早先提過，本書無法提供歐元的創設歷史，只能說主要的創設力量來自歐盟執委會主席、法國前財政部長戴洛的努力。他在一九八九年提出的戴洛報告（the Delors report），為三年後的《馬斯垂克條約》打下了基礎。

13 我會採取寬鬆定義，交替使用市場基本主義與新自由主義兩詞。當然，並非所有人都在同一程度上堅守這些理論。比方說，有些人可能相信一般狀況下市場能有效分配資源，所以能倚賴市場。不過他們依然相信有管制銀行的必要，因為他們體認到這個部門特別容易產生龐大的失靈。大多數歐洲新自由主義者從未像某些國家的人士一樣，高唱政府各種職能的民營化，包括司法體系的業務。

14 有關歐盟的懷疑論述流傳甚廣，歐盟領導人們早該更加小心，以接續這個「未完成」的計畫。在下一章裡，我將描述反映在民調及公投上的「歐洲懷疑主義」的重要性。

15 本書會提到「實質GDP」、「實質工資」等，我們是按照通膨情況調整目前的GDP或工資。

16 當我提及歐元區的GDP，是指從二〇〇七年一月一日以前就是歐元區成員國的那十三國的GDP。

17 整本書裡，平均成長率是指平均年化成長率，即一年所能達成的增幅。

18 而且如同我們在第三章裡提到的，德國的表現甚至遠比日本衰弱。

19 根據樂施會資料，從二〇〇二至一二年，德國實質工資一年平均下跌一．六%。OECD資料顯示，第九個十分位數工資與第五個相比，出現大幅下跌。低薪勞工（賺取金額低於全體全職勞工總收入中位數三分之二的全職勞工）的占比，從低於一六%提高到近乎二〇%。即便德國在市場所得不均大幅增加的「修正」作為上比美國優秀許多，但貧窮的增加提醒著德國，這些作為稱不上成功。

20 歐元的誕生通常可追溯至一九九九年一月一日，當時各國間的匯率固定，儘管歐元要到二〇〇二年才開始流通。

21 我在《全球化的許諾與失落》一書中討論了東亞金融風暴。

22 此部分的研究影響深遠者，是Robert Mundell 的著作。“A Theory of Optimum Currency Areas,” *American Economic Review* 51, no. 4 (1961): 657–65。

23 刊登在*British Medical Journal* 裡一份二〇一三年的研究，以及在*British Journal of Psychiatry*裡一份二〇一四年的研究，均發現自殺有所增加，特別是在經濟大衰退後的歐洲。*BMJ Open*期刊裡一份研究發現在二〇一〇年至一二年間，希臘自殺人數增加了三五%。另一項*Social Science & Medicine*期刊二〇一四年的研究，則表示希臘增加的自殺數量與財政撙節密切相關。Nikolaos Antonakakis and Alan Collins, “The Impact of Fiscal Austerity on Suicide: On the Empirics of a Modern Greek Tragedy” 112 (2014): 39–50.

24 經常帳是一段時期內的貿易餘額、基本所得淨額或要素所得（國外投資收益減去支付國外投資者的金額），以及淨移轉支付。

25 如同凱因斯某次寫道：「長期下來，我們都死了。」（In the long run we are all dead.）見*A Tract on Monetary Reform* (London: Macmillan, 1923), p. 80。

26 比方說，這些模型並未納入必要的市場不完全性，或是沒有適當納入。像是金融市場的不理性，如諾貝爾得主、經濟學家羅伯．席勒（Rob Shiller）的研究所強調的（見其著作*Irrational Exuberance* [Princeton, NJ: Princeton University Press, 2000]）。或是充斥各處的資訊不完全性（如諾貝爾得主Michael Spence、George Akerlof 和我本人所強調的）。

有關標準總體經濟模型失靈的進一步討論，Jospeh E. Stiglitz, “Rethinking Macroeconomics: What Failed and How to Repair It,” *Journal of the European Economic Association* 9, no. 4 (2011): 591–645；Jospeh E. Stiglitz, “Stable Growth in an Era of Crises: Learning from Economic Theory and History,” Ekonomi-tek 2, no. 1 (2013): 1–38（原為二〇一二年十一月在伊茲梅爾〔Izmir〕土耳其經濟協會主題演講的講稿）。Olivier J. Blanchard, David Romer, Michael Spence, Jospeh E. Stiglitz eds., *In the Wake of the Crisis: Leading Economists Reassess Economic Policy* (Cambridge, MA: MIT Press, 2012)。

27 某些觀察者已經指出，連德國都遵循著不同的社會模式，在許多方面與施加於希臘及其他國家的條件不相符合。但接下來我會提到，這樣的經濟及社會安排之所以浮現，乃是出於一種團結感。德國內部的團結似乎與德國在境外傳達的團結相當不同。

當前的爭辯證實了政治的複雜性。德國最近首度施行最低工資，卻也同時施行支出限制（稱為舉債煞車〔debt brake〕）。這是一種溫和形式的撙節，冒著拖垮德國成長率的風險，甚至可能比近期的貧弱表現還低。

二〇一五年夏季以來獲得空前關注的移民危機，也證實了這些議題的複雜性。德國相當大方，至少一開始是這樣：約一百萬移民在二〇一五年陸續抵達德國，這個國家還宣布接下來數年打算一年接收五十萬難民。然而，在難民以及那些純粹為了逃離經濟困苦而希望移入德國的人民之間，德國有著強烈的區別意識。到了二〇一五年底，德國是否會給予那些逃離戰爭的難民長期庇護，變得有些不確定了。

截至二〇一六年初，德國境內的移民生活條件糟糕至極。許多人選擇回到戰爭蹂躪的地區，而非留在德國。德國也負擔回程交通費用協助回返人潮。二〇一五年有三萬七千人簽署自願返國方案，數目是二〇一四年的三倍。Guy Chazan, "Frustrated Iraqis Head Home as German Services Struggle," *Financial Times*, February 7, 2016, p. 4.

28 歐盟的社會模式有許多變體。有些包含工會與雇主一同與政府合作（社會夥伴）以解決社會問題，有些包含全國性勞資協商。有些是扇形協商（sectoral bargaining），有些則有更強大的社會保障體系。

29 有大量討論行為經濟學的文獻指出，個體並沒有顯示出這樣的理性。

30 這稱為驗證偏誤（confirmatory bias），有大量文獻指出此現象的重要性。

31 債券是國家、公司及其他機構透過資本市場借款、而非透過銀行借款的方式。它們和借據別無二致，承諾會連本帶利地償款，可以透過買賣達成。

32 我在著作《失控的未來》裡，解釋了支撐歐元區的新自由主義意識形態如何導致金融危機。在《全球化的許諾與失落》裡，我解釋了同一意識形態如何造成全球化的承諾出現落差。在本書稍後部分，我會提及一些基礎的經濟學研究。這些研究推翻了市場基本主義或新自由主義的假設前提。

33 這項開創性研究，出自Kenneth Arrow及Gerard Debreu（兩人為此獲得了諾貝爾獎）。（Kenneth J. Arrow, "An Extension of the Basic Theorems of Classical Welfare Economics," in *Proceedings of the Second Berkeley Symposium on Mathematical Statistics and Probability*, J. Neyman eds. [Berkeley: University of California Press, 1951], pp. 507–32；以及 Gerard Debreu, "Valuation Equilibrium and Pareto Optimum," *Proceedings of the National Academy of Sciences* 40, no. 7 [1954]: 588–92; Debreu, *The Theory of Value* [New Haven, CT: Yale University Press, 1959.]）他們指出市場無法實現效率的各種情況，稱為市場失靈。之後，格林沃德及史迪格里茲指出，只要資訊及市場

不完全時（基本上都是如此），市場便不具效率（見“Externalities in Economies with Imperfect Information and Incomplete Markets”）。更早之前，凱因斯就已經強調市場無法靠自身維持住充分就業。

34 James Edward Meade, *The Theory of International Economic Policy*, vol. 2, *Trade and Welfare* (London: Oxford University Press, 1955); Richard G. Lipsey and Kelvin Lancaster, “The General Theory of Second Best,” *Review of Economic Studies* 24, no. 1 (1956): 11–32。

35 David Newbery and J. E. Stiglitz, “Pareto Inferior Trade,” *Review of Economic Studies* 51, no. 1 (1984): 1–12.

36 歐洲匯率機制在攻擊英鎊和瑞典、西班牙的貨幣後，於一九九二年正式瓦解。歐元開始後的進展，使歐元有時被稱作是二代ERM，維持丹麥克朗兌歐元的匯率區間。

37 儘管充分就業的基本概念相當清楚，就是說每個想要工作的人，都能以其技能及天賦，在現有工資上找到一份工作。但是，對於充分就業的精確定義仍舊有些爭議。一般認為勞動市場相當鬆散（求職者與尋求員工的雇主數量恰好相配），以致沒有引起通膨的壓力。由於勞動市場會有摩擦（雇主與員工之間合適的配對需要時間），「自然」失業率因此大於零，一般是在二至三%左右。另外，也有可能是因相對工資調整的僵固而造成失業存在。勞動市場內技術勞工供不應求，致使工資上升，但仍可能存在著非技術勞工失業的情況。這種程度的失業有時稱為結構性失業。「充分就業」只是指存在的失業現象並非經濟體內需求薄弱的結果。（關於這個概念的進一步討論，以及失業率要低到什麼程度才會讓通膨開始增加的確認問題，可見第九章註九。）

第二章　歐元：希望與現實

1 另一即是美國，按匯率計算。精確排名視匯率波動而定。

2 可見我與Linda Bilmes的合著*The Three Trillion Dollar War: The True Cost of the Iraq Conflict* (New York: W. W. Norton, 2008)。

3 事實上，德國樂於支持對俄國的強烈經濟制裁，這清楚證明了非經濟考量的重要性。

4 的確，在為希臘及其他危機國家設計的經濟方案裡，我們看到歐盟的「利益」令人質疑，因為政策把一個個國家捲入蕭條中。即便是這個例子，歐盟也沒有在此觀點上覓得共識。當然，有許多國家贊同德國及所謂的「共識」。再怎麼說，歐元區能達成共識，有一部分是出於對德國的畏懼。義大利及法國對撙節大表不滿，他們知道撙節不會有效果，尤其撙節造成了極端現象。有些危機國家也是如此。只是那些倚靠德國或可能需要德國援助的國家，不想冒犯德國。還有一些國家，其問題不在於撙節能否發揮效用，純粹只是選民不爽協助那些比他們還要富有的國家。由此來看，在支持危機政策上表現出的共識，反映的其實是歐盟內部缺乏團結。

5 當然，除了軍事干預外還有其他領域。如果歐盟能夠統一發聲，便可有更多影響力，像是在聯合國、世銀、IMF，以及各種國際協商場合等等。

6 我有必要在此區別出歐盟領導人對歐盟、特別是歐元的希望與預期。在將這塊大陸整合在一起的努力上，他們更明顯推廣的是歐盟。但不可否認的是，許多人認為實現共同貨幣，是達成歐盟願景的必要部分。一九九五年德國總理柯爾宣示，歐洲整合的賭注是「二十一世紀的戰爭與和平」。他推廣的不僅是歐盟（當時雖是初生，卻已經成功建立）概念，更是歐洲經濟與貨幣的完全整合。根據柯爾的傳記描述：「柯爾的終極目標是要……確保和平普及。『我們堅定地讓此過程繼續下去，』他這麼說。在他看來，這麼做的手段就是共同貨幣，這會創造出歐洲各經濟體之間的強烈連結。」可見Henrik Bering, *Helmut Kohl: The Man Who Reunited Germany, Rebuilt Europe, and Thwarted the Soviet Empire* (Washington, DC: Regnery, 1999), p. 164。柯爾的目標在於讓整合過程繼續下去，這凸顯出歐元創設者正確把握所有細節有多麼重要。不幸的是，他們沒有做到。可見第一章關於歐元創設的較詳盡討論，亦見Alan Cowell, "Kohl Casts Europe's Economic Union as War and Peace Issue," *New York Times*, October 17, 1995。當然，也有說法指出經濟互賴會增加戰爭成本，讓戰事較不可能發生，而歐盟帶來了廣泛的經濟整合。問題是，若真因貨幣聯盟而有額外的經濟整合，這種整合有無顯著的增強作用？

7 亞當·斯密的經典著作是《國富論》（*The Wealth of Nations*）（1776）。

8 李嘉圖（1772–1823）是比較利益理論之父。

9 這些倘若存在，其實可以強化支持經濟整合的主張。

10 Joseph E. Stiglitz, "Devolution, Independence, and the Optimal Provision of Public Goods," *Economics of Transportation* 4, nos. 1–2 (March–June 2015): 82–94.

11 見我與格林沃德的合著*Creating a Learning Society: A New Approach to Growth, Development, and Social Progress* (New York: Columbia University Press, 2014；節縮版，2015)。

12 經濟學家對公共財或純公共財這個詞的使用較為嚴格，指的是先天即具有公共性質的財貨。也就是說，多一個人享受這些財貨，並不會有相關成本產生。在此概念下，許多公共提供的財貨並非公共財。知識倒是一例，因為多一個人知道某種知識時，並不會減少其他人知道的內容。

13 德國對通膨的執迷，一般認為來自兩次大戰間的經驗以及希特勒的崛起。不過希特勒崛起時德國正面臨高度失業；讓納粹崛起的不是通膨，而是失業。（Robert Skidelsky, *John Maynard Keynes: The Economist as Saviour 1920–1937*, London: Macmillan, 1992]。）那些宣稱是其他原因的人，都是在竄改歷史。得知高度失業的政治及社會成本後，人們自然會認為關注焦點應是確保高度失業不會發生。但是，誠如第七章所解釋的，情況恰好相反。這些人要求希臘及西班牙遵循的政策，造成極高的失業率不僅是預料中的事，令人擔憂的政治後果也已開始出現。

14 例如，羅馬尼亞公民有權遷徙至英國（因為他們都在歐盟內）。但是由於英國不在申根國之內，羅國公民還是得要經過護照查驗流程。

15 克羅埃西亞、匈牙利和羅馬尼亞是申根區候選國，但尚未正式加入（譯按：匈牙利已經是申根國）。

16 歐盟備受爭議的共同農業政策（Common Agricultural Policy），占了預算約四〇%，見歐盟執委會*The European Union Explained: Agriculture*, Luxembourg: Publications Office of the European Union, 2014，http://europa.eu/pol/pdf/flipbook/en/agriculture_en.pdf；歐盟執委會“European Budget for 2016 Adopted,” November 25, 2015，http://ec.europa.eu/budget/news/article_en.cfm?id=201511251641。

17 希臘近期發生的事件呈現出這樣的風險也未能完全排除。朝向通貨聯盟邁進的路途中，從頻繁的細微重整到不定期的極端變化，皆可能改變風險的性質。基本上，後者可能包含更大的風險。

18 固定匯率的支持者指出，這樣反而能調整工資及物價。在之後的章節裡，我們會解釋何以用工資及價格調整作為替代方式，一般而言也會失敗。

19 債務違約在當時也是歷史新高。當然，在阿根廷貨幣貶值後那段時期，高昂的商品價格（主要起自中國的迅速成長）對該國的成功扮演重要角色。

20 我在他處解釋過，為何在這樣的情況下，GDP不是整體經濟表現的理想衡量方式。Joseph E. Stiglitz, Amartya K. Sen, and Jean-Paul Fitoussi,*Mismeasuring Our Lives: Why GDP Doesn't Add Up* (New York: The New Press, 2010)。

21 各國內部也有類似觀察。內部若有太多不平等，通常難以支持必要的集體行動，以確保社會全體的表現。這也是不平等的代價如此高的原因之一。見《不公平的代價》。

22 Scott J. Wallsten, “An Econometric Analysis of Telecom Competition, Privatization, and Regulation in Africa and Latin America” *Journal of Industrial Economics* 49, no. 1 (2001): 1–19; Anzhela Knyazeva, Diana Knyazeva及史迪格里茲

"Ownership Change, Institutional Development and Performance," *Journal of Banking and Finance* 37, no. 7 (2013): 2605–27.

23 David E. Sappington及史迪格里茲 "Privatization, Information and Incentives," *Journal of Policy Analysis and Management* 6, no. 4 (1987): 567–82; Herbert A. Simon, "Organizations and Markets," *Journal of Economic Perspectives* 5, no. 2 (Spring 1991): 25–44.

24 採用歐盟統計局勞動成本指數（LCI）工資及薪資資料。二〇〇七年希臘的LCI是一〇八・七；而在二〇一四年（最近一年可得資料），該指數是九一・五，降低了一五・八%。其他勞動成本的計算，則產生較小的減幅。

25 例子可見第八章的詳細討論，關於希臘總理齊普拉斯（Alexis Tsipras）在二〇一五年七月十二日與三巨頭達成的協議（普遍認為是希臘的「投降條件」）。

26 這些勞動議題，第八章會有更全面的討論。

27 Robert N. Mefford, "The Effect of Unions on Productivity in a Multinational Manufacturing Firm," *Industrial and Labor Relations Review* 40, no. 1 (1986): 105–14; Kim B. Clark, "The Impact of Unionization on Productivity: A Case Study," *Industrial and Labor Relations Review* 33, no. 4 (1980): 451–69.

28 經濟學家也強調，沒有規則可以充分考慮所有相關變數。因此，我與其他柯林頓政府的相關人士強烈反對美國憲法禁止赤字（比如要求預算平衡）的條款修訂，原因之一就在於：我們知道可能會有像二〇〇八年經濟大衰退的情況發生。當然，我們可以撰寫更複雜的規則，把某些變數納入預期，但是絕對無法預期所有變數。保守者如Milton Friedman主張貨幣當局採用簡單的規則，例如在固定利率下擴大貨幣供給。這個規則背後的經濟模型在數十年前有效，卻從一九七〇年代開始潰敗。政府採用傅利曼的簡單規則，會發現他們的經濟體表現得並不理想。

29 令人不解的是，這些加入歐盟的中、東歐國家，經濟表現確實比其他國家還要好，但是他們大多數的經濟成長率始終令人失望，波蘭除外。

30 公投結果，拒絕歐元的高得票率令人印象深刻。丹麥在二〇〇〇年九月二十八日的公投，投票率達八七・六%，其中反對歐元者占了五三%。瑞典在二〇〇三年九月十四日的公投，投票率達八一%，其中反對歐元者占了五六%。一九九二年，有約六九%的愛爾蘭選民支持《馬斯垂克條約》。然而，在法國及荷蘭選民拒絕歐洲憲法後，愛爾蘭預定的歐元公投便不再舉行。英國決定不加入歐元區，但並未訴諸公投。一份二〇一五年的民調顯示，英國有七〇%選民反對加入歐元（*Daily Mail*, December 30, 2015）。二〇〇九年的民調顯示出相似的反對率

（七一%，*Guardian*, January 1, 2009）。令人意外的是，二〇一二年的一份民調顯示，竟然有六五%德國人認為沒有歐元他們會過得更好，而有六四%法國人會拒絕《馬斯垂克條約》（創設歐元的條約），假如他們可以再投一次票的話（Reuters, September 17, 2012）。

31 諸如這些及其他關於這項方案的細節，見於二〇一五年八月十九日 "Memorandum of Understanding between the European Commission Acting on Behalf of the European Stability Mechanism and the Hellenic Republic and the Bank of Greece", http://ec.europa.eu/economy_finance/assistance_eu_ms/greek_loan_facility/pdf/01_mou_20150811_en.pdf。官方文件中固然沒有提到各政黨之間的相左立場，不過同時期的新聞報導描述了協議的談判過程。

第三章　歐盟的糟糕表現

1 IMF的報告顯示，愛爾蘭在二〇一五年成長了七．八%，超過成長第二快速的經濟體馬爾他約一．五個百分點。其餘歐盟各國中，也只有馬爾他在該年成長超過五%。

在這一章（以及整本書）我關注的是實質GDP的增長，也就是經過通膨調整的數值。從事這樣的比較時，我必須選定某一年為基期，再以該年的美元或歐元幣值表示各年的GDP。審視成長時，基期年的選擇不會造成太大差異。當然，以二〇一〇年為基期年去衡量二〇一五年的GDP，和以二〇〇九年為基期年去衡量，得出的結果會不同。在大多數案例裡，我都是以二〇一〇年為基期年去調整GDP，因為那是大多數官方來源資料使用的基期年。其餘案例若使用不同基期年，我得要將資料調整成以二〇一〇年為基期年。（例如美國的資料，由於美國的物價水準在二〇一〇到一五年間增加了八．四%，將二〇一〇年的GDP數額換算成二〇一五年的美元金額，只要把二〇一〇年的數額乘上一．〇八四即可。）

從事跨時比較，有個技術問題。市場籃商品可能有變動，而通貨膨脹率可能取決於市場籃商品。因此，實質成長率估算值可能會出現些微差異，端視選取哪一年為基期年。藉著頻繁調整基期年（稱為連鎖加權〔chain-weighted〕GDP），經濟學家已經「解決了」這個問題。而由於我們關注的是相對較短時距內的成長，這些技術問題大體上是次要的。

還有一個技術問題，就是資料製作的延遲。我們希望數字盡可能更新。所有資料都有待修改。有時是在資料初揭露後幾年才會修改，有時對於過往的表現，甚至會給出不太相同的估算。

2 在本章稍後會提到，經濟表現暨社會進步國際評量委員會（International Commission on the Measurement of

Economic Performance and Social Progress）曾經解釋GDP為何不是經濟表現的理想量數。（Stiglitz, Sen, and Fitoussi, *Mismeasuring our Lives: Why GDP Doesn't Add Up.*）

3 GDP都已經通膨調整。但由於各國通膨率不同，重要的技術問題出現在總體分析上，像是歐元區的GDP。比較各國的GDP時，更複雜的問題出現了：不同國家消費的市場籃商品不同，不同商品在不同國家的成本亦不同。本書專注在歐元對經濟成長的影響，並以每個國家的物價平減指數評估成長。從事GDP水平的比較時，將不同國家不同商品的價格納入考慮，標準的方法是計算實質購買力平價GDP，在前言註六曾經簡短討論。它是以標準化的商品籃來比較所得。

4 十三個自二〇〇七年一月一日起採用歐元的國家，二〇一五年的GDP只比二〇〇七年提高〇・六%。此數據貨真價實來自IMF的報告，但不包含比利時及盧森堡。

5 這張圖顯示了二〇〇七至一五年間最大幅度的萎縮。對於同一段時期有多次萎縮情況的國家，我則是選取時間加權平均值。Social Democracy for the 21st Century: A Post Keynesian Perspective,"The Great Depression in Europe: Real GDP Data for 22 Nations," July 7, 2013，http://socialdemocracy21stcentury.blogspot.com/2013/07/the-great-depression-in-europe-real-gdp.html.

6 在這章裡，非歐元區國家指的是挪威、瑞典、瑞士及英國。

7 這是二〇〇七年非歐元區國家實質GDP的加權平均成長率。儘管二〇一五年歐元區國家的實質GDP有所增長，人均實質GDP卻減少了。不變的關鍵是：非歐元區歐盟國家的表現，比起歐元區歐盟國家要好得多了。

8 移出資料來自歐盟統計局，最新資料為二〇一三年。希臘並無二〇〇七年的資料。

9 根據世銀資料，從二〇〇八到一三年，希臘人口減少超過一%。倘若將二〇一四年的資料包括在內（最近可得資料），人口大約減少二%。這可能會改變，畢竟希臘在過去二、三年裡，成了敘利亞難民的主要接收國。不過，這是一種特殊的遷徙：難民們選擇希臘，是把它當作進入歐洲的大門，並非因為希臘是最吸引人的安置所在。

10 二〇〇七年到一五年間，希臘的工作年齡人口占總人口比，從六六・七%降到了六四・六%。工作年齡人口占比減少了逾兩個百分點。即便失業率沒有改變，生產力仍舊一樣，只因為前述原因，就讓希臘的GDP掉了超過四%，減低該國的償債能力。

11 我是以IMF提供的GDP平減指數資料，將政府支出換算成實質數字。

12 世銀資料。

13 歐盟統計局資料。

14 也遠低於中傷甚深的日本。日本的工作年齡人口人均實質GDP，高出歐盟及美國好大一截。資料來源：二〇一五年《總統經濟報告》（*Economic Report of the President*），取自世銀資料，https://www.whitehouse.gov/blog/2015/02/19/2015-economic-report-president。

15 這些生產力數字是根據勞工的人均實質產出。然而，危機不僅造成失業增加，還造成人均勞動時數的減少。這意味著以每小時勞動產出計算的生產力，表現得比這些數字所提示的還要好。例如在希臘，危機之前的平均勞動時數比美國多了一七%。危機對美國受雇者的勞動時數幾乎沒有影響（直到二〇一四年，減少幅度都低於〇・五%）。然而，希臘勞工的勞動時數卻減少了三・三%左右，意味著每小時產出減少約二・一%。在此同時，德國受雇者的勞動時數減少了三・七%，導致每小時產出輕微增加。勞動時數資料得自OECD資料庫。

16 西班牙失業率從二〇一三年的二六・三%降到了一六年初的二〇・五%。希臘從二七・九%降到了二〇一五年底的二四・四%。資料來源：歐盟統計局。

17 有大量經濟研究顯示，在高失業年度投入勞動力的年輕人，擁有的終生所得比早些年或晚幾年、失業率較低時投入勞動力的同儕低出許多。T. von Wachter, Oreopoulos and A. Heisz, “Short- and Long-Term Career Effects of Graduating in a Recession,” *American Economic Journal: Applied Economics* 4, no. 1 (January 2012): 1–29.

18 OECD資料。要注意一旦把工時減少納入考慮，計算每小時產出的生產力會比較好看。同時，希臘的工時比德國高出許多，這個事實意味著希臘的每小時生產力是低出許多的。

19 得自樂施會“TheTrueCostofAusterityandInequality: GreeceCaseStudy,” September 2013, https://www.oxfam.org/sites/www.oxfam.org/files/cs-true-cost-austerity-inequality-greece-120913-en.pdf; Hellenic Statistical Authority, “Living Conditions in Greece, 2013”，http://www.statistics.gr/documents/20181/1216584/LivingConditionsInGreece_0413.pdf/991e648b-e175-4be0-8d2b-1bf70d297966。

20 UNICE “Children of the Recession,” September 2014，http://www.unicef-irc.org/publications/pdf/rc12-eng-web.pdf。Yekaterina Chzhen, “Child Poverty and Material Deprivation in the European Union During the Great Recession,” Innocenti Working Paper No. 2014-06, UNICEF Office of Research, Florence, 2014，http://www.unicef-irc.org/publications/pdf/wp_2014_yc.pdf.

21 這裡的歐元區包括奧地利、比利時、芬蘭、法國、德國、希臘、愛爾蘭、義大利、盧森堡、荷蘭、葡萄牙及西班牙。斯洛維尼亞缺乏一九八〇年代的資料，所以未包含在分析中。歐元區GDP得自這些國家的總合GDP（以各國貨幣、固定價格計算），採用IMF的世界經濟展望（World Economic Outlook）報告資料，取自二〇一六年五月四日。同時也使用各國的GDP平減指數（得自IMF的WEO報告資料，一樣取自二〇一六年五月四日），讓所有GDP（以各國貨幣、固定價格計算）資料序列經過統整後，都有相同的基期年，也就是二〇一〇年。比利時及盧森堡二〇一五年的GDP（以各國貨幣、固定價格計算），是IMF的預測值而非實際產出。預測（例如趨勢配適〔trend fitting〕）是基於一九八〇到九八年之間的資料。

22 比起目前的金額，未來的金額會被低估。為了反映這個問題，經濟學家採用「貼現值」的概念。貼現值取決於（實質）利率。二〇〇兆歐元的損失是以一%的實質貼現率（比當期的實質利率高一些）為基礎做計算。

23 經濟學家把投入與產出之間的關係，稱為生產函數。生產函數似乎往下移動了，不過在科技進步的前提下，生產函數當然會下移。

24 Kenneth J. Arrow, “The Economic Implications of Learning by Doing,” *Review of Economic Studies* 29, no. 3 (June 1962): 155–73. 這裡所述的一般理論，在我與格林沃德合撰的*Creating a Learning Society*一書中有更詳盡闡釋。

25 促使這項短視近利行為的一些潛在勢力，*Rewriting the Rules of the American Economy*。

26 有關這些趨勢的較詳盡討論，Kai Daniel Schmid and Ulrike Stein, “Explaining Rising Income Inequality in Germany, 1991–2010,” Macroeconomic Policy Institute, Dusseldorf, Germany, 2013。以文中一項衡量來說，從一九九一到二〇一〇年，底層一〇%德國民眾的所得份額減少了一一．二%。

此外，我想重申稍早提過的重點。在大多數國家裡，一般勞工生活水平的受損程度，可能比傳統統計數字所揭示的更為嚴重。攸關他們福祉的公共計畫日益刪減，讓他們的不安全感與日俱增。

27 頂層一%德國民眾的所得份額（包括資本利得），從一九九二年的一〇．六%左右，增加到了二〇一〇年的一三．一%左右。資料得自World Wealth and Income Database，http://www.wid.world/#Database。

28 OECD “Country Note: Germany,” 2008，出自OECD二〇〇八年出版品*Divided We Stand*，http://www.oecd.org/els/soc/41525346.pdf。

29 從最近的OECD研究中可以獲得例證。該項研究指出「德國教育程度低的民眾，比起教育程度高、受過高等教育的民眾少擁有六成。擁有大學學位者所擁有的更是多出一二〇%。這個巨幅落差打破了美國的紀錄」。此外，「德國底層六〇%民眾，僅擁有六%的全體家戶財富」。

30 這些議題顯然更複雜，我無法在簡短的總結裡做出合理評斷。歐元支持者也許還會指出，貶值可能引發通膨惡性循環。當工資及物價上漲時，降低名目匯率的效益便會降低。然而，這裡討論的是失業現象顯著及產能過剩。此時工資及物價一般不會上漲。

31 除了我在第一章裡提到的研究，樂施會也指出，從二〇一〇到一一年，單單一年時間，希臘的自殺率便提高了二六．五%。資料得自希臘統計局及非政府組織Klimaka。樂施會 “The True Cost of Austerity and Inequality: Greece Case Study,” September 2013，https://www.oxfam.org/sites/www.oxfam.org/files/cs-true-cost-austerity-inequalitygreece-120913-en.pdf.

第四章　單一貨幣何時能夠發揮效用？

1 一開始只有十一個國家。

2 過去大多數國家的匯率都以黃金定值。每種貨幣都明確訂定了等值的黃金數量，因此相對匯率（比方美元與英鎊間的匯率）也是固定的。但自一九七〇年代初起，匯率便不再如此固定，某些情況下是交由市場決定。也就是說，美元相對於英鎊的價值由供需法則決定。不過說它們是由市場決定也過於簡單，因為需求最重要的決定因素來自政府制定的政策。在某些情況下，政府直接介入外匯市場影響貨幣價值。在這些案例中，一國據稱擁有管理匯率（managed exchange rate）。而在一些案例裡，各國將本幣幣值與他國幣值釘住。為了維持釘住，它們得調整利率，並買賣外匯。通常到了最後，他們會發現不可能維持釘住。這就是二〇〇一年發生在阿根廷的事。

3 貨幣政策透過各種管道影響經濟，各管道的重要性孰高孰低，有相當多爭議。許多經濟學家相信，低利率會直接影響消費及投資。另外一些經濟學家則相信，寬鬆貨幣政策（降息）所引起的貸款機會增加，才是關鍵所在。見例如我與格林沃德合撰之*Towards a New Paradigm in Monetary Economics*。

4 能順利採用共同貨幣的地區，後被稱為最適通貨區（optimal currency area）。最適通貨區的範圍大到足以讓通貨被視為重要通貨，但又沒有大到讓各國的歧異阻礙總體經濟的穩定，並造成過多成本耗費。但圍繞在歐元區的爭論，一直都不是歐元區是否為「最適」的組合，而在於這樣的組合能否順利運作。一如緊接於美國之後的討論所示，多元到何種程度可以與共同貨幣相輔相成，取決於政治安排及各種社經因素。挑戰在於有了單一貨幣，一個多元區域如何維持全境的充分就業？倘若還徙容易，民眾可以輕易從工作短缺的地方移到工作充裕的地方。倘若政府採取積極政策，在擁有高失業的地方創造工作機會，就可以替代匯率及利率彈性的作用。當然，要是各區十分相近，相同的利率政策及匯率，能使所有地區同時經歷充分就業。而接下來的討論會清楚指出，歐元區無法滿足這些條件。Robert Mundell, "A Theory of Optimum Currency Areas," *American Economic Review* 51, no. 4 (1961): 657–65.

5 我還未看過任何具有說服力的分析，能成功證明這些特定的門檻數字是合理的。幾乎可以確定，這些數字的設定，部分是出於政治動機。他們想要給打算加入歐元區的國家確實可行的嚴苛數字。事實上，這些數字經證實相當苛刻。在歐元通行最初幾年，連法國和德國都沒能達成目標。進一步條件如有關匯率及長期利率穩定的規約，更是在希望加入歐元區的國家加入之前好幾年，就強加於他們身上。

6 這些義務超越了赤字及負債的層次，來到「中程預算目標」上。訂定中程預算目標是為了確保更長時程的財政永續，其中的要求與程序細節相當複雜。

7 南達科塔州民當然可能在意，儘管程度肯定不會如希臘那樣激烈。

8 不過值得一看的是，即便在美國，自由遷徙也並未移除不同州之間的生活水平差距。

9 在一個純農業經濟體裡，當愈多人離開時，每位勞工擁有愈多土地，所得因而增加，也影響了遷移的程度。在現代工業經濟體裡，可能出現規模經濟。當愈多人離開時，維持現代知識經濟體基礎的能力遭到削弱，生產力實際上可能降低。

10 事實上，情況並沒有那麼嚴重。華盛頓互惠銀行的資產規模約與華盛頓州的ＧＤＰ相當。只是，倘若真要州政府為華惠紓困，州政府本身也會面臨財政危機。

11 葡萄牙、德國及拉脫維亞的資料得自ＩＭＦ的人均ＧＤＰ比較，以固定價格計算。康乃狄克及密西西比州資料得自美國經濟分析局及人口普查局。葡、德兩國的落差，在歐元創設之初幅度最大。

12 歐盟統計局資料。愛沙尼亞也沒有超過赤字上限，不過愛沙尼亞是在二〇一一年才加入歐元區。

13 "Will It Hurt? Macroeconomic Effects of Fiscal Consolidation," chapter 3 of International Monetary Fund, *World Economic Outlook: Recovery Risk and Rebalancing* (Washington, DC: International Monetary Fund, 2010), pp. 93–124. 另見第七章註五十七早期的研究。

14 當然，假如歐元同時升值了，該國商品在歐元區內其他國家的確較具競爭力，可是到了歐元區外的國家，就沒那麼具競爭優勢了。英國貨幣（即英鎊）相對於美元的價值，稱為名目匯率。假如英國的通膨比美國的通膨低，即便名目匯率沒有改變，我們會說實質匯率降低了。

15

國家	平均通貨膨脹率
葡萄牙	1.41
西班牙	1.36
希臘	0.89
愛爾蘭	0.38
奧地利	2.03
盧森堡	1.97
芬蘭	1.90
比利時	1.77
義大利	1.57
荷蘭	1.55
德國	1.38
法國	1.32
斯洛維尼亞	1.28

16 二〇一〇至一五年，各國商品及服務出口量的平均成長率：賽普勒斯一・七五%，希臘一・一八%，愛爾蘭六・四〇%，葡萄牙四・六八%，西班牙五・四二%。

17 根據歐盟統計局資料。

18 我認為那樣太超過了。這些學者混淆視聽之處，在於他們說停止實行金本位制的國家表現比較好，其中一些復甦還相當強勁。不過這些國家能夠從競爭性貶值中獲益，部分原因在於其他國家還維持著金本位制。倘若所有國家都停止實行金本位制，事實就不會是如此。就算所有國家都停止金本位制，在貨幣當局被迫依據黃金存量擴大貨幣供給的世界裡，停止金本位制也能導致貨幣擴張，對總合需求造成顯著有利的影響。

Barry J. Eichengreen, *Golden Fetters: The Gold Standard and the Great Depression, 1919–1939* (New York: Oxford University Press, 1992); Ben Bernanke及Harold James, "The Gold Standard, Deflation, and Financial Crisis in the Great Depression: An International Comparison," in *Financial Markets and Financial Crises*, ed. R. Glenn Hubbard (Chicago: University of Chicago Press, 1991), pp. 33–68; Peter Temin, *Lessons from the Great Depression* (Cambridge, MA: MIT Press, 1989); Barry Eichengreen及Jeffrey Sachs, "Exchange Rates and Economic Recovery in the 1930s," *Journal of Economic History* 45, no. 4 (1985): 925–46.

19 就算是從社會的觀點來看，也會希望政府對開除員工設有一些限制（要求資遣費）。Carl Shapiro and Joseph E.

Stiglitz, "Equilibrium Unemployment as a Worker Discipline Device," *American Economic Review* 74, no. 3 (1984): 433–44‥Patrick Rey and Joseph E. Stiglitz, "Moral Hazard and Unemployment in Competitive Equilibrium," 1993 working paper.

20 這些主張降低工資會降低勞工生產力的理論，最先發端於開發中國家。從他們的情況中，可以觀察到低工資引起營養匱乏，從而損害生產力。Harvey Leibenstein, *Economic Backwardness and Economic Growth* (New York: Wiley, 1957)。我在一系列論文裡，將此概念延伸到先進國家，集中討論低工資造成更多勞動異動，使訓練成本增加的這項事實。最先可見史迪格里茲 "Alternative Theories of Wage Determination and Unemployment in L.D.C.'s: The Labor Turnover Model," *Quarterly Journal of Economics* 88, no. 2 (1974): 194– 227。我指出資訊不完全造成了類似影響。降低工資導致低品質及低激勵的勞動力。這項研究以及其他努力，是我獲頒諾貝爾獎的重要基礎。現在已有大量文獻涉及此議題，同時提供經驗實證。George A. Akerlofand Janet L. Yellen eds., *Efficiency Wage Models of the Labor Market* (New York: Cambridge University Press, 1986)‥Jeremy Bulow及Laurence Summers, "A Theory of Dual Labor Markets with Application to Industrial Policy, Discrimination, and Keynesian Unemployment," *Journal of Labor Economics* 4, no. 3 (1986): 376–414.

21 IMF及三巨頭方案中未經審慎考慮的架構改革與撙節措施，兩相加總只會增加放款的不確定性。在歐盟，由於資本自由流動，資金撤離危機國家的銀行使問題進一步加劇。下章會再解釋。

22 這就是為何分析需求與供給的個別影響如此困難。在東亞，當破產及債務違約率達至五〇%以上時，交貨風險提高對需求造成明顯的負面影響。這種影響在不同歐洲國家的程度重要性尚未獲得評估。

23 資料來源：歐盟統計局二〇一五年資料。歐盟成員國出口予其他成員國的總值，占出口總值六三．二%。

24 一些國家及歐洲央行已經「衝破」下限，採取些微的負利率。這項事實並不會改變這裡的分析。真正的重點在於經濟若是積弱不振，貨幣政策一般也相對無用。儘管經濟學家對其原因有所爭論，但對於貨幣政策的局限有著普遍共識，歷任聯準會主席也多有強調。（我在別處曾主張，零利率下限並非貨幣政策失效的關鍵因素。就算實質利率從負二%再降至負四%，對投資也少有效果。經濟的高度不確定性主導著一切。對這樣的利率變動，商業行為不會做出太多回應。）

25 Joseph E. Stiglitz and Bruce C. Greenwald, "A Modest Proposal for International Monetary Reform," in *Time for a Visible Hand: Lessons from the 2008 World Financial Crisis*, S. Griffith-Jones, J. A. Ocampoand Joseph E. Stiglitz,

Initiative for Policy Dialogue Series (Oxford, UK: Oxford University Press, 2010), pp. 314–44.

26 由我以前的學生、哥大同事，以及美洲開發銀行（Inter-American Development Bank）前任首席經濟學家吉勒莫·卡爾佛（Guillermo A. Calvo）提出。見“Capital Flows and Capital-Market Crises: The Simple Economics of Sudden Stops,” *Journal of Applied Economics* 1, no. 1 (1998): 35–54。

27 許多國家嘗試延後清算日期，尋找一些高成本的方式，取得附帶嚴格預算刪減條件的短期資金。但最後，它們通常只會成為短期的治標藥物。

28 一般說來，貸款也是以外幣計價。隨著流入一國的資金減少，美元（或其他「強勢」貨幣）出現短缺，導致通貨危機。

29 這是前一節討論的倒果為因現象。並非財政赤字造成了貿易赤字，而是後者造成了前者。

30 有著浮動匯率的國家，面對前述狀況時會使美元飆升，本幣驟跌。（有時政府會運用為數甚少的外匯存底，試圖延長清算日期，以避免匯率暴跌，但這些干預一般也只有短期的治標效果。）通貨危機與債務危機相互牽連。以外幣貸款但賺取本幣所得的人士，現在還款壓力更大了，因為他們的所得無法換取和之前等量的外幣。通貨危機讓債務及金融危機加劇。（這些結果應和沒有負債的情況相比，此時匯率降低只會刺激需求。）當一國轉向ＩＭＦ求助，ＩＭＦ有時會介入防止匯率下跌。ＩＭＦ借予一國的資金被用來支撐該國通貨。除此之外，ＩＭＦ一般會強迫受助國升息及加稅並刪減開支。這麼做有時會奏效，把經濟扼殺到消費者停止進口、外匯需求與供給相一致的地步。然而，拯救通貨的代價是十分高昂的。

31 經濟學家稱這些為「政治經濟問題」。

32 賽普勒斯實施的「剃頭」形式，主要是針對存款課稅。剃頭的主要原因，可能起自賽普勒斯夥伴國的自私自利。不過多數存戶似乎是俄國人，他們意圖把錢從家鄉移出，目的不一定光明正大。賽普勒斯已經贏得俄人海外基地首選的美譽。多數歐元區國家不願補貼俄國人，這並不讓人意外。先別管剃頭的動機，即便只是針對可能剃頭提出廣泛討論，都產生了嚴重的後果。最後，小額存款人沒有被迫剃頭。歐盟領導人一般把這個被視為不切實際、卻要賽普勒斯這麼做的提議，轉而歸咎於賽普勒斯政府。我們之後會提到，誰擔責任並不重要，結果都是脆弱國家的銀行體系信用盡失。

33 當ＩＭＦ於一九九八年發出公告，讓印尼十六家私人銀行關門大吉時，更多銀行將倒閉與存款不保的風聲，導致銀行出現擠兌。相關概念及如東亞危機的更廣泛討論，可見我的著作《全球化的許諾與失落》。

34 根據OECD長期利率資料（政府十年期公債利率）。

35 根據聖路易聯邦儲備銀行（St. Louis Fed）收集的資料。

36 信評機構標準普爾（S&P）似乎沒有意識到這點，而在二〇一一年把美債降等。倘若採取印鈔措施，美元幣值或許會減低，但是並無證據指出政府舉債對預期通膨有任何影響。的確，當標準普爾降低美債信用評等時，預期通膨處於低點，美國甚至能夠以前所未見的低息取得長期貸款。

37 但有充分證據顯示，市場在此方面運作得並不好。

38 例如堅持銀行的外匯負債和資產相稱。

39 如此機制稱為歐洲穩定機制（簡稱ＥＳＭ），設立於二〇一二年。

40 不意外的，債權國想方設法阻止國際創設處理債務違約的法規。二〇一四年九月九日，聯合國通過一項要求設立此法律架構的決議案。在債權國的反對下，一系列處理原則於二〇一五年九月十日獲得壓倒性通過。

41 二〇一四年，中國的貿易盈餘占ＧＤＰ三．七％；德國的貿易盈餘占ＧＤＰ六．七％。資料來源：世界銀行資料。

42 部分德國人士想將他們的盈餘與中國的盈餘區別開來，認為自己的盈餘是一種美德表現。中國的盈餘宣稱得自「匯率的操作」，然而匯率及貿易盈餘是一整套政策的結果。倘若中國移除其國民投資海外的限制，匯率勢必會下跌，中國的貿易盈餘就會增加。同樣地，倘若中國跟從歐洲及美國降息，貿易盈餘也會增加。德國的工資及公共支出政策，是促成貿易盈餘的因素之一。的確，就是因為中國政府直接干預匯率，二〇一六年初人民幣才沒有經歷巨幅貶值。相反地，ＩＭＦ在二〇一四年對德國經濟的定期檢討（稱為第四條諮商〔Article 4 consultation〕）中，估算出德國的匯率遭低估約五到一五％。

43 John Maynard Keynes, *General Theory of Employment, Interest and Money* (London: Macmillan, 1936), chapter 23, "Notes on Mercantilism, the Usury Laws, Stamped Money and Theories of Under-Consumption."

44 總體經濟學聚焦在淨資本流動上。這些淨流動可能有複雜的形態，比如德國不必直接借款給西班牙。德國銀行可能借款給第三國某一單位，再由該單位（可能又是其他單位）借款給西班牙。

45 二〇一五年國際勞工組織資料。見國際勞工組織*World Employment Social Outlook–Trends 2016*, http://www.ilo.org/global/research/global-reports/weso/2016/WCMS_443480/lang--en/index.htm。總合需求不足已持續好長一段時間。的確，聯準會鼓勵輕率放款，原因之一就在於若不這麼做，便無法彌補美國境內疲弱的總合需求。結果導致房市危機。

前聯準會主席柏南克把這種情況稱為「儲蓄過剩」（savings glut）。"The Global Saving Glut and the U.S. Current Account Deficit," Remarks by Governor Ben S. Bernanke at the Sandridge Lecture, Virginia Association of Economists, Richmond, Virginia, March 10, 2005, http://www.federalreserve.gov/boardDocs/Speeches/2005/200503102/default.htm. 當然有許多好的投資機會，可惜全球金融體系在當時（現在也是）沒能扮演好存款人及這些投資間的中介角色。

46 這個數字比美國的最低工資還要高，不過比美國一些城市採納的每小時一五美元工資要低上許多。這個數字甚至比美國政府的合作企業每小時一〇．一〇美元的最低要求工資還要低。

47 所以，歐元區的盈餘大幅高出中國的盈餘，也就是二九三二億美元。二〇一五年單是德國的盈餘，據估計就達二八五二億美元。在二〇一四年，光是德國二八六〇億美元的盈餘，就已超過中國的二二〇〇億美元。如果把義大利及荷蘭的盈餘加進來，總和會是中國的一．五倍有餘。

48 凱因斯曾經建議對盈餘課稅。最近我和格林沃德提出了一個全球儲備的新體制，納入強烈的激勵機制，讓各國不製造盈餘。可見史迪格里茲及格林沃德 "Towards a New Global Reserves System," *Journal of Globalization and Development* 1, no. 2 (2010), Article 10。這項體制背後的概念，國際聯大主席國際貨幣暨金融體系改革專家委員會（Commission of Experts of the President of the UN General Assembly on Reforms of the International Monetary and Financial System）已經大力推廣。他們在二〇〇九年九月時發表報告，結果反而以《史迪格里茲報告》（*The Stiglitz Report*, New York: The New Press, 2010）的形式出版。亦見Keynes, "The Keynes Plan," 1942–43，重版於 J. Keith Horsefield ed, *The International Monetary Fund 1945–1965: Twenty Years of International Monetary Cooperation, vol. 3, Documents* (Washington, DC: International Monetary Fund, 1969), pp. 3–36; Martin Wolf, *Fixing Global Finance*(Baltimore: Johns Hopkins University Press, 2010)。

第五章　歐元：一個趨異的體系

1 隨著資金從開發中國家及新興市場移往已開發國家，一股與眾不同的反重力已經在世界其他地方展現。在*Making Globalization Work* (New York: W. W. Norton, 2006) 一書裡，我解釋了此現象的部分原因出自全球準備制度（global reserve system）。

2 例如，二〇〇〇年南義大利的人均GDP只占西北富裕地區的五五%，這項比率一直到二〇一四年都未改變。在二〇〇七到一四年間，南義的人均GDP與東北部相比還稍微減少了。比較採用的是歐盟統計局資料。

3 歷史的宿命在於這些國家多數面臨了這樣的外部環境，讓事情在任何情況下都變得困難。中國的崛起造成對德國精密製成品的需求增加。在此同時，中國對歐洲其他國家製造的較不精密產品興趣缺缺。中國自己就能提供這種產品的低成本替代品了。有關這些趨勢的討論，可見Stephan Danninger及Fred Joutz, “What Explains Germany’s Rebounding Export Market Share?,” CESifo *Economic Studies* 54, no. 4 (2008): 681–714；以及Christoph Schnellbach及Joyce Man, “Germany and China: Embracing a Different Kind of Partnership?,” Center for Applied Policy at the University of Munich Research Working Paper, September 2015，http://www.cap-lmu.de/download/2015/CAP-WP_German-China-Policy-Sep2015.pdf。

4 每個數字都是借給非金融企業一百萬歐元以下的新債數量，與危機前的高峰數量相比減少之比率。紀錄得自各國央行。危機前的高峰出現年度各國有所不同，不過一般是二〇〇七或〇八年。希臘資料得自Institute of International Finance, “Restoring Financing and Growth to Greek SMEs,” June 18, 2014, https://www.iif.com/publication/research-note/restoring-financing-andgrowth-greek-smes。“Addressing SME Financing Impediments in Europe: A Review of Recent Initiatives,” January 12, 2015, https://www.iif.com/publication/research-note/addressing-sme-financing-impediments-europe-review-recent-initiatives。葡萄牙、西班牙、愛爾蘭及義大利的數值，得自貝恩策略顧問及國際金融協會“Restoring Financing and Growth to Europe’s SMEs,” 2013, http://www.bain.com/Images/REPORT_Restoring_financing_and_growth_to_Europe’s_SMEs.pdf。

5 歐盟執委會“Annual Report on European SMEs 2014/2015,” November 2015.

6 Helmut Kraemer-Eis, Frank Lang and Salome Gvetadze, “European Small Business Finance Outlook,” European Investment Fund, June 2015, http://www.eif.org/news_centre/publications/eif_wp_28.pdf.

7 稍後我會討論危機國家資本報酬低於歐元區其他國家的另外原因。

8 政府及銀行為了保障違約風險而必須支付的保險費用，彼此也高度相關。V. V. Acharya, I. Drechsler及P. Schnabl, “A Pyrrhic Victory? Bank Bailouts and Sovereign Credit Risk,” *Journal of Finance* 69, no. 6 (December 2014): 2689–2739.

一國的主權風險及其轄下銀行之間有許多關連。通常銀行在其資產組合中握有數量龐大的該國債券，因此主權式微會導致銀行及其放款能力和意願的式微。Nicola Gennaioli, Alberto Martin and Stefano Rossi, “Banks,

Government Bonds, and Default: What Do the Data Say?," IMF Working Paper, July 2014.（資產負債表愈趨惡化的銀行，放款顯然較少。）同時，政府若確實為銀行紓困，體質不佳的銀行會使政府的隱性負債增加，從而增加主權風險。

進一步的討論，可見如Adrian Alter and Yves Schueler,"Credit Spread Interdependencies of European States and Banks during the Financial Crisis," *Journal of Banking and Finance* 36, no. 12 (December 2011): 3444–68; Patrick Bolton and Olivier Jeanne, "Sovereign Default Risk and Bank Fragility in Financially Integrated Economies," *IMF Economic Review* 59, no. 2 (2011): 162–94。

9 見例如我的著作《失控的未來》的討論，或是Simon Johnson, *13 Bankers* (New York: Pantheon Books, 2010)。

10 撤離西國銀行的資金儘管規模龐大，導致了信用緊縮，但撤離速度較預期的還要緩慢。一些人稱此為「資本慢跑」（capital jog），而非資本外逃。這是制度及市場不完全的結果（比如說，為了遏止洗錢而制定調查客戶的規定）。有趣的是，大多數歐洲政策議程背後的新自由主義模型，都忽略了資本慢跑這一點。要撤離單一市場，比一般認為的還要難上許多。

11 各國內部也有類似的扭曲情況。由於大銀行獲得政府紓困的機會較高，尤其是那些被視為大到倒不了的銀行，他們能用比小型銀行還要低的利息獲取資金。他們因此擴大了：不是基於能力或效率較為充足，而是基於從政府那裡獲得的隱性補貼規模較大。然而，整個金融體系因此又朝趨異發展。隨著大型銀行愈來愈大，獲得紓困的機會增加，隱性補貼規模的差異也就愈來愈大。

12 這並不會完全解決問題。衰弱國家的銀行無論如何都比較脆弱，而且認定自己面臨較高的風險。在此前提下，借款給這些銀行的放款人會要求較高利息。銀行回過頭來也會索取高利息，讓國內企業處於不利地位。因此，平等的競爭環境仍然不會出現，只不過會比目前的制度更公平。可見史迪格里茲及格林沃德*Towards a New Paradigm in Monetary Economics*。

13 各國央行應當要借款給面臨流動性問題、無法尋得資金管道的銀行，而非無償債能力、淨值為負的銀行。事實上，倘若眾人皆知該銀行具有償債能力，假設市場又運作良好，那就不會有取得資金的問題。當然，銀行家們總是相信他們絕對具有償債能力，純粹是暫時的市場非理性造成他們的問題。顯然，即便銀行家身處長時宣揚自由市場基本主義教義者之列，但當「市場」給予他們的評價低於他們相信自己應得的評價時，他們對市場的信仰便消失了。然後突然間，他們對政府的信仰驟增：像他們這樣值得幫助的機構，政府至少該紓困吧。

14 危機發生前，倫敦及紐約彼此競相降低法規限制時，或許真正的贏家（或者我該說輸家）是冰島。冰島為自己累積起一個銀行體系，資產規模至少是冰島GDP的十倍，最後自食其果。島內銀行的英國及荷蘭存款人有了金錢損失。他們不僅（錯誤地）認為冰島的銀行受到法規有效監督，還認為存款保險確實會償付損失。他們把錢存入冰島銀行的帳戶時，一般都沒有先徵詢律師，得到存款保險方案是否獲得適當注資的意見，以及若非如此冰島政府有何義務需要遵守。普遍持有的認知，是存款保險資金供應穩當（才不是這樣）。倘若存款保險資金破產，冰島政府需要履行的義務沒有上限。可惜，結果是存款保險根本不足以支應損失，而相關的歐洲法院，則主張冰島政府不必負責彌補不足的差額。存款人因而受到了龐大損失。

15 其他許多主要銀行因為涉及拆款利率醜聞，都付出了數十億元罰金或是達成和解，包括花旗集團、德意志銀行、摩根大通、荷蘭合作銀行、蘇格蘭皇家銀行及瑞士銀行。在本書付梓時，醜聞中遭指控的交易員正要提出上訴；同時，一些銀行仍在接受調查。在另一個大量市場操縱的案子裡，花旗集團、摩根大通、巴克萊、蘇格蘭皇家銀行及瑞士銀行都同意認罪。

16 George A. Akerlof and Robert A. Shiller,Phishing *for Phools: The Economics of Manipulation and Deception*（Princeton, NJ: Princeton University Press, 2015）。

17 在美國，競選獻金幾乎毫無上限。很多錢送給那些支持金融部門不受管制的人士及政黨；也有為數可觀的獻金是給反對方，以獲得對己有利的管制措施。這種多元組合的手段對銀行來說一直頗有成效，使其在民主、共和兩黨執政下都獲得了龐大紓困。這些在政治過程裡的投資報酬比金融投資還要好，不過偶爾會有悲劇產生。

18 可見之後有關智利經驗的討論。智利逐漸削減了幾乎所有法規。

19 在二〇一四年十二月，美國國會於一項總統必須簽署以維持政府運作的預算法案中，加入了一項條款，要求解除管制銀行的《陶德法蘭克華爾街改革與消費者保護法》其中一個關鍵部分，即確保政府擔保的金融機構不會投入高風險的衍生性金融商品交易。

20 例如，一國有權力禁止對保險購買人來說沒有可保風險的保險商品出售。也就是說，我不能為死了與我毫無關係的人購買人壽保險。我不能下這種賭注。這是個知名的原則，因為它創造了不當誘因，要置被保險人於死地。然而，今日的金融市場並未體認到這樣的原則。一間銀行能夠賭X公司會倒，然後暗地裡採取作為，對X公司的倒閉造成影響。有誘因讓銀行這麼做。一個完善的監管單位，會禁止這樣的金融商品。

21 也就是由歐元區內某一特定國家承擔的債務。

22 這樣的結果其實相當普遍，任何可移動的生產要素都會產生這種結果。

23 可見第七章的討論，歐洲央行如何在檯面下強迫愛爾蘭這麼做。

24 有趣的是，長久以來財政聯邦主義／地方公共財理論都已認知到這個問題。Joseph E. Stiglitz, "Theory of Local Public Goods", *The Economics of Public Services*, M. S. Feldstein and R. P. Inman eds. (London: Macmillan, 1977), pp. 274–333; and Joseph E. Stiglitz, "Public Goods in Open Economies with Heterogeneous Individuals", *Locational Analysis of Public Facilities*, J. F. Thisse and H. G. Zoller eds. (Amsterdam: North-Holland, 1983), pp. 55–78; and Joseph E. Stiglitz, "The Theory of Local Public Goods Twenty-Five Years after Tiebout: A Perspective", *Local Provision of Public Services: The Tiebout Model After Twenty-Five Years*, G. R. Zodrow ed. (New York: Academic Press, 1983), pp. 17–53.

扭曲（不穩定）的幅度，與勞力的需求彈性有關。假如勞動邊際產量的增加幅度不如勞力移出，且假如債務全數由勞工承擔，那麼，隨著勞力遷出，稅後工資便會下降。接著，存在一個角「解」，在該點上沒有人會住在那個國家。或者，可以存在無效率均衡，在該點上居住於愛爾蘭的人口會大幅減少，直到稅後工資與比如英國相等。大體上這份文獻指出，自由進出一國，並不會造成勞力的效率分配。它再次以實例證明，那些仰賴基礎經濟學教科書的人很容易被誤導。

25 這些遷移的「利益」是否能夠超越上述的長期負面影響，是個實證性問題。

26 倘若課稅的部分負擔施加於資本之上，則會使資本自該國移出。

27 稍後我會清楚說明，有其他制度安排可達成近乎相同的效果。制度的設計中有許多細節，確保國家不會過度負債，並（或）使歐洲債券帶來的負債成為增加生產力的資本支出。

28 回想一下前章所提，赤字不能超出GDP的三%。

29 Joseph E. Stiglitz, "Economic Organization, Information, and Development," *Handbook of Development Economics*, H. Chenery and T. N. Srinivasan eds. (Amsterdam: Elsevier Science Publishers, 1988), pp. 93–160; Robert J. Lucas, "On the Mechanics of Economic Development," *Journal of Monetary Economics* 22, no. 1 (1988): 3–42.

30 例如，安地斯開發銀行（Corporacion Andina de Fomento）就是整個拉丁美洲的發展銀行。

31 有時這稱作資本預算。一項擔憂在於這會導致某些投資偏好（例如基礎建設），而不做其他投資（像是青年的健康，一般不被當作「投資」）。

32 Joseph E. Stiglitz, "Leaders and Followers: Perspectives on the Nordic Model and the Economics of Information," *Journal of Public Economics* 127 (2015): 3–16.

33 *The East Asian Miracle* (New York: Oxford University Press, 1993) and *World Development Report 1988–89: Knowledge for Development* (New York: Oxford University Press, 1998)。

34 見我與格林沃德合著的*Creating a Learning Society*。

35 連世銀都改變了對工業政策的看法。然而，歐元區的基本經濟架構很大程度由這些工業政策獨霸。見史迪格里茲及Justin Yifu Lin eds. *The Industrial Policy Revolution I: The Role of Government Beyond Ideology* (Houndmills, UK, and New York: Palgrave Macmillan, 2013)；Joseph E. Stiglitz, Justin Yifu Lin and Ebrahim Pate leds. *The Industrial Policy Revolution II: Africa in the 21st Century* (Houndmills, UK, and New York: Palgrave Macmillan, 2013)。有關此理論的一般性討論，見史迪格里茲及格林沃德*Creating a Learning Society*, 2014。

36 貿易協定經常宣稱創造出了類似的公平競爭環境。然而進一步檢視這些協定，就會發現問題重重。能幫助落後國家迎頭趕上的工業補貼遭到抑制。同時，美歐遊說團體運用勢力得來的龐大農業補貼，卻能獲得首肯。

37 稱為歐洲穩定機制。運用援助資金的國家必須簽署財政協議（稍後會討論），並同意一項「方案」。之後會討論這些方案截至目前都出現反效果。

38 政府增加支出以支應擴大的失業情況，並隨著經濟趨緩而收入減少（例如由於累進稅制），稱為自動穩定因子。它們協助防止經濟低迷愈趨惡化。自動穩定因子在凱因斯的分析影響下，自二戰那幾年開始內建於經濟體內，是經濟體比起一戰以前穩定許多的原因之一。

39 制定不周的銀行管制法規及施行細則，時常也扮演自動不穩定因子的角色。隨著經濟趨弱，銀行失去成長動力，一位嚴厲的執法人員在毫不顧及前面討論過的資本寬容的情況下強迫銀行刪減放款，於是自動強化了經濟低迷的程度。前面討論過，我們擔心針對歐元區全境制定更為緊縮的統一法規，其中資本寬容的地位毫不起眼，原因就在於歐元區會創造出一個強有力的自動不穩定因子。

40 歐盟之後裁定，這些跨國企業的部分作為是在規避歐盟法規。

41 OECD "Crisis Squeezes Income and Puts Pressure on Inequality and Poverty"，二〇一三年所做簡報，http://www.oecd.org/els/soc/OECD2013-Inequality-and-Poverty-8p.pdf。另見OECD一系列有關不平等的報告。

第六章　貨幣政策及歐洲央行

1 二〇一二年七月二十六日，德拉吉在倫敦的演說中提到：「在歐洲央行的權限範圍內，我們已經準備好，要不惜一切代價留住歐元。相信我，絕對會讓大家滿意。」

2 歐洲央行也被授權去追求更廣大的目標：「輔助歐盟內一般經濟政策的施行，以促進歐盟目標的達成。」不過這些目標倒是次要的。"On the Statute of the European System of Central Banks and of the European Central Bank," *Official Journal of the European Union*, May 9, 2008.

3 德國對通膨的執迷是主因。先前我們提過，德國竄改了歷史，選擇相信帶來希特勒及法西斯主義的是通膨而非高度失業。然而，無論信念體系與現實有多麼脫鉤，一旦建立了，便會成為現實的一部分而必須面對。隨著德國成為歐元區內的主導勢力，堅持通膨即是問題核心的信念便牢牢置入歐洲央行的章程裡。

4 "On the Statute of the European System of Central Banks and of the European Central Bank."

5 From Article 127 of the Treaty on the Functioning of the European Union.

6 當然，晚近的金本位制與前幾世紀不同，當時還未廣泛接納紙幣。大約在歐洲發現新世界時，金幣（以及其他貴金屬）已經作為交易媒介在大陸上流通。之後，笨重的硬幣被布幣或紙幣取代，以特定分額的黃金作為擔保。不過，我們的討論目的在於貨幣價值都跟隨著黃金價值而波動，並非政府政策所能動搖。

7 這項法案也促成了經濟顧問委員會的創設，針對政府如何達成這些目標提出建言。我是柯林頓總統時期的委員會主席。

8 Charles P. Kindleberger, *Manias, Panics, and Crashes: A History of Financial rises*）(New York: John Wiley & Sons, 1978).

9 一九九六年十二月五日，葛林斯潘在美國企業研究院（American Enterprise Institute）一場名為「民主社會裡央行體制的挑戰」的演講中用了這個詞。當時我在台下聆聽，對聽眾及媒體的反應頗感興趣。他們仔細抓住每個演講細節，尋找短期貨幣政策的預告（之後他向我解釋，他留意到聽眾及媒體相當關注此事）。比起貨幣政策的推行，更重要的暗示被忽略了，包括葛林斯潘主張貨幣當局的政策不應對準資產價格膨脹下手。他的談話部分是針對日本股市，許多人認為日股泡沫化導致東京股市驟跌三%，對世界各地造成的影響不斷。「非理性繁榮」這個詞而今已屬標準詞彙。儘管大眾認為「非理性繁榮」是出自葛林斯潘，但葛老可能是在一次和諾貝爾獎得主、經濟學家羅伯特·席勒（Robert Shiller）私下談話時聽到了這個詞。可見http://ritholtz.com/2013/01/did-greenspan-

steal-the-phrase-irrationalexuberance/ 的部落格文章。更全面的討論，亦見我的著作《狂飆的十年：一個繁華盛世的興衰啟示錄》。

10 一般不會以長期成果作為回饋依據。認股選擇權尤其具有殺傷力。它激勵人們趕快把成果上報，並採取短期內能夠提高股價的行動，鮮少顧慮到長期後果。可見我的著作《狂飆的十年》，以及史迪格里茲等編 *Rewriting the Rules of the American Economy*。

11 並無一般理論主張高油價的最適回應，應該是要降低對非貿易財的需求，以使加權平均價格這項指標不會改變。

12 的確，我們在其他地方提過，歐洲央行確實曾因擔憂通膨，在二〇一一年時兩度升息。

13 見第四章有關競爭性貶值的討論。

14 Milton Friedman and Anna J. Schwartz, *A Monetary History of the United States*, 1867–1960 (Princeton, NJ: Princeton University Press, 1963).

15 利率則機械地由實體經濟成長率決定。

16 日本在二〇一一年時積極展開量化寬鬆，從那時起購買了數百億美元的債券。美國的量化寬鬆規模更為龐大（儘管和其經濟體規模並不相稱），始於二〇〇八年，最終購入數兆美元的債券。二〇〇九至一二年英格蘭銀行實施的寬鬆計畫，規模則小得多。量化寬鬆背後的理論，在章末會有更多討論。

17 不過前提是地區銀行要有能力放款。上章提過，歐元區架構的問題之一就是促使資本逃離衰弱國家的銀行，因而破壞了這些銀行的放款能力。實際上，有一項風險讓歐洲的非公平競爭更趨惡劣。倘若他們認為放款給衰弱國家更危險，就會遏阻強盛國家的強盛銀行投入跨國放款，借錢給衰弱國家。討論與此有關的一般原則，可見史迪格里茲及格林沃德 *Towards a New Paradigm in Monetary Economics*。

18 還可以更具企圖心，像是美國《社區再投資法》的規定，成功促使銀行提供更多貸款予資源匱乏的社區。

19 為這些政策辯護的人，宣稱政府獲得了償款，但是否真是這樣並不重要。政府以低於市場利率的價格借錢給銀行，本身就是一份大禮。央行還有其他許多方式（有時是與政府聯合，有時似乎是獨立作為），提供隱性補貼給銀行。央行讓大到倒不了（相互關連到倒不了，盤根錯節到倒不了）的銀行持續普遍存在。的確，大西洋兩岸的政府都鼓勵銀行合併，結果讓問題加劇。這些銀行獲得的低利率成為一種隱性補貼。量化寬鬆在某方面代表了銀行的隱性資本重整，就和柯林頓政府在儲貸危機後追求的政策一樣。長期債券的價值提高，持有這些債券的銀行，實際上就是獲得了重大的財富移轉。在美國儲貸危機的案例裡，銀行透過監理會計把這些債券視為零風險，因而激勵銀行持有，儘管它們的價格變動相當大且明顯，它們的報酬正反映出這些變動。（可見我的著作*The Roaring Nineties*。）二〇〇八年危機過後，這樣的隱性資本重整（有時稱作暗中資本重整〔stealth recapitalization〕）愈加猖獗，開始被市場分析師討論。例如Meredith Whitney有次和《彭博商業周刊》的Jonathan Weil討論此主題，估算說：「經由她稱為聯準會的『偉大的經紀交易』，一千億美元的資金缺口就這麼被補足了……」（引述自Edward Harrison "Q1 Bank Earnings Due to Marking Up Assets, Not Fundamentals—Meredith Whitney," *Seeking Alpha*, May 6, 2010，http://seekingalpha.com/article/203263-q1-bank-earnings-due-to-marking-up-assets-notfundamentals-meredith-whitney）

在歐元區裡，第七章描述的「拔靴法」（bootstrap）讓隱性資本重整的類似情事得以發生。歐洲央行的長期再融資操作方案始於二〇一一年末，以低利率借錢給銀行。多數銀行拿這些資金購買長期政府債券。九個月後，央行的直接貨幣交易方案容許央行自市場購回政府債券。儘管這項方案從未派上用場，它所帶來的信心促使債券價格提高，給銀行資本重整的機會。量化寬鬆持續這樣的資本重整，普林斯頓大學經濟學家Markus K. Brunnermeier及他的共同作者們將此稱為暗中資本重整（二〇一五年三月二十七日Brunnermeier於法蘭克福舉辦的G7會議所做的簡報，https://scholar.princeton.edu/sites/default/files/markus/files/diabolicloop_sovereignbankingrisk.pdf）。

20 世界經濟論壇二〇一二及一三年《全球風險》（*Global Risk*）報告，「嚴重的所得不均」被列為首位。

21 Jonathan D. Ostry, Andrew Berg及Charalambos G. Tsangarides, "Redistribution, Inequality, and Growth," *IMF Staff Discussion Note*, SDN/14/02, 2014, https://www.imf.org/external/pubs/ft/sdn/2014/sdn1402.pdf; Federico Cingano, "Trends in Income Inequality and its Impact on Economic Growth," OECD Social, Employment and Migration Working Papers No. 163, 2014, http://www.oecd.org/els/soc/trends-inincome-inequality-and-its-impact-on-economic-growth-SEM-WP163.pdf.

22 在族群落差嚴重的國家（像是美國及法國），這種不平等還有更多增長空間。當經濟陷入不景氣，這些群體的勞工首當其衝。當經濟過熱時（例如一九九〇年代末的美國），族群落差則顯著縮小。

23 *El Dilema* (Barcelona: Planeta, 2013)，譯文得自http://openeuropeblog.blogspot.com/2013/11/whats-best-place-to-publish-ecbletter.html。

24 要求確實相當明確，且影響深遠。一是要排除工資與物價的連動。這樣的連動對於保障勞工免於通膨之苦非常重要，不過此刻顯然無須顧慮，因為物價反而在下跌。（「政府尚未採取任何措施廢除通膨連動條款，這項事實令我們憂心忡忡。這樣的條款對貨幣聯盟內的勞動市場來說並不合適。在勞動成本的調整上，它們會是一種結構性阻礙。」）另一是要實質上排除工作保障，至少要暫時排除。（「在短期內採納這項極佳的新工作契約有著重要好處，因為解雇賠償金非常地低。」）有一「建議」是要政府想出遏止工資增加的辦法（這會是「促進私部門工資節制的極佳措施」）。

當然，歐洲央行也關注財政政策，不過央行的態度遠比歐元區的官方法規要嚴格許多。但歐洲央行毫不猶豫地介入西班牙的中央政府與地方的財政關係，要求中央政府必須確保「握有地區及地方預算的掌控權（包括是否允許地方政府發行債券）」。

25 有趣的是，在本書出版時，這些及類似的勞動市場改革，依然是政治緊張的焦點所在。

26 一如我們先前提過的，在大多數案例裡，央行當最後貸款者（在別人不願意提供流動性資金，或是至少不願意在任何「合理」利率下提供時）的原因，在於「市場」已經做出判斷，認為存在著無法還款的高風險，這間機構可能無償債能力。儘管央行只該借錢給具償債能力但缺乏流動性的機構，但這麼做勢必就會違抗市場的判斷。

27 在美國，數千億美元紓困金幾乎全拿來幫助銀行及債券持有人和股東。儘管危機正是從房市開始延燒，卻只有微不足道的分額拿來幫助有殼族。行政當局及聯準會相信下滲經濟學，以為丟出足夠的錢給銀行，整個經濟體都會受益。倘若他們嘗試上滲經濟學作為解藥，對經濟會大有助益。幫助那些有殼族，每個人都會受益。

28 三巨頭實際上是威脅愛爾蘭，假如政府嘗試讓債券持有人承受銀行重整的部分成本，就要讓愛爾蘭破產。這些威脅並未公開，之後愛爾蘭央行總裁Patrick Honohan揭露此事。Brendan Keenan, "Revealed—the Troika Threats to Bankrupt Ireland," *Independent*, September 28, 2014.

29 一如美國的例子，解救存款人才是必要且符合期待之事，而非解救銀行家、債券持有人及股東。有關這些議題的廣泛討論，可見我的著作《失控的未來》。

30 治理的問題日趨嚴重，是因為銀行家們傾向祕密作為，缺少透明化。（我們已經看過兩個例子，一個是給薩巴德洛的祕密信函，一個是歐洲央行要愛爾蘭為其銀行紓困的祕密要求。）銀行家們傾向保密的作風幾乎是一種天性了。他們了解知識即利潤，這比知識即權力還重要。資訊不對稱是經濟租的根源。央行雖是公家機關，卻太常被私人銀行的文化所汙染。

31 William Greider, *Secrets of the Temple* (New York: Simon and Schuster, 1987), p. 473.

32 央行一般並不反映金融市場內所有組成分子的利益。比方說，相較於避險基金或風險資本家，央行對銀行的顧慮便敏感許多。

33 然而，還有其他專才來源（例如學術界）。而對央行來說極其重要的專才，與金融部門內的一般參與者明顯不一樣。他們必須了解總體經濟學，並以系統觀點看待金融部門的作為。（德拉吉是個例外，他擁有麻省理工學院經濟學博士學位，能適當地結合學術訓練與實際經驗。其他央行都該朝此方向努力。）部分央行因體認到利益衝突，及「認知俘虜」的風險，而禁止出身金融部門者擔任董事會成員。

34 在美國及其他許多國家，當銀行開口向政府要錢，龐大紓困揭露的是以往銀行奮力要求政府別擋路，不是出於原則伸張，而是出於金錢利益。銀行還要求政府停止援用資本主義的一般法則，也就是讓股東和債券持有人為公司的損失負責。

35 在美國的例子裡，至少危機前奏響起時，聯準會主席葛林斯潘做出了自我過失（mea culpa）的檢討，承認其理解有誤，誤信自我管制。「我發現了一個錯誤，」二〇〇八年十月他對國會這麼說：「我不知道這個錯誤有多嚴重，或是會存在多久。不過，我深深為這個事實而困擾。」（"The Financial Crisis and the Role of Federal Regulators: Hearing before the Committee on Government and Oversight Reform," October 23, 2008, https://www.gpo.gov/fdsys/pkg/CHRG-110hhrg55764/pdf/CHRG-110hhrg55764.pdf.）即便是這樣，葛林斯潘還是沒能指出銀行及銀行家們面臨的不當誘因。他早就該注意此事。然而有趣的是，二〇〇六年二月一日年接任主席的柏南克，從來沒有做過類似的自我過失檢討。銀行體系最糟糕的恣意妄為，其實就是在他就任後發生。同樣地，該為歐洲銀行體系負責的人，也沒有認錯。

36 然而一般說來，市場已了解到舊債券永遠不會被償付，因此這些債券的市場價格遠低於面值。新債券的市場價格時常與舊債券的市場價格密切相關。

37 即便是這樣，假如德國的銀行有困難，要德國政府紓困也非難事。紓困對富裕國家來說負擔較輕，對貧窮小國來說負擔較重。歐盟內部的權力關係再次顯現在歐洲央行的政策裡。

38 在東亞金融風暴裡，ＩＭＦ要求印尼政府不要為國內銀行紓困，甚至不要解救銀行存戶。

39 Sebastian Gechert, Katja Rietzlerand Silke Tober, "The European Commission's New NAIRU: Does It Deliver?" Institut für Makroökonomieund Konjunkturforschung (Macroeconomic Policy Institute), January 2015, https://ideas.repec.org/p/imk/wpaper/142-2014.html. 有關此議題的更廣泛討論，可見第九章註九。

40 Stiglitz et al., *Rewriting the Rules of the American Economy*.

41 過去有些政府在選舉之前，會嘗試以貨幣政策操縱經濟，不過效果的產生既久且不穩，使貨幣政策無法成為滿足這些目的的良好工具。實際上財政政策更具效益。部分人士指出，過去一些央行就算沒有獨立自主，至少也會嘗試這種操縱手法。如果是這樣，讓央行獨立自主，導致他們輕易受到金融部門的俘虜，可說是治療比病症還要糟糕。事實上，在全然獨立自主和僅作為政府的另一部門之間，還有很充足的制度安排可供選擇。歐洲央行的治理太過偏向全然獨立自主了。

42 貨幣主義在央行內聲勢如日中天，是在一九八〇到九〇年代。通膨目標化最先在一九八四年由紐西蘭採用，之後才流傳至世界各地。二〇〇八年金融危機後，多數央行將政策架構調整得更具彈性，並擴大央行權限（加入金融穩定），對通膨抱持些微不同的看法，依據通膨的根源做出適當回應。Luis Jácome and Tommaso Mancini-Griffoli, "A Broader Mandate," *Finance and Development* 51, no. 2 (2014): 47–50.

43 更有甚者，由於政府當局及聯準會對房地產抵押市場的根本問題少有處理，房產價格持續在低點。如此會抑制中小企業的貸款，因為房地產是貸款的主要抵押來源。

44 Milton Friedman, "The Role of Monetary Policy," American Economic Review 58, no. 1 (1968): 1–17; Milton Friedman, "Inflation and Unemployment," *Journal of Political Economy* 85, no. 3 (1977): 451–72; Edmund S. Phelps, "Money-Wage Dynamics and Labor-Market Equilibrium," *Journal of Political Economy* 76, no. 4 part 2 (1968): 678–711.

45 Roger E. A. Farmer, "The Natural Rate Hypothesis: An Idea Past Its Sell-By Date," NBER Working Paper No. 19267, 2013, http://www.bankofengland.co.uk/publications/Documents/quarterlybulletin/2013/qb130306.pdf.

第七章 危機政策：三巨頭政策如何使歐元區的問題加劇

1 Suzanne Daly, "Hunger on the Rise in Spain," *New York Times*, September 25, 2012.

2 European Commission Directorate-General for Economic and Financial Affairs, "The Economic Adjustment Programme for Ireland," February 2011，可見於http://ec.europa.eu/economy_finance/publications/occas ional pa per /2011/pdf/ocp76_en.pdf。

3 IMF"Letter of Intent of the Government of Portugal," May 17, 2011, http://ec.europa.eu/economy_finance/publications/occasional_paper/2014/pdf/ocp202_en.pdf, p. 71. 赤字占GDP比降低之前，曾在二〇一二年衝高至一三%。

4 見歐盟執委會“The Economic Adjustment Programme for Portugal 2011–2014,” October 2014, https://www.imf.org/external/np/loi/2011/prt/051711.pdf。

5 Ricardo Reis, “Looking for a Success: The Euro Crisis Adjustment Programs,” Brookings Papers on Economic Activity, BPEA Conference Draft, September 10-11, 2015, http://www.brookings.edu/~/media/projects/bpea/fall-2015_embargoed/conferencedraft_reis_eurocrisis.pdf. 另見http://ec.europa.eu/economy_finance/publications/occasional_paper/2014/pdf/ocp202_en.pdf。

6 這裡的撙節包含三巨頭強加的撙節方案，以及葡國保守政府為了順應普遍意識形態而自行採取的撙節措施。

7 德國經濟專家委員會在二〇一五年七月二十八日一場記者會的長篇報告中寫道：「在愛爾蘭、葡萄牙、西班牙，以及截至去年底在希臘，經濟好轉顯示出『放款對抗改革』能夠帶來成功。為了使新方案順利運作，希臘必須在深層結構改革上表現出更多主導權，也應該善用歐盟夥伴國提供的技術專家。」德國經濟專家委員會“German Council of Economic Experts Discusses Reform Needs to Make the Euro Area More Stable and Proposes Sovereign Insolvency Mechanism,” July 28, 2015，可見於http://www.sachverstaendigenrat-wirtschaft.de/fileadmin/dateiablage/download/pressemitteilungen/gcee_press_release_07_15.pdf。以及德國經濟專家委員會“Executive Summary,” July 2015，http://www.sachverstaendigenrat-wirtschaft.de/fileadmin/dateiablage/download/sondergutachten/executive_summary_special_report07-2015.pdf。

第三章寫道這個看法不具說服力的幾些原因。其他評論可見Suzanne Daley, “For Many in Spain, a Heralded Economic Recovery Feels Like a Bust,” *New York Times*, August 10, 2015，http://www.nytimes.com/2015/08/11/world/europe/formany-in-spain-a-heralded-economic-recovery-feels-like-a-bust.html?_r=0；以及 Zero Hedge, “Sorry Troika, Spain’s Economic Recovery Is ‘One Big Lie,’” August 12, 2015，http://www.zerohedge.com/news/2015-08-12/sorry-troika-spains-economic-recovery-one-big-lie。

8 這項禁令是禁止贖回二十萬歐元以下房貸的房屋。

9 美國多數地方都曾上演的戲碼。空屋很快便會耗損，銀行只能賤價出售，社區及家庭因此受波及。由於房屋維持不佳會減低附近住屋的價值，這便產生一種惡性循環，造成更多的違約情況。

10 Kerin Hope, “Athens Backs Reforms to Unlock Bailout Funds,” *Financial Times*, November 19, 2015.

11 二〇〇七年時，希臘必須支付的利息只比德國多〇．三%。到了二〇一〇年，數字提高到六．四%。資料來源：

OECD長期利率資料（十年期政府債券利率）。

12 這項方案啟動兩年後，三巨頭的支持者預期經濟會朝復甦邁進。但實際上，低迷依然持續。三巨頭無法忽視這項證據，可是他們非但沒有重新構思方案與經濟模型，反而續採原來的模型，預期經濟迅速好轉，只是現在起步更艱難了。結果經濟復甦還是沒有產生，他們於是重複相同的動作。一樣的故事在每個危機國家中不斷上演，像是在西班牙及葡萄牙。

13 IMF二〇一一年九月《世界經濟展望》預測，可見於https://www.imf.org/external/pubs/ft/weo/2011/02/pdf/text.pdf。

14 巴本德里歐在二〇〇九年成為希臘總理。稍後會提到，他提出以公投的方式表決是否接受強加於希臘的方案後，於二〇一一年結束任期。歐元區夥伴視這項公投提案為一場噩夢。他的父親安德烈亞斯．巴本德里歐（Andreas Papandreou）在一九八一到八九年及一九九三到九六年擔任希臘總理，肩負起成立中間偏左政黨泛希臘社運黨（PASOK）的重責大任。他的祖父喬治歐斯．巴本德里歐（Georgios Papandreou）在一九四四到四五年、一九六三年至六五年間擔任希臘總理，於一九六七年一場軍事政變中被捕。一般認為這場政變是受到美國（至少是中情局）的支持。對抗德國的殘酷占領，以及被迫放款給德國卻從未獲得償還，不僅影響了希臘的歷史，也影響希臘人對於近期事件的態度。

15 某些預算詭計在更早之前便已開始，比如在希臘為了加入歐盟而奮力滿足各種條件時。在這件事情上，高盛扮演關鍵的卑鄙角色，建構出一項不透明的衍生性金融商品，協助希臘政府掩飾真實情況。Louise Story, Landon Thomas Jr., Nelson D. Schwartz, "Wall St. Helped to Mask Debt Fueling Europe's Crisis," *New York Times*, February 13, 2010; Beat Balzli, "Greek Debt Crisis: How Goldman Sachs Helped Greece to Mask Its True Debt," Spiegel, February 8, 2010.

16 只關注赤字不讓人意外，第四章提過，對赤字及負債的執迷已經內建於歐元區的架構之中。

17 他們一度要求二〇一四年以前要有六%的基本盈餘。直到二〇一五年，才主張二〇一八年以前達到三．五%的盈餘就好。

18 在我擔任世銀首席經濟學家時，我看到類似的過程上演。基本上，每當有債務重整提案，對於未來的預測都會相當美好。預測愈美好，愈不需要沖銷債務，債權人當然樂見其成。令我感到奇怪的是預測的達成方式；協議結果幾乎與經濟模型的結果差不多。

19 就算是增加投資，倘若選錯了投資對象，又沒有對的政策，可能會對失業率產生負面效果。增加投資具有正向的供給面效果，但若是未來總合需求不足，這麼做會導致失業增加。假如投資取代了勞工，例如超市及藥局以自動結帳機取代非技術勞力，影響會格外龐大。

20 三巨頭的其他行動也造成逃稅。降低逃稅的一項重要方式是確保交易透過金融體系完成，現金交易在任何經濟體內都難以課稅。不過二〇一五年夏季希臘公投前後銀行延長關閉時期，以及賽普勒斯危機時迫使小型存戶剃頭的提議（即便未採用），都促使個人不再仰賴銀行。

21 例如Tariq Ali, "Diary," *London Review* of Books 37, no. 15 (July 30, 2015): 38–39。我們討論的這間建造機場的德國公司Hochtief，僅持有四五%機場股份，卻握有機場的完全管理權。希臘法院判決Hochtief積欠大筆營業稅（根據一些新聞報導，是已經課徵但未交付，金額高達五億歐元）。加上其他未支付的款項，像是社會保障基金，使得積欠數額達十億歐元。一些報導還指出，機場建造時Hochtief沒有繳交任何營業稅。這件事因爭議不斷而陷入膠著，即便法院的判決都引起爭論。不過清楚的是，法院的判決對Hochtief不利。Hochtief主張僅支付了一·六七億歐元罰款和稅額，並非如媒體報導那般高，而且訴訟程序還未結束。Hochtief也清楚表明，在還未獲利前，他們不必支付任何稅款。不過有說他們做了假帳，在首年就扣除投資的全部成本，而非遵照傳統方式按年折舊。比如一項五十年的長期投資，只會有二%的建造成本被扣除。之後，Hochtief被一間西班牙公司接收，並將股權賣予其他單位，使得希臘能否得到法院判決的積欠稅款情況未明。

22 幾乎可以確定的是，希臘政府與一些拒絕繳稅的外國投資者之間，有著課稅及其他法律爭端。哪方握有資金，哪方就擁有協商權。以美國為例，課稅爭端非常大，納稅人一般得要先支付稅額，再向聯邦法院提起訴訟，以取回他認為是欠他的那些錢。

23 見第五章。若對於把錢留在銀行體系內有所疑慮，當歐洲央行不再擔任最後貸款者的角色對希臘銀行放款，事情便解決了，只不過也將導致希臘銀行體系的癱瘓，因為每日可提領數額的限制變小。先前曾提過，賽普勒斯為存戶提供內部紓困的提議有類似的結果。

24 在此方面，究竟這個認知正不正確可能也不重要。例如，前面提到負責雅典機場營運的德國公司遭指控積欠數億歐元稅款。這件事的細節仍有爭議，但故事的演進在網路上獲得廣大迴響，成為不容爭辯的事實。讓問題更形惡化的是，機場迎來了惡名，未列名全球營運良好的機場；即使是在南歐區域之內，這間機場在Skytrax世界機場大獎的排名也只位居第四。（機場及其營運公司當然會駁斥這些指控。）三巨頭要求不要對外國企業收取扣繳稅額，也讓情況變得更糟；而且他們從來沒有對這項要求做出充分解釋。

25 Henry George, *Progress and Poverty: An Inquiry into the Cause of Industrial Depressions and of Increase of Want with Increase of Wealth* (San Francisco, W. M. Hinton & Company, printers, 1879).

26 有些賦稅其實可以刺激經濟。針對遺產課徵高額稅款，能夠促使臨終者花費更多。不幸的是，歐盟內部便利的移動性可能會限制遺產稅的功效，因為各地實施的遺產稅制大不相同。針對碳排放課稅，也會促使私部門投資低碳科技，取代老舊的碳密集科技。

27 資產負債表既關注資產，亦關注負債，兩者的差額即是淨值。民營化包含了出售資產以換現。因此以公平市價完成民營化，對於資產負債表並無影響，只是更換了資產組合，從「實質資產」變成「現金」。不過稍後我會解釋三巨頭要求迅速民營化，是冒著以低於真實（長期）市價賤賣資產的風險。如此一來，資產負債表便會惡化。

28 身為世銀首席經濟學家，我一再看到執行不當的民營化帶來的負面影響。墨西哥Telmex的民營化造成電信價格高漲，為步入數位時代的國家帶來龐大障礙。（*OECD Review of Telecommunications Policy and Regulation in Mexico*, 2011，見於 https://www.oecd.org/sti/broadband/50550219.pdf。）
我在著作《全球化的許諾與失落》中指出，這些民營化問題一再得到證實。即便到了二〇一五年，三巨頭仍然沒有汲取教訓。

29 當外國購買人受到雙邊投資協議的保障時，事情甚且更糟。只要有對私人團體不利的法規變動產生，即便那樣的變動對健康及安全而言有其必要，私人團體都有權對政府提出訴訟。這與歐元區計畫中的民營化有關，因為得標者有可能是外國企業，經由雙邊投資協議而被納入管轄。然而，截至目前為止，歐元區內任何民營化都沒有出現此問題。

30 Niki Kitsantonis, "14 Airports in Greece to Be Privatized in $1.3 Billion Deal," *New York Times*, December 14, 2015. 濫用獨占權力以控制地區機場的機會很多。令人擔憂的是規範及防止這類濫用的努力，在今日變成了國際爭端。德國政府（包括三巨頭）選擇站在寡頭／政府合夥的這一方，與公共利益相對抗。

31 以希臘為例，該國長期與土耳其關係緊張，使得刪減軍事支出格外困難，即便兩國曾在巴本德里歐擔任外交部長時一度恢復友好關係。

32 John Henley, "'Making Us Poorer Won't Save Greece': How Pension Crisis is Hurting Its People," *Guardian*, June 17, 2015.

33 Matthew Dalton, "Greece's Pension System Isn't That Generous After All," *Wall Street Journal*, February 27, 2015.

34 是否為要式契約或默示契約的一部分，沒那麼重要。

35 有一例外，即退休金在非必要的情況下增加了。如此一來，勞工獲得的是某種「餽贈」，不是契約的一部分。在預算極為吃緊時減少、甚至排除這種餽贈也許是有道理。

36 二〇一四年二月。

37 要求進行退休金改革，還有其他不太對的地方。退休金體系陷入的麻煩，部分是出於持有政府債券，而政府債券因為債務重整歷經大幅沖銷。如果早一點做出債務重整（在二〇一〇年），而且三巨頭沒有施加這些緊縮性政策，沖銷的規模明顯會減少。因此退休金問題三巨頭難辭其咎。

38 一如我們在本書稍早提過，目前的發展有部分是暗地裡的金融體系資本重整。

39 根據ＯＥＣＤ長期利率資料（十年期政府債券利率）。

40 歐洲央行在面臨考驗時是否樂意且有能力不計一切代價，從他們與德籍董事會成員頻繁的討價還價來看，是有疑問的。例如他們吵著是否有必要（甚至是否獲准）購入危機國家的債券。

41 紓困提供了機會，讓私部門短期債權人得以提出資金，給其他人帶來更大的負債壓力。

42 有些例外值得提出。一九九八年巴西面臨了一次危機。我們似乎可以有兩種均衡情況，一是高利率及高違約，一是低利率及低違約。ＩＭＦ的方案帶來了信心，讓情況能夠朝「良好的」均衡發展。

43 根據ＩＭＦ、財政研究院（Institute for Fiscal Studies）、聖路易聯邦準備銀行（Federal Reserve Bank of St. Louis）及美國財政服務局（US Bureau of Fiscal Services）的資料。

44 大多數歐洲國家金融部門的集中程度比美國還要高。

45 換句話說，當政府適當地重整一間銀行，以全價承接銀行股份，就和政府提供的資金相當，這樣政府並沒有實質支出。這是資產交易。三巨頭的會計看待這些資產或投資支出就和看待消費狂熱一樣。不過從經濟學角度來看，它們完全不同。沒有任何家戶（連眾所周知的施瓦本家庭主婦都不會）把投資和其他形式的支出等同看待，更何況是企業。會計至關緊要，錯誤的會計框架會導致錯誤的政策，危機國家才會被迫從事過度撙節。同樣的，國有資產民營化的出售收入不應該與稅收等同看待。由於三巨頭錯誤的會計，它們被等同視之。在我擔任世銀首席經濟學家期間，這件事一再引起我們和ＩＭＦ之間的爭論。

46 當然，或許有人會說利率只是反映合理的風險溢酬。不過德國及三巨頭內其他人士煞有介事地說，有了這項方案，希臘會復原且償清負債。德國等於表明了利用此方案從貧窮鄰居身上牟取龐大利益。

47 Phillip Inman, "Where Did the Greek Bailout Money Go?," *Guardian*, June 29, 2015. 這裡發生的事與美國的掠奪性放款類似，模式也不讓人陌生。窮人借得一〇〇美元，但沒過幾年他就付了數千美元給銀行，而且還欠下比一〇〇美元多出許多的欠款。他支付（及借入）的所有金額，只是在支付銀行的利息及手續費。

48 也就是支付利息及本金上的困難。

49 錢若是私部門欠下的，債權人對管轄政府施加龐大壓力，迫使債務國承接私債，以確保債權人獲得完全償付，不管債務人究竟是誰。

50 有些證據指出，平均說來，他們因為這樣的風險而獲得了過多的補償。

51 上世紀初委內瑞拉債務危機期間，擔任阿根廷外相的路易斯・德拉哥（Luis María Drago）曾說貸款給主權國家者，應該知道他們是冒著不會獲得償付的風險（之後被稱為德拉哥主義）。他進一步主張「公債問題無法引起軍事干預，或是認可了歐洲強權實質侵占了美洲土地」。

52 三巨頭的行動具有高度政治性，另外反映在歐洲當權者意圖壓制ＩＭＦ揭露希臘負債難以為繼的相關結果，直到是否接受三巨頭方案的公投結束。顯然他們不想讓選民在投票前獲悉希臘的真實處境。他們甚至試圖掩飾拖延ＩＭＦ發布結果的舉動。"Exclusive: Greece Needs Debt Relief Far Beyond EU Plans: Secret IMF Report," Reuters, July 14, 2015, http://www.reuters.com/article/us-eurozone-greece-imf-report-idUSKCN0PO1CB20150714.

53 一如阿根廷的經驗所示，債務重整通常包含廣泛的訴訟。總地說來，即便考量這些訴訟成本，也少有人會質疑阿根廷自債務重整中獲益良多。再者，可能有其他債務重整的方式能夠降低訴訟風險。在之後的章節裡，我們會討論到其中一些方式。

54 一些人主張目前看來債務重整對希臘格外重要，因為透過匯率調整帶來的出口增加及進口減少效果有限。如此主張仍有爭議，部分原因在於沒有考慮到希臘主要的外匯收入來自觀光，而觀光對於價格非常敏感。

55 "Fiscal Consolidation Targets, Plans and Measures in OECD Countries," OECD, 2012, http://www.oecd.org/eco/public-finance/4.3%20Blondal%20Klepsvik.pdf.

56 Alberto Alesina, Roberto Perotti, "Fiscal Expansions and Fiscal Adjustments in OECD Countries," NBER Working Paper No. 5214, 1995; Alberto Alesina, Silvia Ardagna "Large Changes in Fiscal Policy: Taxes versus Spending," in *Tax Policy and the Economy*, vol. 24, J. R. Brown ed. (Chicago: University of Chicago Press, 2010), pp. 35–68.

57 Dean Baker, "The Myth of Expansionary Fiscal Austerity," Center for Economic and Policy Research, October 2010, http://cepr.net/documents/publications/austerity-myth-2010-10.pdf; Arjun Jayadev, Mike Konczal, "The Boom Not The Slump: The Right Time For Austerity," Roosevelt Institute, 2010. http://scholarworks.umb.edu/cgi/viewcontent.cgi?article=1026&context=econ_faculty_pubs.

58 見例如國際貨幣基金，"Will It Hurt? Macroeconomic Effects of Fiscal Consolidation," 二〇一〇年《世界經濟展望》第三章。

59 歐盟統計局二〇一六年三月歐元區數據。

60 見例如國際貨幣基金，"Will It Hurt?"。

61 見萊因哈特及羅格夫，"Growth in a Time of Debt," *American Economic Review* 100, no. 2 (May 2010): 573–78。

62 截至目前有諸多文獻探討這個主題，例如Thomas Herndon, Michael Ash and Robert Pollin, "Does High Public Debt Consistently Stifle Economic Growth? A Critique of Reinhart and Rogoff," *Cambridge Journal of Economics* 38, no. 2 (2014): 257–79; Ugo Panizza and Andrea F. Presbitero, "Public Debt and Economic Growth: Is There a Causal Effect?," *Journal of Macroeconomics* 41 (2014):21–41; Andrea Pescatori, Damiano Sandri 及 John Simon, "Debt and Growth: Is There a Magic Threshold?," International Monetary Fund Working Paper No. 14/34, February 2014，可見於 https://www.imf.org/external/pubs/ft/wp/2014/wp1434.pdf。

63 隨後有大量文獻對於標準模型何以表現不佳提出各種解釋。Stiglitz, "Rethinking Macroeconomics: What Failed and How to Repair It," *Journal of the European Economic Association* 9, no. 4 (2011): 591–645; "Rethinking Macroeconomics: What Went Wrong and How to Fix It," *Journal of Global Policy* 2, no. 2(2011): 165–75。亦見布蘭查德等編之 *In the Wake of the Crisis*。

64 前言裡提過，諾貝爾經濟學家羅伯特・盧卡斯格外強調這一點。

65 可見稍早有關此現象各種原因的討論（第六章及其他地方）。

第八章　使失靈加劇的架構改革

1 然而，經濟體內的某些特性會阻礙調整以因應變動情況。我們會在之後細究這個可能性。

2 第五章強調歐元帶來的非理性繁榮。歐盟團結基金也促成了這樣的成長。不過早期的高度成長顯示出只要需求充裕，成長就會非常穩健。的確，這些統計讓所謂是貪汙阻礙希臘成長這樣的主張成為謊言。並無證據指出二〇〇八年後貪汙有所增長。若有的話，巴本德里歐政府也已經做出某些遏止。

3 有些人對自己的主張如此執著，儘管所有證據都持相反立場，他們還是選擇相信。從某種意義來說，歐元區領導人其實也只能這樣。假如告訴危機國家說他們的生活水平被犧牲，只為拯救這個設計不良的貨幣協調機制，同時其人民（包括最貧窮者）必須承受苦痛，只為讓德國及法國銀行獲得還款，試想他們會如何回應。

4 的確，假如需求彈性相對較低，降低非貿易部門商品的價格，其實會導致對進口商品的支出增加，使經常帳餘額惡化。

試圖增加競爭的改革有複雜的分配性效果。在某些例子裡，地方的獨占企業是「寡頭」（至少在希臘是這樣）。在其他例子裡，保障的對象是一般民眾，像是擁有自用車的計程車司機，或是擁有地方藥局的小型自營商。如果改革「奏效」，這些個體會受到損害，他們的顧客卻可能變得更好。（醫藥改革的結果也令人質疑。）

5 三巨頭針對希臘管制中的幾個問題區域提出要求，這些要求大多取自OECD二〇一三年大規模的「競爭力評估報告」。*OECD Competition Assessment Reviews: Greece*, OECD Publishing, 2014, http://www.oecd.org/daf/competition/Greece-Competition-Assessment-2013.pdf. 二〇一五年七月十二日的歐元峰會聲明（Euro Summit Statement）引述這份報告，特別要求希臘採納「OECD第一階段工具包建議，包括星期日交易、銷售期間、藥局所有權、牛奶及烘焙等。非處方醫藥產品除外，這會在下一階段實施。另外，要求開放攸關總體經濟的封閉性職業（例如渡輪運輸業）」，以及其他要求。完整的法規細節及變更要求，可見OECD報告。

6 見二〇一五年七月二十五日我於《紐時》的專欄文章〈希臘的犧牲〉（Greece, the Sacrificial Lamb），裡頭有更多關於這些改革的細節，尤其是新鮮牛奶方面。這篇文章發表後，我期望聽到三巨頭針對他們的決定提出詳細解釋。可惜我的願望沒有實現。

7 當然，一公斤重的吐司確實重達一公斤是很重要的。無論哪個國家，一旦缺乏政府盤查，就有謊報傾向。

8 當人們立刻需要處方藥時，住處附近有藥局具有很高的社會價值。三巨頭千算萬算，似乎沒有考慮到這樣的益處。

9 希臘的法律還有其他各種限制，其中一些已經過時，一些則很明顯是設計來以不當手段限制競爭，可見 *OECD Competition Assessment Reviews: Greece*。仔細研究過這個議題的希臘人，可以合理地斷言三巨頭真正關心的是大公司（包括跨國企業）而非希臘消費者的福利，更非在地藥師的福利。OECD支持藥局改革的報告，也特別呼籲要解除連鎖藥局的限制。

10 Harriet Torry, "Germany Yet to Swallow Some Economic Medicine Prescribed for Greece: Overhauls Demanded by Greece's Creditors Go Beyond Those Enacted Earlier in Germany," *Wall Street Journal*, updated July 14, 2015.

11 "The Euro-Summit 'Agreement' on Greece—annotated by Yanis Varoufakis," July 15, 2015，發布在他的部落格http://yanisvaroufakis.eu/author/yanisv/。

12 當利潤流向已達充分就業的歐盟國家，這對歐盟整體的淨效果來說具有負面影響。當希臘陷入緊縮，已達充分就業的德國也無法擴張經濟。

13 希臘在新方案之下尤其如此。當政府收入下降，希臘就必須提高賦稅，否則必須刪減其他支出。

14 改革議程的其他面向也有反效果，我們在上一章提過。要求小型企業預繳一年稅款，不僅增強反抗心，還有負面供給面效果，創造出極大的進入障礙。只有那些擁有足夠資本、能在一年前繳稅的人，才能進入或留在業界。這看似公平對待小型及大型企業，實則強烈歧視小型企業。不過希臘逾八成的經濟卻是由大型企業創造，因為他們一般很容易能夠舉債。（超大型企業能夠在國際市場借貸，因此完全不會因為希臘銀行疲弱而困擾。）在上一章我們還提過其他例子，像是要求遙遠的島嶼支付高額營業稅。

15 可見我在二〇一二年二月號《浮華世界》（*Vanity Fair*）發表的文章〈就業之書〉（The Book of Jobs）。

16 的確，在知識及學習經濟裡，亞當．斯密對於效率市場的認定遭到推翻。一般說來，市場並不具有效率，會有知識投資不足的情況產生。我在與格林沃德合著的*Creating a Learning Society*一書中，對於這些主題有詳盡解釋。

17 與新古典模型相反，並沒有產生自然收斂。Stiglitz, "Leaders and Followers"。

18 Maria Mazzucato, *The Entrepreneurial State* (London: Anthem Press, 2014)。近來右派意識形態觀點主張美國要縮減這類政策，直到聯邦政府的研發預算（以今日的GDP占比來說）比五十年前低逾七成（根據SSTI及美國科學促進會的資料）。

19 近年來有大量文獻深入探討此主題，例如Ha-Joon Chang, *Kicking Away the Ladder* (London: Anthem Press, 2002); Justin Yifu Lin, *New Structural Economics* (Washington, DC: World Bank, 2012); Stiglitz and Lin, eds., *The Industrial Policy Revolution I*。

20 Stiglitz, "The Origins of Inequality, and Policies to Contain It," *National Tax Journal* 68, no. 2 (2015): 425–48.

21 Stiglitz et al, *Rewriting the Rules of the American Economy*; Stiglitz, Price of Inequality、Jacob S. Hacker and Paul

Pierson, "Winner Take All Politics: Public Policy, Political Organization, and the Precipitous Rise of Top Incomes in the United States," *Politics and Society* 38, no. 2 (2010): 152–204.

22 歐元區及歐盟架構讓歐盟國家在處理這件事時感到綁手綁腳。任何國家只要施行累進的稅制，就會看到暴富者離開，即使他們的公司持續在該國經營業務；法國便懊惱地看到了這一點。

23 樂施會二〇一五年九月報告，"A Europe for the Many, Not the Few". https://www.oxfam.org/sites/www.oxfam.org/files/file_attachments/bp206-europe-for-many-not-few-090915-en.pdf; OECD"Crisis Squeezes Income and Puts Pressure on Inequality and Poverty," 2013, http://www.oecd.org/els/soc/OECD2013-Inequality-and-Poverty-8p.pdf。

24 見歐盟執委會 "The Economic Adjustment Programme for Greece," Occasional Paper No. 61, May 2010, p. 28, http://ec.europa.eu/economy_finance/publications/occasional_paper/2010/pdf/ocp61_en.pdf.

25 這份資料來源是歐盟統計局。有趣的是，新聞報導重視的是二〇一四年希臘一間工會組織所做的研究。他們使用不同方法，發現貧窮率有更激烈的增幅。根據這篇報導，從二〇〇九到一二年，貧窮率增加了一倍，每十名希臘人就有四名生活在貧窮線之下。某些類別的希臘人，像是日益增加、為數龐大的兼職民眾，貧窮率更是超過五成。即便是全職員工，工資也大幅滑落，幾乎每五人就有一人處於貧窮，貧窮率從二〇〇九的七．六％到二〇一二年的一九．七％，增加了三倍。Ioanna Zikakou, "Four in Ten Greeks Live in Poverty," *Greek Reporter*, July 29, 2015, http://greece.greekreporter.com/2015/07/29/four-in-ten-greeks-live-in-poverty/.

26 樂施會二〇一五年報告，"A Europe for the Many, Not the Few"；Anthony B. Atkinson, *Inequality: What Can Be Done?* (Cambridge, MA: Harvard University Press, 2015)；以及註二〇與二一引用的參考資料。

27 Stiglitz, "New Theoretical Perspectives on the Distribution of Income and Wealth Among Individuals: Part I. The Wealth Residual," NBER Working Paper No. 21189, May 2015；以及《不公平的代價》和書中引用的參考資料。

28 顯然會有這樣的問題發生，一些寡頭試圖利用船運業的特別條款，將其他部門的利潤轉移至船運上。這樣的利潤轉移在企業內部相當氾濫，OECD近來的主要工作就是限制利潤轉移的擴大。三巨頭能夠也應該將注意力放在這裡。

29 蘋果這間全球資本額最大的公司，宣稱利潤極大部分來自愛爾蘭子公司。跨國企業可以輕易宣稱他們的利潤得自低稅負轄區。對其運作機制我們不必多作討論。在今日全球化的世界裡，最終財的生產包含許多步驟，而企業在決定哪裡的生產線才有真正的附加價值時，通常經過相當審慎的評估。這個體系稱為「移轉訂價體系」，因為公司假裝他們在不同國家購買並出售半成品。這樣的價格應該要是常規交易價格。問題在於大多數這種半成品的案例都沒有一個真正的市場存在得以決定其價值。

30 國際企業課稅改革獨立委員會（Independent Commission for the Reform of International Corporate Taxation）曾經提出其他方案，我曾是委員之一。二〇一五年七月，在阿迪斯阿貝巴（Addis Ababa）舉辦一場有關開發金融的聯合國重要會議，由印度領軍的開發中國家及新興市場幾乎一致支持聯合國的議程，檢視這些替代方案。不過隨著美國強烈反對，它們便胎死腹中。

31 我們在上章也提過，地方機場的民營化是由一間希臘寡頭企業與德國公司（絕大部分是公有股份。從這點來看，民營化就只是從希臘民眾手上轉移到德國民眾手上）合夥經營。激進左翼聯盟政府反對這項與寡頭掛勾的新民主黨前任政府做出的民營化。但是三巨頭堅持要繼續。這不僅會增強寡頭的勢力，也為之後的衝突架好舞台。地方機場是地方獨占事業，有能力對周圍地區的發展施加巨大影響。他們的營運會使一些人受益，一些人有所犧牲。這樣的「自然」獨占需要非常嚴格的規範。不過就算這間寡頭合夥公司胡作非為，犧牲該地區人民的利益以充實財庫，我們可以確定任何出於公共利益而約束機場的作為都會被抵制。同時我們嚴重懷疑，到時三巨頭會站在德國的寡頭夥伴那一邊。

32 先前我們提過，巴本德里歐的繼任者薩瑪拉斯來自新民主黨。多數人認為該黨與寡頭關係密切，並且深受寡頭支持。隨著連結性放款再度出現，甚至放款給以嚴格交易條件來看不該取得貸款的媒體公司，三巨頭對此選擇視若無睹。《金融時報》對二〇一五年一月選舉的報導，呈現出這樣的普遍認知。報導描述激進左翼聯盟可能贏得選舉，「分析師說政治人物不太願意讓企業大亨放鬆對經濟的控制，因為他們仰賴大亨的施捨，資助競選經費及黨工薪水。」文章隨後說道：「薩瑪拉斯總理處理三巨頭官員提出的紓困方案，遭受的批評始終在於他不願意為中間偏右的新民主黨謀求既得利益。」的確，這篇文章指出即便部分「三巨頭人士都覺得希臘承擔過多撙節方案的責任，勞工階級承受支出刪減及賦稅增加的壓力，富裕人民及與政界關係密切的企業卻受到新民主黨的保護」。（Kerin Hope, "Taming Greek Oligarchs Is Priority for Syriza", Financial Times, January 6, 2015.）國立雅典大學傳播與媒體研究學系系主任George Pleios發表在*AnalyzeGreece!*的一篇文章（"The Greek Media, the Oligarchs, and the New Media Law", February 11, 2016），描述了寡頭的既得利益與媒體之間的關連。當然，新民主黨與寡頭之間的關係格外受到反對黨嚴格檢視。到了二〇一五年第二次選舉，新民主黨失利，該黨前黨魁及總理Constantine Mitsotakis四十七歲的兒子Kyriakos Mitsotakis獲選黨魁，反對黨之一發出一份聲明：「新民主黨如今變成一個強硬的新自由主義政黨，只會遵照寡頭吩咐行事，失去與人民的連繫。」（摘自Demetris Nellas, "Reformist Lawmaker Elected Greek Opposition Leader," Associated Press, January 10, 2016。）

33 除此之外，還明顯有助於歐洲地區的安全，因為各國減少了對俄國天然氣的依賴。這能讓歐盟更有立場向各國宣傳其在烏克蘭問題上的原則及價值。

34 在印尼身處東亞危機時，IMF關閉了十六家銀行，並且宣告有更多銀行即將關門。可是存款人不會獲得任何存款保險的保障，促成擠兌風潮也是預料中事。（有關這些故事的更完整敘述，可見我的著作《全球化的許諾與失落》。）

35 希臘央行授信機構資料。

第九章　創設能夠順利運作的歐元區

1 由於無人願意甘冒風險與無法履行責任的銀行交涉，銀行可能關閉，或是在淨值過小時信用受限。當你到自動提款機提領現金時，機器若說「餘額不足」，應該是因為你的帳戶裡沒有足夠存款，而不是銀行本身沒有資金。

2 銀行法規要求銀行要備有與到期債務相對的適足資本。損失的增加會降低銀行資本。在經濟低迷中累積資本，說得好聽是困難且昂貴，很多時候則是不可能。因此銀行一般是以緊縮放款因應。

3 制定審慎的總體監管制度便是要避免這個錯誤。當景氣好時銀行未雨綢繆，必須要有超出實際需求許多的資本。截至目前這樣的法規尚未生效，但這是讓歐元區順利運作的一個重要面向。

4 我們在第五章提過，近來德國許多人士對於共同存款保險體系的必要性表示擔憂。

5 龜速的改革也造成其他問題。身為首先接受援助的國家之一，愛爾蘭擔心之後的國家會得到更好的援助條件。

6 Stijn Claessens, Ashoka Mody and Shahin Vallée, "Paths to Eurobonds," IMF Working Paper No. 12/172, July 2012; Guy Verhofstadt, "Mutualizing Europe's Debt," *New Perspectives Quarterly* 29, no. 3 (2012): 26–28; Jörg Bibow, "Making the Euro Viable," Levy Economics Institute Working Paper No. 842, July 2015; Paul De Grauwe and Wim Moesen, "Gains for All: A Proposal for a Common Euro Bond," CEPS Commentary, April 3, 2009, https://www.ceps.eu/system/files/article/2009/06/Forum.pdf; Peter Bofinger et al "A European Redemption Pact," Vox, November 2011, http://voxeu.org/article/european-redemption-pact; Markus Brunnermeier et al "European Safe Bonds (ESBies)," Working Paper, September 30, 2011，可見於http://www.columbia.edu/~rr2572/papers/11-ESBies.pdf; Jacques

Delpla and Jakob von Weizsäcker, "The Blue Bond Proposal," Bruegel Policy Brief, May 2010, http://bruegel.org/wp-content/uploads/imported/publications/1005-PB-Blue_Bonds.pdf，歐盟執委會 "Green Paper on the Feasibility of Introducing Stability Bonds," Green Paper, November 23, 2011, http://ec.europa.eu/europe2020/pdf/green_paper_en.pdf; Carlo Ambrogio Favero and Alessandro Missale, "EU Public Debt Management and Eurobonds," European Parliament, Directorate General for Internal Policies, Note, September 2010, http://www.europarl.europa.eu/document/activities/cont/201106/20110607ATT20897/20110607ATT20 897EN.pdf; Christian Hellwig and Thomas Philippon, "Eurobills, not Eurobonds," Vox, September 2, 2011, http://voxeu.org/article/eurobillsnot-euro-bonds; Daniel Gros and Stefano Micossi, "A Bond-Issuing EU Stability Fund Could Rescue Europe," *Europe's World*, February 1, 2009, http://europesworld.org/2009/02/01/a-bond-issuing-eu-stability-fundcould-rescue-europe/#.VxUArfkrJD8). 改革提案不僅需要處理過去遺留的債務，還需處理未來的借貸。這樣的提案有許多細節，包含債務的到期日，一如Hellwig及Philippon指出，這項債務該是長期或短期債（公債或國庫券）。

7 資料來源：歐盟執委會資料，可見於https://cohesiondata.ec.europa.eu/funds/erdf。要注意這些基金性質屬轉讓，不像三巨頭方案裡提供的基金只是借款。對一些人來說，這表示歐盟對待新進國家比面臨暫時經濟苦難的舊夥伴還要慷慨。

8 歐元區已經試圖處理這個問題，確保各國在一般時期有足夠多的財政盈餘（以及足夠少的赤字）。這麼一來當經濟低迷出現，就不至於違反三%的限制。

9 當然，如果這些經濟體的某部分改變了，以至於如一八%或二五%這樣的失業率代表著「充分就業」，情況就不會如此。「充分就業」的標準定義是當失業低於該比率，物價膨脹或工資通貨膨脹便會開始增加。這是先前介紹過的自然失業率概念，並且與經濟學家稱為「無加速通膨失業率」（nonaccelerating inflation rate of unemployment）或「無加速工資通膨失業率」（nonaccelerating wage rate of unemployment）的概念呼應。這樣的失業水平有時稱為「結構性失業率」，即經濟架構有某些因素阻止失業率低於該水準。歐盟執委會宣稱西班牙的結構性失業率就是如此嚴重實在荒謬。可見我之前在第六章的討論。

此外，與其關注實質赤字，我們應該關注具有高度變動性的原始赤字，也就是未有利息支付下的赤字。從危機國家的案例來看，歐盟一直都是這麼做，但是趨同標準仍然只顧整體赤字。

10 此機制取代了之前的暫時性歐洲金融穩定機制，見第一章的討論。

11 美國就曾提供這類基金。

12 歐元區促成跨國放款，理應要抵銷這個惡性循環，但是跨國放款並沒有發生作用，原因顯然是因為哪家小型企業貸款風險低，本質上是非常地方性的資訊。（Stiglitz and Greenwald, Towards a New Paradigm in Monetary Economics.）

13 安定團結基金能夠與貸款機制搭配，針對不穩定的總體經濟環境造成的風險提供貸款及部分擔保。

14 歐洲央行放款給銀行並且購入政府債券，但大部分未有放款給實質部門、企業，或是為道路、港口及其他基礎建設的興建而放款。根據歐洲投資銀行網站資訊，他們主要針對基礎建設、環境及氣候、技術創新的相關投資放款，並為小型企業提供融資管道，藉放款對抗景氣循環。他們把自己描述成「就數量而言是歐盟最大的多邊貸款人及放款人」，「為了完善且可持續的投資計畫……以及對歐盟經濟成長及就業有顯著貢獻的計畫」提供「融資及專業諮詢，進一步促成歐盟的政策目標」。歐洲投資銀行"EIB at a Glance"，見於 http://www.eib.org/about/。

15 為了達成這個擴大的任務，需要進一步的資本重整。

16 Stiglitz and Greenwald, Towards a New Paradigm in Monetary Economics. 書中強調這些工具的重要性。儘管傳統上監管單位只注重個別制度的安全性與完整性，這些制度卻影響著總體經濟。歐盟及各國當局應該共同以適當的謹慎及彈性執行這些法規標準。先前我解釋過，單一的全歐監理機關要是沒有適當彈性及共同存款保險，其實會讓情況更糟糕。

17 一九九四年時，美國聯準會已被賦予這些工具（調節房貸市場的能力）。但是聯準會刻意拒絕使用，即使董事成員之一警告過這麼做的後果。見例如我的著作《失控的未來》。

18 Robert J. Gordon, *The Rise and Fall of American Growth* (Princeton, NJ: Princeton University Press, 2016).

19 因為這種公部門投資大部分與私部門投資具有互補性，刪減的話更會降低未來產出。也就是說，公部門投資提高了生產力，促使更多私部門投資出現。知名經濟史學家亞歷山大．費爾德（Alexander Field）曾經指出經濟大恐慌初期政府的基礎建設投資具有這些效果。見*The Great Leap Forward* (New Haven, CT: Yale University Press, 2011)。

20 美國央行或許是新自由主義意識形態的擁戴者中最為能言善道者。除非泡沫破滅，否則我們不能說那是泡沫。而且，與其在市場有效分配資源時干預市場發揮魔力，不如花比較少的成本清理泡沫帶來的混亂。身為全球金融市場重要管理者的ＩＭＦ，似乎已經接受危機的教訓，可是危機過後我仍舊聽到柏南克和美國財政部官員擁護毫無變動的立場。見例如Stiglitz, "Macroeconomics, Monetary Policy, and the Crisis," in *In the Wake of the Crisis*, Blanchard 等編，pp. 31–42; Stiglitz, "The Lessons of the North Atlantic Crisis for Economic Theory and Policy," *What Have We Learned?: Macroeconomic Policy after the Crisis*, George Akerlof, Olivier Blanchard, David Romer and Stiglitz (Cambridge, MA: MIT Press, 2014), pp. 335–47。

21 趨同策略的另外三個部分，在改革議程的前三項中已經討論過。

22 儘管我們在第四章提過，有時在繁榮時期，曇花一現的投資能夠抵銷低落的總合需求。

23 這也是指外來衝擊會對各國造成不同影響。

24 很自然會有人問道：「西方債權國施加於非洲及東亞的嚴厲政策，與施加於希臘的政策如此相似，儘管後者有前者所沒有的團結基底，這只是巧合嗎？還是說，這些政策真的是由同樣的意識形態及利益所操縱，包括債權國的利益呢？」我在《全球化的許諾與失落》裡深入探討這些問題。

25 這種稅制的邏輯遵循著違反財政規範的現有處罰。之所以施加這些法規，是出於持有赤字會施加成本（外部性）於其他國家這個看法（部分是錯誤的）。我們已經指出，是盈餘（尤其像德國這樣大國的盈餘）對他國帶來成本。對盈餘課稅可以抑止這種行為，並且對於各國狹隘利益與歐元區廣泛利益兩者間的協調有幫助。

26 而經濟體內低薪工作（每小時支付低於九歐元）的占比顯著增加，見Fabian Lindner, "Following Germany's Lead to Economic Disaster," Social Europe (website), December 16，https://www.socialeurope.eu/2011/12/following-germanys-lead-to-economic-disaster/。

27 當然，事情每況愈下。基於歐元狂熱，熱錢湧入部分邊陲國家。市場在顯著失靈下沒有注意到房產泡沫的長期風險，以及晚近出現的歐洲主權債務違約風險，因此助長了這些國家的物價及工資攀升，尤其是與德國的物價及工資下降相比較。然而，在歐元架構內，這些國家基本上沒有工具可以抑止私部門的過度作為。貨幣政策的目標在於控制歐元區內的通膨，而非留意個別國家。況且，各國早已放棄貨幣政策的所有掌控權。當時的格言就是新自由主義政策，禁止干涉房產泡沫。沒有歐元區整體提供的工具或協助，一些國家維持充分就業的奮鬥便導致了財政赤字。

28 我們在第四章提過，有兩種方式可以重整實質匯率，分別是對「高估的」通貨進行內部貶值，以及對低估的通貨進行通貨膨脹。在抽象概念層次，這兩個調整機制十分相似，但是在實際操作上，它們明顯不同。首先，內部貶值代表槓桿提高，以及國家的債務實際價值提高。因此擴張效果的期待可能會落空。相反的，通貨膨脹在低估通貨的國家裡是一種去槓桿化，因此具有擴張效果。再者，有足夠證據顯示工資及物價具有向下的僵固性。因此在實際操作上，策畫內部貶值比起管制工資及物價增加困難多了。

29 這樣的政策同時能夠應付出現在德國所得分配底層的問題。

30 歐洲央行有許多方法可以達成這一點，例如央行可以提供優惠條件給對中小企業放款的銀行。歐洲央行可以提供優惠條件給對中小企業放款遭到限制（例如由於銀行體系衰弱）的國家。美國「社區再投資法」的相關要求促進了對資源不足社區的放款。（保守人士抱怨這樣的放款該為金融危機負起責任。但這些貸款的還款率與非依「社區再投資法」貸款的還款率相當，甚至優於後者，而且與金融危機毫無瓜葛。美國金融及經濟危機起因調查國家委員會，*The Financial Crisis Inquiry Report*, 2011，https://www.gpo.gov/fdsys/pkg/GPO-FCIC/pdf/GPO-FCIC.pdf；以及《失控的未來》。）歐洲央行還可以利用另一項機制促進生產性放款，就是對放款給生產部門（尤其是中小企業）的銀行有條件提供央行窗口（例如向歐洲央行借款的能力），同時限制非生產性放款。央行需要的是軟硬兼施，對表現良好（特別是放款給中小企業）的銀行要有激勵措施，對沒有這麼做的銀行則要有所處罰。

31 或是經由掠奪性放款、市場操縱、濫用市場力量等破壞社會的作為帶來經濟體的不穩定。

32 許多問題可以追溯到治理金融體系的法規，有些問題則可以追溯到鼓勵投機的稅法、經由衍生性商品及過度消費金融鼓勵過度風險承擔的破產法。還可以追溯到公司治理的缺陷。美國的情況可見Stiglitz et al., Rewriting the Rules of the American Economy，以及美國金融及經濟危機起因調查國家委員會的*The Financial Crisis Inquiry Report*。我的著作《失控的未來》描述了部分原理。

33 經濟政策研究所（Economic Policy Institute）的報告指出二〇一四年美國前三百五十大企業執行長的平均年薪是一六三〇萬美元，比起一般勞工多出三〇三倍（關鍵產業內的企業，其生產及非管理職員工的平均年薪也包含在樣本內）。自一九七八年以來，執行長平均年薪經通膨調整已經增加近九九七%。見經濟政策研究所線上報告"Top CEOs Make 300 Times More than Typical Workers," June 21, 2015，http://www.ecgi.org/ceo/2012/documents/unrestricted/Bolton.pdf。

34 美國的稅法條款給了股票選擇權更多的鼓勵。

35 Stiglitz et al., Rewriting the Rules of the American Economy。改變規定可能鼓勵企業方做出長期思考，一個例子是忠實股份，也就是給長期投資者比短期投資者更多的投票權。Patrick Bolton and Frédéric Samama, "L-Shares:

Rewarding Long-Term Investors," ECGI—Finance Working Paper No. 342/20132012, January 2012, http://www.ecgi.org/ceo/2012/documents/unrestricted/Bolton.pdf.

36 東亞危機當時，我在世銀裡協助推廣這個觀念。當時有近七成印尼企業陷入或逼近債務違約，泰國及韓國則有近半企業如此。Marcus Miller and Stiglitz, "Bankruptcy Protection against Macroeconomic Shocks: The Case for a 'Super Chapter 11,' " World Bank Conference on Capital Flows, Financial Crises, and Policies, April 15, 1999, http://www2.warwick.ac.uk/fac/soc/pais/research/researchcentres/csgr/research/keytopic/global/milrstig.pdf; Marcus Miller and Stiglitz, "Leverage and Asset Bubbles: Averting Armageddon with Chapter 11?," *Economic Journal* 120, no. 544 (May 2010), pp. 500–518.

37 對於那些擔心這麼做會讓歐盟的企業處於競爭弱勢的人，有一個簡單的對策。歐洲需要對來自沒有遵循高碳價的國家進口商品施加跨境稅。我相信這樣的租稅會招致WTO的抱怨。可見我的著作《世界的另一種可能》。

38 這或許很明顯。當經濟陷入低迷，最先被解雇的就是低技術勞工。至於與經濟低迷有關的政府支出刪減，對底層民眾來說代價格外高昂，因為他們仰賴政府的社福支出。儘管許多政府聲稱他們會「保護」這樣的社福支出，然而在多數情況下，刪減事實上對窮人的影響比富人顯著。見例如 Jason Furman and Stiglitz, "Economic Consequences of Income Inequality," in *Symposium Proceedings—Income Inequality: Issues and Policy Options* (Jackson Hole, WY: Federal Reserve Bank of Kansas City, 1998), pp. 221–63；以及《不公平的代價》。

39 這是地方公共財理論文獻裡早有的識見，個體能夠自由地從一個地方社群移動至另一個社群。Stiglitz, "Theory of Local Public Goods," in *The Economics of Public Services*, M. S. Feldstein and R. P. Inman ed. (London: Macmillan, 1977), pp. 274–333.（論文發表於一九七四年杜林的國際教育成就評鑑協會會議〔IEA Conference〕。）

40 我的著作《全球化的許諾與失落》核心論旨之一，就是一體適用的政策注定要失敗。

41 我們在第四章提過，他們以為只要政府刪減赤字（支出），信心就會恢復，這樣的看法一直存在。信心一旦恢復，投資及經濟便會成長。沒有任何計量經濟模型證實過這些信念。相反的，赤字刪減的直接影響是經濟放緩，而這會破壞信心。

42 在第八章「重要的改革」一節裡，我描述了一系列危機國家（如希臘）的架構改革，它們促進了成長及繁榮。

43 見前章提出的資料。

44 近來由於幾個國家可能陷入這樣的危機，同時美國法院（對於在美發行的債券擁有管轄權）所採取的看法，讓這樣的重整基本上不可能出現，所以對於設立主權債務重整架構有了新的需求。在絕大多數國家支持下，二〇一四年九月聯合國大會決議展開這項架構的創設。一年之後，在更多國家支持下，聯大通過架構設計的一系列指導原則。我在其他地方描述過這樣的架構。Stiglitz, “Sovereign Debt: Notes on Theoretical Frameworks and Policy Analyses,” *Overcoming Developing Country Debt Crises*, Barry Herman, Josè Antonio Ocampo and Shari Spiegel ed. (Oxford, UK: Oxford University Press, 2010), pp. 35–69.

45 俄羅斯在一九九八年債務違約後，不到兩年時間便重返國際資本市場。

46 有關債務重整在處理債務危機時的角色，更廣泛的討論可見Stiglitz and Daniel Heymann, “Introduction,” in *Life After Debt: The Origins and Resolutions of Debt Crisis*; Stiglitz and Daniel Heymann ed. (Houndmills, UK, and New York: Palgrave Macmillan, 2014), pp. 1–39.；以及該本書裡的其他論文。

47 我們在第二章裡提到的伊拉斯莫斯計畫就是一個例子，讓歐盟各國學子可以到彼此國家求學。

48 一如我們在銀行聯盟內規定存款保險這個案例中所提及的。

第十章 協議離婚有可能嗎？

1 馬丁．沃夫在他那篇關於歐元及歐元危機的論文裡做出了近乎一樣的結論，也時常用到婚姻的比喻，認為歐元區的分裂，包括希臘的退出，會是一場死纏爛打的離婚戲碼。本章指出為何不會如此死纏爛打，更指出可以是真正的協議離婚。Martin Wolf, *The Shifts and Shocks: What We’ve Learned—and Have Still to Learn—from the Financial Crisis* (New York: Penguin Press, 2014).

2 我不會在這裡討論最適切的團體分組，而是將重點擺在如何處理這樣的分離。

3 財務人士形容分離就像是提供價內選擇權（in-the-money option）。

4 當然，這個邏輯暗示著對那些在歐元區限制內已經努力達成合理成長的國家來說，離開歐元區的效益會比成本還要低。

5 Matthew Yglesias, “How Greece Leaving the Euro Would Actually Work,” Vox, July 16, 2015, http://www.vox.com/2015/7/6/8901303/greek-crisis-grexit-how-it-works; Jack Ewing, “Weighing the Fallout of a Greek Exit from the Euro,” *New York Times*, July 9, 2015.

6 採取反壟斷作為的監管人員、立法機構及法院終於開始介入，刪減高收費及濫權行為。不過收費依然遠高於應有水平。

7 我們在第七章提過，三巨頭的愚蠢錯誤之一就是沒能有效利用銀行體系，因此幾乎是在鼓勵避稅。任何貨幣協調體系裡都有詐騙問題。現今電子支付體系面臨的關鍵問題，就是網路安全。儘管如此，仍舊無法掩蓋電子交易的優點。這也是為何即便有著壟斷定價，交易還是轉移到了這個支付體系。

8 主要例外來自於購買國外商品及服務時，這會在本章稍後討論。

9 歐盟當局對希臘及賽普勒斯人民施加提款限制時，實質上就是在鼓勵創造這樣的體系。這樣的體系更進一步把限制拉至零，迫使經濟體走向沒有現金的電子經濟。

10 在前言裡我們提過這個議題在一八九六年的美國大選中扮演關鍵角色。

11 還有好些「世事難料」。歐盟、美國及日本央行都已經提高資產負債表，提供更多流動性給各家銀行。然而，這些銀行把大多數資金存回央行，根本沒有創造更多私部門放款。在全球化的世界裡，創造的放款不必留在本國境內。在美國量化寬鬆初期，大多數資金流向國外，提振新興市場。最後即便資金留在國內，不僅可以用來購買既有資產，還可以拿來當作投機買賣的「保證金」。

12 從最初的玉米經濟到現今的銀行體系，演進過程十分有趣且具有啟發性。早期的銀行的確倚賴黃金儲存更甚於玉米儲存。人們把不想花費的多餘黃金放進銀行，銀行再借給他人。很快銀行就發現他們可以創造一些其他人願意接受的黃金憑單，甚至多於銀行持有的黃金，因為銀行知道持有這些憑單的人不會同時要拿黃金。當銀行把黃金交給想要提領的人，它也會從其他人那裡收到黃金。

有時候會有恐慌出現，就在憑單持有人擔心銀行能否兌現承諾時。當然，一旦他們恐慌到全都跑去銀行要回黃金時，黃金就不足以滿足他們的需求。這時候銀行就會破產，經濟會陷入蕭條。

因而創設了存款保險，以防止這樣的恐慌出現。政府明顯想為銀行的承諾掛保證，讓民眾對於承諾兌現有更大的信心（只要民眾對政府有信心），以此減低恐慌發生的可能。不過政府若要提供這些保證，也就是這樣的保險，必須確定銀行是負責任的。例如說，銀行要借錢給確實能夠還錢的人，而非借錢給銀行所有人或其朋友。我在世銀任職時，同事蓋瑞．卡皮歐（Gerry Caprio）研究世界各地的政府援助。他喜歡說這世界有兩類國家，一類擁有存款保險並且知道它存在，一類擁有存款保險但不知道它存在。一九九〇年代金融危機前的瑞典並沒有存款保險，政府卻還是救助了銀行。二〇〇八年危機時，存款保險突然在全球各地興起，擴展至先前未獲得完整保障的帳戶。

我們可以理解政府扮演這個新角色，部分原因是出於十九到二十世紀初市場經濟內頻繁出現的重大恐慌及低迷。再者，隨著先進國家如美國從農業經濟轉型至工業經濟，依賴製造業及其他非農業工作的人口占比逐漸增加，這些經濟波動造成了傷害。只要一般人民對於政府的所作所為默不作聲，許多人苦不堪言又怎麼樣？不過隨著選舉權擴張及民主參與增加，政府愈來愈難以忽略這些市場的重大失靈。

13 John Kay, *Other People's Money: The Real Business of Finance* (New York: Public Affairs, 2015)；Adair Turner, *Between Debt and the Devil: Money, Credit, and Fixing Global Finance* (Princeton, NJ: Princeton University Press, 2015).

14 廣義來說，這顯示出近幾十年來先進國家內不平等的增加大多與金融有關。特別見 James K. Galbraith, *Inequality and Instability: A Study of the World Economy Just before the Great Crisis* (New York: Oxford University Press, 2012)，以及《不公平的代價》。

15 有關這個評論的進一步闡釋，可見我的著作《失控的未來》。

16 經濟體裡若有大到不能倒的銀行，從收益私有化及虧損社會化這些常見特徵來看，則更是如此。

17 這樣的制度是對稱的。央行或許會認定經濟體系裡有太多錢了；也就是說銀行有太多放款，用他們收到的「錢」來還債。在此情況下，政府可以買回發行債務的權利。他們買回允許銀行代為管理的資金。接著如果有銀行特別想要放棄發行債務的權利，可以再有一次公開拍賣。實質上這會把錢抽離銀行體系。

18 一般認為進入會發生在稅前資本報酬微幅超過正常資本報酬的時點。以銀行家來說，有超額報酬或許是必要的，這樣才會誘發出更多負責任的社會行為。

19 根據世界觀光旅遊協會（World Travel & Tourism Council）資料，該協會也估計旅遊業的全部及衍生產值約是GDP的一七％。協會報告 "Travel & Tourism: Economic Income 2015: Greece," https://www.wttc.org/-/media/files/reports/economic%20impact%20research/countries%202015/greece2015.pdf.

20 早先我們主張內部貶值可能效益有限而成本龐大，因為它同時傷害了非貿易部門，即使貿易財部門獲得（些微）幫助。想要達成實質貶值，需要大幅調降工資。這些降低的工資會轉換成貿易財的價格降低。名目匯率的變動立即會轉換成實質匯率的改善。主要風險在於：一、增加的通膨讓這些效益只是暫時的。二、隨著內部貶值，債務若以外幣定價，實質槓桿比率提高，會減低對非貿易財的需求。我會在本章後頭描述緩解這些效應的改革。

21 Warren Buffet, "America's Growing Trade Deficit Is Selling the Nation out from Under Us. Here's a Way to Fix the

Problem—And We Need to Do It Now," *Fortune*, November 10, 2003.

22 為了避免憑單的屯積（投機者可能會打賭未來幾年憑單會更值錢，因而買入），應該要幫憑單加蓋日戳。例如，必須要在一年的某段時間內使用這些憑單。（一些國際規範需要改革，以納入憑單制度。至少在這裡設想的過渡時期裡，一國如面臨經常帳問題，現有規範提供了足夠彈性，應該不會有問題產生。）

23 事實上，我們提過二〇一五年初經常帳已經轉為盈餘，而在二〇一五年裡，經常帳在不同月份呈現正負走勢。在此情況下，即便沒有憑單制度，貶值的影響程度也受到限制。憑單制度確保市場不會出現龐大貿易赤字，因而進一步增加市場的穩定。

顯而易見的是，我們尚未詳細敘述電子貨幣／信貸／憑單制度的完整運作方式。然而，基本原理應該很清楚。當一間希臘公司出口橄欖到美國，該公司會把收到的美元貨款存入電子銀行體系，而該公司的希臘歐元帳戶會有一筆款項入帳，金額等同於所收美元換算成希臘歐元的金額。（該間公司還會收到相應數量的憑單，可以自由售予他人。）銀行體系內的「錢」因為貨款存入而增加。央行在決定信貸拍賣的規模時，會將此增加考慮在內。這項制度是為抑制規避作為而設計，例如低報發票價格。任何這樣的低報情形（除了違法以外）會導致出口商沒有收到依其資格該有的貿易憑單。有利於遏止黑市的建立。

24 即使到現在，希臘還是超越了原先的預期，直到二〇一五年七月都維持小額的原始赤字。實際上希臘達成了相當高的盈餘，一直持續到二〇一六年第一季。見Silvia Merler, "Greek Budget Update—August," August 17, 2015，於歐盟智庫布魯塞爾（Bruegel）網站的部落格貼文，見於 http://bruegel.org/2015/08/greece-budget-update-august/。

25 的確，可能有人主張，施加於危機國家那些不利生產的貸款條件，破壞經濟如此之甚，卻給了歐元區一份道德義務。但我懷疑多數歐元區成員國不會認可這樣的義務，並且把方案失敗的責任歸於危機國家。在沒有撥款的情況下，歐元區能以先受償債權人的資格提供貸款。（實際上是「遞延放款」，見下面的討論。）

26 也就是說，制定憑單價格，讓貿易平衡產生，甚至是我們提過的貿易盈餘。

27 這些債務是以進入歐元體系時制定的匯率轉換。不過貨幣「轉換」對債權人及債務人的影響不小，因為兩種貨幣的風險屬性不同。例如，一九九一年發行的德拉克馬長期債，本來支付的利息反映著匯率風險。隨著轉換成為歐元，這樣的風險大幅降低，實質上給了債權人一大利多。

28 政府應該把支付外債視為進口，授予外國索償人以希臘歐元索償，並且可以轉而用來向希臘國內其他製造商購買產品。然而，如果債權人想要將希臘歐元轉換成一般或德國歐元，就必須用憑單購入外匯。

另外，該國可以施加資本管制，付予債權人歐元，但不允許這些歐元離開希臘。例如，該國可以在國內開設歐元銀行帳戶，讓錢能夠在各歐元銀行帳戶間順暢流動，但不能轉換成其他貨幣，也不能存入外國的歐元帳戶。資本管控已經在冰島、希臘及賽普勒斯的危機中派上用場。對於實行這樣的限制，這項提議實際上是一個更有效且簡易的方法。

29 我們可能低估了破產的成本。在多數債務受到外國法律約束之下，我們提過債務可能無法重新定價。可能會有此等訴訟，即以「限制的歐元」（只能在希臘境內支出，若要攜離則需以憑單價格付費）償付是否和以未受限制的歐元償付一樣能夠履行債務合約。假如沒有重新定價，就會對資產負債表產生負面影響，不過不會比內部貶值帶來的影響還要糟。超級第十一章或許可以讓在境外發行過多外幣債的企業迅速重整；可能需要法律協助以便資產重組。比如說，一個家庭若有境外發行的外幣房屋抵押貸款，可以將其房屋視為獨立的附屬機構，將抵押貸款轉換成房屋的持有股份，而不至於讓個人陷入全面破產。企業同樣也能這麼做。隨著西方社會日益好訟，問題可能難纏難解，不過還是比現有的衰退容易處理。

30 在任何債務重整／破產裡，有一項條款稱為「遞延放款」，允許放款人在債務人重整債務後獲得全數還款，而且優先於其他獲得部分還款的索償人。這也應該列入任何協議離婚之中。

31 喬治．索羅斯在其文章 "The Tragedy of the European Union and How to Resolve It," *New York Review of Books*, September 7, 2012 中有力地闡釋了這個想法。的確，德國該離開的觀點在經濟學家間早已廣為流傳。英格蘭銀行前總裁默文．金恩（Mervyn King）在CNBC電視台評論道：「這會是最好的前進道路，我也希望我的許多美國友人不要再刺激歐洲人砸錢處理問題，說我們一定要讓歐元成功。」Tom DiChristopher, "Germany Should Leave Euro Zone: Mervyn King," CNBC, March 21, 2016, http://www.cnbc.com/2016/03/21/germany-should-leave-eurozone-mervyn-king.html.

第十一章 朝彈性歐元邁進

1 儘管相對於現實情況，這樣或許不算受挫，但至少相對於希望來說是這樣。

2 這兩個概念在第九章裡有更多篇幅的討論。本章主張採納這些概念的一部分，歐盟就能逐漸邁向這樣的體制。

3 除此之外，還有許多法律議題。有可能以希臘或德國歐元支付歐元債務嗎？假如可能，整個體系的運作明顯會獲得極大助益，誠如我們在前章所述的那樣。

4 事實上，這項制度可能並不符合每個歐盟國家的利益。德國在現有制度中獲益匪淺，因為可以讓其輕易擁有龐大貿易盈餘，促成其經濟勢力，儘管這些盈餘造就了全球經濟的不穩定。彈性歐元制度能夠帶來更強勢的德國歐元。我們提過，德國可能無法維持盈餘，所以德國反對這項制度也不令人意外。

第十二章 前進之路

1 IMF"Greece: Ex Post Evaluation of Exceptional Access under the 2010 Stand-By Arrangement," IMF Country Report No. 13/156, June 2013, https://www.imf.org/external/pubs/ft/scr/2013/cr13156.pdf; IMF "Ireland: Ex Post Evaluation of Exceptional Access under the 2010 Stand-By Arrangement," IMF Country Report No. 15/20, January 2015，可見於 https://www.imf.org/external/pubs/ft/scr/2015/cr1520.pdf.

2 Richard Koo, "EU Refuses to Acknowledge Mistakes Made in Greek Bailout," Nomura Research Institute, July 14, 2015, http://ineteconomics.org/ideas-papers/blog/eu-refuses-to-acknowledge-mistakes-made-in-greek-bailout.

3 這樣的主導有許多可能原因。一個原因是歐元區內其他未陷入危機的國家，擔心他們有天也會需要紓困。他們不想要惹惱德國。在各國內部，領導者對於如何不被德國牽制措詞嚴厲。但不知怎的，會談的結果反映出他們的看法不過是少數。

紓困一般需要全體國家一致同意；以德國為例，紓困案必須送交國會審核。德國內部強烈的反紓困情緒，意味著德國可能行使否決權：假如紓困協議沒有充分符合德國領導人的想法與希求，在國會過關的機會相當渺茫。

歐洲央行的作為多次送交德國法院審理，原因在於他們違反了德國憲法。德國法院目前聽從歐盟層級的各法院，例如在二〇一五年一月，歐洲法院的判決支持歐洲央行的政府債券購買計畫，這件訟案原本是由幾位德國原告向德國憲法法院提告。不過常年的訴訟威脅給歐洲央行的作為罩上了一層陰影。

4 根據二〇一二年 TNS Emnid 主持的一項民調。"Most Germans Oppose Euro, French Also Losing Faith: Polls," Reuters, September 17, 2012, http://www.reuters.com/article/us-eurozone-germany-poll-idUSBRE88G0Y720120917.

5 Seth Mydans, "Crisis Aside, What Pains Indonesia Is the Humiliation," *New York Times*, March 10, 1998. 兩人合影的照片在網路上隨處可見。康德緒交叉雙臂，嚴肅地站在俯身的蘇哈托旁。蘇哈托正在簽署協議。

6 Karl Lamers and Wolfgang Schäuble, "More Integration Is Still the Right Goal for Europe," *Financial Times*, August 31, 2014.

7 Yanis Varoufakis, "Greek Debt Denial: A Modest Debt Restructuring Proposal and Why It Was Ignored," *Too Little, Too Late: The Quest to Resolve Sovereign Debt Crises*, Martin Guzman, José Antonio Ocampo and Joseph E. Stiglitz (New York: Columbia University Press, 2016).

8 當六二％葡萄牙選民對撙節表達反對時（比例與希臘尤其相近），葡萄牙保守派總統公開表示他不願設立獲得壓倒性勝利的反撙節聯盟。（由於反撙節的選票被幾個政黨瓜分，支持撙節的葡萄牙出頭聯盟〔Portugal Ahead，民主與社會中間黨人民黨與社會民主黨的結盟〕贏得了相對多數的選票。只是他們沒有辦法組成一個同盟，讓招致蕭條的撙節政策持續下去。）這部分是因為總統不想以反民主的方式讓這個國家轉換跑道。然而，部分也可能是出於真實考量，如果政府確實嘗試執行與選舉承諾一致的政策，會發生什麼事？或許總統是懼怕歐盟的報復。對葡國來說，好消息是他們已經脫離三巨頭的方案，因此三巨頭對葡萄牙的箝制比以往少得多。然而，許多葡萄牙人了解市場變幻無常。儘管所做的每件事都是對的，市場情緒還是詭譎多變。如果葡國再次被資本市場拒於門外，它還能有什麼選擇？

解讀選舉結果總是相當困難，它們時常受到政策及政治情緒影響，更受到人性與當下事件影響。因此在緊接而來的二〇一六年一月葡國總統選舉中，中間偏右政黨候選人贏得了五二％選票。同時，在二〇一六年二月，一直以來看似欣然接受撙節的愛爾蘭人推翻了施加這些政策的政府。不過經過幾個月的你來我往，總理恩達・肯尼（Enda Kenny）還是能夠組成勢力薄弱的少數政府，維持領導地位。

9 Stiglitz et al., Rewriting the Rules of the American Economy.

10 歐元區的領導人時常承諾要維護安全網，以此表現出他們的同情心。問題是這樣的安全網有多高？我會說把大量人口、甚至大量孩童留在貧窮裡的安全網是不適當的安全網，而且與包容性成長大相逕庭。希臘方案裡提供的安全網，就是不適當的安全網。

11 "Europe: The Current Situation and the Way Forward," Leaders in Global Economy Lecture, Columbia University, April 15, 2015, http://www.bundesfinanzministerium.de/Content/EN/Reden/2015/2015-04-15-columbia-university.html. 在同一個講堂裡，他揭露了更普遍的社會態度。在尋找經濟大衰退的原因時，他一再提出全球各地極端保守圈內相當普遍的看法：「美國的政策制定者試圖以較寬鬆的借貸措施，增進低階勞工居者有其屋的情況。」這項看法已經遭到兩黨合組的金融危機調查委員會強力反駁。的確，情況已經愈來愈明顯，該論罪的不只是私部門人員的差勁表現，還要追究詐欺行為。可見美國金融及經濟危機起因調查國家委員會 *Financial Crisis Inquiry Report*,

2011。

12 我們在第二章討論過，危險的並非只有關於經濟如何運作的看法，還包括價值觀的問題。例如，在本書其他地方，我們援引理論及證據支持一個論點，即有著較少不平等與較多平等機會的經濟體表現比較好。這樣的經濟體成長較快，也更能永續成長。共榮也攸關價值觀。二〇一五年九月二十五日聯合國對於永續發展目標立下的承諾，其重要價值觀就是包容性成長。這可以視為全球的普遍共識。（“Transforming Our World: The 2030 Agenda for Sustainable Development”，見於 https://sustainabledevelopment.un.org/post2015/transformingourworld。）

13 的確，一七〇〇年時農人的生活，只比兩千年前農人的生活要好一點。Stiglitz and Greenwald, *Creating a Learning Society*。

14 德國將這些移民（包括逃離敘利亞戰事的移民）列為經濟移民，與人道移民有所區隔。不過，「經濟移民」把自己視作與眼睜睜看著家人挨餓的難民不同。他們會以極不一樣的眼光來看待事物。

15 就此來看，貨幣聯盟與貿易整合並不相同。大多數經濟學家都相信初步的貿易協定已經創造出些許整體利益。不過分配效果時常擊潰這些利益，以至於多數人民生活變得更糟。（我們會提到新提出的貿易協定，例如貨幣聯盟，甚至可能無法創造出整體利益。）

16 所謂投資地主國爭端解決機制（investor state dispute settlement）允許企業控告政府，只要政府通過任何降低企業預期利潤的法規，無論取得這些利潤對他人造成多少傷害。可見我與Adam Hersh的專欄“The Trans-Pacific Free-Trade Charade,” Project Syndicate, October 2, 2015，見於 https://www.project-syndicate.org/commentary/trans-pacific-partnership-charade-byjoseph-e--stiglitz-and-adam-s-hersh-2015-10。

17 見第八章。

18 見第一章的討論。

後記

1 歐盟理事會是歐盟的最高決策單位，由各成員國的元首組成。歐盟執委會負責管理歐盟的例行事務，執委會成員由理事會指定。每位執委都有等同於部長的職責，例如公平競爭委員、環境委員等。實務上，每個歐盟成員國可以指定一位執委。選民與歐盟官方的直接連繫，是透過歐洲議會的選舉。歐洲議會分別在布魯塞爾及史特拉斯堡兩地開會。從歷史上看，歐洲議會權力有限，不過長久以來致力增加了不少權限。

2 像是丹麥和瑞典。
3 像是挪威。
4 像是法國和荷蘭。
5 Pew Research Center, "Euroskepticism Beyond Brexit" June 2016, http://www.pewglobal.org/2016/06/07/euroskepticism-beyond-brexit/.
6 事實上，英國脫歐公投結束後最初幾個小時裡，歐元兌美元下跌逾四%，儘管之後便微幅回彈。
7 據報載，大約在公投前一個月，榮克在一次建言裡這麼說：「英國必須接受自己被視作第三國的事實，這樣的國家不會受到溫柔對待……如果英國人離開歐盟，他們必須面對許多後果。」這樣的說法反映了他的看法。Alastair MacDonald, "Juncker says on Brexit: British 'deserters' to get no EU favour," *Reuters*, May 20, 2016, http://www.reuters.com/article/us-britain-eu-juncker-idUSKCN0YB1O3.
8 還有其他驅力存在，像是人權承諾。有時候兩股驅力會相互衝突，特別是在勞動力領域。新自由主義造成勞工保障的削減，人權關注則往相反方向推進。可見下面的討論。
9 美國人口普查局歷史所得表（US Census Historical Income Tables）H-6, http://www.census.gov/data/tables/time-series/demo/income-poverty/historical-income-households.html。最近一次家戶所得中位數資料得自二〇一四年。該年五三六五七美元的所得中位數，介於一九九六年（五三三四五美元）及一九九七年（五四四四三美元）的數值之間。一九八九年家戶所得中位數是五三三〇六美元。（這些數值都經過通膨調整，以二〇一四年的美元計算。）
10 美國人口普查局歷史所得表P-36, http://www.census.gov/data/tables/time-series/demo/income-poverty/historical-income-people.html。
11 Anne Case and Angus Deaton, "Rising morbidity and mortality in midlife among white non-Hispanic Americans in the 21st century," *Proceedings of the National Academy of Sciences* 112, no. 49(2015): 15078–15083.
12 英國工作年齡成年勞工所得中位數比十年前還要低，不過比二十年前高出三成（見英國國家統計局一九九四／一九九五到二〇一四／二〇一五年平均所得以下家戶〔Households below average income〕資料）。
13 落於全球所得規模第八十百分位數。在英國，這一組群體一般被稱作勞工階級。在美國，這一組屬於中產階級。Branko Milanovi , *Global Inequality: A New Approach for the Age of Globalization* (Cambridge, Mass.: Belknap Press,

2016).

14 要不是先進國家多數擁有社會保障制度，影響會特別嚴重。以美國為例，經濟「復甦」最初三年的全部所得，九一%給了頂端一%的人。石油輸出國組織表示，整體上「排除福利國家經由課稅及所得移轉造成的減緩效果，截至二〇一〇年底，不平等的增加在過去三年比過去十二年還要嚴重」。OECD, "Crisis squeezes income and puts pressure on inequality and poverty," May 2013, http://www.oecd.org/els/soc/OECD2013-Inequality-and-Poverty-8p.pdf.

15 歐盟統計局資料。最新參照數字得自撰文當時。

16 當然也受益於低油價。

17 這就是我的著作《不公平的代價》及《大鴻溝》的核心要旨。

18 英格蘭的學費政策和蘇格蘭的學費政策大相逕庭。蘇格蘭的學費一直低出許多。英國的所得比例貸款方案是以澳洲長期施行的方案為模範。

19 Paul Samuelson, "International Trade and the Equalisation of Factor Prices," *Economic Journal* 58, no. 230 (June 1948): 163–84; Wolfgang F. Stolper and Paul Samuelson, "Protection and Real Wages," *Review of Economic Studies* 9, no. 1(1941): 58–73. 更廣泛的討論，可見《世界的另一種可能》第三章。

20 許多經濟學家主張西方具有其他「制度性」利益，像是法治及財產權保障相關優勢。

21 David H. Autor, David Dorn, Gordon H. Hanson, "The China Syndrome: Local Labor Market Effects of Import Competition in the United States," *American Economic Review* 103, no. 6 (2013): 2121–68.

22 的確，我們甚至可以預期在歐盟整體失業率更高之下，影響會更重大。

23 我們身處的世界有著不完美的風險市場，幾乎沒有人能夠免於自由貿易和貿易自由化的負面影響。貿易自由化讓個人暴露於更多新風險中。David Newbery and J. E. Stiglitz, "Pareto Inferior Trade," *Review of Economic Studies* 51, no. 1 (1984): 1–12.（Pareto inferior這個詞是指每個人都是輸家。）

24 倘若技術與非技術勞工之間具有互補性，技術勞工增加了非技術勞工的生產力，情況也會是如此。

25 http://greece.greekreporter.com/2014/08/03/7500-doctors-have-left-greece-in-six-years/.

26 馬來西亞前總理馬哈地（Mahathir Mohamad）表示這才是真正的竊占智慧財產。

27 有時候移出規模非常龐大。例如一九八五年時人口約九百萬的保加利亞，在開始轉型至市場經濟後，有超過八十萬人移出。今日該國人口只有七百二十萬。資料來源：聯合國二〇一五年世界人口展望料庫，https://esa.un.org/unpd/wpp/。

28 還有專屬的維基網頁，見於 https://en.wikipedia.org/wiki/Euromyth。不過這確實也造成了問題。就在「歐盟各地商家退回了五分之一的農產品，因為它們沒有符合規範」的消息傳出後，BBC一篇報導聲稱「二〇〇八年十一月已經有二十六種農產品銷售標準遭到廢止」。（BBC News, "Attempt at EU-wide 'wonky fruit and veg' ban fails," March 25, 2010.）在一些例子裡，比如冰淇淋，歐盟近期的標準似乎呈現出管制的趨弱。因此，《外食》（*Eat Out*）雜誌的一篇報導主張「歐盟長期以來對冰淇淋的品質標準一經移除，英國傳統冰淇淋的前景便備受威脅」。（December 16, 2014.）

29 至少就我們觀察到的歐元區現象，民主赤字確實存在。不過英國的確感受到許多歐盟管制的影響。許多人也認為這些管制的宣導及執行方式存在民主赤字。

30 切勿過度重視降評。評等機構過往在預測問題上的表現令人失望，他們的評等時常也只是跟隨眾人的看法。

31 指德國及美國十年期公債殖利率。

32 在新任首相梅伊（Theresa May）一再重申「脫歐就是脫歐」的情勢下，這個局面愈來愈不可能成真。

33 許多英國人似乎相信他們自己可以決定何時開始倒數，但歐盟顯然擁有較多勢力促使英國加快腳步。在本書出版時，顯見英國在援引第五十條上備感壓力。

34 美國國際貿易委員會預估相較於基準情境（baseline scenario），GDP在二〇三二年以前每年會增長〇．一五%。USITC, "Trans-Pacific Partnership Agreement: Likely Impact on the U.S. Economy and on Specific Industry Sectors," Publication Number 4607 (May 2016). 其他研究則提出更低數值，或是GDP成長不明。Peter A. Petri and Michael G. Plummer, "The Economic Effects of the Trans-Pacific Partnership: New Estimates," Peterson Institute Working Paper 16-2 (January 2016), http://piie.com/publications/wp/wp16-2.pdf; World Bank, "Potential Macroeconomic Implications of the Trans-Pacific Partnership," Chapter 4 in Global Economic Prospects (January 2016): 219–55, http://pubdocs.worldbank.org/en/847071452034669879/Global-Economic-Prospects-January-2016-Implications-Trans-Pacific-Partnership-Agreement.pdf; Mary E. Burfisher "Agriculture in the Trans-Pacific Partnership," ERR-176, U.S. Department of Agriculture, Economic Research Service (October 2014), http://www.ers.usda.gov/media/1692509/err176.pdf. 最後一個研究報告估計在二〇二五年以前對GDP沒有實質影響。另一方面，

塔夫斯大學（Tufts University）的研究預測GDP反而會減少，Jeronim Capaldo, Alex Izurieta and Jomo Kwame Sundaram, "Trading Down: Unemployment, Inequality and Other Risks of the Trans-Pacific Partnership Agreement," Global Development and Environment Institute Working Paper No. 16-01 (January 2016), http://www.ase.tufts.edu/gdae/Pubs/wp/16-01Capaldo-IzurietaTPP.pdf. Adam Hersh和我在替羅斯福研究所（Roosevelt Institute）編製的簡報資料中，解釋最可靠的計算是那些指出淨效果可能為負者，"Tricks of the Trade Deal: Six Big Problems with the Trans-Pacific Partnership," March 28, 2016，http://rooseveltinstitute.org/tricks-trade-deal-six-big-problems-trans-pacific-partnership/。

35 International Monetary Fund, "The Liberalization and Management of Capital Flows – An Institutional View" (November 14, 2012).

36 早期有關財政聯邦主義及地方公共財理論的諸多文獻，都曾深入探究這些問題。創設歐盟的「務實主義」者似乎較少關注這些文獻。他們或許應該多關注一些。

降低企業投資所得稅率的效果，顯示出新自由主義意識形態（建議稅率愈低愈好）與經濟科學的對立。由於多數投資是以舉債支應，且幾乎所有國家的利息支付都可抵稅，企業稅率讓邊際報酬及邊際成本呈比例下降，於是不會對投資造成影響，至少在新自由主義的「理想世界」裡是這樣，因為企業沒有現金限制。甚至在通常的折舊抵減下，企業得以從利潤中扣除一定數額作為廠房及設備的折舊費用，金額比真實折舊還要高（也就是說，投資折舊的速度超過真實折舊）。這麼一來，降低稅率實際上會導致更少投資。J. E. Stiglitz, "Taxation, Corporate Financial Policy and the Cost of Capital," *Journal of Public Economics* 2, no. 1 (1973): 1–34.

37 經濟學文獻也多方探究與商品多樣性的效益及成本有關的基本原理。個體重視多樣性，不同個體偏好不同商品。不過滿足這樣的商品多樣性可能會有龐大成本。我們並不清楚市場或歐盟是否找到了平衡點。Avinash Dixit and J. E. Stiglitz, "Monopolistic Competition and Optimum Product Diversity," *American Economic Review* 67, no. 3 (June 1977): 297–308; J. E. Stiglitz, "Toward a More General Theory of Monopolistic Competition," M. Peston and R. Quandt eds. *Prices, Competition, & Equilibrium* (Oxford: Philip Allan/Barnes & Noble Books, 1986), pp. 22–69.

38 青年投票率有一些爭議。初期報告指出投票率非常低，但之後的研究顯示並非如此。不過年長者更強烈地支持英國脫歐。

1 講堂的簡報內容之後集結發表成"Can the Euro Be Saved? An Analysis of the Future of the Currency Union," *Rivista di Politica Economica*, no. 3 (July–September 2014): 7–42; "Crises: Principles and Policies: With an Application to the Eurozone Crisis," in *Life After Debt: The Origins and Resolutions of Debt Crisis*, ed. Joseph E. Stiglitz and Daniel Heymann (Houndmills, UK, and New York: Palgrave Macmillan, 2014), pp.43–79。

2 委員會提出的報告出版成《扭轉全球化危機：史迪格里茲報告》一書，由我與聯大主席任命的國際貨幣及金融制度改革專家委員會成員一同完成。

3 他在阿拉伯之春（Arab Spring）後前往突尼西亞擔任央行總裁。二〇一一年過後數年，我們一同合作讓該國順利轉移至民主政體。早年我們在高層專家團隊（High Level Group of Experts）共事。高層專家團隊於一九九三年由聯合國秘書長成立。有鑑於經濟及社會議題上許多新思維出現，高層專家團隊想要借重這些新思維，分析發展政策中幾個關鍵面向。團隊的研究結果也集結出版，Edmond Malinvaud eds. *Development Strategy and the Management of the Market Economy*, vol. 1 (Oxford: Clarendon Press, 1997)。

4 Marilou、John Page 和我共同進行一項重要專案，評估東亞的成功發展經驗，爾後出版成*The East Asian Miracle: Economic Growth and Public Policy* (New York: Oxford University Press, 1993) 一書。Marilou和我也針對金融部門的角色寫了一篇文章："Financial Markets, Public Policy, and the East Asian Miracle," *World Bank Research Observer* 11, no. 2 (August 1996): 249–76。

5 我們針對危機某一關鍵議題一起發表了一篇論文："Sovereign Debt and Joint Liability: An Economic Theory Model for Amending the Treaty of Lisbon," *Economic Journal* 125, no. 586 (August 2015): F115–F130。

國家圖書館出版品預行編目資料

失控的歐元：從經濟整合的美夢到制度失靈的惡夢
約瑟夫．尤金．史迪格里茲 Joseph Eugene Stiglitz 著 葉咨佑 譯
初版 . -- 臺北市 : 商周出版 : 家庭傳媒城邦分公司發行
2017.03 面； 公分

譯自：THE EURO: How A Common Currency Threatens the Future of Europe

ISBN 978-986-477-187-5 (平裝)

1. 歐洲聯盟 2. 歐元 3. 貨幣政策

561.74 106000627

失控的歐元：從經濟整合的美夢到制度失靈的惡夢

原著書名／THE EURO: How A Common Currency Threatens the Future of Europe
作　　者／約瑟夫．尤金．史迪格里茲 Joseph Eugene Stiglitz
譯　　者／葉咨佑
責任編輯／陳玳妮、洪偉傑

版　　權／林心紅
行銷業務／李衍逸、黃崇華
總 編 輯／楊如玉
總 經 理／彭之琬
發 行 人／何飛鵬
法律顧問／台英國際商務法律事務所 羅明通律師
出　　版／商周出版
台北市 104 民生東路二段 141 號 9 樓
電話：(02) 25007008 傳真：(02)25007759
E-mail：bwp.service@cite.com.tw
Blog：http://bwp25007008.pixnet.net/blog
發　　行／英屬蓋曼群島商家庭傳媒股份有限公司城邦分公司
台北市中山區民生東路二段 141 號 2 樓
書虫客服服務專線：(02)25007718；(02)25007719
服務時間：週一至週五上午 09:30-12:00；下午 13:30-17:00
24 小時傳眞專線：(02)25001990；(02)25001991
劃撥帳號：19863813；戶名：書虫股份有限公司
讀者服務信箱：service@readingclub.com.tw
城邦讀書花園：www.cite.com.tw
香港發行所／城邦（香港）出版集團有限公司
香港灣仔駱克道 193 號東超商業中心 1 樓
E-mail：hkcite@biznetvigator.com
電話：(852) 25086231 傳眞：(852) 25789337
馬新發行所／城邦（馬新）出版集團【Cite (M) Sdn. Bhd.】
41, Jalan Radin Anum, Bandar Baru Sri Petaling,
57000 Kuala Lumpur, Malaysia.
Tel: (603) 90578822 Fax: (603) 90576622
Email: cite@cite.com.my

封面設計／黃聖文
排　　版／極翔企業有限公司
印　　刷／韋懋印刷事業有限公司
經 銷 商／聯合發行股份有限公司
電話：(02) 2917-8022 Fax: (02) 2911-0053
地址：新北市 231 新店區寶橋路 235 巷 6 弄 6 號 2 樓

■ 2017 年 03 月 07 日初版
定價 480 元

Printed in Taiwan

城邦讀書花園
www.cite.com.tw